MOSAIK

DER GESCHICHTE AUF DER SPUR

D3 VOM ENDE DES ERSTEN WELTKRIEGS BIS ZUR GEGENWART

Herausgegeben
von Joachim Cornelissen • Martin Ehrenfeuchter • Christoph Henzler • Michael Tocha • Helmut Winter

Erarbeitet
von Ambros Brucker • Joachim Cornelissen • Martin Ehrenfeuchter • Christoph Henzler • Jan Koppmann • Norbert Lorch • Julia Möhle • Kirsten Müller • Bettina Nitsche • Stefan Schipperges • Michael Tocha • Stefan Weih • Sabine Wierlemann • Helmut Winter

Beraten
von Christoph Cornelißen

Oldenbourg

N E U Z

1939 – 1945 Zweiter Weltkrieg | Z e i t a l t e

1918 – 1933 Weimarer Republik | 1933 – 1945 NS-Diktatur | 1949 – 199

1918/19 | 1920 | 1930 | 1940 | 1950

1917 Revolution in Russland
Kriegseintritt der USA
1918 Ende des Ersten Weltkriegs

1918 Novemberrevolution
Ausrufung der Weimarer Republik

1919 Versailler Friedensvertrag
Pariser Vorortverträge

ab den 1920er Jahren
Aufstieg der USA und
der UdSSR
zu Weltmächten

1923
Ruhrkrise/Inflation

1925 Pakt von Locarno

„Goldene Zwanziger Jahre“

1927–1953
Stalin Generalsekretär der KPdSU

1929 Weltwirtschaftskrise

1930–1933 Präsidialkabinette

30. Januar 1933 Hitler Reichs-
kanzler – Aufbau der NS-Diktatur

1933–1945 Roosevelt
amerikanischer Präsident

1933 bis ca. 1940 „New Deal“

1938
Novemberpogrom

1939–1945
Zweiter Weltkrieg
ab 1942
Vernichtung der
europäischen Juden

ab 1943 „totaler Krieg“

1943–1948 Flucht und
Vertreibung von
Deutschen aus den
Ostgebieten

1945
8. Mai bedingungslose
Kapitulation der
deutschen Wehrmacht
Juni Gründung der UNO

Juli/August Konferenz
von Potsdam
Deutschland in Besatzungs-
zonen aufgeteilt

August Atombomben auf
Hiroshima und Nagasaki/
Japan kapituliert

ab 1947 Containment-Politik/
Marshallplan

1948 Währungsreform
Beginn der Blockade Westberli

1949 Mai Grundgesetz der BR
Oktober Verfassung der DDR
Gründung der NATO

1950–1953 Koreakrieg

1949–1963 „Ära Adenauer“

1953 17. Juni Volks-
aufstand in der DDR

1955 Gründung de
Warschauer Pakts

1957 Gründung de
Europäischen
Wirtschaftsgemein
schaft (EWG)

E I T

es Ost-West-Konflikts

ilung Deutschlands (BRD und DDR) | Bundesrepublik Deutschland

0 — 1970 — 1980 — 1990 — 2000 — 2007

1961 Bau der Berliner Mauer

1970 Ostverträge
1972 Grundlagenvertrag

1973 BRD und DDR Mitglieder der UNO

1975 KSZE-Schlussakte von Helsinki

1962 Kubakrise

1985 Gorbatschow – Perestroika und Glasnost in der Sowjetunion

1964–1973 Vietnamkrieg

1967/68 Außerparlamentarische Opposition

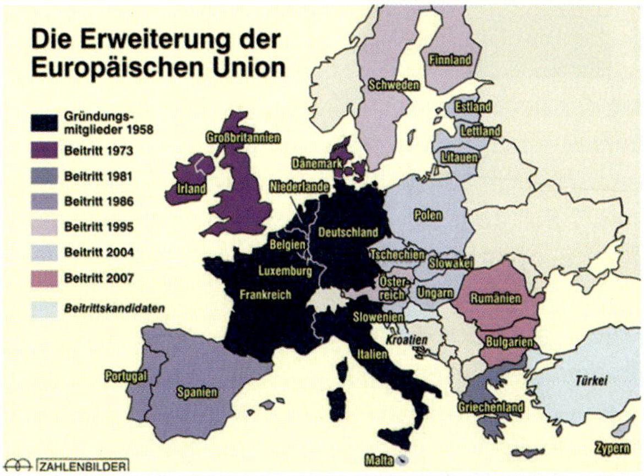

1989/90 Umbruch im Ostblock

9. November 1989 Fall der Berliner Mauer

3. Oktober 1990 Wiedervereinigung: Beitritt der DDR zur BRD

1991 Ende des Warschauer Pakts
Ende der UdSSR

1993 Vertrag von Maastricht

2007 EU der 27

2001 Terroranschläge radikaler Islamisten in den USA

Was ihr bisher aus der Geschichte erfahren habt: 1500–1918

Neues Denken – neues Können. Zahlreiche Erfindungen, Neuerungen und Entdeckungen läuteten am Ende des 15. Jh. die „Neuzeit“ ein. Ein neues Verständnis, das die Kenntnisse der Antike wiederentdeckte (Renaissance = Wiedergeburt) und den Menschen ins Zentrum des Interesses rückte (Humanismus), breitete sich ausgehend von Italien in Europa aus. Bildung sollte für alle Menschen zugänglich werden. Die Erfindung des Buchdrucks durch Johannes Gutenberg ermöglichte eine rasche Verbreitung des neuen Denkens in Europa. Es gab spektakuläre Entdeckungen: Christoph Kolumbus segelte nach Amerika und Nikolaus Kopernikus fand heraus, dass nicht die Erde, sondern die Sonne im Mittelpunkt des Sonnensystems steht. Die Kirche verlor durch das neue, von Vernunft und Kritik bestimmte Denken ihre alles beherrschende und alles erklärende Machtstellung.

Von der Reformation zur Gewalt für den wahren Glauben. Die Kirche war im Laufe der Jahrhunderte stark verweltlicht und eher an der Finanzierung von Prunkbauten als an den Gläubigen interessiert. Dagegen wandte sich der Augustinermönch Martin Luther. 1517 prangerte er in Wittenberg mit seinen „95 Thesen“ diese Praxis an. Er wollte, dass die Kirche sich wieder ihrer eigentlichen Aufgabe, der Seelsorge, zuwandte, und bestritt, dass die Kirche auch weltliche Macht haben solle. So geriet er in Konflikt mit Papst und Kaiser. Vielen Gläubigen aber sprach Luther aus dem Herzen, und sie folgten ihm. Für die Landesfürsten bot die neue Lehre einen Anlass, sich vom Kaiser loszusagen, indem sie den neuen Glauben annahmen. Es begann die Glaubensspaltung Europas, die zu blutigen Kriegen zwischen protestantischen und katholischen Fürsten bzw. dem Kaiser führte. 1555 kam es im „Augsburger Religionsfrieden“ zu einem ersten Ausgleich: Jeder Landesfürst durfte seine Konfession wählen, die die Untertanen dann annehmen mussten. Doch auch danach führten Könige und Fürsten aus Machtstreben Kriege im Namen der Religion. Am verheerendsten war dabei der Dreißigjährige Krieg (1618–1648), der weite Teile Europas verwüstete.

Europa im Wandel. Im Gegensatz zu den Kaisern im Heiligen Römischen Reich gelang es den französischen Königen, die adligen Landesherren mehr und mehr zu entmachten und ihre eigene Macht zu vergrößern. Ludwig XIV. (1661–1715) führte den absolutistischen Herrschaftsstil ein: Er rechtfertigte seine Macht dadurch, sie direkt von Gott erhalten zu haben und beanspruchte die alleinige Herrschafts- und Gesetzgebungsgewalt. „Der Staat bin ich“, so lautete sein Herrschaftsmotto. Seine Macht beruhte auf einem stehenden Heer, das er ständig vergrößerte. Er führte zahlreiche Kriege, um die Vorherrschaft in Europa zu gewinnen, erreichte dieses Ziel aber nicht. Das Wirtschaftssystem des Merkantilismus sollte dafür Sorge tragen, dass Ludwigs Ausgaben auch finanziert werden konnten. Sein riesiges Schloss, das er in Versailles errichten ließ, diente als sichtbares Zeichen der königlichen Macht. Die Schulden stiegen ins Unermessliche, während die Bevölkerung hungerte. Kritik begann sich zu regen und wurde durch die Erkenntnisse von Denkern und Naturforschern untermauert. Sie erhoben die Vernunft des Menschen zur obersten Autorität. Mit diesem Denken (Aufklärung) begann ein Zeitalter des gesellschaftlichen und wirtschaftlichen Wandels.

Revolution in Frankreich. Aufgrund der stetig steigenden Abgabeforderungen infolge der hohen Staatsschulden kam es im Sommer 1789 in Frankreich zu revolutionären Unruhen. Der dritte Stand, Hauptträger der Abgabenlast und ohne politisches Mitspracherecht, erreichte die Ausarbeitung einer Verfassung mit Freiheits- und Gleichheitsrechten für den Großteil der männlichen Bürger (1791). Die Stimmung in Frankreich wurde in den folgenden Jahren immer gewaltbereiter. Die Gruppe der Jakobiner unter ihrem Führer Maximilien Robespierre setzte sich für die radikale Gleichheit aller Bürger ein. Der Pro-

zess gegen den König endete mit dessen Hinrichtung (1793). Unter dem Vorwand, Tugend und Gerechtigkeit durchzusetzen, wurden zwischen 1793 und 1794, der Zeit der „Schreckensherrschaft", an die 30 000 Bürger als Gegner der Revolution unter der Guillotine hingerichtet. Diese endete erst, als Robespierre selbst angeklagt und hingerichtet wurde. Die Macht ging in die Hände des Besitzbürgertums über. Ein Direktorium von fünf Männern übernahm die Regierungsgeschäfte.

Napoleon und die Folgen. In den Kriegen Frankreichs mit den Gegnern der Revolution, Österreich, Preußen und England, wurde ein junger General populär: Napoleon Bonaparte. Um die zunehmenden Unruhen im Inneren zu beenden, stürzte er 1799 das Direktorium, erklärte die Revolution für beendet und ernannte sich selbst zum „Ersten Konsul", 1804 sogar zum Kaiser der Franzosen. Unter Napoleon setzte man wichtige Forderungen der Revolution dauerhaft um. Die Festschreibung bürgerlicher Freiheitsrechte im „Code Civil" wurde zum Vorbild für das Rechtswesen in großen Teilen Europas. Napoleon wollte die liberalen Ideen Frankreichs auf ganz Europa ausweiten und begann einen einzigartigen Eroberungszug. 1806 besiegte er Preußen, löste das „Heilige Römische Reich Deutscher Nation" auf und ordnete die Gebiete in Deutschland neu. Sein Eroberungsdrang scheiterte 1812/13 in Russland, wo seine über 600 000 Mann starke Armee im Winter eine katastrophale Niederlage erlitt. Die Schwäche Frankreichs nutzten die anderen europäischen Staaten. Napoleon wurde 1813 in der Völkerschlacht bei Leipzig besiegt und anschließend verbannt.

Auf dem Wiener Kongress 1814/15 legten Herrscher und Staatsmänner die Friedensordnung für Europa fest und stellten die Herrschaft der Fürsten wieder her (Restauration). Mithilfe von Versammlungsverboten, Pressezensur und polizeilicher Überwachung wurden fortan die Freiheitsrechte und alle demokratischen Bewegungen unterdrückt. Dagegen kam es 1848 in weiten Teilen Europas zu gewaltsamen Erhebungen von Bürgern, die auch auf die deutschen Länder übergriffen. Die Revolution schien zunächst erfolgreich. Nach ersten freien Wahlen in Deutschland konstituierte sich in der Frankfurter Paulskirche eine gesamtdeutsche Nationalversammlung. Die Abgeordneten entschieden sich für eine konstitutionelle Monarchie mit Grundrechten für alle Bürger, an deren Spitze der preußische König als deutscher Kaiser stehen sollte. König Friedrich Wilhelm IV. lehnte jedoch die vom Parlament angetragene Kaiserkrone 1849 ab, da er militärisch die Lage wieder in der Hand hatte. Damit war die Revolution gescheitert.

Wie modern wird das Deutsche Reich? Während die Herrscher politische Veränderungen blockierten, veränderte sich das Wirtschaftsleben immer stärker. Ausgangspunkt war England, wo weder Zunft- noch Zollbeschränkungen den Handel erschwerten und natürliche Bedingungen den Warenverkehr erleichterten. Die Erfindung der Dampfmaschine gegen Ende des 18. Jh. und die damit verbundenen Weiterentwicklungen, u. a. der Spinnmaschine und des mechanischen Webstuhls, ermöglichten die Massenproduktion vieler Erzeugnisse. Die dadurch erzielte Produktivitätssteigerung führte zu hohen Gewinnen, die reinvestiert wurden und die Produktion erneut ankurbelten. Die Nachfrage an Arbeitskräften stieg, weswegen viele verarmte Bauern in die Städte kamen, wo sie in Fabriken die Maschinen bedienten. Diese Entwicklung weitete sich auf ganz Europa aus. Innerhalb relativ kurzer Zeit wandelte sich die agrarisch geprägte Gesellschaft zu einer Industriegesellschaft, weshalb man auch von der „industriellen Revolution" spricht. In Deutschland setzte diese Phase etwas später als in England ein. Grund dafür waren die vielen Kleinstaaten mit ihren Handelsbeschränkungen und Zöllen sowie die Ständegesellschaft mit ihren fehlenden persönlichen Freiheiten. Schrittmacher der Industrie wurde die Eisenbahn. Die Vereinheitlichung des Wirtschaftsraumes durch den Zollverein (seit 1834) und die Reichsgründung 1871 ermöglichten einen Wirtschaftsboom, der Deutschland zu einer der größten damaligen Industrienationen machte. Spitzenprodukte ließen die Bezeichnung „Made in Germany“, ursprünglich von den Briten zur Deklassierung deutscher Waren angebracht, zum Gütezeichen der Industrialisierung werden. Die Abwanderung von Arbeitskräften vom Land zu den Fabriken in die Städte, wo die Arbeiter unter menschenunwürdigen Bedingungen in Mietskasernen auf engstem Raum wohnten, blieb nicht ohne Folgen. Überlange Arbeitszeiten, fehlende soziale Absicherung im Krankheitsfall oder bei Unfällen, niedrige Löhne sowie Kinder- und Frauenarbeit verschärften das Elend der Fabrikarbeiter. Von vielen Seiten gab es Bestrebungen, die soziale Frage zu lösen.

Das deutsche Kaiserreich (1871–1918). Otto von Bismarck wurde 1862 von König Wilhelm I. zum preußischen Ministerpräsidenten ernannt. Er wollte Deutschland unter preußischer Vorherrschaft einen. Krieg war für ihn ein legitimes Mittel zur Durchsetzung seiner Ziele. In drei Kriegen gegen Dänemark (1864), Österreich (1866) und Frankreich (1870/71) schuf er die Voraussetzungen für das deutsche Kaiserreich, das am 18. Januar 1871 im Spiegelsaal des Schlosses von Versailles bei Paris ausgerufen wurde. Damit war Deutschland geeint. Doch das Parlament hatte im Verhältnis zu Kaiser und Reichskanzler eine schwache Stellung, die Verfassung enthielt weder Menschen- noch Grundrechte. Da das Kaiserreich mit militärischen Mitteln erfochten wurde, besaß das Militär sehr großes Ansehen und prägte die Gesellschaft. Gehorsam war von großer Wichtigkeit. Andersdenkende und Minderheiten wurden verfolgt und in ihren Rechten eingeschränkt: Sozialdemokraten, Katholiken oder auch die polnische Minderheit im Osten des Reichs waren lange Zeit harten Verfolgungen und Schikanen ausgesetzt. Nicht zuletzt hatte die jüdische Bevölkerung bereits im Kaiserreich mit starkem Antisemitismus zu kämpfen. Zugleich konnte das Kaiserreich auch viele Erfolge verzeichnen: Ein beispielloser wirtschaftlicher Aufschwung sorgte für wachsenden Wohlstand breiter Schichten.

Imperialismus und Erster Weltkrieg. Die Suche nach Rohstoffen und Absatzmärkten, aber auch ein Gefühl der Überlegenheit der europäischen Kultur und der weißen „Rasse“ führten dazu, dass die europäischen Mächte große Gebiete Afrikas und Asiens zu gewinnen suchten. Wie viele andere wollte auch Deutschland die Macht des eigenen Staates weit über seine Grenzen hinaus ausdehnen. Seine größten Besitzungen waren Deutsch-Ostafrika (heute Tansania) und Deutsch-Südwestafrika (heute Namibia). Immer wieder kam es zu Aufständen der kolonisierten Völker gegen die europäischen Kolonialherren (z. B. zum Hereroaufstand). Auch führte der Imperialismus zur Rivalität zwischen den Kolonialmächten.

Während Bismarck durch seine Bündnispolitik bemüht war, Frieden in Europa zu erhalten, änderte sich dies nach Bismarcks Entlassung mit der Regentschaft Wilhelms II. In Europa begann ein Wettrüsten. Deutschland und Österreich-Ungarn standen England, Russland und Frankreich gegenüber. Jeder Konflikt drohte in einen europäischen Krieg zu münden. Als im Juni 1914 in Sarajewo der österreichische Thronfolger von einem serbischen Nationalisten ermordet wurde, löste dies ab dem 1. August 1914 eine Kettenreaktion der Kriegserklärungen aus. Schon nach wenigen Kriegswochen kam es an den Fronten zu einem mörderischen Stellungskrieg. Die Schlacht um die Festung Verdun 1916 wurde zum Symbol dieses sinnlosen massenhaften Tötens. Der Eintritt Amerikas 1917 entschied den Krieg zugunsten der Westalliierten. Über neun Millionen Menschen hatten 1914 bis 1918 ihr Leben verloren. Das Kriegsende markierte auch das Ende des deutschen Kaiserreichs und den Anfang einer deutschen Republik, die durch die harten Bedingungen des Versailler Vertrags eine schwere Erbschaft antreten musste. Mit der gesamteuropäischen Friedensordnung der Pariser Vorortverträge gingen alte Mächte unter und entstanden neue Staaten.

Geschichte aktiv/kreativ

„Diese Begriffe werden ab Seite 214 erklärt.

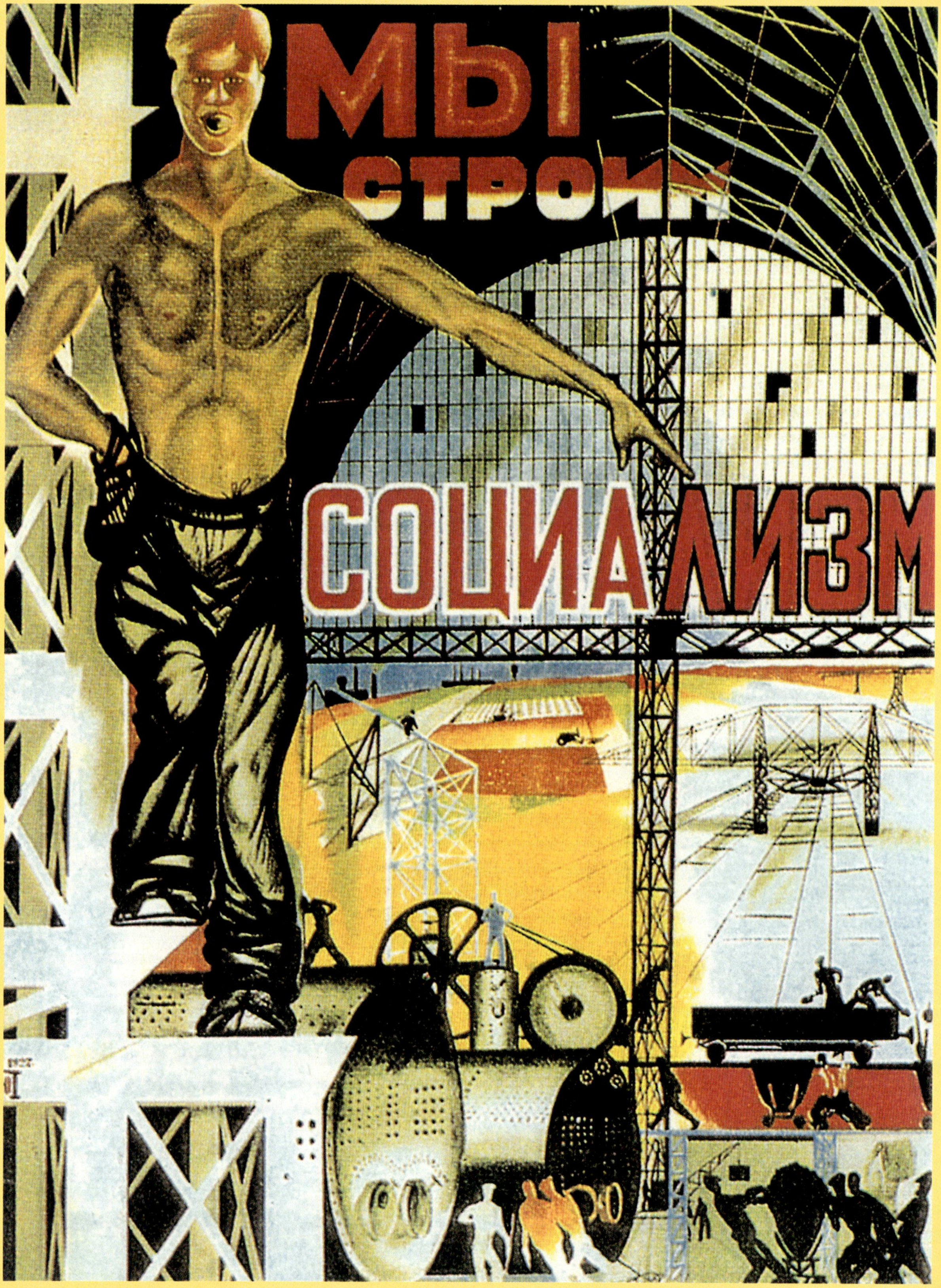
МЫ
СТРОИМ
СОЦИАЛИЗМ

Demokratie oder Diktatur?

Die USA und Europa

Der Präsident überquert den Atlantik. Am 4. Dezember 1918 lief der Passagierdampfer „George Washington" aus dem Hafen von New York aus. Auf den Kaimauern winkten jubelnde Menschen, Kanonen feuerten Salutschüsse ab, Schlepper ließen ihre Sirenen heulen, Flugzeuge und Zeppeline kreisten über dem Schiff. An der Freiheitsstatue vorbei zog es in den offenen Atlantik, wo Zerstörer und Kreuzer warteten, um im Konvoi nach Europa zu fahren. An Bord befand sich der amerikanische Präsident Woodrow Wilson (1913–1921), begleitet von Fachleuten aus Ministerien und Universitäten. Zum ersten Mal reiste ein amtierendes Staatsoberhaupt der Vereinigten Staaten nach Europa. Kaum zwei Jahre zuvor waren die USA aufseiten der Engländer und Franzosen in den Ersten Weltkrieg eingetreten und hatten den Sieg über die Mittelmächte Deutschland und Österreich-Ungarn ermöglicht. Nun wollten die Amerikaner auch bei den Friedensverhandlungen in der französischen Hauptstadt ein entscheidendes Wort mitreden. Nach ihrer Ansicht sollten die europäischen Staaten mit amerikanischer Hilfe „reif für die Demokratie" gemacht werden. Nur durch Demokratie, liberal-kapitalistische Wirtschaftsordnung, Freihandel und militärische Abrüstung konnte, nach amerikanischer Auffassung, der Frieden langfristig gesichert und der Wohlstand der Bevölkerung wieder erarbeitet werden. Richtschnur der Amerikaner waren das Selbstbestimmungsrecht der Völker und das „Nationalitätenprinzip", nach denen vor allem in Ost- und Südosteuropa zahlreiche neue Staaten geschaffen wurden. Eine neue Schiedsstelle, der ▸ Völkerbund in Genf, sollte künftige Konflikte zwischen Staaten regeln und lösen. Doch wie sah die „Alte Welt" 1918 aus?

Der Erste Weltkrieg als „Urkatastrophe"? Über 60 Millionen Soldaten waren 1914–1918 weltweit in den Krieg gezogen. 20 Millionen von ihnen wurden verwundet und über 9 Millionen getötet, darunter 1,8 Millionen Deutsche. Monate dauernde Materialschlachten ohne nennenswerte Geländegewinne zeigten das Gesicht eines neuen, industrialisierten und totalen Kriegs. Die Propaganda hatte den Menschen aller beteiligten Länder bessere Zeiten nach einem gewonnenen Krieg versprochen. Doch Unsummen waren in die Kriegsführung geflossen und nun standen alle Europäer ärmer da als vor dem Krieg. Entbehrungen, Elend und Trauer kennzeichneten den Alltag der meisten Menschen. Der britische Historiker George F. Kennan prägte den Begriff der „Urkatastrophe" des Ersten Weltkriegs. Vor dem Krieg hatten die fünf europäischen Großmächte politisch, wirtschaftlich und militärisch die Weltpolitik bestimmt. Europäische Kultur und der Glaube an einen grenzenlosen Fortschritt in Naturwissenschaft und Technik schienen sich weltweit durchzusetzen. Nach 1918 lösten die Vereinigten Staaten von Amerika Großbritannien als führende Finanzmacht und „Weltbankier" ab. Alle Siegernationen des Ersten Weltkriegs waren bei den USA hoch verschuldet. In der Innenpolitik der europäischen Länder lieferten sich inmitten des wirtschaftlichen und politischen Chaos nach dem Krieg demokratische, sozialistische, kommunistische und konservative Kräfte erbitterte Gefechte um die neue politische Ordnung der jeweiligen Staaten. Dabei hatten Bewegungen wie der Kommunismus und der ▸ Faschismus in vielen Ländern großen Zulauf. So traten die europäischen Nationen in eine Phase neuer Instabilität ein; heutige Historiker sprechen gar von einem 30 Jahre währenden Bürgerkrieg zwischen 1918 und 1945. Die Bilder der vorangehenden Doppelseite stehen repräsentativ für die neuen starken Mächte der „Zwischenkriegszeit", die USA und die Sowjetunion. Dazu behandelt das Kapitel die Entstehung und das Ende der ersten deutschen Republik.

Was lernst du in diesem Kapitel? Am Ende dieser Einheit wirst du folgende Fragen beantworten können:

- Aus welchen Gründen und unter welchen Bedingungen wurden die USA und die Sowjetunion zu neuen Weltmächten?
- Welche Faktoren führten zu den Revolutionen des Jahres 1917 in Russland? Was bedeutete die Errichtung eines kommunistischen Staates für die Menschen in der Sowjetunion und in der ganzen Welt?
- Wie gestaltete sich der Aufbau der ersten deutschen ▸ parlamentarischen Demokratie?
- Welche Wirtschafts-, Gesellschafts- und Sozialpolitik entwickelten die Regierungen in den USA, in Deutschland und in der Sowjetunion?
- Warum konnte der Völkerbund die ihm zugedachte Rolle nur bedingt ausfüllen?

M1 Europa vom Baltikum bis zur Türkei vor Kriegsbeginn 1914 und nach den Friedensverträgen 1919/20

M2 Wilsons Friedensprogramm *(1918)*

1. Öffentlichkeit der Friedensverträge und keine geheimen internationalen Vereinbarungen.
2. Freiheit der Meere und der Seeschifffahrt.
3. Aufhebung aller wirtschaftlichen Schranken.
4. Abrüstung aller Nationen auf ein Mindestmaß.
5. Unparteiische Regelung aller Kolonialfragen.
6. Rückzug fremder Truppen aus Russland.
7. Wiederherstellung eines unabhängigen Belgien.
8. Räumung Frankreichs von fremden Truppen, Rückgabe von Elsass-Lothringen an Frankreich.
9. Grenzziehung Italiens nach dem Nationalitätenprinzip.
10. Selbstständigkeit der Völker Österreich-Ungarns.
11. Wiederherstellung Rumäniens, Serbiens und Montenegros; Zugang Serbiens zum Meer.
12. Selbstständigkeit für die nicht türkischen Völker des Osmanischen Reichs, ungehinderte Durchfahrt durch Bosporus und Dardanellen.
13. Errichtung eines unabhängigen polnischen Staates.
14. Gründung eines Völkerbundes zur Garantie der Unversehrtheit aller Staaten.

Zitiert nach: Bruno Gebhard: Handbuch der deutschen Geschichte, Bd. 4, hrsg. von Herbert Grundmann, Stuttgart (Deutsche Verlagsgesellschaft) [9]1978, S. 137.

1 Auf Seite 10 sieht man das Plakat „Wir bauen den Sozialismus“ von Juri Pimenow, Moskau (1927). Seite 11 zeigt Wartende bei der Verteilung von Hilfsgütern nach Überschwemmungen in Louisville/Kentucky (1937). Schreibt eure Eindrücke zu den Abbildungen auf. Verfasst Fragen, die sich daraus ergeben.

2 Erkläre die einzelnen Punkte des amerikanischen Friedensprogramms (M2) und kommentiere, warum Wilson darin eine Garantie zur Vermeidung künftiger Kriege sah. Beziehe auch den Autorentext mit ein.

3 Welche Staaten entstanden auf dem Boden der aufgelösten Großmächte Österreich-Ungarn und Osmanisches Reich?

4 Aus welchen Gebieten setzte sich das wiedererstandene Polen zusammen?

5 Die Kreise in der Karte rechts zeigen die Krisenherde in der Zeit nach dem Ersten Weltkrieg. Wähle einen Krisenherd aus, stelle Nachforschungen zu den Gründen an und trage deine Ergebnisse vor.

6 Ziehe eine aktuelle Landkarte heran und vergleiche die Situation um 1920 (rechte Karte M2) mit heute. Was ist geblieben, wo stellst du weitere Veränderungen fest?

Russland unter den Zaren

Großmacht trotz Rückständigkeit? Die Ideen der Revolutionen von 1789 und 1848 sprangen nicht nach Russland über. Die russischen Zaren regierten weiterhin ohne jede Machtkontrolle über ihr Land. Dabei konnten sie sich auf die Unterstützung ihrer Geheimpolizei und der orthodoxen Kirche verlassen. In Russland war der Zar nicht nur weltlicher, sondern auch geistlicher Herrscher des Landes.
Russland blieb bis zum Ersten Weltkrieg ein Agrarland, in dem 80 % der Bevölkerung als Bauern arbeiteten. Erst 1861 wurde die Leibeigenschaft der Bauern aufgehoben. Doch die befreiten Bauern verfügten nicht über die finanziellen Mittel, eigenen Grund zu erwerben. Daher bewirtschafteten viele Dorfgemeinschaften gemeinsam das Land. Veraltete Anbaumethoden und ungünstige klimatische Bedingungen führten immer wieder zu Hunger und Elend durch Ernteausfälle. Nur sehr langsam begann in der zweiten Hälfte des 19. Jh. die Industrialisierung des Landes, die sich auf einzelne Gegenden des riesigen Reichs beschränkte. Das Kapital für den Aufbau der Eisenbahn, der Schwer- und Textilindustrie kam vor allem aus Frankreich und Großbritannien. Da es in Russland kein finanzkräftiges und am Gewinn orientiertes Bürgertum wie in Westeuropa gab, fehlten einheimische Investoren. Mithilfe des ausländischen Kapitals sollte wirtschaftlich der Anschluss an Westeuropa gelingen.

Modernisieren ohne Gewährung von Freiheiten? Die Gesellschaftsordnung veränderte sich in Russland trotz Industrialisierung und Wirtschaftsaufschwung nicht. Politische Parteien blieben verboten und existierten nur im Untergrund oder im Ausland. Alle Zeitungen unterlagen einer strengen Zensur. Im Vielvölkerstaat Russland mit über 100 Sprachen und Nationalitäten war nur der Gebrauch der russischen Sprache in Verwaltung und Schulen erlaubt. Nennenswerter Widerstand kam immer wieder aus den Reihen von Studenten, Professoren und Schriftstellern, die gegen die selbstherrliche und rückschrittliche Politik der Zaren protestierten.

M1 Ein russisches Dorf vor der Revolution.
Bauern flechten Körbe, deren Verkauf auf dem Markt das Elend mildern soll (Regierungsfotografie, um 1910).

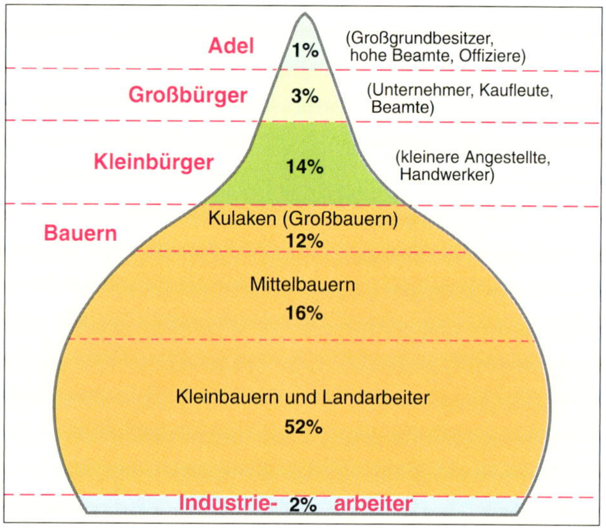

M2 Der Aufbau der russischen Gesellschaft 1905

Die Revolution von 1905. Im Zeitalter des Imperialismus versuchte Russland, seinen Einfluss nach China und Korea auszudehnen. Dabei geriet es in Konflikt mit Japan, das ebenfalls koloniale Interessen verfolgte. Im Russisch-Japanischen Krieg 1904/05 erlitten die Russen eine unerwartete Niederlage. Dadurch verschärfte sich die angespannte Lage im Innern des Landes zusehends. Eine Protestdemonstration von 200 000 Arbeitern, die dem Zaren eine Bittschrift mit der Forderung nach politischen Reformen und Verbesserung ihrer Lebensbedingungen übergeben wollten, endete unter den Schüssen der kaiserlichen Soldaten. Nach diesem „Petersburger Blutsonntag“ überzog eine Welle von Aufständen und Streiks das Land. Der Zar versprach am 17. Oktober 1905 (nach heutigem Kalender: 30. Oktober) eine Verfassung und ein Parlament. Dieses neue Parlament, die Duma, blieb aber der Willkür des Zaren unterworfen. Es gab kein allgemeines Wahlrecht und Arbeiterparteien wurden unterdrückt.

M3 Die Entwicklung Russlands bis 1917

M4 Der Weg Russlands zur Großmacht:

Mitte 9. Jh. bis Mitte 13. Jh.: Großfürstentum Kiew, Annahme des orthodoxen Christentums ab 988

Mitte 13. Jh.: Mongolen („Tataren") überrennen ab 1223 die russischen Fürstentümer

15. Jh.: Zurückdrängen der Tatarenherrschaft und Expansionspolitik unter den Zaren Iwan II. und Iwan IV. („Sammeln russischer Erde"). Nach dem Fall Konstantinopels wird Moskau Zentrum der Orthodoxie als „Drittes Rom".

18. Jh.: Unter Peter dem Großen wird Russland eine Großmacht mit Ausrichtung nach Westeuropa; Fortsetzung der Großmachtpolitik unter Katharina der Großen.

19. Jh.: Zar Nikolaus I. (1825–1855) lässt 1825 einen Aufstand von westlich orientierten jungen Adligen niederschlagen. Strenge Überwachung des öffentlichen Lebens durch die Geheimpolizei und Niederschlagung der polnischen Revolution 1830/31. Unter Zar Alexander II. (1855–1881) Niederlage Russlands im Krimkrieg (1853–1856), danach Ansätze von politischen Reformen. Zar Alexander III. (1881–1894) verschärft die Polizeikontrollen gegen Schulen, Universitäten, Presse und Justiz. Pogrome gegen Juden erschüttern das Land. Gegen die Russifizierungspolitik von Zar Nikolaus II. (1894–1917) kommt es in Polen, dem Baltikum und der Ukraine zu Aufständen.

M5 Der Historiker Michail Pogolin schrieb 1838:

Russland – ein Gebiet von Persien bis zu den Grenzen der bewohnten Welt, bis zum Nordpol! Eine Bevölkerung von 60 Millionen Menschen, die jährlich um eine Million wächst ... Wo gibt es so ein großes Volk? Russland ist ein Reich, das alle Arten Boden und Klimate in sich begreift, ein Reich, das an allen Erzeugnissen Überfluss hat ... eine Welt für sich, selbstgenügsam und unabhängig. Wir besitzen Berge von Gold und Silber, die es in Europa nicht mehr gibt. Mit unserem Getreide ernähren wir in Hungerjahren ganz Europa. Mit unserem Holz könnten wir alle Städte Europas neu aufbauen, wenn eine Feuersbrunst sie in Asche legte ... Alle Kräfte bilden in Russland ein ungeheures Maschinenwerk, das auf zweckmäßigste Art konstruiert und von der Hand eines einzigen Menschen, des Zaren, gelenkt wird. Wer kann sich uns gleichstellen? Liegt nicht das politische Schicksal Europas und also das Schicksal der Welt in unserer Hand?

Zitiert nach: Valentin Gitermann: Geschichte Russlands, Bd. 3, Frankfurt (Europäische Verlags-Anstalt) 1987, S. 576f.

1 Zähle Hindernisse auf, die einer Modernisierung Russlands entgegenstanden (M1, M2 und Autorentext).

2 Beschreibe anhand der Karte M3 die Etappen der Ausdehnung Russlands. Nenne die Hauptstadt und beschreibe ihre geografische Lage im Land.

3 Suche die Bedeutung des Begriffs „Russifizierung" heraus. Was bedeutete er für die Zaren, was für die Betroffenen?

4 Erläutere Russlands Weg zur Großmacht. Stütze dich auf die Daten in M4 und deute die Position des Historikers in M5. Vertiefe deine Ergebnisse durch weitere Recherchen, wo es dir nötig scheint.

Februar 1917: Die bürgerliche Revolution

Revolution während des Weltkriegs. Nach anfänglichen Erfolgen häuften sich im dritten Kriegswinter 1917 Russlands Niederlagen. Bauern und Arbeiter wurden ohne militärische Ausbildung an die Front geschickt, um die hohen Verluste bei der Truppe auszugleichen. Die gewaltigen Kriegskosten entwerteten für alle spürbar das Geld. Die Preise stiegen. Da die Produktion und die Verteilung von Lebensmitteln stockten, hungerten immer mehr Menschen. In dieser Situation kam es zu Streiks und Demonstrationen. Vor dem Sitz der Petrograder Stadtverwaltung forderten demonstrierende Frauen und Männer Brot, mehr Lohn und einen sofortigen Friedensschluss. Doch anders als 1905 weigerten sich die Soldaten, auf Befehl des Zaren die Demonstranten niederzuschießen. Zehntausende Soldaten und Arbeiter schlossen sich den roten Fahnen der Demonstranten an, bewaffneten sich, befreiten die politischen Gefangenen und stürmten den Sitz der verhassten Geheimpolizei.

Russland wird Republik. Am 1. März (14. März) 1917 zwangen die liberalen Abgeordneten der Duma den Zaren zum Rücktritt und setzten die kaiserliche Familie unter Hausarrest. Eine „Provisorische Regierung" aus Abgeordneten der Duma übernahm die Amtsgeschäfte und führte die bürgerlichen Grundrechte ein. So wurde Russland noch während des Ersten Weltkriegs zu einer Republik. Doch die „Provisorische Regierung" war nicht das alleinige Machtzentrum. Während der Aufstände gegen den Zaren hatten sich in vielen Städten sogenannte Räte (▸ Sowjets, russisch: sowjety) gebildet. In diesen Räten saßen Soldaten, Arbeiter und Bauern. Die Vertreter der Bauernpartei („Sozialrevolutionäre") waren in der Mehrheit. Auch sozialistische Abgeordnete der Duma taten sich hervor.

Die Zeit der „Doppelherrschaft". Die russischen Militärs erkannten die „Provisorische Regierung" nur unter der Bedingung an, dass sie einer Fortsetzung des Kriegs gegen das Deutsche Reich und Österreich-Ungarn zustimmte. Dem setzte der Petrograder Sowjet seinen „Aufruf an die Völker der Welt" gegenüber, in dem er einen sofortigen Frieden ohne Gebietsabtretungen und Kriegsentschädigungen forderte. Die Räte hatten mit ihrer Parole „Frieden, Land und Brot" größeren Rückhalt in der Bevölkerung. Mitten in diese explosive Lage kehrte der Revolutionär und Anführer der Bolschewiki, Wladimir I. Uljanow, genannt Lenin, aus dem Exil in der Schweiz nach Petrograd zurück. Diese Rückkehr erfolgte auf Initiative der deutschen Regierung, die einen Eisenbahnwaggon für Lenin und seine Anhänger bereitstellte, mit dem die Revolutionäre über Skandinavien nach Petrograd reisten. Von einer Revolution in Russland erhofften sich die Deutschen im noch andauernden Weltkrieg eine Schwächung ihres Gegners im Osten. Lenin machte sich unmittelbar nach seiner Rückkehr daran, aus den zerstrittenen ▸ Bolschewiki eine schlagkräftige Partei zu formen.

Partei	Konstitutionelle Demokraten („Kadetten")	Sozialrevolutionäre	Russische Sozialdemokratische Arbeiterpartei	
Gründung	1905	1902	1898, 1903 Spaltung in:	
			Menschewiki	Bolschewiki
Parteiführer	P. N. Miljukow	A. F. Kerenski	J. O. Martow	W. I. Lenin
Programm	Partei des russischen Liberalismus; für eine Demokratie	will eine Bodenreform; Großgrundbesitzer sollen gegen Entschädigung Land an arme Bauern verteilen	fordert die Enteignung der Großgrundbesitzer ohne Entschädigung; Verteilung des Landes an arme Bauern; Verstaatlichung aller Fabriken	
Wähler	Bürgertum	Bauern	Arbeiter	
Strategie	politische Arbeit im Parlament	Unruhen und Demonstrationen der Bauern; vereinzelt Terroranschläge	in einzelnen Fragen Zusammenarbeit mit „Kadetten" und Sozialrevolutionären	sozialistische Revolution; Diktatur des Proletariats

M1 Parteien in Russland *(1917)*

M2 Lenin spricht im Mai 1917 vor den Arbeitern der Putilow-Werke in Petrograd
(Gemälde von Isaak Brodski, um 1930).

M3 Die „Provisorische Regierung" über ihre Aufgaben

1. Vollständige und sofortige Aufhebung aller Gerichtsurteile aus politischen und religiösen Gründen, darunter auch die wegen terroristischer Attentate und militärischer Aufstände …
2. Freiheit der Rede, der Presse, der Versammlungen und Streiks. Dies gilt mit Einschränkungen auch für Angehörige des Militärs …
3. Abschaffung aller Beschränkungen aufgrund des Standes, der Konfession oder der Nationalität eines Menschen.
4. Sofortige Vorbereitung zur Einberufung der Verfassunggebenden Versammlung auf der Grundlage allgemeiner, freier und geheimer Wahlen …
5. Ersetzung der Polizei durch eine Volksmiliz mit gewählter Führung, die den Gemeinde- und Stadtverwaltungen unterstellt ist.
6. Allgemeine, direkte und geheime Wahlen zu den Gemeinde- und Stadtverwaltungen …
7. Die militärischen Einheiten, die an der revolutionären Bewegung teilgenommen haben, werden nicht entwaffnet und bleiben in Petrograd …

Zitiert nach: Hans-Joachim Lieber und Karl-Heinz Ruffmann (Hrsg.): Der Sowjetkommunismus. Dokumente Band 1, Köln/Berlin (Kiepenheuer & Witsch) 1963, S. 121.

M4 Lenins Vorstellungen über die Zukunft Russlands

Auszüge aus Lenins „Aprilthesen":

1. a) Übergang der Macht in die Hände des Proletariats und der sich ihm anschließenden ärmsten Teile der Bauernschaft; b) Verzicht auf Gebietsforderungen; c) tatsächlicher und völliger Bruch mit den Interessen des Kapitals …
3. Keinerlei Unterstützung der „Provisorischen Regierung" und Aufdeckung ihrer Verlogenheit …
4. Die Tatsache anerkennen, dass unsere Partei in der Mehrzahl der Räte in der Minderheit ist …
5. Keine parlamentarische Republik, sondern eine Republik der Räte. Abschaffung von Polizei, Armee und Beamten. Künftige Beamte werden gewählt, sind jederzeit absetzbar und erhalten nicht mehr Lohn als ein qualifizierter Arbeiter.
6. Beschlagnahmung des Landes der Großgrundbesitzer; die örtlichen Bauernräte verfügen über den Boden …
8. Nicht die sofortige „Einführung" des Sozialismus, sondern zuerst nur die Erlangung der Kontrolle über die Produktion und die Verteilung der Erzeugnisse durch unsere Räte.

Zitiert nach: Lieber/Ruffmann: a. a. O., S. 130ff.

1 Fasse den Verlauf der Februarrevolution zusammen und ziehe Parallelen zur Französischen Revolution.

2 Erläutere die Maßnahmen der „Provisorischen Regierung" (M3). Wo musste es zum Konflikt mit den Auffassungen Lenins kommen (M1 und M4)?

3 Beschreibe das Bild M2. Wann entstand es? Wie stellt der Maler Lenin und die Situation 1917 dar?

Oktober 1917: Die sozialistische Revolution

Das Ende der Doppelherrschaft. Im Sommer 1917 schien die „Provisorische Regierung“ unter Ministerpräsident Kerenski die innenpolitische Lage unter Kontrolle zu haben. In den Kreisen der Bolschewiki glaubte niemand mehr an das Gelingen einer sozialistischen Revolution. Die Regierung verlor jedoch stetig an Vertrauen in der Bevölkerung, da sie den Krieg fortsetzte, die Verteilung von Land an arme Bauern stockte und sich die katastrophale Versorgungslage nicht verbesserte. Für die Parolen der Bolschewiki von „Frieden, Land und Brot“ begeisterten sich immer mehr Menschen. Anfang Oktober 1917 musste Kerenski die inhaftierten Bolschewiki freilassen. Lenin kehrte heimlich zurück und setzte sich intensiv für den Zusammenhalt innerhalb der Partei ein. Bei den Wahlen zu den Arbeiter- und Soldatenräten errangen die Bolschewiki in Moskau und Petrograd, den beiden größten Städten Russlands, die Mehrheit. Am 25. Oktober (7. November) 1917 gelang der von Lenin und Trotzki genauestens geplante Aufstand gegen die „Provisorische Regierung“. Es gab keine Unruhen und keine Massendemonstrationen; das öffentliche Leben nahm seinen gewohnten Verlauf.

Die erste Sowjetregierung. Am Abend des 7. (20.) November trat die Rätevertretung ganz Russlands zusammen. Dort war man fast zu einer Einigung über eine neue demokratische Regierung aus allen Parteien gelangt, als die Nachricht vom eigenmächtigen Vorgehen der Bolschewiki eintraf. Sämtliche Parteien verurteilten das in ihren Augen „kriminelle Unternehmen“. Trotzki als Hauptredner der Bolschewiki lehnte jede Zusammenarbeit mit den gemäßigten Sozialisten und Sozialrevolutionären ab und griff sie mit den Worten an: „Ihr seid elende Bankrotteure! Ihr habt ausgespielt; schert euch hin, wo ihr von nun an hingehört: auf den Kehrichthaufen der Geschichte!“ Die Mehrheit der gemäßigten sozialistischen Abgeordneten verließ daraufhin den Saal. Die erste Sowjetregierung unter Lenins Vorsitz nannte sich „Rat der Volkskommissare“. Kommissar für auswärtige Angelegenheiten wurde Leo Trotzki, Kommissar für Nationalitätenfragen Josef Stalin. Unverzüglich bot der Rat den Kriegsgegnern Deutschland und Österreich-Ungarn Verhandlungen zum sofortigen Friedensschluss an. Der Privatbesitz an Grund und Boden und die Pressefreiheit wurden abgeschafft. Die neue Geheimpolizei Tscheka sollte alle Gegner der Bolschewiki einschüchtern und jeglichen Protest gegen diese Maßnahmen verhindern. Noch vor der Oktoberrevolution waren von der „Provisorischen Regierung“ allgemeine Wahlen in ganz Russland zu einer Verfassunggebenden Versammlung angesetzt worden. Dabei erhielten die Bolschewiki trotz massiver Beeinflussung der Wähler nur 25 % der abgegebenen Stimmen. Als die Abgeordneten dieser Versammlung am 5. (18.) Januar 1919 in Petrograd zusammentraten, wurde der Sitzungsort auf Anordnung Lenins abgeriegelt und die Versammlung gewaltsam aufgelöst.

M1 Sturm auf den Winterpalast
(zeitgenössisches Gemälde aus dem Zentralen Revolutionsmuseum der ehemaligen UdSSR)

M2 „Genosse Lenin reinigt die Erde vom Müll"
(zeitgenössisches Plakat)

M3 Putsch oder Revolution?

Der britische Historiker Orlando Figes, 2007:

Die Große Sozialistische Oktoberrevolution, wie sie später in der Mythologie der Sowjetunion hieß, war in Wirklichkeit ein militärischer Putsch – kaum wahrgenommen von der Mehrheit der Einwohner Petrograds und durchgeführt von kaum mehr als ein paar tausend Aufständischen. Theater, Restaurants und Straßenbahnen funktionierten weitgehend normal, während die Bolschewiki die Macht ergriffen. Der legendäre „Sturm" auf den Winterpalast, wo Kerenskis Kabinett seine letzte Sitzung abhielt, wirkte eher wie ein routinemäßiger Hausarrest. Die zusammengewürfelten Palastverteidiger waren überwiegend schon vor dem Angriff hungrig und mutlos nach Hause gegangen; Kerenski bereits am Morgen geflohen.

Zitiert nach: Orlando Figes, Krise und Umsturz. In: Spiegel spezial Geschichte: Experiment Kommunismus. Die Russische Revolution und ihre Erben, 4/2007, S. 28.

M4 Geschichte erzählt

Die rote Revolution

Der Schuss des Panzerkreuzers „Aurora", der um 21.40 Uhr im Petrograder Hafen durch die Dunkelheit hallte, war ein Signal, das die Welt radikal verändern sollte. Das wollten auch die Stoßtrupps der Bolschewiki, die am Ufer der Newa bereit standen. Ihr Ziel war die Eroberung des Winterpalasts, der ehemaligen Residenz des Zaren, nun Sitz jener Regierung, die es endgültig zu beseitigen galt. Der Palast war an diesem 25. Oktober 1917 russischer Zeitrechnung nahezu unbewacht. Im Laufe des Nachmittags hatten die meisten regierungstreuen Soldaten das Gebäude verlassen. Sie waren hungrig – die Regierung, zu deren Schutz sie bereit standen, hatte nicht einmal mehr die Mittel, sie angemessen zu verpflegen. So konnten die Angreifer fast ohne Gegenwehr durch ein Seitentor eindringen und sich den Weg zum Kabinettszimmer bahnen. Die Minister hatten gerade gespeist; resigniert warteten sie auf das Ende. „Sie alle sind verhaftet", verkündete der Anführer der Bolschewiki-Trupps. Nur einer konnte der Verhaftung entgehen: Alexander Kerenski, Premierminister der „Provisorischen Regierung" Russlands, hatte das Palais bereits verlassen. Der „Sturm auf den Winterpalast" – eher ein revolutionärer Spaziergang – fegte Kerenskis Regierung hinweg und brachte einen Mann an die Macht, der in Russland mit aller Gewalt die ▸ „Diktatur des Proletariats" festschreiben wollte: Wladimir Iljitsch Lenin. Um demokratische Mehrheiten hatte sich der Führer der Bolschewiki-Partei nie geschert. „Es wäre naiv, eine formelle Mehrheit der Bolschewiki abzuwarten: Keine Revolution wartet darauf. Die Geschichte wird uns nicht verzeihen, wenn wir jetzt nicht die Macht ergreifen", hatte er verkündet. Sein Machtwille setzte sich durch – auch gegen Widerstände innerhalb der Partei ...

Zitiert nach: Alexander Berkel: 1917: Die rote Revolution. In: Guido Knopp: Die Bilder des Jahrhunderts, München (Verlagshaus Goethestraße) 1999, S. 58.

1 Fasse zusammen, wie die „Provisorische Regierung" 1917 die Macht verlor (Autorentext).

2 Erläutere, wie die Bolschewiki die Rechtmäßigkeit ihrer Herrschaft sahen (M2 und Autorentext). Urteile aus heutiger Sicht.

3 Welcher Eindruck soll den Betrachtern von Bild M1 vermittelt werden? Vergleiche die bildliche Darstellung der Ereignisse mit den Aussagen der Materialien M3 und M4. Wo werden unterschiedliche Ansichten deutlich?

Vom Bürgerkrieg zur Gründung der Sowjetunion

Ein radikaler Umbau des Staates. Unter Lenins Führung errichteten die Bolschewiki einen völlig neuartigen Staat ohne Privateigentum als Grundlage für die Gleichheit aller Menschen. Volksgerichte ersetzten das bisherige Rechtswesen. Verdiente Arbeiter aus den Reihen der Bolschewiki übernahmen die Funktion der Polizei. Der gesamte Kirchen- und Klosterbesitz wurde enteignet, damit fielen Millionen von Hektar Land dem Staat zu. Kirche und Staat wurden getrennt, der Unterhalt der Geistlichen war nun Privatsache der Gläubigen. Die Kirche verlor das Erziehungsrecht in den Schulen. Das Eisenbahnwesen und die Handelsflotte wurden in Staatsbesitz überführt. Sämtliche Beteiligungen ausländischer Investoren in Russland, darunter viele Bergwerke und Fabriken, wurden ohne Entschädigung enteignet. Alle Privatbanken verschmolz man zu einer Staatsbank. Zugleich stellte Russland die Rückzahlung aller Kredite ein, die es im Ausland aufgenommen hatte; vor allem Anleger aus Frankreich und Großbritannien verloren ihr investiertes Geld.

Der Frieden von Brest-Litowsk 1918. Zur Festigung der Macht musste die neue Regierung schnellstens den Krieg beenden. Sie akzeptierte daher die vom Deutschen Reich und Österreich-Ungarn diktierten harten Friedensbedingungen. Russland verlor im Frieden von Brest-Litowsk die Kontrolle über Finnland und die baltischen Staaten, sowie durch Gebietsabtretungen ein Viertel seiner landwirtschaftlichen Anbauflächen und seiner Bevölkerung, dazu drei Viertel der Eisenindustrie und der Kohlebergwerke. Die deutsche Kriegsniederlage ermöglichte Russland die Kündigung des Vertrags und die Rückgewinnung der verlorenen Gebiete.

Gegenrevolution und Kriegskommunismus. Die drastischen innenpolitischen Maßnahmen Lenins forderten zahlreiche Gegner zum Widerstand heraus: Adlige, Großgrundbesitzer, Geistliche, Bankiers, Kaufleute, zaristische Generäle und Beamte schlossen sich den „Weißen" an, wie man die Gegner der „roten" Bolschewiki nannte. Große Teile des Landes entglitten der Kontrolle der Bolschewiki. Zwei Jahre standen sich „Weiße" und „Rote" in einem erbitterten Bürgerkrieg gegenüber. Die „Rote Armee" unter Führung Trotzkis errang schließlich den Sieg.

Der Bürgerkrieg ruinierte die russische Wirtschaft. Zur Versorgung der hungernden Bevölkerung zogen bewaffnete Arbeiter und Soldaten der „Roten Armee" durch die Dörfer, wo den Bauern das noch vorhandene Getreide und andere Lebensmittel gewaltsam abgenommen wurden („Kriegskommunismus"). Als die Versorgungslage ausweglos schien, machte Lenin eine Kehrtwende seiner Wirtschaftpolitik und ließ private Kleinbetriebe und freie Bauernmärkte wieder zu. Für viele Menschen kam diese Kehrtwende jedoch zu spät: 1920/21 raffte eine beispiellose Hungersnot Millionen Menschen hinweg. Heute schätzt man die Zahl der Opfer von Bürgerkrieg und Hungersnot auf 15 Millionen Menschen.

Im Jahre 1922 schlossen sich Russland, Weißrussland, die Ukraine und die Gebiete des Kaukasus zur „Union der Sozialistischen Sowjetrepubliken" (UdSSR), der Sowjetunion, zusammen.

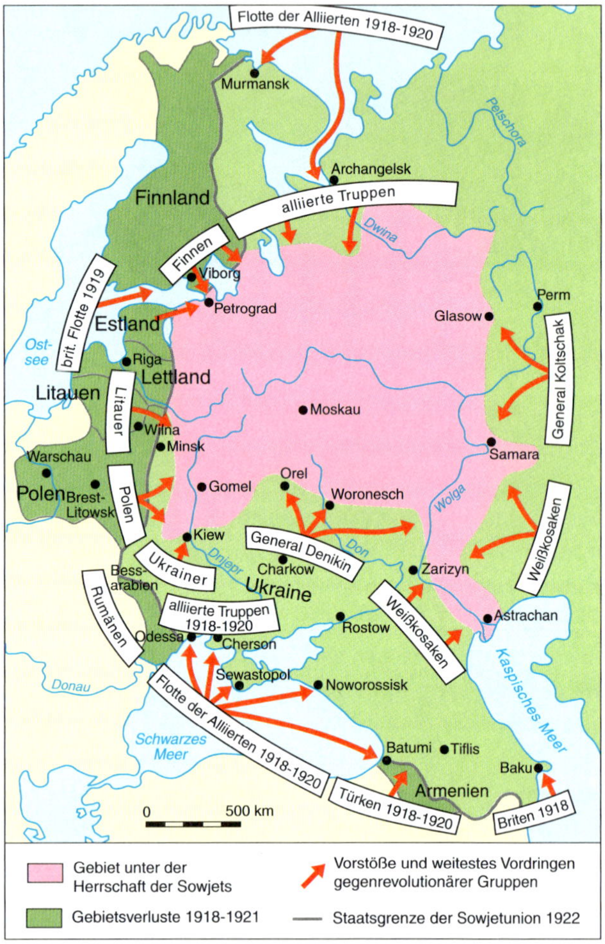

M1 Bürgerkrieg in Russland

◀ **M2 „Der Bolschewik“** *(Gemälde von Boris M. Kustodijew, 1920)*

M3 Der „rote Dämon“ Trotzki *(antibolschewistisches Plakat aus der Ukraine, 1918). Der Text auf dem Plakat lautet: „Frieden und Freiheit allen Sowjetmenschen.“* ▶

M4 Kinder während der Hungersnot *(1921–1923)*

Besonders in der Ukraine kam es zu Bauernaufständen gegen die Bolschewiki. Zur Strafe wurden die Einwohner ganzer Dörfer deportiert. Millionen von Kindern verloren im Bürgerkrieg und während der Hungersnot ihre Eltern und streiften in Banden umher.

M5 Lenins Sicht der Zukunft *(August 1917)*

Die Diktatur des Proletariats bringt zunächst eine Reihe von Freiheitsbeschränkungen für die Unterdrücker, die Ausbeuter, die Kapitalisten. Diese müssen wir niederhalten, um die Menschheit von der Lohnsklaverei zu befreien, ihr Widerstand muss mit Gewalt gebrochen werden. Es ist klar, dass es dort, wo es Gewalt gibt, es keine Freiheit, keine Demokratie gibt ... Erst in der kommunistischen Gesellschaft, wenn der Widerstand der Kapitalisten endgültig gebrochen ist, wenn es keine Klassen mehr gibt, erst dann hört der Staat auf zu bestehen und kann von Freiheit die Rede sein. Erst dann ist eine vollkommene Demokratie ... möglich.

Zitiert nach: Oskar Anweiler (Hrsg.): Die Russische Revolution (= Quellen- und Arbeitshefte zur Geschichte und Politik, Nr. 4223), Stuttgart (Klett) [3]1980, S. 39f.

1 Zeige anhand der Karte die Zusammensetzung der „Weißen“. Welche Unterschiede in ihren Zielen lassen sich vermuten (M1 und Autorentext)?

2 Welches Selbstverständnis kommt in dem Gemälde „Der Bolschewik“ (M2) zum Ausdruck? Vergleiche mit dem Plakat M3. Mit welchen Mitteln der Darstellung sollen die Betrachter überzeugt werden?

3 Beurteile Lenins Wirtschaftspolitik während des Bürgerkriegs (M4 und Autorentext). Setze Lenins Maßnahmen in Bezug zu seinem Programm (M5).

Die Jahre der Stabilisierung und kulturellen Blüte

Das Wirtschaftsleben kommt wieder in Gang. Im Jahre 1926 erreichte die Sowjetunion wieder den Produktionstand der Vorkriegszeit. Das war möglich geworden aufgrund einer „gemischten Wirtschaft" aus staatlicher Lenkung und privater Initiative. In dieser „Neuen Ökonomischen Politik" Lenins standen die Industrieproduktion, das Bankwesen und der Außenhandel unter strenger staatlicher Kontrolle. Die für den Markt produzierenden kleinen Bauernwirtschaften blieben jedoch in privater Hand. Unter den roten Machthabern waren Nichtkommunisten, die die Oktoberrevolution akzeptierten, als „bürgerliche Spezialisten" willkommen. Ohne Experten auf allen Gebieten war ein moderner Staat nicht zu regieren – nicht noch einmal wollten die Bolschewiki den völligen Zusammenbruch der Wirtschaft riskieren.

Das kulturelle Leben. Obwohl viele bedeutende Künstler das Land in den Wirren des Bürgerkriegs verlassen hatten, wurde die Experimentierfreudigkeit der russischen Malerei der Moderne fortgesetzt. Die im Lande gebliebenen Künstler begrüßten die Revolution und arbeiteten tatkräftig am „Aufbau des Sozialismus" mit. Besonders bei der Bekämpfung des Analphabetismus waren Plakatkünstler und Buchillustratoren gefragt. Bunt bemalte Züge mit Revolutionsparolen und künstlerisch gestaltete Plakate, z. B. in Postämtern, verbreiteten die Ideen Lenins. Aus „Agitation" und „Propaganda" entstand für diese neue Kunstrichtung der Begriff „Agitprop".

Künstler, Intellektuelle und Journalisten aus Europa und den USA bereisten die Sowjetunion und berichteten begeistert von den Neuerungen im Erziehungswesen, den Anstrengungen für eine allgemeine Alphabetisierung der Bevölkerung und von der konsequenten Politik einer Gleichberechtigung der Frauen. Gegen Ende der 1920er Jahre war es mit der relativen Freiheit des Wortes und der Experimentierfreude in Kunst, Literatur und Film vorbei. Alle Künstlerinnen und Künstler mussten sich nun an der Vorgabe des „Sozialistischen Realismus" orientieren, der die Themen und die Darstellungsweisen vorschrieb. Großformatige Gemälde verherrlichten die Revolutionäre der ersten Stunde (s. S. 17/M2), zeigten die „Wohltaten des Sozialismus" und den „neuen sozialistischen Menschen" in seinem Alltag. Dabei wurde die historische Wahrheit vielfach geschönt oder verdreht.

M1 „Frau, lerne lesen und schreiben!"

(Plakat von Jelizaweta N. Kruglikowa, 1923). Die Bolschewiki veränderten die Lage der Frauen: Ehescheidungen wurden erleichtert und Abtreibungen gestattet. Unten steht: Ach Mama, könntest du doch lesen und schreiben, dann könntest du mir helfen!

Von Lenin zu Stalin. Am 21. Januar 1924 starb Lenin. Schon während seiner Krankheit hatte der Machtkampf um sein Erbe eingesetzt. Dabei setzte sich der Georgier Josef Dschugaschwili, genannt Stalin, durch. Trotz Lenins Abneigung wurde er 1922 Generalsekretär der Kommunistischen Partei (KP) und baute die Partei zu seinem persönlichen Machtinstrument aus. Die Schaltstellen des Apparats besetzte Stalin mit Getreuen. Sein bedeutendster Gegenspieler war Leo Trotzki, der Organisator der Roten Armee im Bürgerkrieg. Trotzki vertrat die Idee der Weltrevolution, die von Moskau aus in alle Industriestaaten getragen werden müsse. Stalin hingegen wollte den Sozialismus nur in einem Land, nämlich der Sowjetunion, verwirklichen. Stalin gelang es, mit wechselnden Bündnispartnern alle Kritiker zu beseitigen. Trotzki wurde 1929 aus der Sowjetunion ausgewiesen.

M2 „Arbeiter und Kolchosbäuerin“
Plastik von Vera Muchina (Chromnickelstahl, 1937, ca. 10 Meter hoch). Die Plastik zierte den sowjetischen Pavillon auf der Pariser Weltausstellung 1937.

M3 Plakat für den Film des Regisseurs Sergej Eisenstein „Panzerkreuzer Potemkin“ *(Anton M. Lawinski, 1925)*

M4 Agitprop-Plakat *(1921)*
Gezeichnet wurde es von dem berühmten Dichter Wladimir Majakowski. Der Text lautet: Jede Bummelei – eine Freude für den Feind. Der Held der Arbeit – ein Schlag gegen die Bourgeoisie

1 Kunst und Künstler im Dienste der Revolution und des neuen Staates. Zeige diesen Aspekt an den hier abgebildeten Werken auf (M1–M4).

2 Diskutiere die Verpflichtung der Künstler auf ein bestimmtes Modell. Zeige das Kunstverständnis des „Sozialistischen Realismus“ am Beispiel des Leninbildes von Brodski im Buch auf Seite 17.

Die Sowjetunion unter Stalin – Fortschritt durch Staatssklaverei?

Eine Industrialisierung um jeden Preis. Ende der 1920er Jahre wurden die USA und Europa von der schlimmsten Wirtschaftskrise aller Zeiten erschüttert (s. S. 36f.). Die wirtschaftlich rückständige Sowjetunion hatte bis dahin vergeblich versucht, Anschluss an den industriellen und technischen Stand des Westens zu finden. Eine neue Initiative Stalins war die „wissenschaftliche und sowjetische Planung". Das bedeutete, dass für einen Zeitraum von fünf Jahren die industrielle und landwirtschaftliche Produktion aller Güter und deren Verteilung im Voraus geplant wurden. Auch Löhne und Preise wurden für jeweils fünf Jahre festgesetzt. Ein riesiges Planungsministerium war dafür verantwortlich. Stalin war überzeugt, dass diese ▸ „Planwirtschaft" auf Dauer der kapitalistischen „Marktwirtschaft" überlegen sein müsse. Die Planziele in der Produktion waren ehrgeizig und in vielen Bereichen gar nicht zu schaffen. In der Schwerindustrie, Kohleförderung, Stahlgewinnung und der Rüstungsindustrie gelang der Sowjetunion ein gewaltiger Sprung nach vorne. Überall im Land entstanden neue Industrieanlagen abseits der traditionellen Industriegebiete, damit die Vorteile der Modernisierung in allen Provinzen spürbar wurden. Zugleich vernachlässigte man die Produktion von Konsumgütern für den täglichen Bedarf der Menschen. Nur Grundnahrungsmittel waren billig und meist in ausreichender Menge zu haben.

Die Kollektivierung der Landwirtschaft. Ab 1929 wurden alle privaten Bauern enteignet. Jeweils zehn Dörfer sollten sich zu Genossenschaften (Kolchosen) oder Staatsgütern (Sowchosen) zusammenschließen und nach Plan produzieren. Die Parteipropaganda richtete sich insbesondere gegen die Höfe der Kulaken (s. S. 14). Nach westeuropäischen Maßstäben waren die Kulaken keinesfalls reich. Beschäftigte ein Kulak einen Landarbeiter, wurde er bereits als „Ausbeuter" und „Klassenfeind" verfolgt. Mit grausamsten Methoden wurden die freien Bauern ihres Landes und ihres Besitzes beraubt und in den hohen Norden oder nach Sibirien deportiert. Die Betroffenen reagierten auf die anrückenden Parteifunktionäre mit Massenschlachtungen ihres Viehs und dem Verzehr aller ihrer Vorräte. Stalin sah sich gezwungen, die übereifrigen Parteifunktionäre zurückzurufen. Als unmittelbare Folge der Zwangskollektivierung sank der sowjetische Viehbestand 1928–1933 um die Hälfte; eine gewaltige Hungersnot brach aus. Diese Katastrophe, der zwischen sechs bis zehn Millionen Menschen zum Opfer fielen, wurde vor der Weltöffentlichkeit verheimlicht.

M1 „Der Sieg des Sozialismus ist unserem Land garantiert" *(Plakat, 1932, Lithografie von Gustav Klucis)*

Die Diktatur Stalins. Ab 1927 baute Stalin ein bürokratisches Regime ohne jede Kontrolle auf. Sein Polizeistaat verfolgte mit systematischem Terror alle Menschen, die sich angeblich gegen den Diktator verschworen hatten, darunter führende Revolutionäre von 1917, der überwiegende Teil der Generäle und der Offiziere sowie ausländische Kommunisten, die vor Verfolgung in die Sowjetunion geflohen waren (▸ Stalinismus). Den Höhepunkt der „Säuberungen" bildete das Jahr 1937 mit Schauprozessen und Massenhinrichtungen. Die Zahl der Toten des roten Terrors ist schwer zu ermitteln; die Historiker sprechen von 800 000 Ermordeten durch die „Säuberungen" und von sieben bis vierzehn Millionen Toten in den staatlichen Arbeitslagern (GULAG, s. S. 27).

M2 Geschichte erzählt

Eine Bäuerin erinnert sich an die Zwangskollektivierung

Ein Journalist der „Süddeutschen Zeitung" schrieb 1988 die Erinnerungen einer Bäuerin aus der Ukraine auf:

Wir wurden im Winter 1929 „entkulakisiert" ... Vater arbeitete damals in Mittelasien und war nicht bei uns. Man nahm uns alles weg: Geschirr, Möbel, Kleider. Der Großmutter wurden die Filzstiefel von den Füßen gezogen; sogar Mutters Schal, den sie dem kleinen Frossja in die Wiege gelegt hatte, wurde mitsamt der Decke beschlagnahmt. Kurze Zeit wohnten wir in der Küche fremder Leute, dann deportierte man uns. Bis heute steht dieser Tag vor meinen Augen: Winter, Kälte, ich bin sieben Jahre alt, wir sind sechs Kinder, Brüder und Schwestern, teils älter, teils jünger als ich. Die 15 Kilometer bis zur nächsten Bahnstation gingen wir zu Fuß. Großmutter und Frossja waren bereits in der Küche der fremden Leute gestorben. An der Bahnstation angekommen, kampierten wir mit anderen Enteigneten ein paar Tage unter freiem Himmel. Ärzte gab es nicht, auch keine Feldküchen oder andere Einrichtungen. Dann wurden wir in Viehwagen verladen und am Ziel in einer Kaserne untergebracht. Mutter arbeitete rund um die Uhr in einer Fabrik. Das war zuviel für sie, sie wurde krank und kam ins Krankenhaus, wo sie drei Tage später starb. Manja starb zwei Wochen später; uns brachte man in einem Kinderheim unter. Es herrschte Hunger. Wir bettelten die Köchin um Brotkrusten an ... So kam auch ich ins Krankenhaus, wo ich bis zum Frühjahr blieb. In der Zwischenzeit starb unser Bruder Lonja ...

Zitiert nach: Süddeutsche Zeitung vom 14./15. Mai 1988, Wochenendbeilage.

M3 Die Versorgungslage der Bevölkerung

Tagebucheintrag des Studenten Stepan Podlubny, 17. April 1938:

Wann werden die Russen endlich beginnen, ein menschliches Leben zu führen? Die ältere Generation, sagt man, konnte vor 20 Jahren ganz normal in einen Laden gehen und innerhalb einer Viertelstunde kaufen, was das Herz begehrte, wenn man Geld hatte. Ich und meine Generation haben solche Zeiten noch nicht erlebt. Um 10 Meter Stoff zu bekommen – gewöhnlichen Stoff für einen Kittel oder Rock – stand ich heute von 9 Uhr bis 18 Uhr an. Und das in Moskau, dem Herzen des Landes. In der Provinz könnte man eine Woche anstehen, ohne zu essen oder zu trinken und würde den Stoff trotzdem nicht bekommen. Aus über 5 000 Kilometer Entfernung kommen die Menschen nach Moskau gefahren, um 20 bis 30 Meter Stoff zu kaufen. Wie es heute ein alter Mann aus der Provinz Kursk ausdrückte: Ich kann hungrig durchs Dorf laufen, aber nicht nackt! Das Wort „kaufen" scheint im russischen Wortschatz nicht einmal mehr zu existieren. Alle fragen nur „Was wird gegeben?" Jemand, der die Leute in der Schlange fragte „Was wird verkauft?", würde als Ausländer verdächtigt und wahrscheinlich würden sich Leute finden, diesen Menschen den entsprechenden politischen Organen zu melden ... Wann endlich beginnen wir mit dem Leben, das unsere Führer versprechen?

Zitiert nach: Carsten Goehrke: Russischer Alltag. Eine Geschichte in neun Zeitbildern, Bd. 3, Zürich (Chronos) 2005, S. 297f.

M4 Veränderungen in der Bevölkerungsstruktur Russlands und der Sowjetunion 1914–1970

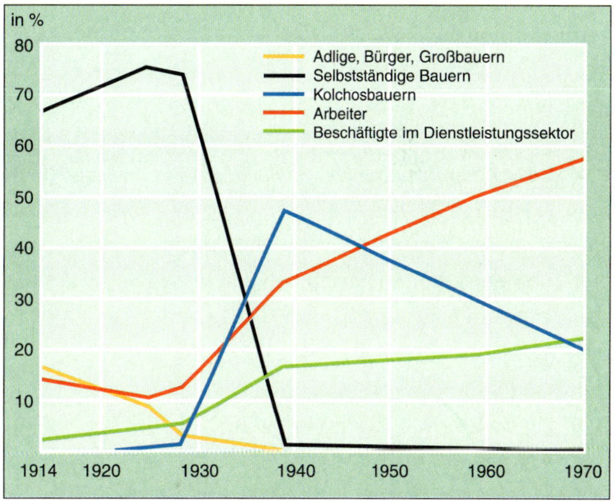

1 Schildere die Kollektivierung der Landwirtschaft aus der Sicht der Betroffenen (M2).

2 Erläutere die Idee einer Planwirtschaft. Welche Vorteile sahen deren Erfinder? Was bedeutete das für die Konsumgüterindustrie (M3)?

3 Beschreibe den Personenkult um die Person Stalins anhand von M1. Diskutiere Anspruch und Wirklichkeit.

4 Deute mithilfe der Grafik M4 die Folgen von Revolution und Stalinzeit für die Bevölkerungsstruktur der Sowjetunion.

5 Die Fünfjahrespläne brachten neue „Heldinnen und Helden der Arbeit" hervor. Stelle Nachforschungen unter den Suchbegriffen „Stachanow" und „Stoßarbeiter/innen" an.

Erlebter Stalinismus

M1 Aus dem Tagebuch der 15-jährigen Schülerin Nina Kosterina

Nina Kosterina (1921–1941) war die Tochter von Alexej Kosterin, eines Weggefährten Lenins. Kosterin war leitender Funktionär der KP im asiatischen Teil Russlands:

25. März 1937 Etwas Sonderbares und Unbegreifliches hat sich ereignet. Onkel Mischa, Papas Bruder, ist verhaftet worden, ebenso seine Frau, Tante Anja. Irma, unsere kleine Cousine, musste in ein Kinderheim gebracht werden. Es heißt, Onkel Mischa sei an einer konterrevolutionären Verschwörung beteiligt gewesen. Wie soll so etwas möglich sein – Onkel Mischa gehört der Partei seit den ersten Tagen der Revolution an – und nun ein Volksfeind?

16. April 1937 Mein Geburtstag ist unbemerkt vorübergegangen. Nur Tonja schenkte mir ein rotes Handtäschchen. Alle anderen nahmen keinerlei Notiz. Und noch etwas Schreckliches und Unverständliches hat sich ereignet. Stellas Vater ist verhaftet worden. Es heißt, er sei ein Volksfeind gewesen ...

22. August 1937 Auch Irmas Vater ist verhaftet worden. Irgendetwas Furchtbares ist im Gange. Nach langem Nachdenken kam ich zu dem Schluss: Wenn mein Vater Trotzkist ist, und das heißt so viel wie Vaterlandsverräter, werde ich ihn nicht beweinen, sondern mich von ihm lossagen. Jetzt steht das auf dem Papier und ich muss gestehen, dass ich mich schäme.

20. Dezember 1937 (der Vater hat seine Parteiämter verloren). Heute spielte sich eine furchtbare Szene ab. Aus dem Fernen Osten kam Esther Pawlowna, Papas gute Bekannte, zurück ... Sie sagte, dass Papa sich vorbildlich verhalte. Obgleich er entlassen ist, bekommt er immer noch sein Gehalt ausbezahlt, anscheinend ist man in Moskau an seinem Fall interessiert ... Ich verstehe natürlich, dass alle Angst haben. Papa, komm doch bald zurück!

7. September 1938 Papas Verhaftung ist ein solcher Schlag, dass ich mich wohl nie davon erholen werde. Bis jetzt hielt ich noch immer den Kopf hoch. Jetzt kann Achmetow zu mir sagen: „Wir sind Kameraden im Unglück!“ Wenn ich daran zurückdenke, wie ich ihn verachtet habe, weil sein Vater als Trotzkist entlarvt worden war. Jetzt quält mich Tag und Nacht die Frage: Ist mein Vater ein Volksfeind?

Nina Kosterina meldete sich nach dem deutschen Überfall auf die Sowjetunion trotz starker Kurzsichtigkeit im Dezember 1941 als Partisanin; sie wurde beim ersten Kampfeinsatz getötet. Ihr Vater kehrte 1954 aus den stalinschen Lagern in Sibirien zurück und wurde einer der ersten Systemkritiker nach Stalins Tod.

M2 Der Volksschullehrer Wassili Uljanowitsch Astafjew

Astafjew (1908–1994) war Sohn eines „Mittelbauern“ (s. S. 14) mit 10 Hektar Land und 4 Milchkühen im Kreis Kurgan (Transural). Als junger Mann begeisterte er sich für den Kommunismus und gehörte zu den Trupps der Partei, die nicht gemeldetes Saatgut und Ackerland aufspüren mussten. Während seines Studiums erfuhr er 1930, dass seine Familie als „Kulaken“ verhaftet wurde und auch nach ihm gesucht würde. Er konnte mehrere Jahre in der Millionenstadt Leningrad untertauchen, ehe auch er verhaftet und deportiert wurde. Sein Bericht über das Zwangslager wurde während der Zeit der „Glasnost“ (s. S. 170f.) unter Gorbatschow aufgezeichnet und 1998 im sibirischen Omsk veröffentlicht:

Wir wurden in hermetisch abgeschlossenen Wagen transportiert. Den Namen der Station, wo der Zug hielt, um uns auszuladen, weiß ich nicht. Lange trieben uns die Begleitsoldaten mit Schäferhunden durch die Taiga ... Frost bei minus 60 Grad. Am Morgen holten sie von den Pritschen ein Dutzend Leichen. Morgens früh - zur Waldarbeit. Wer beim Holzfällen die Norm nicht erfüllt, dem geben sie kein Brot ... Ich war im Todeslager gelandet: Chancen zu überleben gab es nicht. Vertierte Menschen, Hunger, Kälte. Der Plan für den Holzeinschlag – unerfüllbar. Die Unmenschen von Wachsoldaten sind Meister der Grausamkeit, vertilgen Alkohol und verlieren den Verstand. Sie stellen lebende Menschen auf Baumstümpfe, begießen sie mit Eiswasser und verwandeln sie in Statuen ... Fliehen konnte man nirgendwohin, wir wussten nicht einmal, wo wir uns befanden. Ringsherum Schneewüste, wilde Taiga, du bist schlecht gekleidet und ohne Essen ... Ich überlebte knapp, weil ich mich mit zwei Gefährten im Unglück zusammentat. Einer versuchte dem anderen beim Holzschlagen immer wieder einzuhämmern: Wir schaffen die Norm. Nachts schlafen zwei Stunden lang zwei von uns immer Rücken an Rücken, während der dritte die Schlafenden warm reibt, damit sie nicht erfroren, dann wechselten wir. Meine Frist war nach fünf Jahren zu Ende. Fast niemand hat den Ablauf seiner Strafe lebend erreicht. Sie erklären, du seist frei, reißen dir aber Jacke, Mütze und Filzstiefel herunter und jagen dich mit Fußtritten fort. Ich verschwand während der Wachablösung. Hungrig schleppte ich mich dahin bis zu einer Siedlung. Die Bewohner machten mir im Pferdestall einen Platz bereit, gaben mir Brot und zeigten mir den Weg. Nach neun Monaten kam ich aus der Taiga heraus.

Beide Texte zitiert nach: Carsten Goehrke, a. a. O., S. 290–295.

M3 Arbeit der Zwangsarbeiter: Bau des Weißmeer-Ostsee-Kanals *(1936)*

Jeder Sträfling musste pro Tag drei Kubikmeter Erde und Geröll mit primitiven Werkzeugen ausheben, sonst wurde die Essensration gekürzt. GULAG (Hauptverwaltung der Lager) hießen Tausende von Straflagern, die über die gesamte Sowjetunion verteilt waren und einen festen Platz in der Wirtschaftspolitik des Landes hatten. Über 20 Millionen Menschen wurden zwischen 1936 und 1953 in diesen Lagern festgehalten, neben den politischen Häftlingen auch gewöhnliche Kriminelle, dazu Gegner der Zwangskollektivierung oder Menschen, die ihren Arbeitsplatz ohne Genehmigung verlassen hatten.

Dazu ein Historiker:

Beim Weißmeer-Ostsee-Kanal ging es nicht nur um das Bauwerk, sondern um die „Umwandlung" des Menschen durch Arbeit ... Bei diesem Kanalbau wurden Organisationsformen, Arbeitsweisen und Ausbeutungspraktiken erprobt, die den Tod Zehntausender von Menschen wie selbstverständlich einkalkuliert hatten ... Sklavenarbeit wurde hier als Form der „Resozialisierung", als „Weg ins Leben" gefeiert.

Zitiert nach: Karl Schlögel: Terror und Traum, Moskau 1937, München (Hanser) 2008, S. 364f.

M4 Verteilung der Stalinschen Straflager in der Sowjetunion

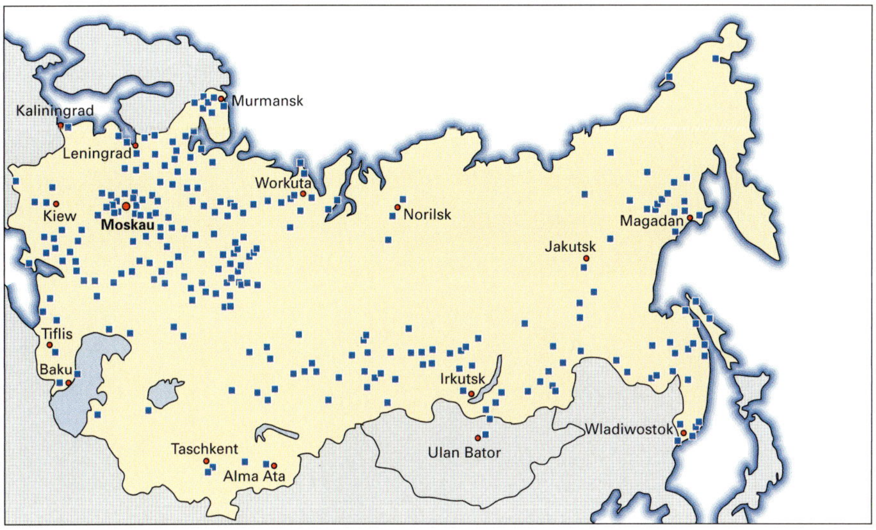

1 Versetze dich in die Lage der Schülerin Nina (M1). Was ist das „Sonderbare und Unbegreifliche"? Wie reagierte sie darauf?

2 Unter welchen Bedingungen mussten die Deportierten arbeiten (M2 und M3)? Stelle Vermutungen an, warum Augenzeugenberichte wie M2 erst Jahrzehnte später veröffentlicht werden konnten.

3 Heutige Historiker sprechen in Bezug auf die GULAGs (M4) von „Staatssklaverei". Nimm zu dieser These Stellung.

Experiment Kommunismus – Erfolgsgeschichte oder Massenterror?

Methode: Analyse fachwissenschaftlicher Texte

Die darstellenden Texte in Schulbüchern sind in der Regel für den Gebrauch im Unterricht geschrieben. Wer mehr wissen oder wer prüfen möchte, ob die Darstellung im Schulbuch dem Stand der Geschichtswissenschaften entspricht, kann zur Fachliteratur greifen, die für das Studium und für das interessierte Fachpublikum geschrieben wurden. Es ist nicht immer leicht, einen fachwissenschaftlichen Text zu verstehen. Folgende methodische Schritte sind hilfreich:

1. Schritt: Inhalte und Begriffe klären
Stelle zunächst allgemein fest, zu welcher Thematik der Text verfasst wurde. Manche unbekannten Wörter werden im Text erläutert oder sind durch den Kontext verständlich, manche musst du nachschlagen.

2. Schritt: Thesen herausarbeiten
Notiere drei bis vier zentrale Behauptungen des Autors; möglichst mit eigenen Worten.

3. Schritt: Thesen verstehen und begründen
Erarbeite am Text, welche Erläuterungen der Verfasser gibt und wie er sie begründet.

4. Schritt: Aussagen kritisch prüfen
Was kannst du aus eigenem Wissen bestätigen oder ergänzen? Wozu kannst du gegenteilige Fakten und Argumente vorbringen?

5. Schritt: Wertungen im Text erkennen
Prüfe, was der Verfasser positiv bzw. negativ sieht. Gibt es eine bestimmte Tendenz in seinem Text?

6. Schritt: Ergebnis der Analyse festhalten
Fasse deinen Erkenntnisgewinn aus der Arbeit an diesem Text mit wenigen Sätzen zusammen.

7. Schritt: Weitere Fragen stellen
Notiere Fragen, die nach deiner Textanalyse offen bleiben. Hier kann die Untersuchung weitergehen.

M1 Die „offizielle" Bewertung bis 1990

Mit der Großen Sozialistischen Oktoberrevolution ist eine grundlegende Wende der Geschichte der Menschheit für immer verbunden – die Wende vom Kapitalismus zum Sozialismus. Die Oktoberrevolution bereicherte die Welt durch praktische Erfahrungen, die zur Lösung der wichtigsten sozialen Probleme notwendig sind: zum Sturz der Ausbeutermacht und zur Errichtung der proletarischen Diktatur, zur Umwandlung des bürgerlich-gutsherrlichen Privateigentums in gesellschaftliches, sozialistisches Eigentum, zur gerechten Lösung der Agrarfrage zugunsten der Bauern, zur Befreiung der abhängigen Völker von kolonialer und nationaler Unterdrückung sowie zur Schaffung politischer und wirtschaftlicher Voraussetzungen für den Aufbau des Sozialismus. Die Oktoberrevolution war der erste siegreiche Akt der sozialistischen Weltrevolution.

Zitiert nach: Istorija SSSR, Bd. 2, Moskau 1977, S. 71. Vom Verfasser übers.

M2 Parade zum Jahrestag der Oktoberrevolution auf dem Roten Platz *(7. November 1987)*

M3 Spiegel-Streitgespräch über die Erinnerungskultur und die Bewertung der Oktoberrevolution *(2007)*

Wladimir Buldakow, russischer Fachhistoriker für die Oktoberrevolution, Professor für Geschichte in Moskau; Michail Gorinow, russischer Historiker, langjähriger Sekretär des kommunistischen Chefhistorikers Isaak Minz:

Spiegel: Eine Gruppe von Professoren hat sich jüngst in einem offenen Brief beschwert, dass es den Feiertag der Oktoberrevolution nicht mehr gibt. Ist der 25.Oktober (7. November) für Sie Anlass zum Feiern oder eher nicht?

Buldakow: Das ist ein bolschewistischer Standpunkt, eine Fortsetzung des Mythos vom Großen Oktober. Auch wenn ich mit den Professoren nicht einverstanden bin, möchte ich aber nicht, dass die Feiern abgeschafft werden. Das historische Gedächtnis des Volkes sollte man nicht vergewaltigen. Das haben schon die Bolschewiki versucht: Statt des orthodoxen Ostern wollten sie ein „Rotes Ostern". Ein banaler Betrug, mehr nicht. Die heutigen Eliten machen sich nichts aus Revolutionen, sie haben Angst vor ihnen.

Gorinow: Für mich gab es in der Jugend zwei ganz große Feiertage, den 1. Mai und den 7. November. Der 1. Mai war mit Frühling und Fröhlichkeit verbunden, auf allen Plätzen wurde getanzt. Den 7. November brachte ich wohl wie die meisten Sowjetmenschen mit der Macht unseres Vaterlandes in Verbindung, und die Militärparade auf dem Roten Platz gehörte unbedingt dazu. Man hatte das Gefühl, Teil eines großen und mächtigen Staates zu sein. Für mich war das ein wichtiger Tag im Kalender. Wenn die Franzosen ihre Revolution noch immer feiern, obwohl nicht alle von ihr begeistert sind – warum sollte das in Russland nicht gehen?

Buldakow: Am 7. November wollten die Machthaber der Sowjetunion etwas vortäuschen, was es so nicht gab. Am Mausoleum (von Lenin) fuhren Raketen vorbei, die nur Attrappen waren, das Volk aber wurde zur Teilnahme an der Demonstration gezwungen – auch bei Kälte und Regen. Man bekam blöde Plakate und musste sie den ganzen Weg schleppen – um sie nachher gegen Quittung wieder abzugeben ...

Spiegel: War Ihre Revolution im Rückblick eine Sackgasse der Geschichte?

Buldakow: Aus meiner Sicht ist der November 1917 keine Sackgasse gewesen, sondern ein große Lehre. Eine Utopie kann Menschen begeistern, doch man kann auf ihr nichts Festes aufbauen. Die Vorahnung, alles würde mit einem Riesenzusammenbruch enden, hatte man schon immer.

Gorinow: Die Französische Revolution bescherte der Welt die Idee von politischer Freiheit. Die Russische Revolution ging weiter, sie hat die politische durch die soziale zu ergänzen versucht. Die Idee, dass der Staat die Wirtschaft lenken solle, hing mit der Vorstellung zusammen, nur so Wohlstand erreichen zu können. Die Große Russische Revolution wollte denjenigen Hoffnung schenken, die in der kapitalistischen Welt nicht zur Elite gehörten. Dazu brachte sie eine neue Elite hervor, die an die Stelle der alten Zaren-Bürokraten trat.

Spiegel: Lenin und Stalin – wer war für Sie der Gute, wer der Böse?

Buldakow: Die Gegenüberstellung hat eine lange Tradition. Im Moment (2007) ist bei uns mal wieder Stalin der gute Onkel. Lenin funktionierte in jener Phase, in er es um die Zerstörung der Macht ging.

Gorinow: Lenin war ein genialer Politiker in Krisenzeiten!

Buldakow: Lenin war eine große Persönlichkeit, daran führt kein Weg vorbei. Genauso offensichtlich ist, dass Stalin ein erbärmlicher Typ war, freilich mit einem geradezu animalischen Machtinstinkt ... Geistig war er eine Null ... Stalin hat nie an die sozialistischen Ideale geglaubt, er verkörperte den traditionellen Typ des Gutsherrn, der sich Leibeigene hält.

Gorinow: Wäre Lenin Parteiführer geblieben, hätte es keine Säuberungen gegeben. Stalin war keine schäbige Figur, er war durchaus Marxist. Kein großes Licht in der Theorie, aber er blickte durch.

Spiegel: Eine breite Auseinandersetzung mit dem kommunistischen Erbe hat in Russland nie stattgefunden, obwohl fast jede Familie vom Terror betroffen war. Warum dieses Schweigen?

Buldakow: Die Geschichte wird immer wieder umgeschrieben. In Russland sind es die Machthaber, die die Geschichtsauffassungen erstellen, nicht die Experten. Die Geschichtsinterpretation in den Schulbüchern ist ein besonderes Problem. Neuerdings gibt es die Prüfungen in Geschichte nur zum Ankreuzen per Computer. Das heißt, Schüler müssen die Antworten kennen, die als richtig gelten. Das Volk wird wieder einmal mehr für dumm verkauft.

Gorinow: Eine wirkliche Diskussion über unsere Vergangenheit fand nie statt.

Das Gespräch führten die Redakteure Christian Neef und Rainer Traub. Zitiert nach: Spiegel spezial Geschichte: Experiment Kommunismus, a. a. O., S. 138ff.

1 Beschreibe die offizielle Sicht der Oktoberrevolution in M1 und M2.

2 Analysiere die Aussagen der beiden Historiker (M3), indem du dich an den links vorgegebenen Schritten orientierst. Beziehe auch die Seiten 18–19 mit ein.

Das Land der unbegrenzten Möglichkeiten?

M1 „Quer über den Kontinent, nach Westen dehnt sich das Imperium aus" *(Nathaniel Currier und James Merrit Ives, Farblithografie, 1868)*

M2 Einwandererfamilie in Nebraska *(Foto, 1886)*

Die Anziehungskraft der USA im 19. Jh. Eine freiheitliche Verfassung und die aus Sicht der „Alten Welt" unbegrenzten Möglichkeiten, sein Schicksal selbst in die Hand zu nehmen, faszinierten Menschen aus ganz Europa. Vielen Verfolgten und Verarmten gelang es in der „Neuen Welt", ihr „Recht auf Glück" umzusetzen, so wie es in der amerikanischen Verfassung geschrieben steht.

Zwischen 1790 und 1860 wuchs die Bevölkerung der USA von 4 auf 31 Millionen Menschen an. Die Ausdehnung der Grenze („frontier") nach Westen ging einher mit dem allmählichen Ausbau der Verkehrswege, dem Beginn der Industrialisierung und der Kommerzialisierung der Landwirtschaft. Das Zusammenspiel von Bevölkerungswachstum, Erfindungsreichtum, technischen Neuerungen und wirtschaftlichem Aufschwung ließ ein neues unternehmerisches Denken entstehen, das in amerikanischen Schulbüchern als „market revolution" bezeichnet wird. Zugleich vergrößerten sich durch diese Neuerungen die Unterschiede zwischen dem Norden und dem Süden des Landes. Im amerikanischen Bürgerkrieg siegten die Staaten des industriell entwickelten Nordens und Westens über die landwirtschaftlich geprägten Südstaaten, die für ihre Produktionsweise unbedingt an der Sklaverei festhalten wollten. Reiche Rohstoffvorkommen, die Tüchtigkeit der Auswanderer und ein Unternehmergeist auf allen Gebieten bildeten die Basis für den Aufstieg des Landes zur wirtschaftlichen Weltmacht in der 2. Hälfte des 19. Jh.

M3 Einwanderung in die USA nach Herkunftsgruppen *(1820–2000)*

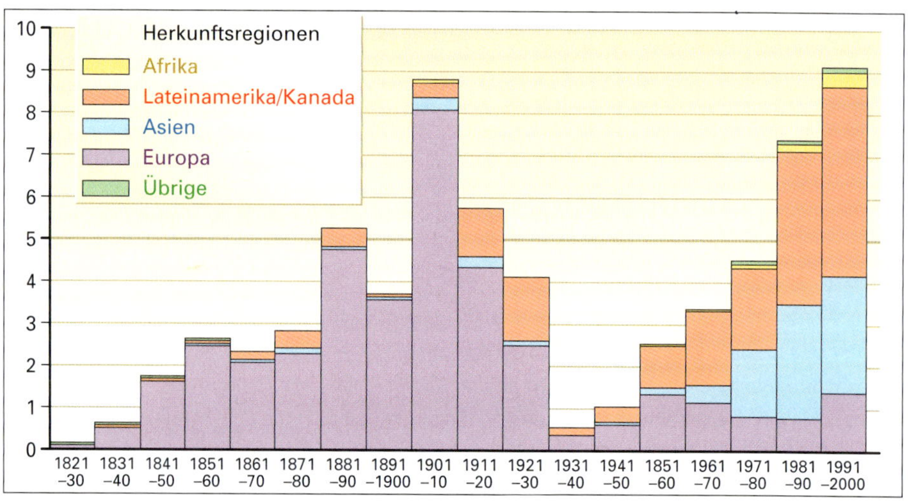

M4 Die Erschließung des Westens im 19. Jh.

M5 „Land der drei Kulturen“

Zentrale Daten zur Geschichte der USA:

Besiedlung des Kontinents seit 15 000 v. Chr.; bis zur Ankunft der Europäer leben ca. 1000 Indianerkulturen in Nordamerika; durch den transatlantischen Dreieckshandel kommen zudem 500 000 Afrikaner nach Nordamerika

1607 erste dauerhafte Siedlung von Briten in Jamestown (Virginia); *1620* Ankunft der „Mayflower“

1754–1763 French and Indian War; Großbritannien wird koloniale Vormacht und drängt die Franzosen zurück

1775–1783 Unabhängigkeitskrieg

1776 Unabhängigkeitserklärung; 1787 Verfassung

1846–1865 Krieg gegen Mexiko

1860–1890 Vernichtungskriege gegen die Indianer

1861–1865 amerikanischer Bürgerkrieg

1865 Abschaffung der Sklaverei

1898 Spanisch-Amerikanischer Krieg; die USA werden Kolonialmacht auf Kuba und den Philippinen

1917 Eintritt in den Ersten Weltkrieg aufseiten der Entente

1 Welche Aussagen erlaubt die Tabelle zur Einwanderung in die USA (M3)?

2 Beschreibe das Bild M2. Vergleiche mit den Lebensverhältnissen in einem russischen Dorf (Seite 14/M1).

3 Skizziere die Etappen der Ausdehnung nach Westen (M4).

4 Informiere dich über den Mythos der „frontier“ und beziehe M1 ein.

5 Fasse, ausgehend von M5 und dem Autorentext, die Entwicklung der USA im 19. Jh. zusammen.

6 Stelle Recherchen zu den Ursachen und Folgen des amerikanischen Bürgerkriegs an.

7 Amerikanische Geschichte war lange Zeit die Geschichte der europäischen Einwanderung. Heutige amerikanische Schulbücher sprechen von den USA als einem „Land der drei Kulturen“. Erkläre den Begriff und den Wandel im Geschichtsbild.

Wohlstand durch Massenproduktion?

Passgenauigkeit und Fließbandfertigung. Neuartige Methoden bei der Produktion von Verbrauchsgütern bescherten mehr Menschen als jemals zuvor in der Geschichte der Industriewirtschaft einen hohen Lebensstandard und machten die USA zu Beginn des 20. Jh. zum modernsten Land der Erde.

Als Henry Ford I. 1903 in Dearborn bei Detroit eine Werkstätte zur Herstellung von Autos eröffnete, formulierte er als sein Ziel: „Ich werde ein Fahrzeug für die Masse bauen, und sein Preis wird so erschwinglich sein, dass es sich jeder leisten kann." Seine Ingenieure entwarfen ein einfaches, robustes Fahrzeug und nannten es „Model T" oder „Tin Lizzy". Es kostete rund 950 Dollar – für die meisten Menschen immer noch zu teuer. In den Schlachthöfen von Chicago hatte Ford das Fließband kennengelernt. Er übernahm diese neue Methode 1913 für seine Fabrik: Jetzt verrichtete jeder Arbeiter am langsam vorrückenden Fahrzeug passgenau nur einen speziellen Handgriff. Auf diese Weise rollte nun alle 10 Sekunden ein fertiges Auto vom Band, und der Preis war auf 260 Dollar gesunken, bei höherer Qualität. 1914 führte Ford in seiner Fabrik den Achtstundentag ein und verdoppelte den Tageslohn eines Arbeiters von 2,50 auf 5 Dollar. Er tat das nicht aus Menschenfreundlichkeit, sondern mit der nüchternen Überlegung, dass eine Massenproduktion nur Gewinn bringt, wenn viele Menschen genügend Geld haben, die produzierten Waren auch zu kaufen. Bald wurden nach Fords Methoden technische Geräte und Konsumgüter für breite Bevölkerungsschichten gebaut und verkauft. 1927 hatte jeder fünfte Amerikaner ein Auto – in England nur jeder hundertste.

Ein neuer Lebensstil. Die rasche Motorisierung veränderte das tägliche Leben: Nun wurde es für viele Menschen möglich, in Vorstädten zu wohnen, täglich zur Arbeit oder zur Schule zu fahren und mit dem Auto den Einkauf zu erledigen. Auch entfernter gelegene Kinos oder Sportveranstaltungen waren leicht erreichbar. Immer mehr Amerikaner konnten preiswert zu Verwandtenbesuchen oder in Urlaub fahren. Bedenken wegen Luftverpestung, Staus oder Zerschneidung von Naturräumen durch Straßen gab es damals noch nicht.

M1 Verkehr in New York *(1928)*

Ungleiche wirtschaftliche Entwicklung. Nicht alle Wirtschaftszweige profitierten von der neuen Produktionsweise: Eisenbahnen, Schiffsverkehr oder Kohlebergbau hatten am Boom der „Golden Twenties" keinen Anteil. In der Textilindustrie der Städte Neu-Englands breitete sich Armut aus. Am meisten litt die Landwirtschaft. Der Einsatz von Maschinen führte zu einer Überproduktion, die wegen der weltweiten Zollschranken nicht exportiert werden konnte. Daher sanken die Preise für Mais, Weizen und Baumwolle dramatisch. Immer mehr Farmen mussten zwangsversteigert werden. Auch in den blühenden Wirtschaftszweigen stiegen Produktivität und Profite stärker als die Löhne – die Gewinne kamen einseitig den Unternehmern zugute, die Arbeiter verfügten über zu wenig Kaufkraft. Daher kauften die meisten Menschen Autos oder Kühlschränke auf Pump und zahlten sie in Raten ab. In der Krise des Jahres 1929 (s. S. 36f.) erwies sich diese Einkommensverteilung als verhängnisvoll.

M2 Charlie Chaplin in „Modern Times“
Der Film entstand zwischen 1933 und 1936.

M3 Konsumgüterproduktion in den USA

Neuzulassungen von Personen- und Lastkraftwagen		
Jahr	Pkw	Lkw
1920	8 131 522	1 107 639
1921	9 212 158	1 281 608
1922	10 704 076	1 569 523
1923	13 253 019	1 849 086
1924	15 436 102	2 176 838
1925	17 439 701	2 483 215
1926	19 220 885	2 807 354
1927	20 142 120	2 969 780
1928	21 308 159	3 171 542
1929	23 060 421	3 408 088
1930	22 972 745	3 518 747

Verkauf von Kühlschränken		Verkauf von Radiogeräten	
1920/21	5 000	1920/21	–
1922/23	18 000	1922/23	600 000
1924/25	75 000	1924/25	3 500 000
1926/27	390 000	1926/27	4 100 000
1928/29	890 000	1928/29	7 678 000

M4 Ford kommt nach Köln

Am 2. Oktober 1930 legten Henry Ford I. und Oberbürgermeister Konrad Adenauer den Grundstein für das Werk in Niehl:

Die Marke Ford kam 1925 nach Deutschland: Im Berliner Westhafen wurden von 1926 an Einzelteile des amerikanischen T-Modells zusammengeschraubt, die in Holzkisten per Schiff nach Deutschland kamen. Pro Tag wurden durchschnittlich 50 Wagen montiert …

1930 erwarb die Ford Motor Company ein Gelände mit 280 Meter Rhein-Front in Köln-Niehl. Ausschlaggebend für diesen Standort waren die verkehrsgünstige Lage am Rhein sowie die Bahnanschlüsse, aber auch die Nähe zum Ruhrgebiet, da für die Produktion deutsche Zulieferteile verwendet werden sollten. Am 2. Oktober erfolgte der Baubeginn für die Halle A, die noch heute als denkmalgeschütztes Gebäude existiert und als Sitz von Ford of Europe dient.

Zur offiziellen Einweihung am 12. Juni 1931 kamen auf einer „Zu Ford am Rhein“ genannten Sternfahrt rund 10 000 Teilnehmer aus ganz Europa nach Köln. Das Fabrikgebäude maß 33 000 Quadratmeter, auf denen unter anderem 650 Maschinen standen. Geplant waren 1 200 Arbeitsplätze für die Montage von 60 Wagen pro Tag bei einer 40-Stunden Woche.

Zitiert nach: http://www.presseportal.de/pm/6955/731404/ford_werke_gmbh (1.9.2008)

1 Erörtere, inwieweit die USA in den 1920er Jahren modern waren (M1 und M3 sowie Autorentext).

2 Die Fließbandarbeit wurde gut bezahlt, stand aber auch bald in der Kritik: Welche gesundheitlichen und psychischen Folgen dieser Arbeitsweise werden kritisiert (M2 und eigene Recherche)? Erkundige dich auch zum Inhalt des Films „Modern Times“.

3 Stelle Informationen über die Geschichte der Firma Ford 1903–1931 zusammen. Nenne aus Sicht des Unternehmers Henry Ford die Überlegungen, eine Tochterfirma in Deutschland zu gründen (M4).

4 Diskutiert die Vorzüge und Probleme einer modernen Massenproduktion.

„The Roaring Twenties" – bestimmt Amerika, was Kultur ist?

Amerikanische Populärkultur. Der im weltweiten Vergleich einzigartige Wohlstand der USA veränderte auch den Kulturbereich. Bis ins 20. Jh. hinein hatte in den USA wie in Europa eine bürgerliche Elite bestimmt, was Kultur war: Konzerte, Ballett und Opern, Theater, Literatur und Malerei. In dem Maße aber, in dem auch die Mittelschichten und die Arbeiter über mehr Geld und mehr Freizeit verfügten, entstand ein erhöhtes Bedürfnis nach bezahlbarem und weniger anspruchsvollem Vergnügen. Eine neue typisch amerikanische „Kulturindustrie" entstand: Die Bereiche Musik, Tanz, Film, Mode und Sport arbeiteten zusammen und produzierten „am laufenden Band" Standardstücke in Serie wie in der industriellen Massenproduktion. So trat neben das Kunstlied der Song, neben die Oper das Musical, neben das Theater die Revue oder Show, neben das Gemälde der Comic, neben die klassische Musik der Jazz, neben das Museum der „amusement park". Den Konsumenten dieser „Kulturindustrie" sollte leichte Unterhaltung mit Spannung und Zerstreuung geboten werden.

Hollywood. In den 1920er Jahren wurde der Kinobesuch zum wichtigsten Freizeitvergnügen der Amerikaner und bald auch in Europa und der Sowjetunion (s. S. 23). Gezeigt wurden zunächst Stummfilme, die meist in Hollywood, einem Vorort von Los Angeles, hergestellt worden waren. Die Studios – Warner Brothers, Paramount, Metro-Goldwyn-Meyer, United Artists – waren überwiegend von osteuropäischen jüdischen Emigranten aufgebaut und den führenden Banken der Wall Street in New York finanziert worden. Zu den Stars gehörten Charlie Chaplin als kleiner leidender wie listiger Tramp und Rudolph Valentino als „Latin lover". Als Valentino 1926 im Alter von 31 Jahren starb, löste dies landes-, ja weltweit eine Welle der Trauer aus. 1927 kam mit „Jazz Singer" der erste Tonfilm heraus und ließ die Gewinne von Warner Bros. in schwindelnde Höhen schnellen. 1929 waren bereits drei Viertel aller Filme „talkies". Hollywood, die „Traumfabrik", bot Vorbilder oder Trost und Vergessen, wenn das Leben nicht so lief, wie erhofft. Im Film stand am Ende fast immer das „happy ending".

M1 Mickey Mouse wurde 1928 von Walt Disney erfunden.

M2 „The Arts of Life in America: Arts of the City" *(Ausschnitt aus einem Gemälde von Thomas H. Benton, 1930)*

M3 „Das Fräulein von Kasse 12“
(Deutsches Filmplakat, 1927)

M4 Amerikanische Massenkultur erobert Europa

... Sportarten wie American Football, Baseball und Boxen erschienen als Ausdruck amerikanischer Kraft und Dynamik. Im Boxring ergaben sich zudem die ersten großen sportlichen Duelle zwischen den Vereinigten Staaten und Europa ... „Amerikanisch“ erschien auch das mit den Sportveranstaltungen verbundene öffentliche Spektakel.

Von hoher Bedeutung ... war auch die für europäische Verhältnisse ungewohnt emanzipierte Rolle der Frauen ... Sichtbarer Ausdruck der „neuen Frau“ war Mitte der 1920er Jahre die plötzlich verbreitete Kurzhaarfrisur, die schon bald auch nach Europa übergriff und dort für Erstaunen sorgte ...

Zitiert nach: Thomas Raithel: Amerika als Herausforderung in Deutschland und Frankreich in den 1920er Jahren. In: http://www.europa.clio-online.de/2007/Article=193 (2.9.2008).

M5 Deutsche Stimmen zum „Amerikanismus“

a) Herbert Jhering, einer der bekanntesten deutschen Theater- und Filmkritiker seiner Zeit (1928):

Die Zahl der Menschen, die Filme sieht und keine Bücher liest, geht in die Millionen. Sie alle werden dem amerikanischen Geschmack unterworfen, werden gleichgemacht, uniformiert. Es handelt sich nicht um Chaplin, Keaton, Harald Lloyd, sondern um die platten Durchschnittsfilme, die von Amerika in Überzahl importiert oder gleich hier hergestellt werden. Der amerikanische Film ist der neue Weltmilitarismus. Er rückt an. Er ist gefährlicher als der preußische. Er verschlingt nicht Einzelindividuen. Er verschlingt Völkerindividuen.

b) Der Pädagoge und Geistliche Günter Dehn über die Arbeiterjugend der deutschen Großstädte (1927):

Verdienen und Vergnügen, das sind die beiden Angelpunkte des Daseins, wobei unter Vergnügen beides, das Edle und das Unedle, von primitiver Sexualität und Jazzmusik bis zu künstlerisch einwandfreier Wohnkultur und rational durchgeführter Körperpflege zu verstehen ist ... Deutschland ist wirklich amerikanisiert bis in die Wurzeln seines Denkens ... Immer wieder muss man denken: nicht der Sozialismus, der Amerikanismus wird das Ende aller Dinge sein. Wenn fast kaum noch ein Arbeitermädchen die alte Haartracht trägt, sondern selbstverständlich den Bubikopf, so sollte man anerkennen, dass dies ein sinnvoller Ausdruck der ganzen hier vorliegenden Lebenshaltung ist.

c) Der Dichter Gottfried Benn (1928):

Die ganze deutsche Literatur seit 1918 arbeitet mit dem Schlagwort Tempo, Jazz, Kino, Übersee, technische Aktivität, bei betonter Ablehnung aller seelischen Probleme.

Ich persönlich bin gegen Amerikanismus. Ich bin der Meinung, dass die Philosophie des rein auf den Nutzen gerichteten Denkens, des Optimismus um jeden Preis, des ‚keep smiling', des dauerhaften Grinsens auf den Zähnen, dem abendländischen (= europäischen) Menschen und seiner Geschichte nicht entspricht.

Zitiert nach: Detlev Peukert: Die Weimarer Republik, Frankfurt/M. (Suhrkamp) 1987, S. 178, 181 und 186.

1 Stelle die wichtigen Charaktereigenschaften von Mickey Mouse (M1) vor und überlege, warum diese Figur sich bis heute so großer Beliebtheit erfreut.

2 Schreibe die kulturellen Veränderungen, die in den USA erstmals massenhafte Verbreitung fanden, aus dem Autorentext heraus. Beziehe M2 mit ein. Deute den Sinn der Überschrift dieser Doppelseite.

3 Erörtert den Einfluss der amerikanischen „Kulturindustrie“ auf Europa in den 1920er Jahren und diskutiert die Argumente und Motive, mit denen Kritiker in Deutschland den amerikanischen Kultureinfluss ablehnten (M3–M5).

Die Weltwirtschaftskrise verändert das amerikanische System

Die Gründe für die Krise. Im Verlauf des Jahres 1929 war der amerikanische Markt von Waren überschwemmt, die keinen Absatz mehr fanden. Die Farmer litten darunter, dass sie für ihre Produkte immer weniger Geld bekamen, obwohl sie mehr produzierten. Neue Maschinen hatten sie auf Kredit gekauft, konnten nun aber ihre Schulden bei den Banken nicht zurückzahlen. Am 24. Oktober, dem „Schwarzen Freitag", begannen die Aktienkurse an der New Yorker Börse abzustürzen. Wer Wertpapiere auf Kredit gekauft hatte, konnte ihn seiner Bank nicht zurückzahlen. Banken und Firmen machten reihenweise bankrott. Millionen Menschen verloren ihre Arbeit und fielen in ein Elend, das an die Frühzeit der Industrialisierung erinnerte.
Die amerikanischen Banken brauchten dringend Geld und kündigten daher die Kredite, die sie europäischen Bankhäusern gegeben hatten. Damit gingen auch in Europa große Banken bankrott. Deutsche Unternehmen verloren das Kapital, das ihnen von Amerikanern geliehen worden war. Eine Welle von Firmenpleiten war die Folge, Millionen von Europäern wurden arbeitslos.

M1 Demonstration in New York *(ca. 1930)*

Die „Große Depression" und der Staat. In den USA hielt der amtierende republikanische Präsident Herbert Hoover (1929–1933) auch jetzt noch an dem alten amerikanischen Grundsatz fest, dass die Wirtschaft die Krise aus eigener Kraft überwinden könne; der Staat müsse sich heraushalten. Bald wurde sein Name zum Inbegriff der Not seiner Landsleute: die neuen Elendsviertel am Rand der Vorstädte hießen „Hoovervilles"; die Zeitungen, mit denen sich obdachlos gewordene Amerikaner nachts zudecken mussten, nannten sie „Hoover-Bettdecken". In den Präsidentschaftswahlen Ende 1932 erhielt Hoover die Quittung; sein demokratischer Herausforderer Franklin D. Roosevelt gewann eine überwältigende Mehrheit. Er hatte im Wahlkampf versprochen, seine Regierung werde energisch handeln und zugunsten der Not leidenden Bürger die „Spielkarten neu verteilen" (▸ New Deal).

Die Politik des „New Deal". Als Präsident leitete Roosevelt sofort ein Bündel von Maßnahmen ein. Der Staat garantierte die Einlagen der Sparer bei den Banken. Arbeitslose junge Männer konnten in einem freiwilligen Arbeitsdienst (Civilian Conservation Corps) Beschäftigung finden. Die Bundesregierung förderte die Verbesserung der Infrastruktur, d. h. sie ließ Flughäfen, Straßen und Stromleitungen bauen und schuf dadurch Millionen von Arbeitsplätzen. Das größte Projekt war die Rekultivierung des ökologisch ruinierten Tennessee-Tals; hier entstanden zahlreiche Staudämme und Elektrizitätswerke. Ab 1935 konzentrierte Roosevelt seine Politik auf den Aufbau des Sozialstaats. Es wurden Alters- und Arbeitslosenversicherungen geschaffen und die Gewerkschaften endlich als Interessenvertreter der Arbeiter anerkannt.

Die Bedeutung des „New Deal". Roosevelts Maßnahmen brachten kaum durchschlagenden Erfolg. Dennoch waren sie von großer psychologischer und politischer Bedeutung. Auch in Amerika gab es Menschen, die sich von einer faschistischen oder kommunistischen Diktatur die Lösung aller Probleme erhofften. Der großen Mehrheit aber konnte Roosevelt das Gefühl vermitteln, dass die Bundesregierung in Washington ihre Sorgen und Nöte ernst nahm und alles tat, um die Lage zu bessern. So schöpften die Menschen von neuem die Zuversicht, dass Demokratie und Kapitalismus, wie sie sich in Amerika entwickelt hatten, mit den Problemen fertig werden konnten. Neu war dabei, dass der Staat nun auch in die Wirtschaft eingriff und zum Sozialstaat geworden war. Insofern ging das amerikanische System verändert, aber auch gestärkt aus der Krise hervor.

M2 Roosevelt bei seinem ersten „Kamingespräch"
Um den Bürgern seine Politik zu erklären, nutzte der Präsident gezielt die Möglichkeiten des Radios.

M3 Franklin D. Roosevelt, Address on Constitution Day, Washington, D. C. *(September 17, 1937)*

My Fellow Americans:

... In our generation, a new idea has come to dominate thought about government, the idea that the resources[1] of the nation can be made to produce a far higher standard of living for the masses of the people if only government is intelligent and energetic in giving the right direction to economic life ... That ideal makes understandable the demands of labor for shorter hours and higher wages, the demands of farmers for a more stable income, the demands of the great majority of business men for relief from disruptive[2] trade practices ...

I believe that these things can be done under the Constitution without the surrender[3] of a single one of the civil and religious liberties it was intended to safeguard[4] ... Nothing would so surely destroy the substance of what the Bill of Rights protects than its perversion[5] to prevent[6] social progress ... Tolerance and fair play would disappear here as it has in some other lands if the great mass of people were denied confidence in their justice, their security and their self-respect. Desperate people in other lands surrendered their liberties when freedom came merely to mean humiliation and starvation[7]. The crisis of 1933[8] should make us understand that ...

Zitiert nach: http://newdeal.feri.org/court/fdr03.htm

[1]resources: Hilfsquellen, Potenzial, [2]disruptive: zerstörerisch, [3]surrender: Auf-/Preisgabe, [4]safeguard: bewahren, [5]perversion: Verdrehung, [6]prevent: verhindern, [7]starvation: Hungertod, [8]the crisis of 1933: Machtübernahme Hitlers

M4 Roosevelt in den „Ersten 100 Tagen" seiner Regierung *(Karikatur aus der „Rochester Times Union", 1933. Im Hintergrund ist das Weiße Haus zu sehen.)*

1 Arbeite heraus, worin Roosevelt die neue Aufgabe der Regierung sah (M3 und M4).

2 Ordne die Maßnahmen der Regierung Roosevelt den Zielen „relief" (Linderung der Not), „recovery" (wirtschaftliche Erholung) und „reform" zu (M3 und M4).

3 Erkläre, warum Roosevelt das Vertrauen der Mehrheit der Amerikaner gewann (M3 und Autorentext).

4 Erörtere, warum Roosevelt besonderen Wert darauf legt, dass seine Politik mit der Verfassung vereinbar sei (M3/Zeilen 11ff.). Was hätten die Gegner ihm antworten können?

5 Erläutere, warum die Sowjetunion von der Weltwirtschaftskrise nicht betroffen war (S. 24f.).

Europa – reif für die Demokratie?

Die amerikanischen Ideen zerplatzen. Bei der Abfahrt zu den Friedenskonferenzen in Paris waren der amerikanische Präsident Wilson und seine Mitarbeiter der festen Überzeugung, dass die liberale Demokratie amerikanischer Prägung auch in Europa ihren Siegeszug antreten würde. Künftige Kriege sollten durch einen Völkerbund verhindert werden. Die Initiative dazu hatte Wilson in seinen „14 Punkten“ (s. S. 13) ergriffen. Tatsächlich gelang im Rahmen der Friedenskonferenzen die Gründung eines überstaatlichen Bundes. Die 26 Artikel der Satzung wurden in den Versailler Vertrag aufgenommen. Der Bund tagte einmal jährlich in Genf in der neutralen Schweiz, wo auch ein ständiges Sekretariat eingerichtet wurde. Alle Mitgliedsstaaten besaßen eine Stimme. Völkerrechtliche Konflikte wurden dem neu geschaffenen Internationalen Gerichtshof in Den Haag zur Schlichtung vorgelegt. Hauptaufgabe des Bundes war es, die Bestimmungen der Friedensverträge und die neu geschaffenen Grenzen zu garantieren. Daher standen ihm Staaten, die in den Pariser Konferenzen Gebietsverluste hatten hinnehmen müssen, von Beginn an ablehnend gegenüber. Der Völkerbund besaß keine militärischen Mittel und konnte nur wirtschaftliche Sanktionen verhängen. Er organisierte die Verwaltung der internationalisierten Stadt Danzig und führte die Aufsicht über Mandatsgebiete wie das ehemalige Deutsch-Südwestafrika. Zudem verwaltete der Völkerbund das Saarland und vermittelte erfolgreich bei Krisen in Polen und im Nahen Osten. Doch das Hauptproblem bestand darin, dass der Initiator USA dem Völkerbund fernblieb. In den USA hatten aus Enttäuschung über die nationalistische Haltung der meisten Europäer die „Isolationisten“ die Überhand gewonnen: Diese wollten die USA wieder aus den Belangen Europas heraushalten. Zwei Nationen wurden erst viel später Mitglied des Völkerbundes: der Kriegsverlierer Deutschland 1926 und die international isolierte Sowjetunion 1934.

M1 Britische Karikatur auf die Haltung Amerikas zum Völkerbund
(Punch, 10. Dezember 1919)

Faschismus – der Ruf nach dem „starken Mann“. In den unruhigen Jahren nach dem Krieg sehnten sich die Menschen in Europa nach einem wirtschaftlich gesicherten Leben. Doch von welcher Staatsform und welcher politischen Ideenwelt (Ideologie) konnte der Einzelne sich eine bessere Zukunft erhoffen? Das amerikanische Modell der liberalen parlamentarischen Demokratie stand im schroffen Gegensatz zum kommunistischen Modell in der Sowjetunion. Ein drittes Modell übte ab 1920 eine hohe Anziehungskraft auf die Massen aus: der Faschismus. Diese Bewegung kam erstmals in Italien unter dem späteren Diktator Benito Mussolini an die Macht. Der Name „Faschisten“ leitet sich von den Rutenbündeln der Liktoren im antiken Rom ab. Diese „fasces“ waren das Zeichen der Gewalt über Leben und Tod. Die Faschisten waren gegen die parlamentarische Demokratie (antiliberal), gegen den Kommunismus (antibolschewistisch) und pflegten einen übersteigerten Personenkult und Nationalismus. Pressefreiheit und Bürgerrechte wurden abgeschafft.

In Spanien putschten 1936 Teile des Militärs gegen die linksgerichtete gewählte Regierung. Ein blutiger Bürgerkrieg zerriss drei Jahre das Land. Der Anführer der Putschisten, Francisco Franco, setzte sich 1939 durch und regierte Spanien als Diktator bis 1975. Franco erhielt Unterstützung von Mussolini und Hitler, die Verteidiger der Republik von Frankreich, Großbritannien und der Sowjetunion. Auch in Portugal, Griechenland, Ungarn und Polen setzten sich rechtsnationale ▸autoritäre Regime oder faschistische Diktaturen durch.

M2 Mussolini mit Parteigenossen *(1935, vor einer Statue des römischen Kaisers Nerva, 1. Jh. n. Chr.) Mussolini wollte nach römischem Vorbild ein Mittelmeerreich errichten und betrieb eine aggressive Außenpolitik. 1935 besetzten italienische Truppe Abessinien (Äthiopien); die Sanktionen des Völkerbundes blieben wirkungslos.*

M3 Die zehn Gebote des italienischen Faschisten

1. Der Faschist, besonders der Milizsoldat, darf nicht an einen ewigen Frieden glauben.
2. Strafen sind immer verdient.
3. Auch der Wachtposten vor einem Benzinfass dient dem Vaterland.
4. Der Kamerad ist dein Bruder: 1. weil er mit dir lebt, 2. weil er denkt und fühlt wie du.
5. Gewehr und Patronentasche sollen immer für den Krieg bereit gehalten werden.
6. Sage niemals: die Regierung zahlt's; denn du selbst bist es, der zahlt, und die Regierung hast du selbst gewollt und du trägst ihre Uniform.
7. Gehorsam ist der Gott der Heere; ohne ihn ist kein Soldat denkbar, wohl aber Unordnung und Niederlagen.
8. Mussolini hat immer Recht.
9. Der Freiwillige hat kein Vorrecht, wenn er nicht gehorcht.
10. Eines muss dir über allem stehen: das Leben des Duce.

Zitiert nach: Italo Balbo: Der Marsch auf Rom. Tagebuch der Revolution 1922, Leipzig (Kittler) 1933, S. 45.

GESCHICHTE AKTIV / KREATIV
Projektidee: „Eine Fotomontage interpretieren und eine Bildcollage anfertigen"

John Heartfield: Die Freiheit selbst kämpft in ihren Reihen (Fotomontage, 1936)

Fotomontagen waren beliebte Ausdrucksformen im Wettstreit der Meinungen. Stelle die Biografie des Künstlers John Heartfield vor. Deute die beiden wichtigsten Bildelemente: Jubelnde spanische Republikaner verabschieden ihre Truppen; Zitat eines Gemäldes von Eugène Delacroix „Die Freiheit führt das Volk". Äußere dich auch zu Aufmachung, Wirkung und Intention. Fertige nach dem Vorbild Heartfields eine eigene Bildcollage zu aktuellen politischen Ereignissen.

1 Erkläre die Karikatur M1. Wie sieht der Karikaturist die Zukunft des Völkerbundes?
2 Erläutere die Merkmale des Faschismus (Autorentext). Ziehe auch M2-M3 heran.
3 Wie will der italienische Diktator Mussolini in M2 gesehen werden?
4 Finde eine Antwort auf die Frage der Überschrift (Autorentext).

Deutschland wird Republik

Die „Novemberrevolution". Am 9. November 1918 herrschte Aufruhr in Berlin. Der Kaiser hatte abgedankt, meuternde Soldaten und Demonstranten belagerten das Regierungsviertel. In dieser kritischen Phase hielt der SPD-Abgeordnete Philipp Scheidemann von einem Fenster des Reichstagsgebäudes aus eine Ansprache an die Menge und rief die „Deutsche Republik" aus. Damit kam er Karl Liebknecht zuvor, der wenige Stunden später von einem Balkon des Berliner Schlosses die „Freie Sozialistische Republik Deutschland" verkündete. Liebknecht gehörte dem „Spartakusbund" innerhalb der „Unabhängigen Sozialdemokraten" an. Ziel der Spartakisten war eine Räterepublik nach Lenins Muster. In dieser schwierigen Situation handelte Friedrich Ebert, der Vorsitzende der SPD als der stärksten Partei im Reichstag. Ebert bildete aus SPD und USPD-Mitgliedern eine vorläufige Regierung, den „Rat der Volksbeauftragten". Dieser musste umgehend dringende Probleme lösen, nämlich Friedensverhandlungen mit den Kriegsgegnern führen, die Wiedereingliederung der acht Millionen Soldaten in das Berufsleben organisieren und die Wirtschaft von Kriegs- auf Friedensproduktion umstellen. Außerdem galt es, Wahlen für eine verfassunggebende Nationalversammlung durchzuführen.

M1 Friedrich Ebert *(1871–1925)*

Der deutsche Weg zu einem neuen Staat. Um diese Aufgaben zu bewältigen, verbündete sich die revolutionäre Regierung mit den Vertretern der alten Eliten des Kaiserreichs von Militär, Verwaltung und Wirtschaft. Am 10. November 1918 traf Ebert mit Wilhelm Groener, dem neuen Chef der Obersten Heeresleitung folgende Vereinbarung: Die Militärs sollten helfen, die Truppen geordnet nach Hause zurückzuführen und die innere Ordnung in Deutschland aufrechtzuerhalten. Am 15. November schlossen der Gewerkschafter Carl Legien und der Großindustrielle Hugo Stinnes ein Abkommen. Demnach sollte das Privateigentum in der Wirtschaft nicht angetastet werden. Im Gegenzug wurden jetzt die Gewerkschaften als Vertreter der Arbeiterschaft anerkannt. Der Bildung von Arbeiterausschüssen in Betrieben mit mehr als 50 Beschäftigten wurde ebenso zugestimmt wie der Einführung des Achtstundentages. Sämtliche aus dem Heeresdienst zurückkehrenden Arbeitnehmer hatten Anspruch auf ihren früheren Arbeitsplatz. Die extreme Linke wollte und konnte die Kompromisse der neuen Machthaber mit den Kräften der alten Ordnung nicht mittragen. Am 5. Januar 1919 erhoben sich Spartakisten und Mitglieder der USPD, um die „Volksbeauftragten" zu stürzen und die „Diktatur des Proletariats" zu errichten. Im Auftrag der Regierung schlugen Freikorps, d. h. Freiwilligenverbände, den Aufstand blutig nieder. Karl Liebknecht und Rosa Luxemburg, die Anführer der Erhebung, wurden von Freikorpssoldaten ermordet.

Nachdem sich die gemäßigten politischen Kräfte Mitte Januar 1919 durchgesetzt hatten, wurde die Wahl zu einer verfassunggebenden Nationalversammlung durchgeführt. Keine der Parteien erhielt 50 % der abgegebenen Stimmen. Immerhin erreichten aber die Gruppierungen, die eine parlamentarische Republik als Ziel anstrebten – SPD, Zentrum und die Deutsche Demokratische Partei – zusammen eine deutliche Mehrheit.

Die ▸Weimarer Reichsverfassung. Im Februar 1919 trat die Nationalversammlung in Weimar, der Stadt Goethes und Schillers, zusammen. Fern der politischen Wirren in Berlin konnte hier die künftige Verfassung in Ruhe beraten werden. Zum ersten Mal entstand nun in Deutschland eine Demokratie. Das Volk sollte unmittelbar in die Politik eingreifen können: Artikel 1 besagte: „Das Deutsche Reich ist eine Republik. Die Staatsgewalt geht vom Volke aus." Die wichtigsten Staatsorgane waren der Reichstag und der Reichspräsident. Der Reichspräsident konnte unter bestimmten Bedingungen das Parlament auflösen und die Regierung entlassen. Mit dem Artikel 48 erhielt der Präsident zudem weitreichende Vollmachten. In Anlehnung an die Paulskirchenverfassung von 1849 nahm man die Grundrechte in die Verfassung auf. Das Wahlrecht für Frauen wurde gesetzlich verankert.

Im August 1919 trat mit der Unterschrift des inzwischen zum Reichspräsidenten gewählten Friedrich Ebert die neue Verfassung in Kraft. Sie knüpfte bewusst an die Revolution von 1848/49 an, weshalb man als Reichsfarben Schwarz-Rot-Gold wählte.

M2 Ergebnis der Wahlen zur Nationalversammlung und Parteien der Weimarer Republik

USPD (Unabhängige Sozialdemokratische Partei Deutschlands): von SPD-Abgeordneten im April 1917 gegründete Partei; ihr linker Flügel schloss sich im Oktober 1920 mit der kommunistischen Partei zusammen, die Rest-USPD vereinigte sich 1922 mit der SPD; forderte eine klassenlose Gesellschaft, eine Räterepublik nach sowjetischem Muster und die Abschaffung der Privatwirtschaft

SPD (Sozialdemokratische Partei Deutschlands): Arbeiterpartei; für eine parlamentarische Demokratie und für eine staatlich kontrollierte Wirtschaft

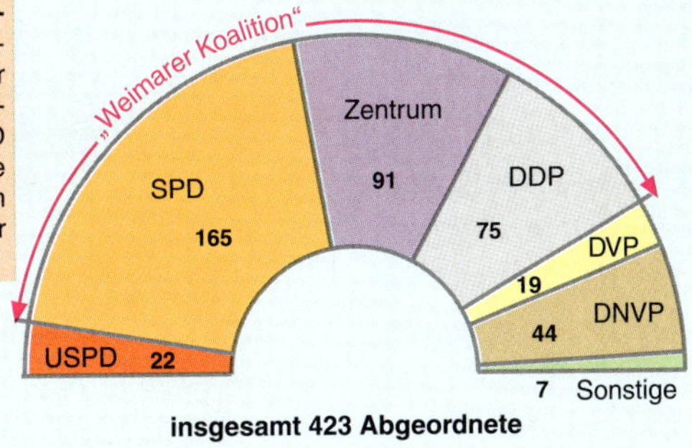

Zentrum und BVP (Bayerische Volkspartei): katholische Parteien; für parlamentarische Demokratie, Schutz des Privateigentums, für den Mittelstand

DDP (Deutsche Demokratische Partei): liberale Partei; für parlamentarische Demokratie, freie Wirtschaft, Schutz des Kleinhandels und des Handwerks

DVP (Deutsche Volkspartei) rechtsliberale Partei; für Wiedereinrichtung einer konstitutionellen Monarchie; für Privateigentum und den Mittelstand

DNVP (Deutschnationale Volkspartei): rechte konservative Partei; für die konstitutionelle Monarchie und ein militärisch starkes Deutschland; Förderung von Mittelstand und Industrie

Der Nationalversammlung (1919) gehörten 41 Frauen an, das waren 9,7 % aller Abgeordneten – ein Anteil, der in der Bundesrepublik erst wieder 1983 erreicht wurde.

M3 Die Verfassung der Weimarer Republik

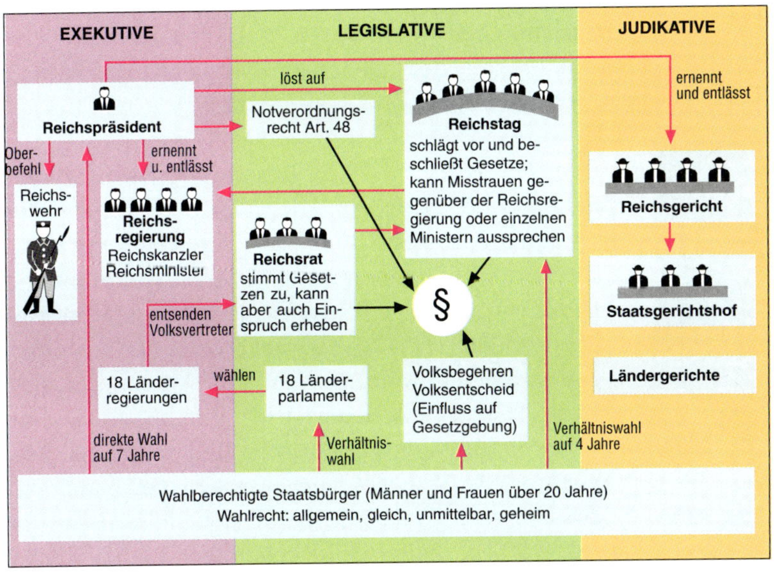

Art. 48:

„... Der Reichspräsident kann, wenn im Deutschen Reich die öffentliche Sicherheit und Ordnung erheblich gefährdet wird, die zur Wiederherstellung der öffentlichen Sicherheit und Ordnung nötigen Maßnahmen treffen, erforderlichenfalls mithilfe der bewaffneten Macht einschreiten. Zu diesem Zweck darf er vorübergehend die Grundrechte ganz oder zum Teil außer Kraft setzen.
Von allen getroffenen ... Maßnahmen hat der Reichspräsident unverzüglich dem Reichstag Kenntnis zu geben. Die Maßnahmen sind auf Verlangen des Reichstags außer Kraft zu setzen ...

1 Gib kurz wieder, welche Schwierigkeiten der „Rat der Volksbeauftragten" bewältigen musste, bevor die Wahlen zu einer Nationalversammlung stattfinden konnten (Autorentext).

2 Stelle die Biografie des ersten Reichspräsidenten Friedrich Ebert (M1) vor.

3 Erläutere die Bedeutung des Abkommens zwischen Arbeitgebern (Hugo Stinnes) und Gewerkschaften (Carl Legien).

4 Die Parteien der „Weimarer Koalition" unterstützten die Demokratie. Weise dies mithilfe der Informationen zu den Parteien in M2 nach.

5 Beschreibe anhand der Grafik (M3) die wichtigsten Staatsorgane der Weimarer Verfassung und ihr Zusammenwirken. Beziehe Artikel 1 mit ein. (Schlage unbekannte Begriffe nach.)

Gefährdung der Republik durch politischen Extremismus

Gewalt von rechts. Große Teile der Bevölkerung akzeptierten die Republik nicht. Immer wieder wurden Politiker der Parteien der „Weimarer Koalition" von Vertretern der rechten Parteien als „Novemberverbrecher" oder „Handlanger des Schandfriedens von Versailles" beschimpft. Die Rechten warfen den Demokraten vor, sie seien die wahren Verantwortlichen für den Waffenstillstand und den Versailler Vertrag. Geschürt wurde die Ablehnung des neuen Staates durch die sogenannte Dolchstoßlegende. Sie besagte, dass der Krieg militärisch zu gewinnen gewesen wäre, hätten nicht die Demokraten durch Friedensgespräche das Heer aus der Heimat heraus „erdolcht". Zwar widersprach diese Auffassung den Tatsachen, stieß aber dennoch auf breite Zustimmung in den Teilen der Bevölkerung, die sich in ihrem Nationalstolz und ihrer Ehre gekränkt fühlten.

M1 Oberer Teil eines Wahlplakats der Deutschnationalen Volkspartei mit Verweis auf die „Dolchstoßlegende" *(DNVP/1924). Unter dem Plakat stand zu lesen: „Sozialdemokraten und Demokraten wollen uns zu Sklaven der Entente (Siegerstaaten) machen. Wollt ihr das nicht, dann wählt deutschnational!"*

Gewalt von links. Auch das linksextreme Lager kämpfte gegen den Staat von Weimar, wenngleich andere Motive dafür der Grund waren: Aus Enttäuschung über die gescheiterte Revolution von 1918/19 organisierten USPD und KPD wiederholt Aufstände, die jedoch von Reichswehr und Freikorps (s. S. 40) mit großer Härte niedergeschlagen wurden. Die Überlebenden verurteilte man im Gegensatz zu den rechtsradikalen Tätern zu langen Gefängnisstrafen.

Der Kapp-Putsch 1920. Der Terror von rechts nahm an Intensität zu. Mit Attentaten, insbesondere auf Regierungsvertreter, und mit Putschversuchen wollten die Rechtsextremen den demokratischen Staat zu Fall bringen. Als die Reichsregierung die Auflösung der Freikorps anordnete, widersetzten sich viele Offiziere und Soldaten diesem Befehl und stellten sich offen gegen die Regierung: Unterstützt von rechtsgerichteten Freikorpssoldaten, erklärten im März 1920 General von Lüttwitz und Wolfgang Kapp, ein ehemaliger hoher Staatsbeamter, die Berliner Regierung für abgesetzt. Kapp wurde zum Reichskanzler ernannt; die rechtmäßige Regierung wich erst nach Dresden, dann nach Stuttgart aus. Noch schwieriger wurde ihre Lage, als ihr der an der Spitze der Armee stehende General von Seeckt seine Unterstützung entzog. Mit der Begründung „Reichswehr schießt nicht auf Reichswehr" weigerte er sich, gegen die Putschisten vorzugehen. Erst ein Generalstreik der Gewerkschaften und der Umstand, dass auch höhere Beamte in den Reichsbehörden den Aufständischen den Gehorsam verweigerten, zwang diese nach wenigen Tagen zur Aufgabe.

Der Hitler-Putsch 1923. Ein weiterer, rasch in sich zusammenbrechender Putschversuch gegen die Reichsregierung wurde 1923 von Adolf Hitler in München unternommen. Der aus Österreich stammende Hitler war vor dem Ersten Weltkrieg nach München übergesiedelt. In München machte Hitler mit einer politischen Splittergruppe namens „Nationalsozialistische Deutsche Arbeiterpartei" durch Aufmärsche, Versammlungen und politische Reden auf sich aufmerksam. In München genoss er eine gewisse Popularität in rechten Kreisen, im Reich war er nahezu unbekannt. Die Feindschaft gegenüber Republik und Demokratie veranlasste ihn, gemeinsam mit dem ehemaligen Weltkriegsgeneral Erich Ludendorff, zum Putsch gegen die Reichsregierung am 8. November 1923. Doch schon am nächsten Tag wurde dieser Aufstandsversuch von der Polizei niedergeschlagen. Es gab Tote und Verletzte auf beiden Seiten. Wegen Hochverrats wurde Hitler zu fünf Jahren Festungshaft verurteilt, jedoch schon nach einem Jahr wieder aus ihr entlassen. Die meisten seiner Mitverschwörer erhielten weit geringere Haftstrafen; Ludendorff wurde frei gesprochen.

Methode: Plakate analysieren

M2 Plakat der KPD *(1920)*

M3 Plakat des rechtsnationalen „Völkischen Blocks“ *(1924)*

Werbung ist vielfältig und dir heute vor allem aus dem Fernsehen und dem Radio bekannt. In den 1920er Jahren gab es in Deutschland diese Medien noch nicht. Daher griffen die Parteien im Wahlkampf besonders oft auf Plakate zurück. Die meist bunten Bilder werden innerhalb weniger Sekunden wahrgenommen und die Botschaft gedeutet. Plakate beeinflussen so unbewusst unsere Meinung. Ein Grund, sich näher mit ihnen und ihrer „Machart“ zu befassen.

1. Schritt: Beschreibung

Bei der Analyse eines Plakats darfst du nicht sofort alles interpretieren – dann übersiehst du wichtige Details. Notiere dir also zunächst alles, was dir ins Auge fällt. Beachte auch: Welche Personen oder Dinge stehen im Mittelpunkt des Bildes und werden durch Größe oder Farben hervorgehoben?

2. Schritt: Inhalt des Plakats zeitlich zuordnen

Richtig einordnen kannst du ein Plakat nur, wenn du weißt, in welchem (geschichtlichen) Zusammenhang es entstanden ist. Symbole oder der Text eines Plakats sind ein erster konkreter Orientierungspunkt, sie informieren über den Urheber und die angesprochene Zielgruppe. Ausgehend davon musst du dich dann fragen: Was weiß ich über die Partei oder das dargestellte Ereignis?

3. Schritt: Art der Darbietung

Die Gestaltung eines Plakats ist ein wichtiges Instrument, um seine Botschaft im Sinne des Autors zu vermitteln. So werden z. B. Feindbilder gerne in dunklen Farben gezeichnet. Auch die Mimik und Gestik abgebildeter Personen sind entscheidend. Überlege dir zudem, mit welcher Absicht Symbole in das Bild integriert werden.

4. Schritt: Aussage und Beurteilung des Plakats

Füge nun alle Einzelbeobachtungen systematisch zu einer Gesamtaussage zusammen und gib die Zielsetzung des Plakats wieder. Bleibe jedoch kritisch und überprüfe abschließend: Wird die Wirklichkeit verzerrt? Arbeitet das Plakat mit „fairen“ Mitteln oder will es, beispielsweise durch Übertreibungen, Hass gegen bestimmte politische oder gesellschaftliche Gruppierungen erzeugen?

1 Erläutere die Einstellung der Armee zur Weimarer Republik (Autorentext).
2 Analysiere die Plakate M1–M3 mithilfe der angegebenen Methodenschritte. Beschreibe, in welchen Punkten sich die Plakate gleichen bzw. voneinander unterscheiden.
3 Gib eine Einschätzung, wer durch die Plakate M1–M3 besonders angesprochen werden sollte.

Das Krisenjahr 1923: Hyperinflation und Ruhrkrise

Jonglieren mit Billionen. Auf den Straßen deutscher Städte und Gemeinden sah man 1923, wie Geldbündel in Wäschekörben und Schubkarren transportiert wurden und Hausfrauen in Geschäften Milliarden für ein paar Lebensmittel ausgaben. Eine seit dem Kriegsende unablässig steigende Geldentwertung (▸ Inflation) erreichte in jenem Jahr ein dramatisches Ausmaß. Die Regierung konnte ihre Ausgaben nur noch finanzieren, indem sie immer mehr Geld drucken ließ. Der vermehrten Geldmenge stand aber kein entsprechendes Warenangebot gegenüber. Im Herbst 1923 reichte der Wochenlohn eines Arbeiters noch für einen Zentner Kartoffeln – für ein Pfund Margarine musste er neun Stunden arbeiten.

M1 Wert eines Guthabens

1914	100 000,00 Mark	Wertverlust
1919	47 190,00 Mark	52,8 %
Januar 1920	6 480,00 Mark	93,5 %
Januar 1921	6 468,00 Mark	93,5 %
Januar 1922	2 189,00 Mark	97,8 %
Frühjahr 1923	23,46 Mark	100 %
Sommer 1923	1,19 Mark	100 %
November 1923	0,00 Mark	100 %

Die Ruhrkrise. Die Reparationen mussten in Goldmark bezahlt werden, deren Bestände aber aufgebraucht waren. Als Deutschland mit den Lieferungen an Holz und Kohle in Rückstand geriet, marschierten Franzosen und Belgier im Ruhrgebiet und am Niederrhein ein; Briten besetzten Köln und Umgebung. Die Reichsregierung in Berlin rief die Bevölkerung zum passiven Widerstand in Form von Streiks auf: Bergwerke standen still, Züge fuhren nicht mehr.
Für den Staat fielen damit alle Einnahmen aus dem wichtigsten deutschen Industriegebiet weg. Doch die Streikenden mussten mit 40 Millionen Goldmark täglich unterstützt werden. Dies konnte nur durch das weitere Drucken neuen Geldes finanziert werden – die Inflation wurde zur Hyperinflation. Angesichts einer drohenden Hungerkatastrophe beendete der neue Reichskanzler Gustav Stresemann im September 1923 den passiven Widerstand. Im November wurde eine neue Währung eingeführt, die „Rentenmark". Die Gewinner der Hyperinflation waren Haus- und Grundbesitzer, die ihre Kredite mit wertlosem Geld abbezahlen konnten. Die Sparguthaben dagegen hatten sich in nichts aufgelöst; ein großer Teil des Mittelstandes war verarmt. Die Angst vor einer erneuten Hyperinflation prägte noch jahrzehntelang die Menschen in Deutschland.

M2 „Spiel-Geld"

M3 Französische Panzer rücken in Düsseldorf ein *(1923).*

M4 „Mich zwingt Ihr nicht!“
(Plakat zum Ruhrkampf, 1923)

M6 Franzosen an der Ruhr *(Titelblatt der Beilage des „Petit Journal“, 28. Januar 1923)*
„Damit Deutschland zahlt ... An den Türen aller öffentlichen Gebäude und Fabriken erinnern die blauen Mäntel unserer Soldaten die vergesslichen Deutschen an die rechtmäßigen Forderungen und den entschlossenen Willen Frankreichs.“

M5 Der gallische Hahn verwüstet das Ruhrgebiet
(Schießscheibe zur Ruhrbesetzung, 1923).

1 Erläutere die Ursachen der Inflation (Autorentext).
2 Begründe, wer deiner Meinung nach zu den Gewinnern, wer zu den Verlierern der Inflation zählte (M1 und Autorentext).
3 Diskutiert die Reaktion der Reichsregierung auf die Ruhrbesetzung.
4 Analysiere das Plakat M4 nach den angegebenen Methodenschritten der vorangehenden Seite.
5 Beschreibe M5 und M6 und deute deren Aussagen. Wie soll jeweils die öffentliche Meinung beeinflusst werden?

Jahre der Stabilisierung nach innen und außen

Wirtschaftsaufschwung – auf Kredit. Die Rentenmark erwies sich als stabil und mithilfe von ausländischen Krediten besserte sich die wirtschaftliche Lage des Deutschen Reichs zusehends. Den Siegermächten war durch die Ruhrkrise bewusst geworden, dass nur eine florierende deutsche Wirtschaft die pünktliche Zahlung der Reparationen erlaubte. Eine internationale Kommission unter Leitung des amerikanischen Bankers Charles Dawes setzte die jährlichen Reparationsleistungen Deutschlands auf 2,4 Milliarden Mark fest. Bald erreichte die deutsche Wirtschaft in vielen Bereichen wieder eine Spitzenposition. Der Staat investierte vor allem in die Bereiche Forschung, Wohnungsbau und die Modernisierung des Verkehrswesens. Allmählich machte sich wieder Zuversicht in der Bevölkerung breit. Die nach 1923 einsetzenden „Goldenen Zwanziger" sind in der Rückschau in den Bereichen Architektur, Kunst, Literatur und Film die produktivsten der deutschen Kulturgeschichte. Berlin wurde zu einer der bedeutendsten Kulturmetropolen weltweit.

Ein moderner Sozialstaat entsteht. Die Leistungen der unter Bismarck geschaffenen Sozialversicherung wurden durch höhere Rentensätze verbessert. Doch im Krisenjahr 1923 brach das Rentenversicherungssystem wegen des wertlos gewordenen Geldes zusammen und wurde durch eine Armenfürsorge ersetzt. Die „Fürsorge" sicherte 1925 die materielle Existenz von fünf der 62 Millionen Deutschen. Ab 1926 sorgten Arbeitsgerichte für den Schutz der Arbeitnehmer. Von besonderer Bedeutung war die Einrichtung einer Arbeitslosenversicherung. Das Risiko der Arbeitslosigkeit galt bis in die 1920er Jahre als unberechenbar und daher als nicht versicherungsfähig. Bereits ab 1923 leisteten Arbeitgeber und Arbeitnehmer Beiträge zu einer solchen Versicherung, die wegen der schlechten Wirtschaftslage aber erst 1927 eingerichtet wurde. Arbeitslose besaßen damit nicht nur einen Anspruch auf Unterstützung, sondern konnten Berufsberatung, Fortbildungs- und Umschulungsmaßnahmen in Anspruch nehmen.

Außenpolitische Erfolge. Im Jahre 1922 schloss Deutschland im italienischen Seebad Rapallo, überraschend für die Westmächte, einen Vertrag mit der international isolierten Sowjetunion. In diesem Vertrag verzichtete das Deutsche Reich auf alle bis 1914 gewährten Kredite. Beide Länder räumten sich Handelsvorteile ein. Zudem wurde geheime Zusammenarbeit auf militärischem Gebiet vereinbart. Dass die Weimarer Republik sich mit dem Kernland der kommunistischen Weltrevolution verbündete, löste im Westen Alarmstimmung und Verärgerung aus.
Nach der Ruhrkrise näherten sich Deutschland und Frankreich unter englischer Vermittlung vorsichtig einander an. 1925 schloss Deutschland im schweizerischen Locarno einen Vertrag mit den Westmächten, in dem es die neuen Grenzen gegenüber Belgien und Frankreich anerkannte und die Entmilitarisierung des Rheinlandes akzeptierte. Den Polen und Tschechoslowaken sicherte Deutschland zwar eine friedliche Regelung der Streitfragen zu, behielt sich aber das Recht einer Revision (Veränderung) der Ostgrenzen des Reichs vor. Daraufhin schloss Frankreich ein Garantieabkommen zur Grenzsicherung mit Polen und der Tschechoslowakei. Die Außenminister Aristide Briand (Frankreich) und Gustav Stresemann (Deutschland) standen für die neue Politik des Ausgleichs, die 1926 die Aufnahme Deutschlands in den Völkerbund ermöglichte (s. S. 38).

M1 Wahlplakat der DNVP *(1928)*

Der Vertrag von Locarno spaltete die deutsche Öffentlichkeit zutiefst: Für die Konservativen und Nationalisten war er eine „Unterwerfung unter Frankreich" und ein „Ausverkauf deutscher Handelsfreiheit an den Völkerbund". Das Plakat spielt auf die Tatsache an, dass in der französischen Armee viele Soldaten aus den afrikanischen Kolonien Dienst taten.

M2 Berlin im Aufschwung

Erinnerungen des jungen Schriftstellers Carl Zuckmayr:

1920: Berlin trug damals noch den Stempel des verlorenen Kriegs. Die Menschen waren nervös und schlecht gelaunt, die Straßen schmutzig und von verkrüppelten Bettlern bevölkert, Blindgeschossenen und Beinlosen …

1924: Berlin hatte seine Fassade aufgeputzt und frisch gestrichen. Das Angefressene und Abbröckelnde, das viele Häuserfronten in der Nachkriegszeit noch an sich hatten, war verschwunden. Alles wirkte ganz neu – ein wenig zu neu vielleicht, wie just von der Stange gekauft, aber flott und schnieke … Alle Läden waren blitz und blank, Silber, Porzellan, Glaswaren, Pelze, die Delikatessengeschäfte zum Bersten voll. Auch die Lokale der kleinen Leute florierten wieder.

Zitiert nach: Carl Zuckmayer: Als wär's ein Stück von mir. Erinnerungen. Frankfurt/M. (= Fischer-TB 1049) [13]1980, S. 264 und 328f.

M3 Die Siedlung „Rundling" in Leipzig

In der Weimarer Republik ließ man viele neue Wohnungen bauen; etwa die Hälfte davon finanzierte der Staat.

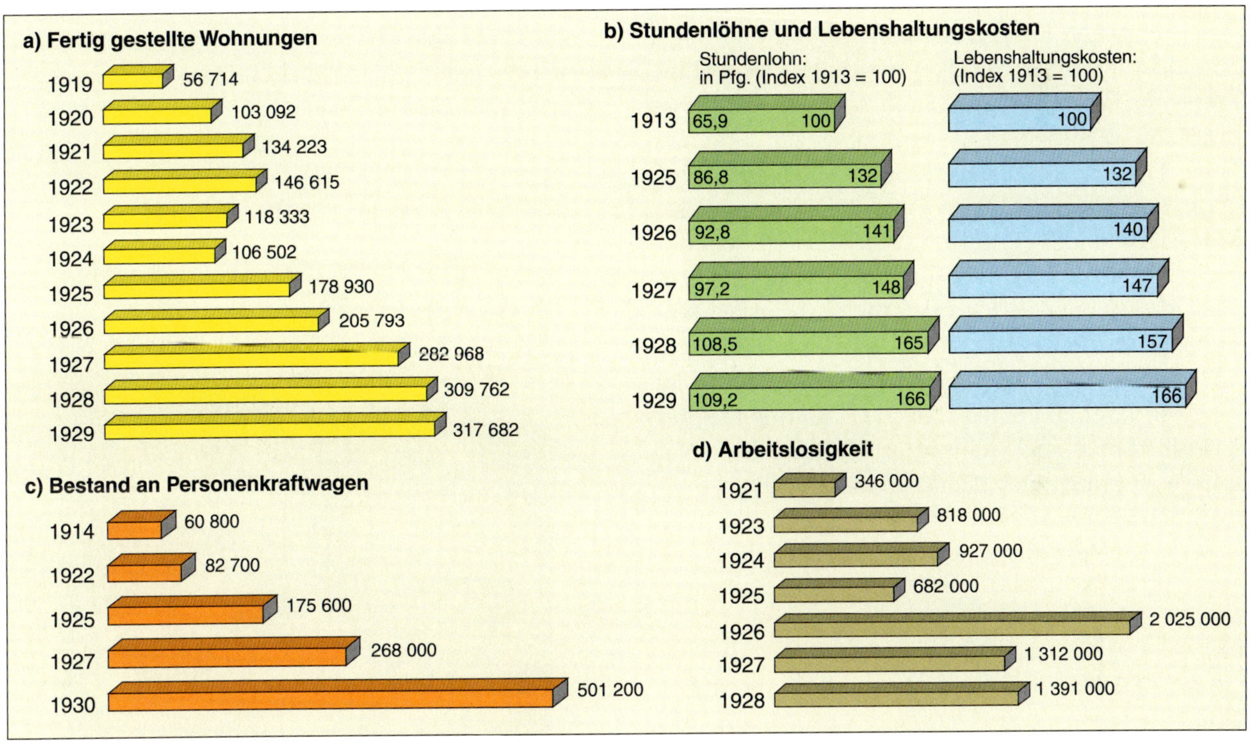

M4 Daten zur Entwicklung der deutschen Wirtschaft

1 Beschreibe, deute und bewerte Bildelemente und Aussage von M1.

2 Gib an, wie sich das Leben der Menschen in Berlin zwischen 1920 und 1924 veränderte (M2).

3 Betrachte die wirtschaftliche Entwicklung in Deutschland anhand der statistischen Angaben (M4).

4 Erläutere die sozialpolitischen Maßnahmen der Weimarer Republik (M3–M4 und Autorentext).

5 In den 1950er Jahren wurden Stresemann und Briand als Vordenker der europäischen Einigung gesehen. Stellt ihre Biografien vor und bewertet auf dieser Grundlage ihre Ausgleichspolitik.

Die Weltwirtschaftskrise erreicht Deutschland

Die Krise schwappt über den Atlantik. Nach dem Absturz der New Yorker Börse (s. S. 36) benötigten die amerikanischen Banken dringend Geld. Daher kündigten sie die Kredite, die sie den europäischen Bankhäusern gegeben hatten. Damit gingen auch in Europa große Banken bankrott. Deutsche Unternehmen, die durch Krieg und Inflation schon einen schweren Stand hatten, verloren das Kapital, das ihnen die Amerikaner geliehen hatten. Eine Welle von Firmenpleiten in Deutschland und in Europa war die Folge, Millionen von Menschen verloren ihren Arbeitsplatz. Ersparnisse waren schnell verbraucht. Bald wusste man nicht mehr, wie man seine Miete bezahlen und woher das Geld kommen sollte, um die bescheidenen täglichen Einkäufe zu bestreiten. Die Unterstützung durch die öffentliche Fürsorge oder durch die Arbeitslosenversicherung war viel zu gering, um sich selbst und die Familie zu ernähren. Viele Menschen hungerten, einige saßen buchstäblich „auf der Straße". Wer das Glück hatte, unter Hunderten von Bewerbern eine Stelle zu ergattern, musste zu einem Hungerlohn arbeiten; es gab ja genug Ersatz. Die seit 1928 regierende große Koalition unter Hermann Müller (SPD, Zentrum/Bayerische Volkspartei, DDP und DVP) zerbrach im März 1930 an der Frage, ob und wie die Beiträge zur Arbeitslosenversicherung erhöht werden sollten. Die Skepsis der Menschen gegen die Demokratie und ihre Politiker nahm zu. Die Neuwahlen im September 1930 zeigten, dass die Zahl derer, die einen radikalen Ausweg aus der Krise forderten, sich ständig erhöhte. In ihrer Not hofften viele auf einen „starken Mann" als Retter.

M1 Arbeitslose in Deutschland und in den USA

Jahr	Deutschland in Mio.	Deutschland in %*	USA in Mio.	USA in %*
1929	1,892	9,6	1,550	3,2
1930	3,076	15,7	4,340	8,7
1931	4,520	23,9	8,020	15,9
1932	5,575	30,8	12,060	23,6
1933	4,804	26,3	12,830	24,9
1934	2,718	14,9	11,340	21,7
1935	2,151	11,6	10,610	20,1
1936	1,600	8,3	9,030	16,9

* in % der Arbeitnehmer

M2 Massenelend 1931: Suppenküche der Heilsarmee in Berlin

In einem Bericht vom August 1931 heißt es: „Die Arbeitslosigkeit bei den Eltern verursacht bei den Kindern Unterernährung, Häufung von Krankheiten, Gleichgültigkeit gegenüber hygienischen Anforderungen. Die Kinderkrankheiten häufen sich, weil für den Arztschein und Medizin die notwendigen Gebühren nicht aufzubringen sind oder kein Fahrgeld vorhanden ist." (Zitiert nach einem Augenzeugenbericht)

M3 Wahlplakat der NSDAP *(1932)*

M4 Reichstags-Wahlergebnisse *(in Prozent der abgegebenen Stimmen)*

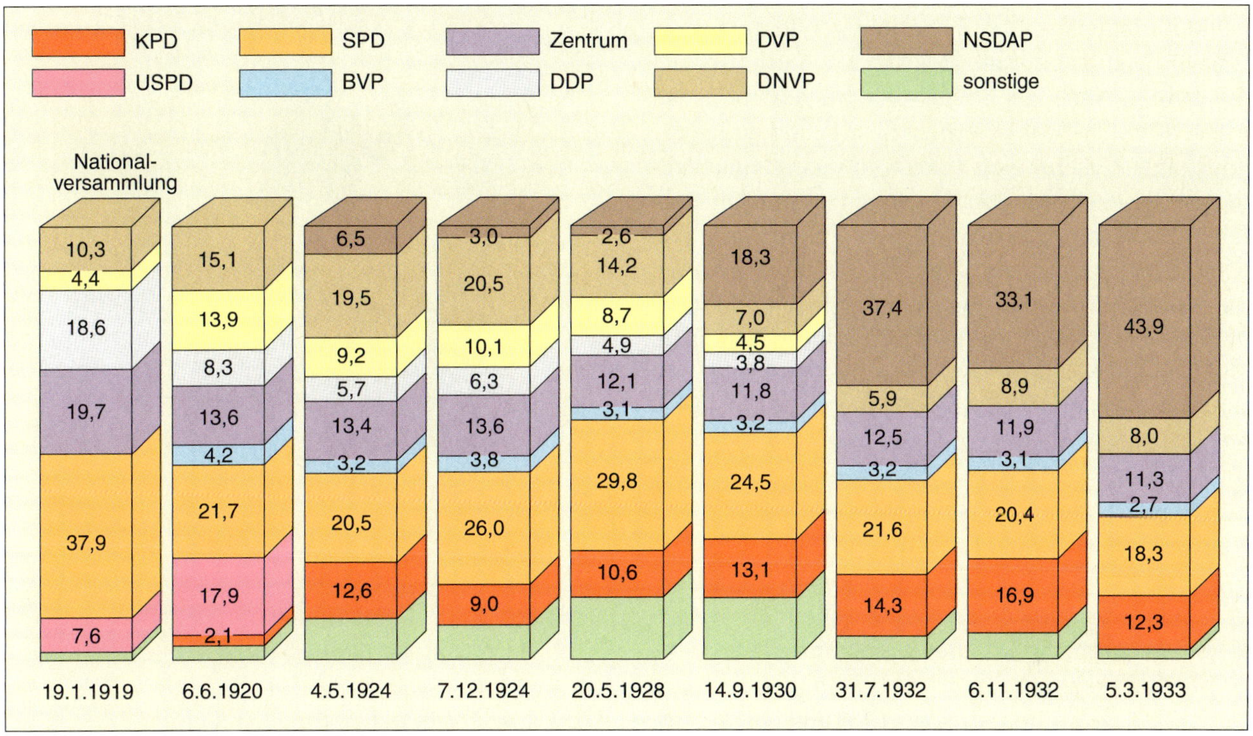

M5 „Sie tragen den Buchstaben der Firma – aber wer trägt den Geist?“

(Karikatur von Th. Th. Heine, 1927)

1 Zähle die sozialen und politischen Folgen der Weltwirtschaftskrise auf (M1–M3).

2 Vergleiche die Entwicklung der Arbeitslosigkeit in den USA und Deutschland, indem du die Zahlenangaben von M1 in ein Diagramm umwandelst.

3 Untersuche die Wahlergebnisse (M4): Wie hat sich der Zulauf zu den Parteien, welche die Demokratie ablehnten, entwickelt? Welche drei Phasen sind erkennbar? Begründe für diese Phasen, warum sich die Zustimmung der Wähler zur Weimarer Republik abgeschwächt bzw. stabilisiert hat.

4 Ordne die einzelnen Personen aus M5 den Weimarer Parteien zu. Wer wählte wohl welche Partei?

Hitler wird an die Macht gebracht

Die Phase der Präsidialkabinette. Mit dem Ergebnis der Reichstagswahlen im September 1930 konnte keine parlamentarische Regierung gebildet werden (s. S. 49). Damit verlor der Reichstag den Einfluss auf die Politik. Nach der Verfassung bestand nun die Alternative, die Wähler erneut abstimmen zu lassen oder eine Regierung zu bilden, die ganz vom Vertrauen des Reichspräsidenten abhängig war. Die Parteien der Mitte wollten keine Neuwahlen, damit die NSDAP nicht noch mehr Stimmen bekäme. Damit lag die Verantwortung für die Bildung einer Regierung beim Reichspräsidenten. Dieses Amt hatte nach dem Tod Friedrich Eberts (1925) der betagte Feldmarschall des Ersten Weltkriegs, Paul von Hindenburg, inne. Die Macht der folgenden Reichskanzler und ihrer Kabinette beruhte auf dem Vertrauen Hindenburgs; man nannte sie deshalb ▸ Präsidialkabinette. Nun kam es sehr darauf an, wer den greisen Reichspräsidenten beriet. Es waren konservative Männer, die seine Abneigungen und Ziele teilten: Sie waren gegen die parlamentarische Demokratie, sie erstrebten die Rückkehr zum autoritären System des Kaiserreichs, und sie wollten vor allem KPD und SPD von allen politischen Entscheidungen fernhalten.

Brüning als Reichskanzler. Hindenburg ernannte den Finanzexperten Heinrich Brüning (Zentrum) erneut zum Kanzler. Er hatte ihm dieses Amt erstmals im März 1930 übertragen. Als ehemaliger Offizier genoss er das Vertrauen des Präsidenten. Brüning setzte sich zum Ziel, dem Reichshaushalt keine Schulden aufzuladen. Damit begegnete er der Angst der Bürger vor einer neuen Inflation. Deshalb setzte er – anders als die USA mit dem „New Deal" – auf eine rigorose Sparpolitik. Dazu wurden die Gehälter im öffentlichen Dienst und die Staatsausgaben gekürzt sowie die Steuern und Beiträge zur Arbeitslosenversicherung erhöht. Lohnsenkungen in Handel und Industrie, aber auch die massenhaften Entlassungen führten zur Absenkung der Kaufkraft, was die Krise noch verschärfte. Nach knapp zwei Jahren im Amt erfolgte die Entlassung Brünings. Hindenburg wurde 1932 mit den Stimmen der SPD gegen Hitler als Reichspräsident wiedergewählt. Zugleich unterstützten immer mehr Industrielle, Banker, Unternehmer und Großgrundbesitzer die NSDAP mit Geldzahlungen.

M 1 Wahlplakat für Hindenburg *(DNVP, 1928)*

Drei Kanzler in acht Monaten. Seinen Vertrauten, Baron Franz von Papen, ernannte Hindenburg am 1. Juni 1932 zum nächsten Kanzler. Der parteilose von Papen fand im Reichstag kaum Unterstützung. Um weiter mit ▸ Notverordnungen Politik machen zu können, lösten der Reichspräsident und sein neuer Kanzler das Parlament am 4. Juni 1932 auf. Die Neuwahlen vom 31. Juli 1932 erwiesen sich als schwerer taktischer Fehler; sie brachten der NSDAP 37 % der Stimmen und 230 Sitze im Reichstag. Nachdem von Papen und sein Nachfolger General von Schleicher in kurzer Zeit als Kanzler gescheitert waren, überzeugten die Berater den Reichspräsidenten von folgendem Plan: Hitler sollte Kanzler werden, da er mehr als ein Drittel der Wähler hinter sich hatte. Ihn sollten von Papen, Männer aus der Wirtschaft, dem Militär, dem Adel und andere Konservative im Kabinett „einrahmen" und damit unter Kontrolle halten. Diese Männer aus den alten Führungsschichten glaubten, sie könnten mit Hitlers Anhang und mit Hindenburgs Autorität regieren und dabei ihre Ziele zum Umbau des Staates verfolgen. Hindenburg ernannte daraufhin Hitler am 30. Januar 1933 zum Reichskanzler. „Wir haben uns Herrn Hitler engagiert", formulierte von Papen.

M2 Das Sparprogramm des Kabinetts Brüning

Im Reichshaushalt fehlten 1930 über 700 Millionen Reichsmark. Deshalb legte Reichskanzler Brüning dem Reichstag folgendes Programm vor:

- Kürzung der Gehälter der Beschäftigten im öffentlichen Dienst um 2 ½ % als sogenannte „Reichshilfe"
- Erhöhung der Einkommenssteuer von 5 % für alle, die mehr als 8 000 Reichsmark im Jahr verdienen
- Zusatzsteuer für Ledige von 10 %
- Beitragserhöhung zur Arbeitslosenversicherung von 3 ½ auf 4 ½ % des Einkommens
- Leistungskürzungen bei der Arbeitslosenversicherung
- Vorschläge, gerichtet an die Gemeinden, neue Steuern einzuführen, z. B. eine Getränkesteuer oder eine sogenannte Kopfsteuer.

Aufzählung vom Verfasser zusammengestellt.

Brüning drohte dem Reichstag mit dessen Auflösung, falls dieser dem Programm nicht zustimmen sollte. Dazu kam es Mitte Juli, worauf die Neuwahlen vom 14. September 1930 folgten.

M3 So funktionierten die Präsidialkabinette 1930–1933

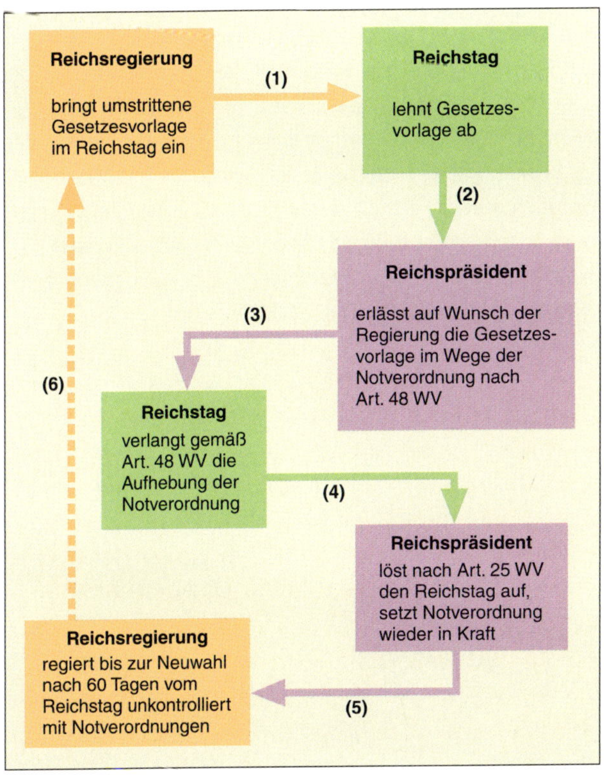

M4 Aus dem Schreiben von Vertretern der Wirtschaft an Reichspräsident Hindenburg vom 19. November 1932:

... Wir erachten es deshalb für unsere Gewissenspflicht, Eure Exzellenz ehrerbietigst zu bitten, dass zur Erreichung des von uns allen unterstützten Zieles Eurer Exzellenz die Umgestaltung des Reichskabinetts in einer Weise erfolgen möge, die die größtmögliche Volkskraft hinter das Kabinett bringt ... Wir erkennen in der nationalen Bewegung, die durch unser Volk geht, den verheißungsvollen Beginn einer Zeit, die durch Überwindung des Klassengegensatzes die unerlässliche Grundlage für einen Wiederaufstieg der deutschen Wirtschaft erst schafft ...

Zitiert nach: Martin Broszat: Die Machtergreifung. Der Aufstieg der NSDAP und die Zerstörung der Weimarer Republik, München (Deutscher Taschenbuch Verlag) [5]1994, S. 199.

M5 Die Regierung Hitler am 30. Januar 1933

Sitzend (von links nach rechts): Hermann Göring, NSDAP (ohne Geschäftsbereich); Adolf Hitler, NSDAP (Reichskanzler); Franz von Papen, parteilos (Vizekanzler); dritter von rechts stehend: Wilhelm Frick, NSDAP (Reichsinnenminister)

1 Erkläre den Begriff „Präsidialkabinett" (M1 und M3).
2 Erläutere mithilfe von M2, wen Brünings Politik belastete und welche Folgen diese mit sich brachte.
3 Diskutiert, wer am meisten Verantwortung dafür hatte, dass Hitler die Macht übertragen wurde.
4 Stelle die Gründe zusammen, die das Kabinett Hitler vom 30. Januar 1933 als „Zähmungskabinett" erscheinen ließen (M5 und Autorentext).

USA und Sowjetunion: Die neuen Weltmächte und ihr Einfluss auf Europa

1917	*Februarrevolution in Russland* *USA treten in den Ersten Weltkrieg ein* *Oktoberrevolution*
1918	*„14 Punkte“ Wilsons* *Friede von Brest-Litowsk* *November: Ausrufung der Republik (Berlin)*
1918-20	*Bürgerkrieg in Russland zwischen „Weißer“ und „Roter Armee“*
1919	*Neuordnung Europas; Vertrag von Versailles, Weimarer Verfassung*
1922	*Vertrag von Rapallo* *Faschismus unter Mussolini in Italien* *Dezember: Gründung der UdSSR*
1923	*Januar: Ruhrbesetzung* *September: Hyperinflation* *November: Hitlerputsch*
ab 1927	*Kollektivierung der Landwirtschaft und Fünfjahrespläne in der UdSSR*
1929	*Weltwirtschaftskrise*
1930	*„New Deal“ in den USA*
1933	*30. Januar: Hitler an der Macht*
1935-39	*„Große Säuberung“ unter Stalin*
1936-39	*Spanischer Bürgerkrieg*

Sicherung wichtiger Kompetenzen

- **Eigene Dateien**
  - **Geschichte**
    - **Demokratie oder Diktatur?**
      - **Methoden**
        - Plakate analysieren
        - Fachwissenschaftliche Texte analysieren
      - **Fachbegriffe**
        - Bolschewiki/Bolschewismus
        - Rätesystem/Sowjetsystem
        - Diktatur des Proletariats
        - Parlamentarische Demokratie
        - Faschismus
        - Stalinismus
        - Inflation
        - Weltrevolution
        - New Deal
        - Weltwirtschaftskrise

M1 Demokratie oder Diktatur?

Der Historiker Walther L. Bernecker (2002):

Die Epoche 1914 bis 1945 hat die politische Landkarte Europas von Grund auf verändert, die weltpolitische Führungsstellung der „Alten Welt“ wurde gegenüber den aufstrebenden Flügelmächten USA und UdSSR in Frage gestellt ... Es ist gerechtfertigt, von der Selbstzerstörung und dem Untergang Europas zu sprechen. Die nationalgeschichtliche Betrachtungsweise kommt zu verschiedenen Einschnitten: 1917 für Russland, 1922 für Italien, 1933 für Deutschland, 1936 für Spanien ...

Im Jahre 1917 formulierte US-Präsident Wilson: Es gehe darum, „die Welt für die Demokratie sicher zu machen“, nur die „Partnerschaft demokratischer Nationen“ garantiere ein „beständiges Zusammenspiel für den Frieden“. Wilson zufolge war der Anfang eines neuen Zeitalters gekommen, in dem demokratisch verfasste Staaten sich zum Konzert der freien Völker zusammenfinden würden. Damit hatte der US-Präsident das liberale Modell der Friedenssicherung eingeführt; seine Grundelemente lauteten Demokratie, Selbstbestimmung, Freihandel, Abrüstung. Als Alternative bot sich das Vorbild der bolschewistischen Oktoberrevolution in Russland an. Jene „zehn Tage, die die Welt erschütterten“ (John Reed), sollten – marxistischen Theoretikern zufolge – der Auftakt für eine Weltrevolution sein (die schließlich nicht stattfand). In den ersten zwei Nachkriegsjahren waren in Europa die gewaltigen Druckwellen zu spüren, die vom russischen Oktober ausgingen; politische Massenstreiks erstreckten sich von Wien über Prag nach Deutschland, in Ungarn kam es kurzzeitig zu einer Räterepublik, in Spanien und Italien fanden „rote“ Unruhen statt ... Der Untergang des Liberalismus wird mit dem Erstarken der radikalen Rechten in Europa erklärt.

Zitiert nach: Walther L. Bernecker: Europa zwischen den Weltkriegen (= Ulmer UTB), Stuttgart 2002, S. 13ff.

1 Gliedere den Text M1 und schreibe die wichtigen Aussagen heraus. Lies dazu erneut im Buch die Seiten 12 und 38f.

2 Analysiere die Plakate M2 und M3. Jedes steht für eine bestimmte Weltsicht bzw. eine politische Alternative nach dem Ersten Weltkrieg. Fasse diese Sicht zusammen und stelle Verbindungen zu den Aussagen von M1 her. Wiederhole dazu auch Seite 43.

3 Vergleiche in M4 die Wirtschaftsentwicklung der Länder in den angegebenen Zeiträumen.

M2 „Erster Jahrestag der Diktatur des Proletariats“ *(Plakat aus dem Jahre 1919 von Aleksandr Apsit). Der Text lautet: Proletarier aller Länder – vereinigt euch!*

M3 „America First“ *(amerikanisches Plakat, 1918). Auf der Glocke ist Präsident Wilson abgebildet, links George Washington, rechts Abraham Lincoln.*

M4 Industrieproduktion der bedeutendsten Industrieländer vor dem Ersten Weltkrieg und in der Zwischenkriegszeit

Diese Statistik gibt keine realen Produktionsziffern für bestimmte Güter an, sondern nimmt als Vergleichswert die gesamte Industrieproduktion Großbritanniens im Jahre 1913 = 100. So kann man z. B. ablesen, dass die russische Industrieproduktion im gleichen Jahr etwas weniger als die Hälfte (48 %) der britischen ausmachte.

	1900	1913	1928	1938
Großbritannien	100	127	135	181
USA	128	298	533	528
Deutschland	71	138	158	214
Frankreich	37	57	82	74
Russland	48	77	72	152
Italien	14	23	37	46
Japan	13	25	45	88

SPARKARTE
KdF-WAGEN
Dein
KdF-Wagen

National-sozialismus – Zweiter Weltkrieg – Völkermord

Gegenwärtige Vergangenheit

Nationalsozialismus – ein abgeschlossenes Kapitel? Die Gewaltherrschaft der Nationalsozialisten dauerte nur 12 Jahre und liegt über 60 Jahre zurück. Es gibt immer weniger Menschen, die den Nationalsozialismus und seine Folgen erlebt haben. Zudem kann die wiedervereinigte Bundesrepublik Deutschland auf eine unbestreitbare demokratische Tradition zurückblicken. Ist es da nicht an der Zeit, einen „Schlussstrich" zu ziehen? Hitler ist tot, seine Weltanschauung gescheitert! – Aber immer noch und immer wieder befürworten einige selbst ernannte „Nachfolger" und ihre Anhänger Hitlers Gedankengut, feiern die Erfolge, verharmlosen und leugnen Terror und Völkermord. Andere knüpfen mehr oder weniger verhüllt an nationalsozialistische Ideen an. Die Folge sind antisemitische Parolen, Fremdenfeindlichkeit und rassistische Gewalttaten.

Vergangenheit, die nicht vergeht. Stärker als andere Kapitel der deutschen Geschichte prägen die grausamen Erfahrungen, die sich mit Zwangsherrschaft, Krieg und organisiertem Völkermord in der NS-Zeit verbinden, die aktuelle deutsche Politik. Sie betreffen die Deutschen selbst, aber auch viele andere Völker Europas und der ganzen Welt. So ist vor allem das Verhältnis Deutschlands zum Staat Israel ohne die Erinnerung an den Nationalsozialismus, an seine Ursachen und Folgen nicht zu verstehen.
Das Interesse der Medien ist nach wie vor sehr groß: Kaum ein Tag vergeht ohne einen Film über die NS-Zeit in einem der vielen Fernsehkanäle. Kein anderer so kurzer Zeitraum ist von der Geschichtswissenschaft besser erforscht. Und immer noch wird in den Archiven neues Material entdeckt. Die „Bewältigung" der nationalsozialistischen Vergangenheit ist somit ein Prozess, der nicht abgeschlossen ist.

M1 Europa und Nordafrika *(1933–1939)*

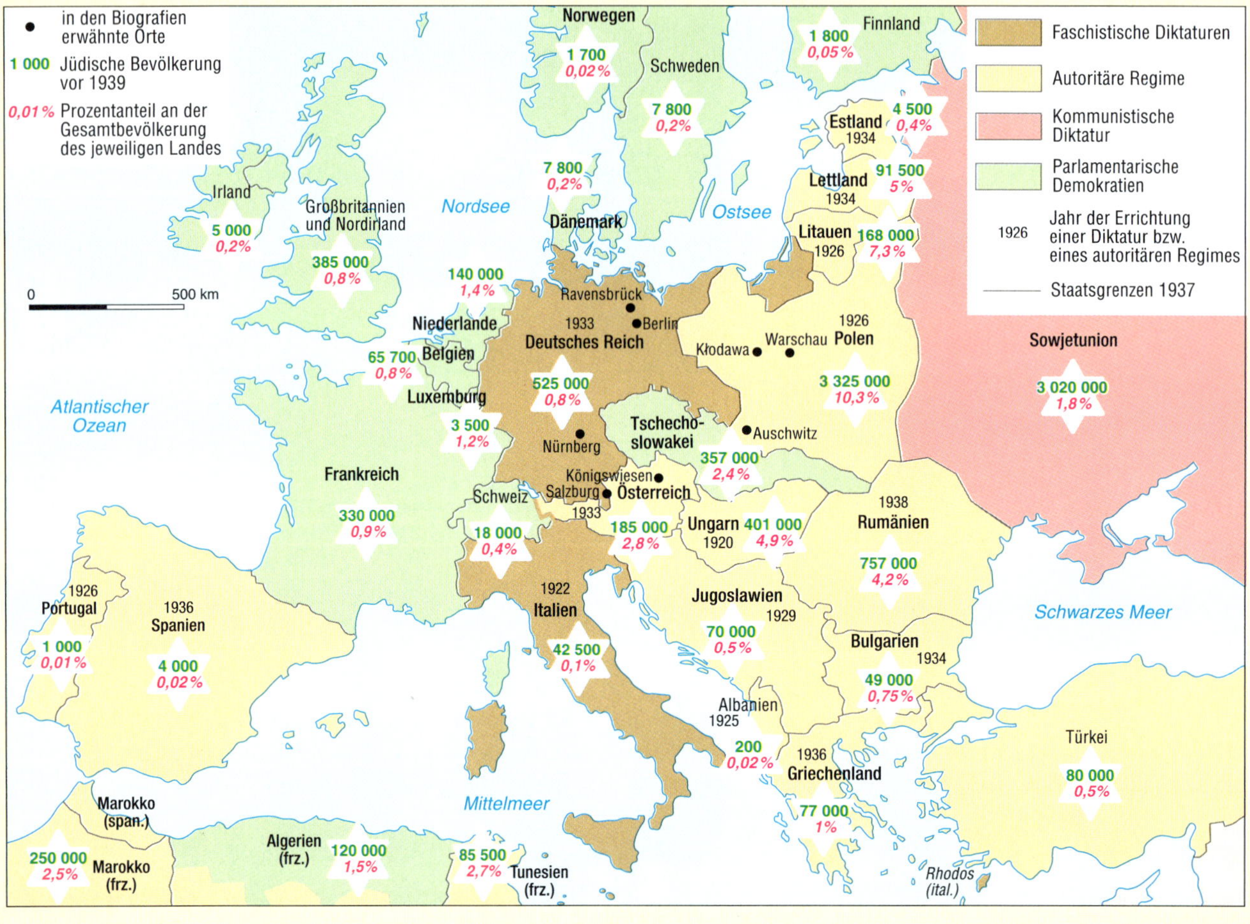

M2 Schicksale während der NS-Zeit

Eugenia Tabaczynska (mit ihrer Mutter und den älteren Brüdern Mietek und Pavel auf einem Urlaubsfoto) wurde 1925 in Kłodawa in Polen geboren. Ihr Vater arbeitete als Getreidehändler. Von 1936 bis 1939 lebte sie bei einem Onkel in Warschau und besuchte ein Gymnasium. Mit ihrer Familie kam sie ins Warschauer Ghetto und arbeitete dort für die Firma Schulz & Co ...

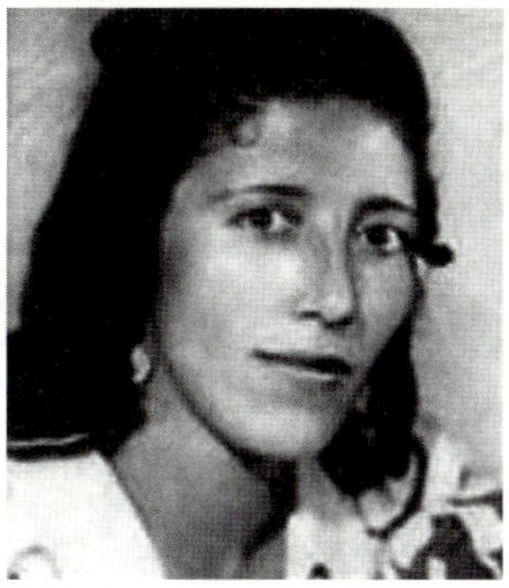

Rosa Winter, in Königswiesen/Österreich 1923 geboren, zog mit Eltern und elf Geschwistern im Wohnwagen durch Österreich. Im Herbst 1939 hielt die Polizei die Sinti-Familie in Salzburg fest, beraubte sie ihres Hab und Guts und brachte sie in verschiedene Lager. Nach einem Fluchtversuch wurde Rosa ins Konzentrationslager Ravensbrück deportiert ...

Alfred Silberstein (rechts im Bild mit Eltern und einer älteren Schwester) wurde 1927 geboren. Das Wäsche- und Modegeschäft der Eltern in Berlin-Steglitz ging nach 1938 in den Besitz von Nicht-Juden über ... Die Familie musste in ein Judenhaus umziehen und wurde am 27. Februar 1943 deportiert. Alfred kam nach Auschwitz ...

Paul Bayer (* 1926 in Nürnberg) war Sohn des Direktors der Nürnberger Verkehrsbetriebe Paul Bayer und dessen Frau Lydia. Er ging nach der Volksschule ab 1936 auf ein Gymnasium und trat dem Jungvolk sowie vier Jahre später der Hitlerjugend (HJ) bei. Hier brachte er es bis zum Hauptscharführer. Während des Kriegs wurde er als Helfer beim Rotkreuz und an Flugabwehrgeschützen eingesetzt ...

1 Führt zu zweit oder dritt ein stilles Schreibgespräch. Schaut euch dazu die Bilder auf den Seiten 54–55 an. Entscheidet euch für ein Bild, schreibt auf, was euch dazu einfällt. Nach ein bis zwei Sätzen wechselt jeweils der Schreiber. Bezieht euch auf das vorher Notierte und setzt es mit euren Gedanken fort. Nach 5–6 Runden könnt ihr euer Schreibgespräch anderen Gruppen vorstellen.

2 Betrachte die Karte M1 genau. Was fällt dir an der Entwicklung der Herrschaftsformen in Europa auf? Vergleiche die Zahlenangaben über die jüdische Bevölkerung in den einzelnen Ländern.

3 Lies die vier Kurzbiografien (M2). Wie alt waren diese Menschen 1933? Stelle Vermutungen an, wie ihr Leben weitergegangen sein könnte.

4 Während der Zeit des Nationalsozialismus sprach man auch vom „Dritten Reich". Finde heraus, welche zwei deutschen Reiche es davor gab und wie lange sie dauerten.

Was lernst du in diesem Kapitel? Am Ende dieser Einheit wirst du die Gefahren für Demokratie, Freiheit und Menschenrechte besser einschätzen und folgende Fragen beantworten können:

- Wie sah Hitlers Ideologie aus?
- Wie kamen die Nationalsozialisten an die Macht und wie sicherten sie ihre Herrschaft? Was war daran so anziehend für einen Großteil des Volkes?
- Welche Mittel und Methoden wurden zur Beeinflussung der Bevölkerung eingesetzt?
- Inwieweit war der Zweite Weltkrieg eine Folge des NS-Systems?
- Was kennzeichnete die Art der deutschen Kriegsführung?
- Wodurch unterscheidet sich der nationalsozialistische Terror und Völkermord von anderen historischen Beispielen?
- Welche Möglichkeiten der Reaktion auf die Diktatur gab es?

Was dachten die Nationalsozialisten?

M1 Das Firmenschild *(Karikatur von Jacobus Belsen aus „Der Wahre Jakob“, 1931)*

Hitlers Gedankenwelt. „Rasse“ war der zentrale Begriff der nationalsozialistischen Ideologie. Nicht der vom Marxismus verbreitete „Klassenkampf“ wurde als Motor der Geschichte gesehen, sondern der „Rassenkampf“ (▸ Rassenlehre): Jede Rasse kämpfe um ihr Überleben. Dies sei als Naturgesetz im Tierreich zu beobachten, wo der Stärkere den Schwächeren fresse. Die Übertragung tierischen Verhaltens auf den Menschen (Sozialdarwinismus) verfälschte die Theorie des Naturforschers Charles Darwin. Die Nationalsozialisten teilten die Menschheit in höchst ungleiche Rassen ein. Sich selbst zählten sie, wie Engländer oder Skandinavier, zur „wertvollsten“ Rasse der Arier. In den Augen der Nationalsozialisten waren diese meist groß gewachsen, blond, blauäugig sowie tapfer und heldenhaft. Franzosen und Italiener galten wegen ihres Anteils an „germanischem Blut“ als „kulturfähige Mischvölker“. Die Juden wurden als „wertlos“ eingestuft und als „Schmarotzer“ beschimpft. In den Vorstellungen Hitlers vereinten sich jüdische Kapitalisten in den USA und kommunistische Juden in der Sowjetunion zur „Weltverschwörung“, die plante, die Arier zu vernichten. Zum erfolgreichen Kampf gegen diese Feinde müsse das Volk unter einem starken Führer geeint werden. Das ▸ Führerprinzip erforderte die unbedingte Unterordnung des Einzelnen und die Abschaffung der Demokratie. Eine Opposition wurde nicht zugelassen, um alle Kräfte auf den Rassenkampf zu konzentrieren. Zur Existenzsicherung der Rasse gehörte auch ein genügend großer ▸ „Lebensraum“. Dieser sollte im Osten erobert werden. Die dort lebenden slawischen Völker galten als minderwertig und sollten der deutschen „Herrenrasse“ untertan sein.

Revolutionäre Ideen und Ziele? Im Parteiprogramm sowie in seinem Buch „Mein Kampf“ schrieb Hitler zwischen 1920 und 1924 seine Anschauungen nieder. Sie erhielten mit dem Aufbau der NSDAP seit Mitte der 1920er Jahre zunehmend politisches Gewicht. In der Krise am Ende der Weimarer Republik (s. S. 48ff.) faszinierten diese Ideen große Teile der deutschen Gesellschaft. Aus Sicht der Nationalsozialisten waren sie revolutionär. Die wissenschaftliche Forschung dagegen zeigt ein anderes Bild: Hitler erschuf keineswegs eine neue, revolutionäre Weltanschauung. Vielmehr fügte er sehr verschiedene Vorstellungen zum ideologischen Grundgerüst seiner Partei zusammen. Dabei orientierte er sich an national- und sozialrevolutionären Ansätzen, die damals in Europa, vor allem in Deutschland und Österreich, verbreitet waren.

M2 Parteitagsrede in Nürnberg 1934

Hitler hatte vor 1933 seine Redeposen mithilfe seines Leibfotografen einstudiert.

M3 Aus einer Rede Hitlers vom 13. April 1923

... Stets hat vor Gott und der Welt der Stärkere das Recht, seinen Willen durchzusetzen. Die Geschichte beweist: Wer nicht die Kraft hat, dem nutzt das „Recht an sich" gar nichts! ... Die ganze Natur ist ein gewaltiges Ringen zwischen Kraft und Schwäche, ein ewiger Sieg des Starken über den Schwachen. Nichts als Fäulnis wäre in der ganzen Natur, wenn es anders wäre.

Zitiert nach: Ernst Boepple (Hrsg.): Adolf Hitlers Reden, München (Deutscher Volksverlag) 1933, S. 44.

M4 „Das Vorgehen des Juden ist Folgendes ..."

Er macht sich an den Arbeiter heran, heuchelt Mitleid mit dessen Schicksal oder gar Empörung über dessen Los, dessen Elend und Armut, um auf diesem Wege das Vertrauen zu gewinnen. Er bemüht sich, alle die tatsächlichen oder auch eingebildeten Härten seines Lebens zu studieren und die Sehnsucht nach Änderung eines solchen Daseins zu erwecken ... Er begründet die marxistische Lehre ... Das Finanzjudentum wünscht ... nicht nur die restlose wirtschaftliche Vernichtung Deutschlands, sondern auch die vollkommene politische Versklavung. Die Internationalisierung unserer deutschen Wirtschaft, d. h. die Übernahme der deutschen Arbeitskraft in den Besitz der jüdischen Weltfinanz, lässt sich restlos nur durchführen in einem politisch bolschewistischen Staat ... Im russischen Bolschewismus haben wir den im zwanzigsten Jahrhundert unternommenen Versuch des Judentums zu erblicken, sich die Weltherrschaft anzueignen ... Sein Streben liegt zutiefst begründet in der Art seines Wesens.

Zitiert nach: Adolf Hitler: Mein Kampf, München (Ausgabe 1934), S. 350f., S. 702 und S. 751.

M5 NS-Ideologie auch in der Schule

Aus Schulbüchern:

Große Aufgaben warteten des Führers bei der Machtübernahme. Das Volk war zerrissen in Parteien, Wirtschaftsgruppen, Klassen. Alle standen gegen alle. Jede Aufbauarbeit musste sinnlos bleiben, wenn es nicht gelang, die Klüfte im deutschen Volk zu schließen ... (Es) galt, eine wahrhaft innere Volksgemeinschaft zu schaffen. Getragen von dem obersten Grundsatz des Nationalsozialismus „Gemeinnutz geht vor Eigennutz", muss einer für den anderen einstehen.

Unsere bisherigen Untersuchungen haben gezeigt, dass all das, was wir in der Wissenschaft der Geschichte zusammenfassen, letzthin eine Geschichte der Rassen ist. Ebenso ist erwiesen, dass geistiges Schaffen und kulturelles Gestalten einen Ausdruck der rassischen Kräfte darstellt. Das trifft schon für die Verschiedenheit der Zahlensysteme zu. Ferner verdankt die Menschheit die Leistungen der Mathematik und die gewaltigen Errungenschaften der Technik nur wenigen Rassen.

Zitiert nach: Walther Gehl: Lehrbuch für Geschichte, 5. Klasse Oberschule, Breslau (Hirt) 1940, S. 14.
O. Steche/E. Stengel/M. Wagner: Lehrbuch der Biologie für Oberschulen und Gymnasien, Bd. 4, Leipzig (Quelle & Meyer) 1942, S. 370.

M6 Altersangaben zu NSDAP-Mitgliedern

1933	Joseph Goebbels, Propagandaminister	35 Jahre
	Heinrich Himmler, Reichsführer SS[1]	32 Jahre
	Martin Bormann, Stabsleiter Stellvertreter	32 Jahre
	Reinhard Heydrich, Chef des SD[2]	28 Jahre
	Albert Speer, Architekt	27 Jahre
	Baldur von Schirach, Reichsjugendführer	25 Jahre
Im	Durchschnitt in der Partei	34 Jahre
Krieg	Durchschnitt im Staat	44 Jahre

[1] SS = Schutzstaffel; NS-Elitetruppe
[2] SD = Sicherheitsdienst Reichsführer SS; parteiinterner Nachrichtendienst; später Überwachung von politischen Gegnern und Parteimitgliedern

1 Benenne stichwortartig die im Autorentext dargestellten Elemente des Nationalsozialismus. Ordne diesen Grundsätzen die Quellenauszüge M3–M5 zu und erläutere sie. Lege dar, was du für unmoralisch oder politisch fragwürdig hältst.
2 Analysiere M4: Zeige auf, wie Hitler versuchte, den Hass gegen die Juden zu schüren.
3 Zähle Gründe dafür auf, warum die nationalsozialistische Ideologie während der Krise der Weimarer Republik propagandistisch so wirksam war. Beschreibe und interpretiere dazu auch die Karikatur M1.
4 Beurteile, ob der Nationalsozialismus revolutionär war. Beziehe den Autorentext und die Statistik M6 mit ein. Recherchiere, welche Karriere die in M6 genannten Nationalsozialisten gemacht haben.
5 Betrachte M2: Wie wirkt Hitlers Gestik und Mimik auf dich? Berichte.

Der Aufbau der Diktatur

Hitler als Reichskanzler. Reichspräsident Hindenburg übertrug am 30. Januar 1933 dem Führer der NSDAP die Macht. Im Kabinett saßen nur drei Nationalsozialisten unter mehrheitlich national-konservativ eingestellten Ministern (s. S. 51). Nach den Propagandafeiern über die „nationale Erhebung" erwirkte Hitler von Hindenburg am 1. Februar die Auflösung des Reichstags. Damit brach er seine früheren Zusagen an die Konservativen, die fürchteten, bei Neuwahlen viele Stimmen an die NSDAP zu verlieren. Drei Tage später wurde per Notverordnung unter Rückgriff auf den Artikel 48 der Weimarer Verfassung die Pressefreiheit aufgehoben. Am 27. Februar 1933 brannte der Reichstag; der holländische Kommunist Marinus van der Lubbe wurde als Brandstifter festgenommen. Der Anschlag bot für Hitler einen willkommenen Anlass, bereits vorbereitete Gesetze gegen einen behaupteten „kommunistischen Umsturz" durch den Reichspräsidenten sofort in Kraft setzen zu lassen. Die Notverordnung „Zum Schutz von Volk und Staat" („Reichstagsbrandverordnung") hob demokratische Grundrechte, wie die Meinungs- und Versammlungsfreiheit, auf und schaffte das Postgeheimnis ab. Damit war der Rechtsstaat praktisch zerstört. Bis Mitte März 1933 wurden 10 000 Gewerkschafter, Kommunisten und Sozialdemokraten verhaftet. Der sieben Wochen dauernde Wahlkampf war geprägt von einer Atmosphäre der Einschüchterung und des Terrors der nationalsozialistischen Schlägertrupps, die vor allem aus Angehörigen der SA (= Sturmabteilung) bestanden. Das Wahlergebnis des 5. März 1933 war für die Hitler-Partei enttäuschend, denn der erzielte Stimmenanteil von 43,9 % reichte nicht zur erwarteten Zweidrittelmehrheit. Mit dieser Mehrheit wollte Hitler die Verfassung nach seinen Vorstellungen ändern und das Recht der Gesetzgebung auf seine Regierung übertragen.

Das ▸ „Ermächtigungsgesetz". Um sein Ziel dennoch zu erreichen, änderte Hitler seine Taktik. Mit Versprechungen und Drohungen verlangte er von den Reichstagsabgeordneten, ihn für die Dauer von vier Jahren zu ermächtigen, unabhängig vom Parlament Gesetze zu erlassen; nur die SPD stimmte dagegen. Zum Zeitpunkt der Verabschiedung des „Ermächtigungsgesetzes" waren die kommunistischen Abgeordneten des Reichstags bereits verhaftet worden. In der Folgezeit begann eine Politik der ▸ „Gleichschaltung", eine Unterordnung aller gesellschaftlichen, kulturellen und politischen Bereiche unter die nationalsozialistische Herrschaft.

In jenen Monaten stieg die Mitgliederzahl der NSDAP an, weil sich viele Menschen persönliche Vorteile durch die Parteizugehörigkeit erhofften. Nur wenige wagten es, Kritik zu üben.

M1 Abstimmung zum „Ermächtigungsgesetz"

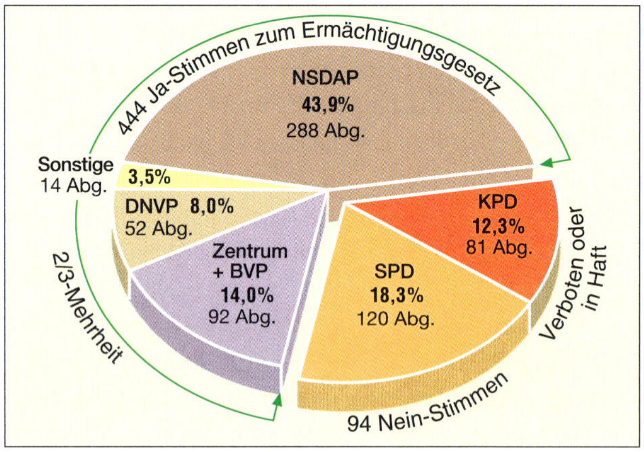

Die Aufteilung der Parteien und die Prozentzahlen basieren auf der Reichstagswahl vom 5. März 1933.

Die Vollendung der Machtkonzentration. Der einzige ernste Widerstand auf dem Weg zur Diktatur kam aus den Reihen seiner eigenen Partei. Die rund drei Millionen Mitglieder umfassende SA sollte, nach den Vorstellungen ihres Anführers Ernst Röhm, mehr Einfluss erhalten und mit der gerade 100 000 Mann starken Reichswehr zu einem „revolutionären Volksheer" verschmolzen werden. So wollte Röhm nach der „nationalen" nun auch eine „soziale" Revolution. Gegen eine solche Vereinigung sträubte sich die Reichswehr. Hitler benötigte aber das Fachwissen der Reichswehr für seine Kriegspläne. Daher beschloss er die Ausschaltung Röhms und seiner Getreuen, die am 30. Juni 1934 angeblich aus „Staatsnotwehr" erschossen wurden.

Nach dem Tod Hindenburgs am 2. August 1934 machte sich Hitler auch zum Staatsoberhaupt und ließ sich durch Volksentscheid in diesem Amt bestätigen. Damit war Hitler zugleich Oberbefehlshaber des Heeres, das auf seinen Namen vereidigt wurde, und hatte eine uneingeschränkte Herrschaft erlangt.

M2 Der britische Botschafter über den 30. Januar 1933

Überall im Lande nahm die Bevölkerung die Nachricht gleichgültig auf. In der Hauptstadt selbst konnte man ein gewisses Maß an öffentlichem Interesse feststellen, da die Naziführer ihr Talent für Propaganda und theatralische Auftritte bei einem improvisierten Fackelzug entfalteten ... Die Nazipresse behauptet, dass an die 500 000 Menschen an dem Fackelzug teilnahmen ... Mein Militärattaché, der an dem Zug teilnahm, schätzt die Zahl der Leute auf 15 000. Während der Demonstration nahm Herr Göring das Mikrofon und nach einer der üblichen geschwollenen Reden gab er an seinen Nachredner weiter. Die Hörer von Radio Berlin wurden so um ihre normale Abendunterhaltung gebracht ...

Zitiert nach: Documents on British Foreign Policy 1919–1939, Second series, Bd. IV, London 1950, S. 401f. Übers. vom Verfasser.

M3 Otto Wels zum „Ermächtigungsgesetz“

Der SPD-Vorsitzende Otto Wels hielt die letzte freie Rede im Reichstag am 23. März 1933:

Freiheit und Leben kann man uns nehmen, die Ehre nicht ... Nach den Verfolgungen, die die Sozialdemokratische Partei in der letzten Zeit erfahren hat, wird billigerweise niemand von ihr verlangen oder erwarten können, dass sie für das hier eingebrachte „Ermächtigungsgesetz“ stimmt. Die Wahlen vom 5. März 1933 haben den Regierungsparteien die Mehrheit gebracht und damit die Möglichkeit gegeben, streng nach Wortlaut und Sinn der Verfassung zu regieren. Wo diese Möglichkeit besteht, besteht auch die Pflicht. Noch niemals, seit es einen Deutschen Reichstag gibt, ist die Kontrolle der öffentlichen Angelegenheit durch die gewählten Vertreter in solchem Maß ausgeschaltet worden, wie es jetzt geschieht, und wie es durch das neue „Ermächtigungsgesetz“ noch mehr geschehen soll. Eine solche Allmacht der Regierung muss sich umso schwerer auswirken, als auch die Presse jeder Bewegungsfreiheit entbehrt.

Zitiert nach: Herbert Michaelis und Ernst Schraepler: Ursachen und Folgen, Bd. 9, Berlin (Dokumentenverlag) o. J., S. 146f.

M4 Das Presseorgan der Nationalsozialisten, der „Völkische Beobachter“, am 24. März 1933

Berliner Ausgabe
Berliner Ausgabe
Berlin, Freitag, 24. März 1933
VÖLKISCHER BEOBACHTER
Herausgeber Adolf Hitler
Kampfblatt der national-sozialistischen Bewegung Großdeutschlands
Der Wille des deutschen Volkes erfüllt:
Der Reichstag übergibt Adolf Hitler die Herrschaft
Annahme des Ermächtigungsgesetzes mit der überwältigenden Mehrheit von 441 gegen 94 Stimmen der S.P.D. / Einstimmige Annahme auch im Reichsrat / Hitlers historische Abrechnung mit den Novembermännern
Die Regierungserklärung:
Für Freiheit und Ehre der deutschen Nation! Gegen die Scheidung der Völker in „Sieger und Besiegte“!
Ein stolzes Programm des Wiederaufbaues
Der Führer gibt die Regierungserklärung bekannt
Freie Bahn für die Regierung der nationalen Revolution!

M5 „Einer nach dem anderen musste sich ... beugen“

Der französische Botschafter am 4. September:

In der Tat konnte sich Hitler zum Zeitpunkt seiner Rede (am 1. September 1933) rühmen, alles, was in Deutschland außerhalb der Nationalsozialistischen Partei existiert, zerstört, zerstreut, aufgelöst, angegliedert oder aufgesaugt zu haben. Einer nach dem anderen mussten sich die Kommunisten, die Juden, die Sozialisten, die Gewerkschaften ... unter sein Gesetz beugen. Er hat alle Polizeikräfte in seiner Hand ... Eine unerbittliche Zensur hat die Presse vollständig gezähmt ... Hitler beherrscht die einzelnen deutschen Länder durch die Statthalter, die er an ihre Spitze gestellt hat. Die Städte werden jetzt verwaltet durch Bürgermeister und Stadträte aus seiner Anhängerschaft. Alle öffentlichen Verwaltungen wurden gesäubert. Die politischen Parteien sind verschwunden. Der Reichstag setzt sich nur mehr aus einer einzigen riesigen Partei zusammen, die mehr als zwei Drittel des Plenums ausmacht und die Verfassungsänderungen vornehmen kann, die ihr gefallen ...

Zitiert nach: Documents diplomatiques français 1932–1939, 1ère série, III, Paris o. J., S. 825. Übers. vom Verfasser.

1 Die neue Regierung setzte die Politik der Notverordnungen fort. Erläutere, was sich unter Hitler änderte. Beziehe das Abstimmungsergebnis (M1) und S. 58 mit ein.

2 Gib den Stimmungsbericht des britischen Botschafters (M2) wieder. Welchen Eindruck mögen die Leser über die Situation in Deutschland gewonnen haben?

3 Nenne Grundrechte, die von den Nationalsozialisten abgeschafft wurden. Wie gingen sie dabei vor (M5 und Autorentext)? Bis zu welchem Zeitpunkt versuchte Hitler, den Anschein der Legalität (Gesetzestreue) zu bewahren?

4 Vergleiche die Aussagen von M3, M4 und M5.

Gleichschaltung und Propaganda

Die Grundlagen des totalitären Staates. Die nationalsozialistische Politik der Gleichschaltung veränderte den Staat und die Gesellschaft völlig. Länder und Parlamente wurden aufgelöst, Parteien und Gewerkschaften abgeschafft. Alle Arbeitnehmer und Arbeitgeber fasste man in der „Deutschen Arbeitsfront“ (DAF) mit 23 Millionen Mitgliedern (1938) zusammen. Für Literatur und Kunst war das „Reichsministerium für Volksaufklärung und Propaganda“ unter Joseph Goebbels zuständig. Kunst und Literatur sollten sich fortan am „gesunden Volksempfinden“ orientieren – sehr viele Künstler und Schriftsteller verließen Deutschland, um Berufsverboten und Verfolgung zu entgehen. Gemälde der künstlerischen Moderne verschwanden aus den Museen oder wurden gegen Dollar oder Schweizer Franken ins Ausland verkauft.

„Führer befiehl, wir folgen!“ Die Propaganda baute die Person Hitlers zu einem genialen Führer auf, der immer die richtigen Entscheidungen traf. Der Führerkult machte Hitler zu einer übermenschlichen Persönlichkeit und die „nationalsozialistische Bewegung“ zur „Religion der neuen Zeit“. Tausende von Augenzeugenberichten bestätigen die gelungene Verführung der Massen, z. B. bei Hitlerreden, Fahnenweihen oder Parteitagen (s. S. 64 und S. 68). Aus heutiger Sicht wissen wir, dass Hitlers Art des Regierens viele widersprüchliche Entscheidungen aufwies. Denn einerseits bestand in Verwaltung und Justiz der traditionelle Staat mit den hergebrachten Regeln weiter. Das bestehende Recht wurde aber immer wieder von diktatorischen nationalsozialistischen Maßnahmen überlagert.

Ein neues Gesellschaftsmodell. In der nationalsozialistischen „Volksgemeinschaft“ sollten alle gesellschaftlichen Gruppen zusammengeführt werden. Wer aus politischen Gründen nicht dazugehören wollte oder aus rassistischen Gründen nicht dazugehören durfte, wurde verfolgt. Besondere Beachtung genossen die Jugendlichen als „Zukunftsgaranten“ und die Frauen als „Erhalterinnen des Volkes“. Nach dem Zusammenbruch der NS-Herrschaft wurde nach den Gründen geforscht, warum ein auf Einschüchterung, Verfolgung und Terror gebautes Regime so eine breite Zustimmung in der Bevölkerung gefunden hatte. Die Befragten lobten die positiven Erlebnisse des Gemeinschaftsgefühls, die vorbildlichen Freizeit- und Sportangebote und die ab 1933 massiv zurückgehende Arbeitslosigkeit (s. S. 72 f.). Wer nach Jahren der Not ein bescheidenes Auskommen gefunden hatte, stellte keine kritischen Fragen. Kritiker des Regimes riskierten die Einlieferung in ein Konzentrationslager. Dort waren Demütigung, Folter und Mord an der Tagesordnung.

M 1 Der Aufbau des „Führerstaates“
SS und SD s. S. 59
Gestapo = Geheime Staatspolizei: politische Polizei, überwachte die Bevölkerung; konnte jeden ohne Gerichtsverfahren in „Schutzhaft“ nehmen.
HJ = Hitlerjugend

M2 Die „Volksgemeinschaft"

Adolf Hitler in einer Rede am 1. Mai 1936:

Es war notwendig, dem deutschen Volk jenes große Gefühl der Gemeinschaft zu geben, so wie der einzelne Soldat nichts ist, aber alles im Rahmen ... seiner Armee, so ist auch der einzelne Volksgenosse nichts, aber alles im Rahmen seiner Volksgemeinschaft. Hier wird persönlich aus dem schwachen Willen von 60 Millionen Einzelner ein gigantischer, gewaltiger, zusammengeballter Wille aller. Das muss jedem Volksgenossen sichtbar werden. Und deshalb hat auch unsere Bewegung dieses ganz besondere Gepräge bekommen, deshalb diese Massenkundgebungen, diese Massendemonstrationen, diese Generalappelle der Nation.

Zitiert nach: Rudolf Herz: Hoffmann & Hitler. Fotografie als Medium des Führer-Mythos, München (Klinkhardt & Biermann) 1994, S. 215.

M3 Plakat zur „Volksgemeinschaft" *(ca. 1936)*

Frauen wurden nach Hitlers Machtübernahme massiv aus dem Berufsleben verdrängt und auf die Rolle als Frau und Mutter beschränkt. Ausnahmen waren Pflegeberufe und die Landwirtschaft.

M4 Bücherverbrennung *(Hamburg, Mai 1933)*

Bücher der vom Regime verbotenen und ausgegrenzten Autoren wurden in vielen deutschen Städten verbrannt. Darunter waren Werke von Schriftstellern wie Bertolt Brecht und Erich Kästner. Der bayerische Autor Oskar Maria Graf schrieb in Wien einen wütenden Kommentar, als seine Werke nicht verboten wurden: „Verbrennt mich!"

1 Erläutere den Aufbau des „Führerstaates" (M1). Welche Funktionen hatte Hitler inne? Zeige auf, an welchen Stellen ein Nebeneinander von staatlichen und von Parteistellen entstand. Welche Schwierigkeiten konnten daraus entstehen?

2 Gib die Bedeutung des Begriffs „Volksgemeinschaft" wieder, wie ihn Hitler verstanden haben wollte (M2). Lege dar, wie diese Auffassung im Plakat M3 umgesetzt wurde.

3 Lies in einem Literaturlexikon nach. Suche unter dem Begriff „Bücherverbrennung" nach Beispielen für Ausgrenzung und Verfolgung. Stelle zwei Autoren vor, deren Bücher verbrannt wurden (M4). Du kannst dir aber auch aus der Schul- oder Stadtbibliothek das Buch von Jürgen Serke „Die verbrannten Dichter" ausleihen. Dort findest du viele Biografien von verfolgten Autoren mit zahlreichen Dokumenten.

4 Suche Material zu einem Kurzvortrag zum Thema: Die Rolle und Rechte der Frau in der Zeit des Nationalsozialismus. Beziehe M3 mit ein.

Massenmanipulation durch Propaganda

Alte und neue Massenmedien. An den Reichsparteitagen in Nürnberg wirkten über eine Million Menschen mit bzw. waren als Zuschauer beteiligt. Um möglichst die gesamte „Volksgemeinschaft" (s. S. 62) im Sinne des Nationalsozialismus zu beeinflussen, nutzte die NSDAP alle Medien, sei es die Presse oder – damals ganz modern – Rundfunk und Film. Zeitnah zu den Reichsparteitagen berichteten Zeitschriften in Sondernummern über die Vorbereitungen. In den Berichten vom Parteitag stand der „Führer" im Mittelpunkt; er wurde über Doppelseiten hinweg auf großformatigen Bildern gefeiert. Die Exklusivfotos lieferte Hitlers Leibfotograf Heinrich Hoffmann, das Textmaterial gab das Deutsche Nachrichtenbüro (DNB) oder die Reichspressestelle der NSDAP vor.

Der Rundfunk im Dienst der Partei. Bereits ab 1933 berichtete der Rundfunk von den Parteitagen. Es gab Live-Übertragungen von Reden oder Massenversammlungen mit den dazugehörenden Reportagen, dazu abendliche Zusammenfassungen und ein musikalisches Begleitprogramm. Der Programmablauf blieb in den ersten Jahren gleich, wurde aber 1937 propagandistisch intensiver gestaltet. Neue Sprecher sollten die Hörer durch ihre Erzählweise zu stärkerem Miterleben bringen. Man wollte faszinieren, sich auf die wesentlichen Botschaften konzentrieren, zugleich ein Zuviel vermeiden. Daher durften während der Parteitage keine anderen politischen Themen gesendet werden. Im täglichen Rahmenprogramm sollten sich weder Vorträge oder Hörspiele noch Opern- oder moderne Tanzmusik finden lassen.

M1 Propagandaplakat *(1936)*
Dieses vergleichsweise preiswerte Radiogerät stand 1938 in fast drei Millionen Haushalten.

Dokumentation, Information oder Propaganda? Unter dem Deckmantel der Dokumentation wurde das neue Medium des Tonfilms propagandistisch genutzt. Hitler beauftragte 1933 die junge Regisseurin Leni Riefenstahl, den Reichsparteitag filmisch festzuhalten. Ihr erster Film, „Sieg des Glaubens", gefiel Hitler so sehr, dass Riefenstahl weitere Aufträge erhielt. So verfilmte sie mit großem finanziellen Aufwand und riesigen Mitarbeiterteams in den Jahren 1934 bis 1936 zwei weitere Reichsparteitage sowie die Olympischen Spiele in Berlin.

M2 Premiere in Berlin *(1935)*
Die NSDAP finanzierte und förderte Riefenstahls zweistündiges Werk „Triumph des Willens". Bereits in der ersten Woche besuchten allein im westdeutschen Raum 180 000 erwachsene Zuschauer und 60 000 Schüler die Filmvorführung.

Unter dem Vorwand informierender Filmberichterstattung liefen in allen deutschen Kinos spätestens seit 1938 „Wochenschauen", die den Vorgaben des Propagandaministeriums entsprachen. Ging es 1939 z. B. noch darum, Hitlers 50. Geburtstag zu würdigen, kam es während des Zweiten Weltkriegs immer mehr darauf an, militärische Erfolge an der Front zu zeigen, um die Stimmung im Volk zu verbessern.

Methode: Analyse propagandistischer Mittel in modernen Bild- und Tonmedien

Moderne Medien sind schwieriger zu untersuchen als geschriebene Texte, weil sie Ohr oder Auge nur flüchtig berühren und über verschiedene Informationsebenen (Rundfunk: Musik, Geräusche, Sprache oder Film: zusätzlich Bild und Schrift) verfügen. Dennoch lassen sie sich wie ein Text lesen, analysieren und interpretieren. Folgende Schritte können dabei hilfreich sein:

1. Schritt: Historischen Zusammenhang erfassen

Notiere Titel, Thema und wichtige inhaltliche Aspekte: Was wird herausgestellt (Einzelheiten oder Personen)? Warum? Wann ist das Material entstanden? In welcher Beziehung stehen Entstehungszeit und Darstellung? Wer sind Autor bzw. Produzent?

2. Schritt: Art und Funktion feststellen

Stelle fest, ob es sich beispielsweise um Rundfunkansprachen oder -reportagen, Nachrichten, Dokumentar-, Werbe- oder Propagandafilme handelt. Kläre auch, welche Adressatengruppe(n) und welche Wirkung(en) – z. B. Bericht, Anklage, Agitation – dabei erreicht werden sollen.

3. Schritt: Einen Ausschnitt analysieren

Untersuche eine Sequenz des Materials, indem du das Zusammenwirken von Inhalten, sprachlichen und akustischen – gegebenenfalls auch optischen – Mitteln überprüfst. Dabei kannst du auf Argumentation (Behauptung, Begründung, Beweis), auf Wortwahl und sprachliche Mittel (z. B. Schlagwörter, Superlative, Wiederholungen, Metaphern und Ironie), auf den Einsatz von Geräuschen und Musik sowie auf technische Mittel (Ton, Kommentierung, Kameraführung etc.) achten. Untersuche den Abschnitt mehrmals und konzentriere dich stets auf Teilaspekte.

4. Schritt: Gesamtbewertung durchführen

Werte die Teilergebnisse aus. Formuliere ein Gesamtresultat, bei dem Mittel, Adressaten, Funktion bzw. Wirkung des Materials sowie die Absicht des Produzenten zueinander in Bezug gesetzt werden.

M3 Der Zweck der Propaganda

Die Aufgabe der Propaganda liegt ... in einem Hinweisen der Masse auf bestimmte Tatsachen, Vorgänge usw., deren Bedeutung dadurch erst in den Gesichtskreis der Masse gerückt werden soll. Die Kunst liegt nun ausschließlich darin, dies in so vorzüglicher Weise zu tun, dass eine allgemeine Überzeugung ... entsteht ... Ihr Wirken (muss) auch immer auf das Gefühl gerichtet sein und nur sehr bedingt auf den Verstand.

Zitiert nach: Adolf Hitler: Mein Kampf, a.a.O., S. 157.

M4 Über den Film „Triumph des Willens"

a) In einem Buch von Leni Riefenstahl heißt es:

... sie habe sich nicht an die Chronologie und das Geschehen des Reichsparteitags gehalten. Es sei ihr vielmehr darauf angekommen, „... das Bild noch stärker wirken zu lassen, als es in Wirklichkeit schon war."

b) Ein Historiker:

Die Reproduktion des Parteitags als authentisches Kinoerlebnis bedeutet die Überhöhung der bereits idealisierten Inszenierung der Parteitagswirklichkeit zum Idealparteitag.

Zitiert nach: Martin Loiperdinger: Rituale der Mobilmachung. Der Parteitagsfilm „Triumph des Willens" von Leni Riefenstahl, Opladen (Leske & Budrich) 1987, S. 59 u. S. 53.

1 Sowohl die Bundeszentrale als auch die Landeszentrale für politische Bildung in NRW bieten Bild- und Tondokumente zum Nationalsozialismus an. Entscheidet euch für ein Thema/Medium und bittet euren Lehrer/eure Lehrerin, dieses zu bestellen. Untersucht das Material, indem ihr in der Reihenfolge der vier methodischen Schritte vorgeht.

2 Was machte den Reichsparteitag in Rundfunk und Film zu einem „Erlebnis"? Beziehe bei der Beantwortung die Materialien dieser Doppelseite sowie den Autorentext mit ein.

3 Vergleiche M3 und M4. Inwieweit entspricht Riefenstahls Film Hitlers Auffassung von Propaganda?

„Du bist nichts, dein Volk ist alles!"

Die Jugend wird organisiert. Die NSDAP versuchte nach der Machtübernahme, die deutsche Jugend möglichst schnell für sich zu gewinnen. Sie warb daher für den Eintritt in die Hitler-Jugend (HJ). Dort wurden Zehnjährige wie Soldaten gemustert, um als „Pimpf" zum Dienst im Jungvolk einberufen zu werden. Mit 14 Jahren kamen die Jungen in die eigentliche HJ. Die Aufnahme erfolgte in einer Feier jeweils am Vorabend des 20. April, dem Geburtstag Hitlers, und sie ähnelte im Ablauf einer Vereidigung von Soldaten. Mädchen traten mit zehn Jahren der NS-Jugend bei und gehörten zunächst dem „Jungmädelbund" und dann dem „Bund Deutscher Mädel" (BDM) an.

Fit für den Führer. Die Aufnahmeprüfung, nach der ein „Pimpf" seinen ersten Dolch erhielt, bestand in der Beantwortung von Fragen zur NS-Weltanschauung, vor allem in Rassenkunde und Geschichte der NSDAP. Weiterhin mussten bestimmte sportliche Leistungen erbracht werden wie ein 60-Meter-Lauf in 12 Sekunden, ein Weitsprung von 2,75 Metern, ein Schlagballweitwurf von 25 Metern und die Teilnahme an einem anderthalb Tage dauernden Geländemarsch. Wie die Jungen wurden auch die Mädchen durch lange Wanderungen und Sportwettkämpfe fit gemacht. Die körperliche Ertüchtigung stand im Vordergrund, da dies ihre spätere Aussicht auf gut verlaufende Schwangerschaften und die Geburt gesunden Nachwuchses steigern sollte. Das Ziel war es, die weibliche Jugend auf ein traditionelles Leben als Hausfrau und Mutter vorzubereiten.
Ein Gesetz vom 1. Dezember 1936 ordnete die Zusammenfassung aller deutschen Kinder und Jugendlichen in der Hitlerjugend an. Spätestens seit März 1939 bedeutete dies die Zwangsmitgliedschaft in den NS-Jugendorganisationen. Damit wurde die erzieherische Rolle der Schule und des Elternhauses immer weiter zurückgedrängt. Eltern, die sich weigerten, ihre Kinder zur Hitlerjugend zu lassen, wurden durch Geld- und Haftstrafen sowie berufliche Benachteiligungen unter Druck gesetzt.

Erziehung und Ausbildung. Ob an wöchentlichen „Heimabenden", auf Schulungslagern oder bei Wettbewerben, immer fand eine massive Beeinflussung der Jugendlichen im Sinne der nationalsozialistischen Anschauungen statt. Rassismus und Antikommunismus wurden nicht nur verstandesmäßig gelehrt. Zahlreiche Filme und Erzählungen, die bewusst die historische Wahrheit verzerrten, putschten die Jugendlichen regelrecht auf, immer und überall für die Ideen des Nationalsozialismus einzutreten – auch gegen die eigene Familie. So war das Leben in der Hitlerjugend durch eine sorgfältig geplante Kombination von Gemeinschaftserlebnis und politischer Beeinflussung, Begeisterung, Zwang und Disziplin geprägt, wobei von allen Aktivitäten der sportliche Wettkampf als der wichtigste angesehen wurde. Die Führung der HJ lag nach dem Grundsatz „Jugend muss von Jugend geführt werden" in den Händen der Jugendlichen selbst und war streng hierarchisch organisiert.
Auch das Bildungssystem wurde auf die NS-Ideologie ausgerichtet, was zur radikalen Änderung der Unterrichtsinhalte führte. Auf dem Plan standen nun Fächer wie Vererbungslehre, Rassenkunde, Rassenhygiene, Familienkunde und Bevölkerungspolitik. Auch im Biologieunterricht nahmen die Themen Vererbungslehre und Rassenkunde breiten Raum ein (s. S. 59/M5). Dafür reduzierte man die Stundenzahl für Mathematik und Fremdsprachen.

M1 Plakate für die Hitlerjugend *(links: 1938, rechts: 1940)*

M2 Die sieben Schwertworte *(aus einem Jugendbuch, 1936)*

M3 Kameradschaft

Aus einem Schullesebuch von 1938:

„Der Tag war heiß und der Weg weit. Die Sonne glutete in der fast baumlosen Heide. Der Sand flimmerte. Ich war müde. Meine Füße brannten in den neuen Halbschuhen, jeder Tritt schmerzte, und ich dachte immer nur an Rast und Wasser und Schatten. Ich biss die Zähne zusammen, um nicht schlappzumachen. Ich war der Jüngste und zum ersten Male auf Fahrt. Vor mir ging Rudolf, der Führer. Er war groß und stark. Sein Tornister wuchtete schwer und drückend auf den Schultern. Rudolf trug das Brot für uns sechs Jungen, den Hordentopf und eine Reihe von Büchern, aus denen er uns des Abends in der Bleibe immer so feine und spannende Geschichten vorlas ... Die Kameraden waren alle etwas älter und schon viel gewandert ... Immer mehr blieb ich zurück. Dann wieder versuchte ich, durch Laufen den Abstand zu verringern. Auf einmal schaute Rudolf sich um. Er stutze, sah mich in der Ferne heranschleichen und wartete ... „Müde?“, fragte Rudolf mich freundlich. Ich bejahte verschämt. Wir gingen langsam nebeneinander her. Ich humpelte. Aber ich wollte es Rudolf nicht wissen lassen. Als wir an eine „Wacholderstube“ kamen, setzte sich der Führer und sagte: „Etwas verschnaufen!“ Erleichtert warf ich mich nieder. Ich wollte nicht sprechen. Ich hatte Scheu. Rudolf gab mir zu trinken. Ich dankte und lehnte mich behaglich nach hinten über, froh die wehen Füße ausstrecken zu können.

Zitiert nach: Michael H. Kater: Hitlerjugend, Darmstadt (Wissenschaftliche Buchgesellschaft) 2005, S. 17.

M4 Ein Hitlerjunge erinnert sich

Wir waren Hitler-Jungen, Kindersoldaten, längst ehe wir mit zehn Jahren für wert befunden wurden, das Braunhemd zu tragen. Schon vorher waren wir dauernd im „Einsatz“. Wir sammelten Altpapier und Altmetalle, suchten Heilkräuter, schwangen fürs Winterhilfswerk die Sammelbüchse, bastelten Spielzeug für Babies, führten zur Erheiterung der Soldatenfrauen politische Spielchen auf ...

Wenn andere von der Pimpfzeit schwärmen (als sei das Ganze nur ein Pfadfinderklub mit anderem Vorzeichen gewesen), so kann ich diese Begeisterung nicht teilen. Ich habe beklemmende Erinnerungen. In unserem Fähnlein bestanden die Jungvolk-Stunden fast nur aus „Ordnungsdienst“, das heißt aus sturem militärischen Drill. Auch wenn Sport oder Schießen oder Singen auf dem Plan stand, gab es erst immer „Ordnungsdienst“: endloses Exerzieren mit „Stillgestanden“, „Rührt euch“, „Links um“, „Ganze Abteilung – kehrt“ – Kommandos, die ich heute noch im Schlaf beherrsche.

Zitiert nach: Karl-Heinz Jansen. In: Klaus-Jörg Ruhl: Brauner Alltag. 1933–1939 in Deutschland, Düsseldorf (Droste) 1990, S. 48.

1 Beschreibe die Gestaltung und Farbgebung der Plakate (M1). Wer sollte sich angesprochen fühlen und was wollten die Nationalsozialisten damit vermitteln?

2 Welche „Schwertworte“ (M2) lassen sich sinngemäß in dem Auszug aus dem Schullesebuch (M3) wiederfinden? Welches Ziel verfolgten die Nationalsozialisten mit dieser Geschichte bei den Lesern? Welche Werte würden wir heute für wichtig halten? Nimm Stellung zu den „Schwertworten“.

3 Wie bewertet Karl-Heinz Jansen (M4) seine Zeit als Mitglied der HJ?

4 Nimm Stellung zu der Kapitelüberschrift „Du bist nichts, dein Volk ist alles!“.

Alltag in der NS-Diktatur: zwischen Zustimmung und Ablehnung

Zustimmung und Begeisterung. Die großen Inszenierungen der NS-Propaganda bei Gedenktagen oder anlässlich der Nürnberger Reichsparteitage (s. S. 64) waren wichtig für die Aufrechterhaltung der Zustimmung zur Diktatur und dienten dazu, die Begeisterung der Massen für die nationalsozialistische „Volksgemeinschaft" immer wieder neu anzufachen.

M1 Begeisterte Anhänger jubeln dem Führer zu.
Solche Propagandafotos wurden ständig verbreitet, um die Beliebtheit des Führers zu zeigen.

Wie weit geht die Anpassung? Die Partei war der Karriere förderlich. Ihre Mitgliederzahl explodierte 1933 in nur fünf Monaten auf 2,5 Millionen und stieg später auf 8,5 Millionen. Publikumsliebling wurde nur, wer sich den Vorstellungen des Regimes anpasste. Das galt für Sänger und Schauspieler wie Zarah Leander, Marika Rökk, Hans Albers oder Johannes Heesters. Sie alle trugen dazu bei, mit Operetten, Schlagern und harmlosen Filmkomödien das Volk bei Laune zu halten. In den damaligen Medien der Massenunterhaltung, Reichsrundfunk und Filmindustrie, lenkten sie von der nationalsozialistischen Politik ab. Der hoch bezahlte Filmstar Heinz Rühmann beispielsweise wirkte zwischen 1933 und 1945 in über 30 Filmen als Schauspieler und Regisseur. Er trennte sich von seiner jüdischen Frau und hatte beste Beziehungen zu nationalsozialistischen Politikern wie Goebbels.

Denunzianten – Helfer der Gestapo. Offene Kritik an den zahllosen Unrechtstaten der nationalsozialistischen Machthaber war selten; Denunziantentum wurde dagegen alltäglich. So leitete man, z. B. in der Düsseldorfer Gestapo-Dienststelle, jede vierte geheimpolizeiliche Ermittlung nach einer Anzeige aus der Bevölkerung ein. Doch nicht nur Parteigänger der NSDAP, sondern viele Bürger ohne Parteizugehörigkeit nutzten dieses wirksame Mittel, um Menschen, die ihnen im Wege standen, mithilfe und auf Kosten des Staates „beiseitezuschaffen". Keiner durfte sich sicher fühlen, selbst innerhalb von Familien fanden sich zahlreiche Helfer für die Gestapo.

Zwischen Distanz und Ablehnung. Trotz der augenfälligen Begeisterung oder des passiven Akzeptierens der NS-Herrschaft gab es immer wieder Einzelne oder Gruppen, die sich nicht anpassen wollten. Im reglementierten Alltag sorgte die Gestapo für die Überwachung Verdächtiger. Für die Kontrolle junger Leute wurde 1938 ein besonderer Streifendienst der HJ eingerichtet. Seine Mitglieder hielten Ausschau nach Vergehen wie Trinken, Rauchen, Singen verbotener Lieder, Hören verbotener Musik, nachlässigem Grüßen, Übertreten der Polizeistunde oder Unruhestiftung in Tanzhallen. Mit „Swing-Heil" begrüßten sich die Mitglieder der sogenannten „Swing-Jugend", die durch ihre lässige Haltung und Kleidung sowie durch ihre Vorliebe für amerikanische Wörter und Musik, wie den Swing, als „Volksschädlinge" galten. Für kriminelle bzw. nicht anpassungswillige Jugendliche gab es eigene Konzentrationslager; im niedersächsischen Moringen für Jungen und in der Uckermark für Mädchen.

M2 „Ich habe in der Schule nur gesagt, dass ihr immer über den Führer schimpft."

M3 Flüsterwitz

„Mein Vater ist SA-Mann, mein älterer Bruder in der SS, mein kleiner Bruder in der HJ, die Mutter in der NS-Frauenschaft und ich im BDM." „Ja, seht ihr euch denn bei dem vielen Dienst auch einmal?" „O ja, wir treffen uns jedes Jahr auf dem Parteitag in Nürnberg!"

M4 Aussagen einer Zeitzeugin *(1980):*

Dem Blockwart ging man am besten aus dem Weg. Zum Beispiel waren ab und zu Büchersammlungen neben all den anderen Sammlungen. Diese Bücher mussten beim Blockwart abgegeben werden ... Dabei war genau aufzupassen, dass man nicht aus Versehen ein falsches Buch abgab. Viele Bücher standen auf dem Index (Verzeichnis von verbotenen Büchern), die hätte man schon 1933 zur Verbrennung abgeben müssen ... Der Blockwart kannte den Index ganz genau, sah sich die Bücher an und prüfte damit auch die Gesinnung der Volksgenossen ... Aber kein Buch abzugeben war genauso verräterisch, denn dann fragte der Blockwart, ob man sich denn gar nicht der Volksgemeinschaft zugehörig fühle ...
In manchen Läden stand: „Hier grüßt man mit dem Deutschen Gruß". Meine Mutter ist lieber vier Straßen weitergegangen, in ein anderes Geschäft, als in diesem Eckladen zu kaufen, der bei uns gegenüber lag. Wenn sie einmal reingegangen ist, dann hat sie „Guten Tag" gesagt. Dann hat die Besitzerin laut und deutlich „Heil Hitler" geantwortet. Ich habe meine Mutter immer sehr bewundert ...
Wenn Adolf Hitler oder Goebbels gesprochen haben, wenn diese Reden durch den Rundfunk gingen, dann waren die Straßen leer, und im Sommer waren die Fenster offen, damit auch jeder hörte, dass man den Volksempfänger anhatte. Jeder musste eigentlich hören. Wer da wegging, in einen Schrebergarten, der hat sich schon verdächtig gemacht ...
Geflaggt haben wir nie. Meine Mutter hat sich immer herausgeredet, dass der Hauswirt schon so eine große Fahne aufziehen würde. Damals wurden wir Mädchen von unseren BDM-Führerinnen gefragt, ob die Eltern Feindsender hören oder Kontakte zu Kriegsgefangenen hätten. (Die Eltern haben natürlich Feindsender gehört.) Ich war zwölf ... und damals hatte man in diesem Alter schon so wichtige Entscheidungen zu treffen. Man musste gewitzt sein, man durfte sich nicht anmerken lassen, wie die Eltern dachten ... Und man musste seine Freunde kennen, mit denen man sich unterhalten wollte ...

Anne Betz im Gespräch 1980. Zitiert nach: Reinhard Bein: „Wer nicht für uns ist, ist gegen uns". Mitmachen, ertragen, verweigern in den Jahren 1939–1945 (= Praxis Geschichte 5/1990), Seite 24.

M5 Wilhelm Furtwängler begrüßt bei einem seiner Konzerte Adolf Hitler.

Der berühmteste Dirigent seiner Zeit war Chef der Berliner Philharmoniker und 1928–1930 sowie 1930–1940 auch der Wiener Philharmoniker. Er entsprach mit seiner Musik dem nationalsozialistischen Zeitgeist. 1933 hatte er sich noch für jüdische Kollegen stark gemacht. Nach dem Aufführungsverbot einer Oper von Paul Hindemith war er von seinen Ämtern zurückgetreten. Doch später passte er sich dem Regime an.

1 Stelle dar, wie das ideale „Leben im Zeichen des Nationalsozialismus" aussehen sollte (Autorentext).
2 Nenne Beispiele für die unterschiedlichen Haltungen der deutschen Bevölkerung gegenüber dem NS-Regime (M1–M5 und Autorentext).
3 Bewerte die Rolle der Denunzianten für die Aufrechterhaltung des NS-Systems (M4 und Autorentext).
4 Recherchiere unter dem Begriff „Jugendschutzlager", welche Jugendliche für welche „Vergehen" nach Moringen oder in die Uckermark gebracht wurden.

Wer gehört nicht zur nationalsozialistischen „Volksgemeinschaft"?

Juden in Deutschland. Mit den preußischen Reformen erhielten die Juden 1812 erstmals die rechtliche Gleichstellung („Judenemanzipation"). Lange vor dem Machtantritt der Nationalsozialisten formulierten in der 2. Hälfte des 19. Jh. europäische Rassefanatiker Thesen zum Judenhass (Juden als „Rasse" definiert). Dieser moderne ▸ Antisemitismus war unter Konservativen und Nationalisten im Kaiserreich sehr verbreitet; das Adjektiv „jüdisch" wurde aber auch sinngleich für „demokratisch", „liberal" oder „sozialistisch" verwendet. Heutige Historiker sehen daher in diesem Antisemitismus eine Auflehnung gegen die Veränderungen der Moderne.
Die rund 500 000 deutschen Juden gehörten allen Schichten der Bevölkerung an; jeder achte von ihnen war, nach der Statistik des Jahres 1930, mittellos.

Rassengesetze und Pogrome. Kaum jemand ahnte 1933, mit welcher Schnelligkeit und Unmenschlichkeit Hitler und seine Gefolgsleute ihren Judenhass umsetzen würden. Aufrufe zum Boykott jüdischer Geschäfte, die Entlassung jüdischer Beamter und die schrittweise Entziehung der Berufserlaubnis für jüdische Anwälte, Ärzte und Apotheker standen am Anfang einer Kette von immer brutaleren staatlich befohlenen Maßnahmen, mit denen versucht wurde, Juden aus der deutschen Gesellschaft zu drängen. Wer Jude war, bestimmten die Nationalsozialisten. Mit den „Nürnberger Gesetzen" verloren Juden 1935 die deutsche Staatsbürgerschaft; Ehen zwischen Juden und Nichtjuden wurden verboten oder für ungültig erklärt.
In der Nacht vom 9. zum 10. November 1938 brannten überall in Deutschland Synagogen sowie jüdische Geschäfte und Betriebe. In Paris hatte ein 17-jähriger Jude aus Verzweiflung über die Ausweisung seiner Eltern aus Deutschland nach Polen einen Diplomaten der deutschen Botschaft erschossen. Die SA organisierte eine „Nacht der Vergeltung": Jüdische Bürger wurden durch die Straßen gehetzt, etwa einhundert ermordet und über 25 000 in Konzentrationslager gesperrt. Die Propaganda sprach von einem „Akt des Volkszorns", doch das Volk reagierte widersprüchlich auf die Ereignisse des Novemberpogroms. Viele schauten ängstlich oder verlegen weg, wenn der ihnen bekannte jüdische Nachbar, Arzt oder Handwerker verhaftet wurde. Einige halfen den Verfolgten, andere beteiligten sich aktiv an den Brandschatzungen und Plünderungen. Nach dem Pogrom wurde den Juden eine „Sühneleistung" als Sondersteuer von 20–25 % des Vermögens abverlangt. Wer ein Aufnahmeland fand, wanderte aus.

M1 Textilgeschäft der Familie Silberstein am Botanischen Garten in Berlin *(ca. 1938)*

Interview mit Alfred Silberstein (September 1996):
„Ich erinnere mich sehr genau an die Nacht des 9. November 1938. Sie zertrümmerten unseren Laden und nahmen meinen Vater in Haft. Als mein Vater sechs Wochen später zurückkam, erkannten wir ihn kaum wieder. Sein Geist war gebrochen. Äußerlich war er völlig heruntergekommen."
Zitiert nach: Katalog der Ständigen Ausstellung – Haus der Wannsee-Konferenz, Berlin 2006, S. 51.

Terror gegen Mitbürger. Das nicht sesshafte Volk der Sinti und Roma bildete eine weitere Zielscheibe nationalsozialistischer Rassenpolitik: Viele Frauen und Kinder wurden zwangssterilisiert, die Jugendlichen durften keine öffentlichen Schulen besuchen und die Männer brachte man in Arbeitslager. Während des Zweiten Weltkriegs wurden die Angehörigen dieser Volksgruppen wie die europäischen Juden Opfer des geplanten Völkermords (s. S. 82ff.). Aus der NS-„Volksgemeinschaft" ausgeschlossen waren auch alle diejenigen, die durch ihren Glauben (z. B. Ernste Bibelforscher oder Zeugen Jehovas), ihre politischen Überzeugungen (z. B. Pazifisten, Kommunisten, Sozialdemokraten) oder ihre Lebensführung (z. B. Homosexuelle) als Außenseiter galten. Ein Programm zur „Vernichtung unwerten Lebens" sah die staatlich angeordnete Tötung von Menschen mit geistigen und körperlichen Behinderungen vor; in speziellen Anstalten ermordeten die Nationalsozialisten ohne Wissen der Angehörigen über 100 000 dieser Menschen.

M2 Ausgrenzung aus der Gesellschaft: Auszug aus den Tagebüchern Victor Klemperers

Victor Klemperer war bis zu seiner Entlassung durch die Nazis 1935 Professor für romanische Sprachen in Dresden. Er überlebte in Dresden dank der Hilfe seiner nichtjüdischen Frau Eva:

Dienstag, 2. Juni 1942: Neue Verordnungen gegen die Juden. Der Würger wird immer enger angezogen, die Zermürbung mit immer neuen Schikanen betrieben. Was ist in diesen letzten Jahren alles an Großem und Kleinem zusammen gekommen! Und der kleine Nadelstich ist manchmal quälender als der Keulenschlag. Ich stelle einmal diese Verordnungen zusammen: 1) Nach acht oder neun Uhr abends zu Hause sein. Kontrolle! 2) Aus dem eigenen Haus vertrieben. 3) Radioverbot, Telefonverbot. 4) Theater-, Kino-, Konzert-, Museumsverbot. 5) Verbot, Zeitschriften zu abonnieren oder zu kaufen. 6) Verbot zu fahren, Autobusse verboten, nur Vorderperron der Tram (= der offene Teil der Straßenbahn) erlaubt, auch zur Arbeit zu Fuß unter sieben Kilometer, Autodroschke (Taxi) verboten. 7) Verbot, „Mangelware" zu kaufen. 8) Verbot, Zigarren zu kaufen oder irgendwelche Rauchstoffe. 9) Verbot, Blumen zu kaufen. 10) Entziehung der Milchkarte. 11) Verbot, zum Barbier (Friseur) zu gehen. 12) Handwerker nur nach Antrag bei der Gemeinde bestellbar. 13) Zwangsablieferung von Schreibmaschinen, 14) von Pelzen und Wolldecken, 15) von Fahrrädern – zur Arbeit darf geradelt werden (Sonntagsausflug und Besuch zu Rad verboten), 16) von Liegestühlen, 17) von Hunden, Katzen, Vögeln. 18) Verbot, die Bannmeile Dresdens zu verlassen, 19) den Bahnhof zu betreten ... 22) seit dem 19. September der Judenstern. 23) Verbot, Vorräte an Esswaren zu haben. 24) Verbot der Leihbibliotheken. 25) Durch den Stern sind uns alle Restaurants verschlossen ... 26) Keine Kleiderkarte. 27) Keine Fischkarte 28) Keine Sonderzuteilung wie Kaffee, Schokolade, Obst, Kondensmilch ... 31) Einkaufsbeschränkung auf eine Stunde (drei bis vier). Sonnabend zwölf bis eins.

Ich glaube, diese 31 Punkte sind alles. Sie sind aber alle zusammen gar nichts gegen die ständige Gefahr der Hausdurchsuchung, der Misshandlung, des Gefängnisses, Konzentrationslagers und gewaltsamen Todes.

Zitiert nach: Victor Klemperer: Ich will Zeugnis ablegen bis zum letzten. Tagebücher 1933–1945, Berlin (Aufbau-Taschenbuch-Verlag) 1996, S. 107f.

1 M1 schildert ein jüdisches Schicksal von vielen. Lies auch auf S. 57 nach und berichte.

M3 Brennende Synagoge in Essen *(10. November 1938)*

Der Historiker Wolfgang Benz schrieb 1988: „Der Novemberpogrom, als ‚Reichskristallnacht' im Umgangston verniedlicht, bedeutete einen Rückfall in die Barbarei; in einer Nacht wurden die Errungenschaften der Aufklärung, der Emanzipation, der Gedanke des Rechtsstaats und die Idee von der Freiheit des Individuums zuschanden".

2 Zeige an M2 den wachsenden Druck auf die jüdische Bevölkerung. Stelle die einzelnen Maßnahmen dar und bewerte die persönlichen, wirtschaftlichen und politischen Konsequenzen für den Einzelnen. Nenne Menschenrechte, die verletzt wurden.

3 Bis Anfang November 1938 betrachteten viele Menschen die judenfeindlichen Maßnahmen noch als eine vorübergehende Erscheinung. Deute vor diesem Hintergrund die Aussage des Historikers Benz (M3).

4 Stelle Nachforschungen zur Pogromnacht in deiner Stadt bzw. Gegend an.

5 Welche Fluchtmöglichkeiten boten sich 1938 für Juden aus Deutschland? Suche unter dem Begriff „Reichsfluchtsteuer".

6 Referiere über das Schicksal einer der Opfergruppen, die im Autorentext nur gestreift werden (z. B. unter www.sintiundroma.de oder unter dem Suchbegriff „NS-Völkermord"). Recherchiere im Internet das Schicksal von Rosa Winter (s. S. 57). Suchworte: „Rosa Winter + Sinti".

Die nationalsozialistische Wirtschafts- und Sozialpolitik

Der Staat schafft Arbeit für alle. Hitler ordnete die gesamte Wirtschaftspolitik dem Hauptziel unter, aus Deutschland eine bedeutende Militärmacht zu machen, die spätestens 1940 „kriegsfähig“ sein sollte. Die staatlichen Investitionen wurden stark ausgeweitet. Das meiste Geld floss in Aufrüstungsprogramme. Dazu gehörten der Bau militärisch wichtiger Anlagen wie Kasernen, Flugplätze oder Befestigungen, so z. B. der Westwall entlang der französischen Grenze. Die Industrie fertigte Flugzeuge, Panzer, Kriegsschiffe, Lastkraftwagen, Kanonen und Gewehre. Auch für den Ausbau des Straßennetzes wurden hohe Summen bereitgestellt. Die Ausgaben für zivile Zwecke, wie den Wohnungsbau, gingen hingegen zurück. Im Bau- und Verkehrswesen griff man auf Pläne aus der Weimarer Republik zurück. Die propagandistisch verkündete Halbierung der Arbeitslosigkeit im ersten Jahr der Diktatur beruhte noch auf manipulierten Statistiken. Doch bereits 1936 bestand Mangel an Facharbeitern.

Das Arbeitsordnungsgesetz von 1934 bedeutete meist niedrigere Löhne; die Arbeitszeit stieg von durchschnittlich 40 auf 44 Wochenstunden. Damit sanken die Lohnkosten für die Industrie. Trotz der niedrigen Kaufkraft gab es bei Arbeitern und Angestellten nach den verheerenden Auswirkungen der Weltwirtschaftskrise keine nennenswerten Proteste gegen die Lohneinbußen. Erst als 1938 die Vollbeschäftigung erreicht war, nahmen unentschuldigtes Fehlen, Verspätungen und Alkoholgenuss am Arbeitsplatz wieder zu.

Junge Menschen zwischen 18 und 25 Jahren mussten ein halbes Jahr Arbeitsdienst gegen geringe Entlohnung leisten. Dieser „Ehrendienst am deutschen Volk“ bestand zumeist aus Arbeiten in der Forstwirtschaft oder im Straßenbau und sollte helfen, Standesunterschiede einzuebnen. Auch die Einführung der allgemeinen Wehrpflicht 1935 trug zur Verringerung der Arbeitslosigkeit bei.

Wirtschaft im Dienste der Kriegsvorbereitung. Das „Reichserbhofgesetz“ verbot die Aufteilung von landwirtschaftlichem Besitz. Damit sollte verhindert werden, dass der Besitz zersplitterte und somit unproduktiv wurde und die Bauern in die Industrie abwanderten. Es ging vorrangig darum, die Eigenversorgung mit Nahrungsmitteln zu sichern und zu verbessern. Die Preise für landwirtschaftliche Erzeugnisse wurden durch staatliche Zuschüsse künstlich niedrig gehalten.

Das Deutsche Reich sollte in möglichst vielen Bereichen wirtschaftlich autark (unabhängig von Importen) sein. Zur Vermeidung von Rohstoffankäufen im Ausland wurden unter immensen Kosten in Deutschland Eisenerze abgebaut, die z. B. in Schweden für einen Bruchteil des Geldes zu bekommen waren. Die Forschungslaboratorien arbeiteten an der Entwicklung künstlicher Ersatzstoffe. So gelang es, Benzin synthetisch aus Kohle herzustellen und aus Braunkohle Buna zu fertigen, einen Ersatz für Naturkautschuk. Die Ausrichtung der Wirtschaft auf die Rüstungsindustrie begünstigte die chemische, die Elektro- und die Schwerindustrie. Das Angebot an Konsumgütern blieb dagegen knapp und die Qualität verschlechterte sich: Textilien waren überwiegend aus Synthetikgewebe und Schuhe hielten selten länger als eine Saison. Das Privateigentum blieb trotz der staatlichen Eingriffe in die Wirtschaft unangetastet. Zu keinem Zeitpunkt konnte Deutschland jedoch die angestrebte Unabhängigkeit von Einfuhren erreichen; es blieb auf Importe von Erdöl, Gummi und Buntmetallen angewiesen.

Eine hohe Staatsverschuldung. Die sehr hohen Ausgaben für die Arbeitsbeschaffungsprogramme mussten auf Kosten einer hohen Verschuldung des Staates von der Reichsbank finanziert werden. Deren Präsident Hjalmar Schacht entwickelte zur Finanzierung ein ausgeklügeltes System durch Handelswechsel, eine Art Ersatzgeld. 1938 drohte der Staat, zahlungsunfähig zu werden. Vor diesem Hintergrund bedeuteten die nach dem Pogrom im November 1938 von der Reichsregierung verhängte „Sühneleistung“ der deutschen Juden in Form einer Sondersteuer von 20 bis 25 % vom Vermögen (s. S. 70) sowie die Reichsfluchtsteuer eine willkommene Sondereinnahme in Höhe von fast einem Zehntel der gesamten Staatseinnahmen. Hierbei sind die Verkäufe von Hausrat, Antiquitäten, Kunst und Schmuck nicht eingerechnet. Die Ausplünderung der deutschen Juden war das Musterbeispiel, nach dem in den Folgejahren die von den Deutschen unterworfenen Länder ausgebeutet werden sollten.

M1 Statistiken zur NS-Wirtschaft

a) Öffentliche Investitionen in Milliarden Reichsmark:

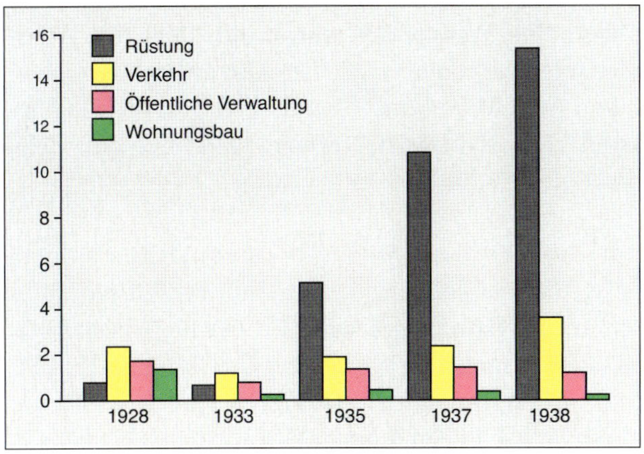

b) Staatsverschuldung des Deutschen Reichs in Milliarden:

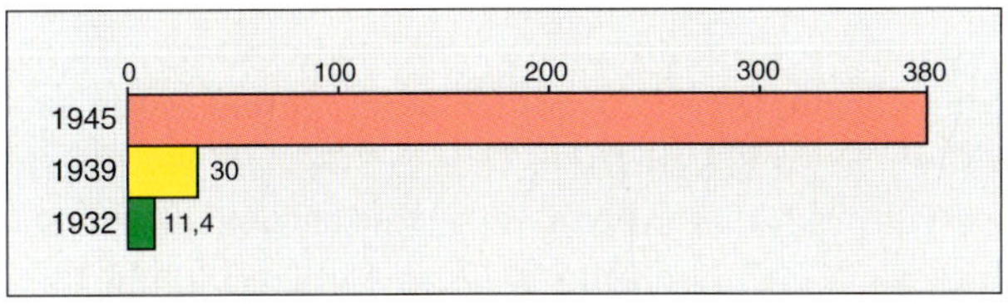

c) Durchschnittlicher Jahresverbrauch in einem Vier-Personen-Arbeiterhaushalt:

	1928	1937
Fleisch (kg)	146,5	118,5
Eier (Stück)	472	258
Milch (l)	481	358
Fette (kg)	55,4	37,3
Kartoffeln (kg)	507,8	530,3
Gemüse (kg)	127,3	117,8
Obst (kg)	96,2	64,9

d) Entwicklung der Tarifstundenlöhne (in Pfennig):

	1929	1932	1936	1939
Facharbeiter	101,1	81,6	78,3	79,1
Hilfsarbeiter	79,4	64,4	62,3	62,8
Facharbeiterin	63,4	53,1	51,6	51,5
Hilfsarbeiterin	52,7	43,9	43,4	44,0

M2 Wirtschaft und Kriegsvorbereitung

Aus einer geheimen Niederschrift Hitlers, August 1936:

Wir sind überbevölkert und können uns auf der eigenen Grundlage nicht ernähren ... Die endgültige Lösung liegt in einer Erweiterung des Lebensraumes bzw. der Rohstoff- und Ernährungsbasis unseres Volkes. Es ist die Aufgabe der politischen Führung, diese Frage dereinst zu lösen. Ähnlich der militärischen und politischen Aufrüstung bzw. Mobilmachung unseres Volkes hat auch eine wirtschaftliche zu erfolgen, und zwar im selben Tempo, mit der gleichen Entschlossenheit und wenn nötig auch mit der gleichen Rücksichtslosigkeit. Zu diesem Zweck sind auf allen Gebieten ... Devisen einzusparen, um sie jenen Erfordernissen zuzulenken, die unter allen Umständen ihre Deckung nur durch Import erfahren können. In diesem Sinne ist die deutsche Brennstofferzeugung in schnellem Tempo vorwärtszutreiben und binnen 18 Monaten zum restlosen Abschluss zu bringen. Es ist ebenso die Massenfabrikation von synthetischem Gummi zu organisieren und sicherzustellen ... Die Frage des Kostenpreises dieser Rohstoffe ist gänzlich belanglos ... Es ist weiter notwendig, ohne Rücksicht auf die Kosten die deutsche Erzförderung zu steigern ...

Kurz zusammengefasst: Ich halte es für notwendig, dass nunmehr mit eiserner Entschlossenheit auf allen Gebieten eine 100%ige Selbstversorgung eintritt ... Ich stelle damit folgende Aufgabe: 1. Die deutsche Armee muss in vier Jahren einsatzfähig sein. 2. Die deutsche Wirtschaft muss in vier Jahren kriegsfähig sein.

Zitiert nach: Wilhelm Treue: Hitlers Denkschrift zum Vierjahresplan. In: Vierteljahreshefte für Zeitgeschichte, Jg. 3/1955, S. 184ff.

1 Nenne Bereiche, in die der Staat nach 1933 besonders stark investierte (M2 und Autorentext). Stelle dar, inwieweit die Statistiken (M1) erkennen lassen, dass die Wirtschaftspolitik auf einen künftigen Krieg ausgerichtet war. Beschreibe die Entwicklung des Lebensstandards.

2 Stelle Vermutungen an, warum sich noch viele Jahre nach dem Zweiten Weltkrieg ein positives Bild der NS-Wirtschaftspolitik hielt. Der Kernsatz lautete „Aber Hitler hat doch die Arbeitslosigkeit beseitigt und die Autobahnen gebaut." Schreibe eine kurze Entgegnung.

Außenpolitik: Der Weg in den Krieg 1933–1939

Was will Hitler: Kanonen oder Friedenstauben? Nach Stabilisierung der nationalsozialistischen Herrschaft (s. S. 60f.) meldete sich Hitler auf internationalem Parkett. Bereits im Sommer 1933 hatte er mit dem Vatikan ein Konkordat (Staatsabkommen) geschlossen. Im Oktober 1933 ließ er die Welt durch den plötzlichen Austritt Deutschlands aus dem Völkerbund aufhorchen, denn damit entzog er Deutschland der Rüstungskontrolle. Überraschend schloss er im Januar 1934 einen Neutralitätspakt mit Polen auf zehn Jahre. Nur wenige erkannten Hitlers Taktik der verschleierten Kriegsvorbereitung.

M 1 Amerikanische Karikatur zur Friedensrede Hitlers am 17. Mai 1933 vor dem Reichstag

Erfolgreiche Revisionspolitik? Als ein wichtiges Ziel deutscher Außenpolitik galt seit 1919 die Rücknahme (Revision) des Versailler Vertrags. Im Gegensatz zu Frankreich war Großbritannien bereit, dies zum Teil zuzulassen, gleichzeitig aber hoffte man, Hitler kontrollieren zu können. Hitler wollte ein gutes Verhältnis zu den Briten haben, denn sie waren in seinen Augen als „überlegene Rasse" (s. S. 58) der ideale Partner bei der geplanten Eroberung und Aufteilung der Welt. Im Juni 1935 schloss London ein Flottenabkommen mit Berlin und ließ eine begrenzte Flottenrüstung zu. Die scheinbar erfolgreiche Revisionspolitik bis 1938 brachte Hitler den Jubel des Volkes und den Beifall der Militärs. Dabei profitierte er von der Uneinigkeit des westlichen Auslands. Die Franzosen waren innenpolitisch abgelenkt, die Engländer wollten einen Krieg vermeiden (Appeasementpolitik, to appease = beschwichtigen), indem sie Zugeständnisse machten. Die Amerikaner hatten 1935 per Gesetz festgelegt, sich nicht in Europa einzumischen. Die Welt schaute zu, als Hitler 1935 die allgemeine Wehrpflicht einführen, 1936 die Wehrdienstzeit erhöhen und die Aufrüstung beschleunigen ließ. Man glaubte anlässlich berauschend inszenierter Olympischer Spiele 1936 eher den Friedensparolen aus Berlin.

Von der Aggression zur Expansion. Hitler brauchte Partner für seine aggressive Politik. Seit der deutschen Unterstützung bei der Eroberung Abessiniens 1935/36 kamen sich Hitler und der italienische Diktator Mussolini näher. Letzterer sprach 1936 von einer „Achse Berlin–Rom". Während eines Besuchs in Berlin wurden beider Interessen abgegrenzt: Das Mittelmeergebiet sollte italienischem, Osteuropa deutschem Einfluss unterstehen. Mit der Großmacht Japan wurde ein Bündnis gegen die Kommunistische Internationale (Antikominternpakt) geschlossen.
Durch Verträge gestärkt, konnte Hitler nun offen Gewaltpolitik betreiben. Er sicherte sich durch Erpressung und Drohung weitere Gebiete, auch über die Revision des Versailler Vertrags hinaus. Nach dem „Anschluss" Österreichs 1938 wurde Hitler in Wien von 250 000 Menschen bejubelt. Das westliche Ausland begann verstärkt zu rüsten, blieb aber bei der Appeasementpolitik. Hitler machte sich danach zum Anwalt der deutschen Minderheit in der Tschechoslowakei, denen 1919 das Selbstbestimmungsrecht vorenthalten wurde. Um einen Krieg zu vermeiden, trafen sich am 29. September 1938 der britische Premier Chamberlain, der französische Ministerpräsident Daladier, Hitler und Mussolini in München. Ohne die Regierung in Prag handelten sie im ▸ Münchner Abkommen die Angliederung des Sudetenlandes an das Deutsche Reich aus. Der Frieden schien nochmals gerettet: Europa atmete auf. Doch Hitler bereitete schon die völlige Zerschlagung des Nachbarstaates vor. Unter erheblichem Druck erklärte sich die Slowakei für souverän und stellte sich unter den Schutz des Deutschen Reichs. Die „Rest-Tschechei" wurde von der deutschen Wehrmacht kampflos besetzt und Hitler verkündete in Prag die Errichtung des „Reichsprotektorats Böhmen und Mähren". Zielsicher steuerten die Nationalsozialisten auf einen europäischen Krieg zu.

M2 Erweiterung des deutschen Machtbereichs bis 1939

① Januar 1935 Saarland: fünfzehn Jahre unter Verwaltung durch den Völkerbund; überwältigende Mehrheit der Bevölkerung stimmt für die Eingliederung ins Deutsche Reich
② März 1936 Rheinland: Einmarsch ins entmilitarisierte Rheinland (Bruch des Versailler Vertrags)
③ März 1938 Einmarsch deutscher Truppen in Österreich
④ Oktober 1938 deutschsprachiges Sudentenland an das Deutsche Reich abgetreten
⑤ März 1939 „Rest-Tschechei“ ohne Widerstand besetzt („Reichsprotektorat Böhmen und Mähren“)
⑥ März 1939 Memelgebiet: seit 1919 unter der Verwaltung des Völkerbundes; durch Verhandlungen wieder Teil des Deutschen Reichs

M3 Hitler im Reichstag am 17. Mai 1933

Wir aber haben keinen sehnlicheren Wunsch, als dazu beizutragen, dass die Wunden des Kriegs und des Versailler Vertrags endgültig geheilt werden. Deutschland will keinen anderen Weg dabei gehen als den, der durch die Verträge selbst als berechtigt anerkannt ist. Die deutsche Regierung wünscht, sich über alle schwierigen Fragen mit den Nationen friedlich auseinanderzusetzen.

Zitiert nach: Max Domarus: Hitler. Reden und Proklamationen, Bd. 1, Würzburg (Domarus) 1962, S. 277.

M4 Auszug aus dem Hoßbach-Protokoll

Am 5. November 1937 erläuterte Hitler über vier Stunden lang seinen militärischen Oberbefehlshabern sowie dem Außen- und dem Kriegsminister unter strenger Geheimhaltung seine Kriegspläne. Eine Zusammenfassung der wichtigsten Punkte erstellte wenige Tage danach der damals anwesende Oberst Hoßbach:

Das Ziel der deutschen Politik sei die Sicherung und Erhaltung der Volksmasse und deren Vermehrung. Somit handele es sich um das Problem des Raumes ... Stelle man an die Spitze der nachfolgenden Ausführungen den Entschluss zur Anwendung von Gewalt unter Risiko, dann bleibe noch die Beantwortung der Fragen „wann“ und „wie“. Hierbei seien drei Fälle zu entscheiden:

Fall 1: Zeitpunkt 1943–1945. Nach dieser Zeit sei nur noch eine Veränderung zu unseren Ungunsten zu erwarten. Die Aufrüstung der Armee, Kriegsmarine, Luftwaffe sowie die Bildung des Offizierskorps seien annähernd beendet ... Sollte der Führer noch am Leben sein, so sei es sein unabänderlicher Entschluss, spätestens 1943/45 die deutsche Raumfrage zu lösen. Die Notwendigkeit zum Handeln vor 1943/45 käme im Fall 2 und 3 in Betracht.

Fall 2: Wenn die sozialen Spannungen in Frankreich sich zu einer derartigen innenpolitischen Krise auswachsen sollten, dass durch letztere die französische Armee absorbiert (abgelenkt) und für eine Kriegsverwendung gegen Deutschland ausgeschaltet würde, sei der Zeitpunkt zum Handeln gegen die Tschechei gekommen ...

Fall 3: Wenn Frankreich durch einen Krieg mit einem anderen Staat so gefesselt ist, dass es gegen Deutschland nicht „vorgehen“ kann ...

Zitiert nach: Walther Hofer (Hrsg): Der Nationalsozialismus. Dokumente 1933-1945, Frankfurt/M. (S. Fischer) 1960, S. 193ff.

1 Beschreibe die Karikatur M1 und deute die Aussageabsicht. Vergleiche M3 und M4 und setze die beiden Texte in Bezug zu M1.
2 Erarbeite aufgrund des Autorentextes und der Karte M2 eine Chronologie der Ereignisse, kennzeichne darin verschiedenfarbig Hitlers scheinbar friedliche Absichten und sein expansives Vorgehen.
3 Erläutere mithilfe eines Lexikons den Begriff „Appeasement“. Nimm Stellung zur These, diese Art der Politik habe Hitlers außenpolitische Erfolge sowie die deutschen Kriegsvorbereitungen ermöglicht.

Vom Blitzkrieg zum Vernichtungskrieg

Blitzkriege und deutsche Siege. In der Besetzung der „Rest-Tschechei" sah Hitler nur eine Durchgangsstation bei der Eroberung von „Lebensraum" – die nächste Etappe war Polen. Der Nichtangriffspakt von 1934 wurde vorzeitig gekündigt und Polen mit unannehmbaren Forderungen bedrängt. Da änderte sich unerwartet die machtpolitische Ausgangslage. Der sowjetische Diktator Stalin ließ seinen Außenminister Molotow im Sommer 1939 mit dem Deutschen Reich und den Westmächten parallel Geheimverhandlungen führen. Hitler bot mehr als die Westmächte. So bekam Hitler freie Hand und konnte am 1. September 1939 den Angriff gegen Polen wagen. Langwierige Stellungskriege wie im Ersten Weltkrieg wollte die militärische Führung vermeiden. Motorisierte Verbände der Wehrmacht sollten schnell vorrücken und den Gegner schlagen. Der erste Blitzkrieg dieser Art führte nach drei Wochen zur Niederlage Polens. Es folgte im Frühjahr 1940 ein Wettlauf zwischen der deutschen Marine und der britischen Navy um die Besetzung Dänemarks und Norwegens, den die Deutschen für sich entschieden. Auch Frankreich kapitulierte nach nur sechs Wochen. Dazu ließ Hitler den Eisenbahnwaggon, in dem der Waffenstillstand 1918 unterschrieben worden war, aus dem Museum holen und zwang die französischen Generäle darin, seine Bedingungen zu unterzeichnen. Auch Mussolini hoffte auf Blitzkriege, doch seine Truppen gerieten nach ersten Siegen in Albanien bzw. Griechenland und Nordafrika in Bedrängnis. Die Unterstützung durch deutsche Truppen war aber anfangs sehr erfolgreich.

Russlandfeldzug und Kriegswende. Überfallartig, den Nichtangriffspakt missachtend und ohne Kriegserklärung, begann Hitlers „Weltanschauungs- und Vernichtungskrieg" (s. S. 78f.) gegen die Sowjetunion. In zehn Wochen wollte man auch Russland bezwungen haben. Zwar war die deutsche Wehrmacht der Roten Armee zunächst überlegen; doch zeigte sich, dass in der Sowjetunion ein Blitzkrieg wegen der gewaltigen Entfernungen und der Witterungsbedingungen nicht möglich war. Kälte, Eis und Schnee sowie nach Tauwetter aufgeweichter Boden stoppten die deutschen Truppen. Indessen war der europäische Krieg zum Weltkrieg geworden, denn unmittelbar nach dem japanischen Angriff auf Pearl Harbor, den Heimathafen der amerikanischen Pazifikflotte auf Hawaii, erklärte Hitler den USA den Krieg.
Mit dem Ende des Jahres 1942 zeigte sich, dass dieser Krieg für Deutschland nicht mehr zu gewinnen war. Auch der japanische Verbündete verlor im Juni 1942 in der Schlacht bei Midway einen großen Teil seiner Flotte. Zugleich steigerten die USA ihre Kriegslieferungen an Großbritannien und an die Sowjetunion. Gegen das alliierte Rüstungspotential erwies sich die Produktion der deutschen Rüstungsindustrie trotz aller Propaganda langfristig als unzureichend. Im Luftkampf war Deutschland bald so geschwächt, dass die Briten mehr und mehr zu Angriffen gegen die Zivilbevölkerung und Flächenbombardements (s. S. 80f.) übergehen konnten. Ab 1943 blieb Deutschland und seinen Verbündeten – Italien hatte 1943 die Seiten gewechselt – immer weniger Hoffnung. Doch die Deutschen kämpften bis zum bitteren Ende, getrieben durch Propaganda oder das Standrecht. Bis zuletzt wurden Deserteure und Befehlsverweigerer ohne Gerichtsverhandlung erschossen. Viele Menschen verloren in dieser wirren Situation noch ihr Leben. Der Glaube an den „Führer" hielt bis zur Nachricht seines Todes am 30. April 1945. Am 8. Mai kapitulierte die deutsche Wehrmacht bedingungslos.
Der Krieg im Pazifik ging nach zwei Abwürfen von Atombomben durch die USA auf Hiroshima und Nagasaki am 6. und 9. August zu Ende: Japan kapitulierte am 2. September 1945.

M1 Schauplatz Ostasien 1942–1945

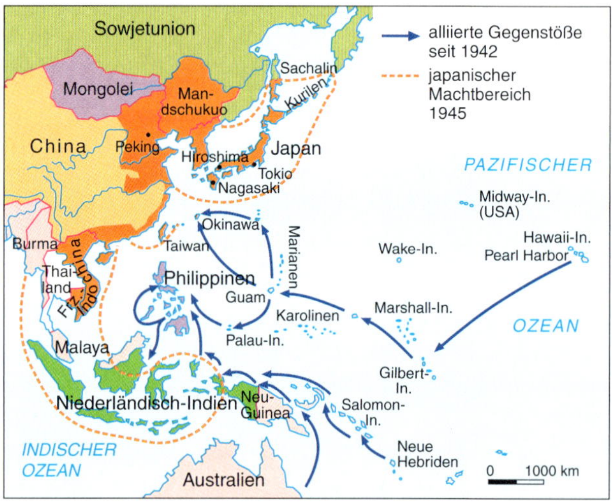

M2 Stationen des Zweiten Weltkriegs

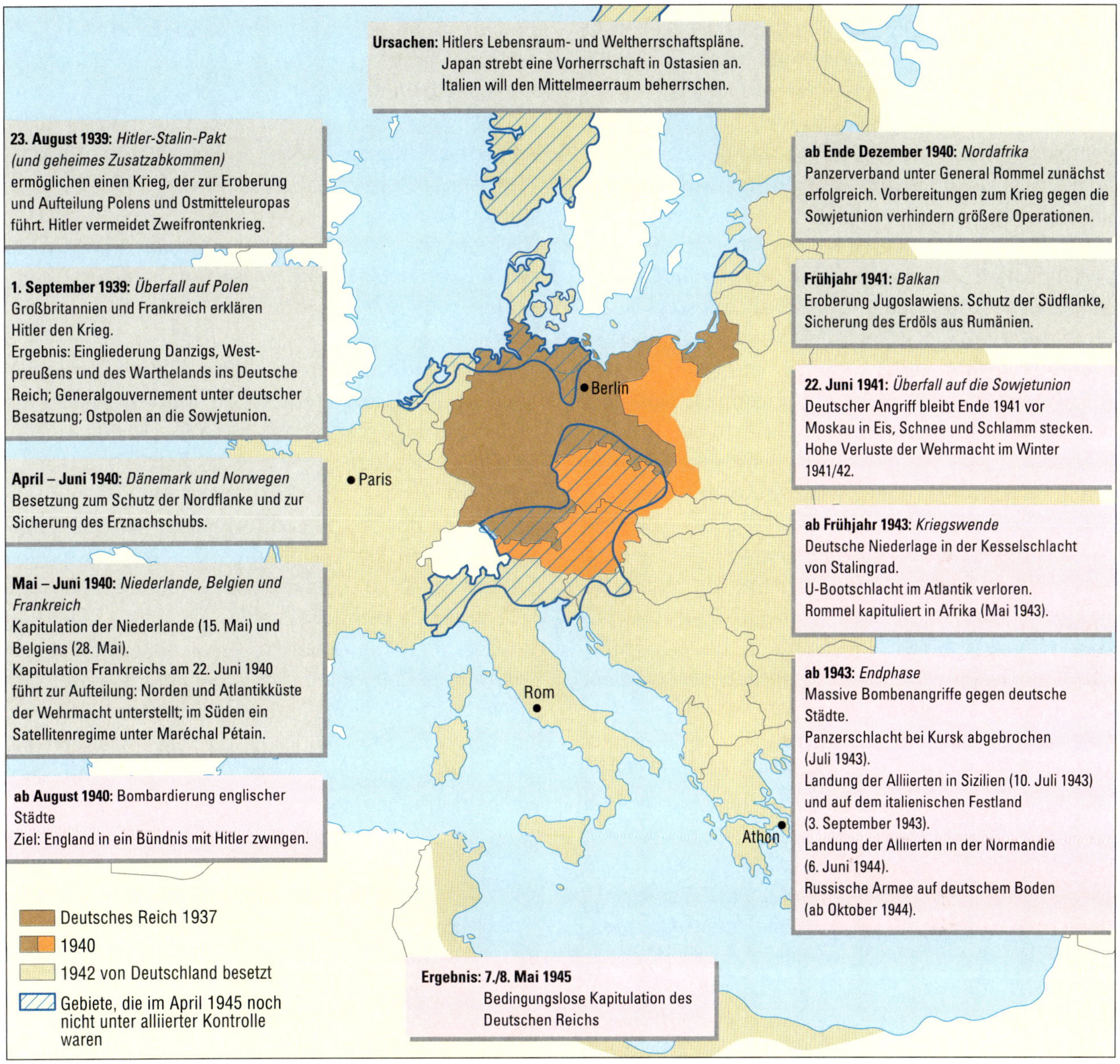

1 Der französische Botschafter in Moskau bescheinigte Hitlers Politik 1939 „Zynismus, Hinterhältigkeit der Planung und Geheimhaltung der Vorbereitung". Nimm dazu Stellung und beziehe die Texte auf den Seiten 74–77 mit ein.

2 Entwickelt anhand des Schaubildes M2 und der Karte M1 Vorträge zum Verlauf des Kriegs. Veranschaulicht eure Präsentation mit Bildern und Kartenmaterial.

3 Polens Aufteilung zwischen Stalin und Hitler wird auch als vierte polnische Teilung bezeichnet. Informiere dich über Zeit und geschichtliche Hintergründe der früher erfolgten polnischen Gebietsveränderungen.

Der Krieg im Osten

Die Brutalisierung des Kriegs. Der deutsche Feldzug im Osten war nicht nur ein Krieg zur Eroberung neuen „Lebensraumes" und um die Vorherrschaft in Europa; die Nationalsozialisten führten ihn auch als Vernichtungskrieg gegen Juden und andere von ihnen als „minderwertig" erachtete Bevölkerungsgruppen. Moralische und völkerrechtliche Normen wurden dabei von Beginn an missachtet. So ließ sich jener Rahmen schaffen, der den Völkermord an den Juden ermöglichte, denn mit den eroberten Gebieten gerieten auch Millionen jüdischer Einwohner in den Machtbereich deutscher Herrschaft. Dieser Hauptfeind aus Sicht des Besatzungsregimes sollte gesellschaftlich isoliert und möglichst bald entfernt werden. Demütigungen, Aussonderungen und willkürliche Morde an Juden gehörten sehr bald ebenso zum Kriegsalltag wie Verbrechen gegenüber der slawischen Zivilbevölkerung sowie Misshandlungen und Tötungen von Kriegsgefangenen. Vor allem sollte die Lebensgrundlage der Einwohner durch Terror und wirtschaftliche Ausbeutung zerstört, die staatliche und soziale Infrastruktur zerschlagen – langfristig die Bevölkerung auf ein Sklavendasein herabgedrückt und für deutsche Kriegszwecke ausgebeutet werden.

Gewaltherrschaft in Polen und in der Sowjetunion. Schon beim deutschen Angriff auf Polen wurde die brutale Art der Kriegsführung gegen einen angeblich „minderwertigen" Gegner deutlich. Massive Luftangriffe gegen Städte und Orte führten zu Opfern unter der Zivilbevölkerung. Sonderkommandos der SS, Polizei und Wehrmacht ermordeten mehrere zehntausend Menschen – meist Angehörige der polnischen Elite wie hohe Beamte, Ärzte und katholische Priester. Um Siedlungsland für Deutsche in den polnischen Westgebieten zu gewinnen, wurden Hunderttausende in das Generalgouvernement (besetztes polnisches Gebiet, das nicht ins Deutsche Reich eingegliedert wurde) oder in das von der UdSSR besetzte Gebiet abgeschoben. Die Gewaltanwendung deutscher Soldaten geschah oft ohne ausdrücklichen Befehl, aber von den Vorgesetzten geduldet. Die Wehrmachtsführung akzeptierte Hitlers Vorgaben weitgehend. Verbrechen von Deutschen an der Zivilbevölkerung wurden selten abgeurteilt, ein „Gnadenerlass" am 4. Oktober 1939 sicherte den Tätern völlige Straffreiheit zu.

Auch im besetzten Teil der Sowjetunion wurde die Führungsschicht ausgelöscht. Etwa die Hälfte von den über 6 Millionen sowjetischen Soldaten überlebten die Gefangenschaft nicht – viele davon starben als Zwangsarbeiter in den KZ. Die sowjetische Zivilbevölkerung hatte am stärksten unter dieser menschenverachtenden Behandlung zu leiden. Weit mehr als 50 % aller Kriegsopfer in der UdSSR waren Frauen, Kinder und alte Menschen. Sie verhungerten massenweise, weil die besetzten Gebiete mitleidlos wirtschaftlich ausgebeutet wurden, um die deutschen Truppen zu versorgen.

Weitere Radikalisierung. Beim Völkermord an den sowjetischen Juden unterstützte die Wehrmacht die „Einsatzgruppen" von Polizei und SS, die den Auftrag hatten, die Besatzungsgebiete zu „befrieden" (s. auch S. 82). Im Wechsel zwischen lokaler Aktivität und Anweisungen der Führung radikalisierte sich das Vorgehen sehr bald. Die Verfolgung von kommunistischen Funktionären und männlichen Juden entwickelte sich zum Massenmord an der gesamten jüdischen Bevölkerung. Dienststellen der zivilen Besatzungsverwaltung beteiligten sich dabei in allen Bereichen – von der Entrechtung und Ausplünderung der Juden bis hin zu ihrer Ermordung. Im Dezember 1941 begann im Konzentrationslager bei Chelmno (Kulmhof) die Ermordung polnischer Juden durch die SS.

M1 Deutsches Propagandaplakat im besetzten Polen *(1943)*

„Europas Schicksal? Arbeite unverdrossen, höre nicht auf Gerüchte, bewahre die Ruhe – der deutsche Soldat erspart dir dieses Schicksal."

M2 Als „Partisanen" gehängte russische Zivilisten in Charkow *(November 1941)*

M3 Die Einstellung der Nationalsozialisten gegenüber den osteuropäischen Völkern

Aus der Rede Heinrich Himmlers, Reichsführer SS und Chef der deutschen Polizei, vor den SS-Gruppenführern in Posen am 4. Oktober 1943:

... Wie es den Russen geht, wie es den Tschechen geht, ist mir total gleichgültig. Das, was in den Völkern an gutem Blut unserer Art vorhanden ist, werden wir uns holen, indem wir ihnen, wenn notwendig die Kinder rauben und sie bei uns großziehen. Ob die anderen Völker in Wohlstand leben oder ob sie verrecken, das interessiert mich nur so weit, als wir sie als Sklaven für unsere Kultur brauchen ... Ob bei dem Bau eines Panzergrabens 10 000 russische Weiber an Entkräftung umfallen oder nicht, interessiert mich nur insoweit, als der Panzergraben für Deutschland fertig wird ... Wir Deutsche, die wir als Einzige auf der Welt eine anständige Einstellung zum Tier haben, werden ja auch zu diesen Menschentieren eine anständige Einstellung einnehmen.

Zitiert nach: Der Prozess gegen die Hauptkriegsverbrecher vor dem Internationalen Militärgerichtshof, Bd. 29, Nürnberg 1949, S. 122ff.

M4 „Nacht und Nebel"-Erlass

Geheimbefehl Wilhelm Keitels, Chef des Oberkommandos der Wehrmacht, am 7. Dezember 1941:

In den besetzten Gebieten haben mit Beginn des russischen Feldzuges kommunistische und andere deutschfeindliche Kreise ihre Angriffe gegen das Reich und die Besatzungsmacht verstärkt. Der Umfang und die Gefährlichkeit dieser Umtriebe zwingen aus Abschreckungsgründen zu schärfsten Maßnahmen gegen die Täter ... In den besetzten Gebieten ist bei Straftaten von nichtdeutschen Zivilpersonen, die sich gegen das Reich oder die Besatzungsmacht richten, und deren Sicherheit oder Schlagfertigkeit gefährden, grundsätzlich die Todesstrafe angebracht.[1]

Zitiert nach: Auschwitz. Nationalsozialistisches Vernichtungslager. Staatliches Museum Auschwitz-Birkenau 1997, S. 82.

M5 Aus einem Feldpostbrief von Ende Juni 1941 von Bruno Schneider, 8. Kompanie Infanterie Regiment 106 (15. Infanteriedivision):

Kurz vor unserem Abmarsch wurden wir von unserem Kompaniechef, dem Oberleutnant Prinz, in einer Scheune versammelt. Hier erhielten wir folgenden Geheimbefehl: „Kriegsgefangene sind von der Roten Armee nur in Ausnahmefällen, d. h. wenn es unvermeidlich ist, zu machen.[1] Im Übrigen sind gefangene Sowjetsoldaten zu erschießen. Stets zu erschießen sind Frauen, die in den Einheiten der Roten Armee dienen."

Ich kann nun noch sagen, dass sich der große Teil der Soldaten meiner Einheit nicht so verhielt, wie es der obige Blutbefehl von ihnen forderte. Ich sah aber auch, wie sich die deutsche Armee ein grauenhaftes Ansehen erwarb.

Zitiert nach: Hannes Heer (Hrsg.): Stets zu erschießen sind Frauen, die in der Roten Armee dienen, Hamburg (Hamburger Edition) 1995, S. 10.

[1] Stalin hatte ebenfalls zu Kriegsbeginn den Befehl ausgegeben, gefangen genommene deutsche Soldaten sofort zu töten.

1 Stellt dem Propagandaplakat M1 die tatsächliche Kriegsführung des Deutschen Reichs gegenüber. Nutzt dazu den Autorentext und die Materialien der Doppelseite.

2 Bezieht M2, M3 und M4 aufeinander. Diskutiert die Abfolge von Ursache und Wirkung im Hinblick auf die Eskalation von Widerstand und „Vergeltung".

3 Vergleicht M3–M5 in Hinblick auf Adressaten, Verfasser, deren Absicht und die Quellenart.

Menschen im „totalen Krieg"

Durchhalteparolen und „Wunderwaffen". Zur Zeit der Kriegswende erörterten im Januar 1943 in Casablanca die Alliierten ihre Kriegsziele und forderten die bedingungslose Kapitulation Deutschlands – nur so sei der Krieg zu beenden. Dies nutzte Propagandaminister Joseph Goebbels, um das deutsche Volk zum „Entscheidungskampf" zu mobilisieren. Nach der Niederlage von Stalingrad (Anfang 1943) schwor er Deutschland mit einer Rede im Berliner Sportpalast auf den „totalen Krieg" ein. Alle verfügbaren Kräfte sollten mobilisiert werden. Als die Alliierten immer weiter vorrückten (s. S. 77), wurde im September 1944 der Volkssturm gebildet: Hitlers letztes Aufgebot. Kaum ausgebildet und schlecht bewaffnet, sollten ältere Männer, die nicht mehr zur Wehrmacht eingezogen worden waren, und Hitlerjungen die bedrohte Heimat verteidigen. Bereits zuvor hatten sie beim Luftschutz und bei der Feuerwehr geholfen sowie Schanzarbeiten geleistet oder als Flakhelfer, die Kanonen der Flugabwehr bedient – Zehntausende ließen dabei ihr Leben. Die von der Propaganda immer wieder angekündigten „Wunderwaffen", neu entwickelte Raketen und Düsenflugzeuge, konnten – wenn sie überhaupt zum Einsatz kamen – die Niederlage nicht mehr abwenden.

M1 Plakate zur Mobilisierung der Heimatfront im „totalen Krieg"

Solche Plakate waren z. B. in Rüstungsbetrieben zu sehen.

M2 Der Bombenkrieg 1940–1945

Bomben (in Tonnen)	1940	1941	1942	1943	1944	1945
auf Deutschland	10 000	30 000	40 000	120 000	650 000	500 000
auf England	36 844	21 858	3 260	2 298	9 151	761

Kriegswirtschaft und Zwangsarbeit. Die Wirtschaft wurde den Erfordernissen des Kriegs radikal angepasst. Weil die Männer an der Front waren, fehlten in den Betrieben die notwendigen Arbeitskräfte. Daher verpflichtete man Frauen zur Arbeit in der Verwaltung und in der Industrie, aber auch als Luftwaffenhelferinnen oder beim Sanitätsdienst. Dennoch blieb jeder vierte Arbeitsplatz unbesetzt. Daher wurden in den besetzten Gebieten Arbeiterinnen und Arbeiter für Industrie und Landwirtschaft zwangsweise rekrutiert. Insgesamt arbeiteten mehr als sieben Millionen Ausländer aus Westeuropa, vor allem aber aus Polen und der Sowjetunion, in der deutschen Kriegswirtschaft. Die Mehrzahl war in Sammellagern untergebracht, in denen Hygiene und Ernährung katastrophal waren; „Ostarbeiter" wurden ähnlich behandelt und ausgegrenzt wie die Juden (s. S. 70 f.). Durch die Zwangsarbeit sowie durch Vereinfachung von Erzeugnissen und Massenfabrikation gelang es trotz knapper werdender Rohstoffe, die Rüstungsproduktion bis ins Jahr 1944 zu verdoppeln. Die wachsende Materialüberlegenheit der Alliierten konnte aber nicht ausgeglichen werden.

Bombenkrieg gegen die Zivilbevölkerung. Hitler drohte, die feindlichen Metropolen mithilfe der deutschen Luftwaffe „auszuradieren". So richteten sich zwischen 1939 und 1941 schwere Luftangriffe auf Städte wie Warschau, Rotterdam, London, Coventry und Belgrad. Allein in England starben dabei fast 50 000 Menschen. Ab Ende März 1942 flogen dann britische und amerikanische Bomberflotten Angriffe auf deutsche Großstädte. Das bedeutete erneut für Millionen von Menschen immer wieder Fliegeralarm, Angst um ihr Leben, zerstörte Wohnungen, Flächenbrände. Etwa 600 000 Menschen, vorwiegend Zivilisten, fanden den Tod – unter ihnen 80 000 Kinder. Die Flächenbombardierungen sollten nicht nur wichtige Industrien und Verkehrswege zerstören, sondern auch die Deutschen demoralisieren und die Arbeiterschaft zum Aufstand gegen Hitler bewegen. Doch wurde eher das Gegenteil erreicht: Der Zusammenhalt in der deutschen Bevölkerung und das nach den Niederlagen angeschlagene Ansehen der NSDAP wuchsen vorübergehend.

M3 Todesanzeige

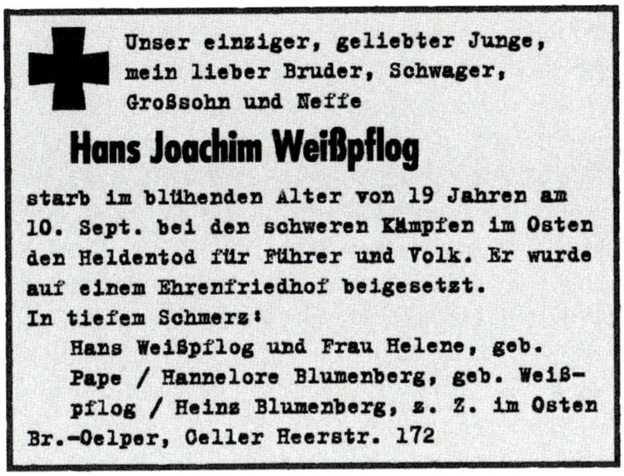

Unser einziger, geliebter Junge, mein lieber Bruder, Schwager, Großsohn und Neffe

Hans Joachim Weißpflog

starb im blühenden Alter von 19 Jahren am 10. Sept. bei den schweren Kämpfen im Osten den Heldentod für Führer und Volk. Er wurde auf einem Ehrenfriedhof beigesetzt.

In tiefem Schmerz:

Hans Weißpflog und Frau Helene, geb. Pape / Hannelore Blumenberg, geb. Weißpflog / Heinz Blumenberg, z. Z. im Osten

Br.-Oelper, Celler Heerstr. 172

M4 Im Luftschutzkeller *(Berlin)*

M5 Kinderlandverschickung *(Berlin 1940)*

M6 Frauen auf dem Weg nach Deutschland zum Arbeitseinsatz als Fremdarbeiterinnen *(1941)*

1 Wählt ein geeignetes Bild und schildert die Situation aus der Sicht einer der abgebildeten Personen. Tragt eure Ergebnisse zusammen und stellt sie vor.

2 Interpretiere das Schaubild M2, indem du einige Bilder auf die genannten Daten und Zahlenwerte beziehst. Berücksichtige dabei auch den Autorentext und M1.

3 Nenne Funktion und Wirkung der Bombardierung deutscher Städte durch die Alliierten (M2, M4 und Autorentext).

4 Vier als Flakhelfer rekrutierte Schüler starben auf ihrer Flak am 8. März 1943 bei einem Bombenangriff. Der 17-jährige Paul Bayer (s. S. 57) war einer von ihnen. Ihre Stellung lag völlig ungeschützt auf einer Freifläche. Wie würdest du die Anzeige (M3) aus deiner heutigen Sicht für Paul formulieren?

5 Recherchiere und referiere zum Begriff „totaler Krieg“ sowie zur Rede von Goebbels im Berliner Sportpalast am 18. Februar 1943.

6 Erläutere den Zusammenhang zwischen Kriegsführung und Zwangsarbeit in Deutschland (M6 und Autorentext)

7 Erkundige dich, welche deutschen Städte von den alliierten Bombenangriffen besonders betroffen waren. Inwieweit wurde dein Heimatort bzw. die nächstgelegene Großstadt im Zweiten Weltkrieg zerstört?

Die Ermordung der europäischen Juden

Tag der Erinnerung. Am 27. Januar 1945 rückte die Rote Armee in die drei ▸Konzentrationslager beim polnischen Ort Oświęcim (Auschwitz) ein. Ausgemergelte Gestalten, kaum 30 Kilo schwer, taumelten den Soldaten entgegen: Männer, Frauen und Kinder, die von Schwerstarbeit, Schikanen, Folter und medizinischen Versuchen gekennzeichnet waren, berichteten stockend über das Geschehene. Den Soldaten, die grausamste Szenen aus dem Kriegsalltag kannten, verschlug es die Sprache. In aller Eile hatten die geflohenen deutschen Bewacher versucht, die Spuren ihrer Massenmorde zu verwischen. Gaskammern und Todesöfen, in die man Hunderttausende von Juden aus ganz Europa in den Tod getrieben hatte, waren gesprengt worden. Nur wenige tausend kranke Menschen waren im Lager verblieben. Etwa 35 000 Häftlinge, die den Deutschen noch kräftig genug erschienen, wurden auf „Todesmärschen" in Richtung Westen getrieben. Durch die Befreiung der Konzentrationslager erfuhr die Weltöffentlichkeit das ganze Ausmaß der Vernichtungspolitik des Dritten Reichs, hörte von der Verfolgung und Ermordung von Juden, Sinti und Roma, von Homosexuellen sowie von vielen Gegnern der Nationalsozialisten aus Deutschland und anderen Ländern.

Den Völkermord an den Juden Europas benennen wir heute mit dem Wort Shoah oder dem Begriff ▸Holocaust. Auschwitz steht symbolisch für die Bestialität dieser Vernichtungspolitik, der fast sechs Millionen Juden Europas zum Opfer fielen, darunter 1,5 Millionen Kinder und Jugendliche unter 16 Jahren.

Von der NS-Rassenpolitik zum Massenmord. Mit dem deutschen Angriffskrieg im Osten (s. S. 78f.) begann eine regelrechte „Jagd" auf die jüdische Bevölkerung in allen von Deutschland besetzten Gebieten. Besondere SS-Einsatzgruppen führten die Massenerschießungen durch. Über das Vorgehen berichtet der Leiter einer solchen Einsatzgruppe am 28. September 1941 aus Kiew nach Berlin: „Angeblich 150 000 Juden (in Kiew) vorhanden. Maßnahmen eingeleitet zur Erfassung des gesamten Judentums. Exekution von mindestens 50 000 Juden vorgesehen. Wehrmacht begrüßt Vorgehen und erbittet radikales Vorgehen". Plakate forderten die Juden Kiews auf, sich zur Umsiedlung zu melden. Sie wurden nach Babi-Yar, einer Schlucht am Stadtrand Kiews, getrieben, wo die deutschen Einheiten in zwei Tagen über 33 000 Männer, Frauen und Kinder erschossen und die Leichen verscharrten.

In den besetzten Gebieten zwangen die Deutschen die jüdische Bevölkerung zum Umzug in spezielle Judenbezirke (Gettos); die größten entstanden in Warschau und Łódz. In das Warschauer Getto sperrten die deutschen Besatzer die 350 000 Juden Warschaus (von einer Gesamtzahl von 1,3 Mio. Einwohnern der Stadt) und weitere 150 000 aus anderen Städten. Eine meterhohe Mauer umgab das Getto. Jede Form von Privatleben und häuslicher Geborgenheit ging in der Enge der Gettos unter. Die Bewohner mussten für die Besatzer arbeiten und erhielten viel zu wenig Nahrung zum Überleben.

Die NS-Rassenfanatiker suchten während des Zweiten Weltkriegs nach immer „effektiveren" Mordverfahren. Auf einer Konferenz am Berliner Wannsee sprachen am 20. Januar 1942 hohe Beamte und die SS-Führung über die „Endlösung der Judenfrage". Darunter verstanden die Konferenzteilnehmer die Ermordung aller Juden Europas. Das Verbrechen wurde genauestens geplant: Ein technisch-fabrikmäßiger Mordapparat mit Fabriken, Vernichtungsöfen und Transportverbindungen wurde geschaffen. Den Transport in Viehwaggons mussten die Deportierten mit einem Fahrschein dritter Klasse selbst bezahlen.

M1 Juden aus Siedlce und Umgebung *(Polen)* **warten auf ihre Deportation nach Treblinka**

M2 Max Mannheimer: Ankunft und Selektion in Auschwitz

Max Mannheimer wurde 1920 in Böhmen geboren. Seine Ausbildung musste er abbrechen und wurde von den Nazis zum Straßenbau gezwungen. Er überlebte Auschwitz und schrieb seine Erinnerungen 1956 für seine Tochter auf:

Arbeitseinsatz sagt man. In acht Tagen werde ich dreiundzwanzig. Es wird schon nicht so schlimm. Mein Vater meint es auch. Er zahlte pünktlich die Steuern. Für König und Kaiser im Ersten Weltkrieg drei Jahre an der Front. Transportnummern werden verteilt. Tausend Frauen, Männer, Kinder. Osten – Arbeitseinsatz. Einsatz? Warum nicht einfach Arbeit? ... Abfahrt Theresienstadt 9.00 Uhr, dann Dresden, Bautzen, Görlitz, Oppeln, Hindenburg. Dann nichts. Tag und Nacht ... Nochmals Tag und halbe Nacht. Der Zug hält kreischend an. Eintausend Männer, Frauen. Kinder. Die Begleitmannschaft umstellt den Zug ... Wir sind an der Todesrampe von Auschwitz-Birkenau. Mitternacht vom 1. zum 2. Februar 1943. Alles aussteigen! Alles liegenlassen! Eine Panik. Jeder versucht, so viel wie möglich in die Taschen zu stopfen. Die SS-Leute brüllen: Bewegung! Ein bisschen dalli! Noch ein Hemd wird angezogen. Noch ein Pullover. Zigaretten. Vielleicht als Tauschobjekt. Männer auf diese Seite, Frauen auf die andere, Frauen mit Kindern auf die LKWs ...

Ein SS-Offizier steht vor uns ... Einzeln treten wir vor. Seine Stimme ist ruhig. Fast zu ruhig. Fragt nach Alter, Beruf, ob gesund. Lässt sich die Hände vorzeigen. Einige Antworten höre ich. Schlosser – links. Verwalter – rechts. Arzt – links. Arbeiter – links. Magazineur (Lagerverwalter) der Firma Bata – rechts. Es ist unser Bekannter. Schreiner – links. Dann ist mein Vater an der Reihe. Hilfsarbeiter. Er geht den Weg des Verwalters und des Magazineurs. Er ist fünfundfünfzig. Dürfte der Grund sein. Dann komme ich. Dreiundzwanzig Jahre, gesund, Straßenbauarbeiter. Die Schwielen an den Händen. Wie gut sind die Schwielen – links. Mein Bruder Ernst: zwanzig, Installateur, links. Mein Bruder Edgar: siebzehn, Schuhmacher – links. Versuche meine Mutter, Frau, Schwester, Schwägerin zu entdecken. Es ist unmöglich. Wir marschieren. Wachtürme mit Maschinengewehren. Doppelter Stacheldraht, Scheinwerfer, Baracken. SS-Wachen öffnen ein Tor. Wir sind in Birkenau ... Dreistöckige Bettgestelle. Sechs Häftlinge eine Pritsche ... Pritschen ohne Stroh und ohne Decken. Schlafen können wir nicht.

Zitiert nach: Max Mannheimer: Theresienstadt-Auschwitz-Warschau-Dachau. Erinnerungen in: Dachauer Hefte 1, hrsg. von Wolfgang Benz und Barbara Diestel, 12/1985, S. 100ff.

M3 Aufruf an die Juden aus Wilna zum Widerstand gegen die Nationalsozialisten *(1. Januar 1942):*

Lasst uns nicht wie Schafe zur Schlachtbank gehen! Jüdische Jugend, glaube nicht den Betrügern. Von den 80 000 Juden Wilnas sind nur noch 20 000 übrig ... Wer aus dem Getto fortgeführt worden ist, wird niemals zurückkommen, denn alle Wege der Gestapo führen ins Lager Ponary. Und Ponary heißt Tod! Eure Kinder, eure Frauen, eure Männer gibt es nicht mehr! Ponary ist kein Lager. Man hat sie alle erschossen. Hitler hat ein System erfunden, um die Juden in Europa zu vernichten. Es war unser Schicksal, die Ersten dabei zu sein ... Brüder, es ist besser im Kampf zu sterben, aber frei zu sterben, als ein Leben von des Henkers Gnaden zu fristen. Widerstand bis zum letzten Atemzug!

Zitiert nach: Karl Schlögel: Promenade in Jalta und andere Städtebilder, München (Hanser) 2001, S. 58f.

M4 Der Historiker Harold James *(2003):*

Auschwitz (steht) für das Böse schlechthin: das Böse der sofortigen Ermordung nach dem Selektionsprozess und das Böse der zunehmenden bewussten Entwürdigung und Entmenschlichung derer, die die Selektion überlebten. Erst in jüngster Zeit wurde deutlich, wie tief die deutsche Gesellschaft und Wirtschaft in den Völkermord verwickelt waren. Die Produktionsanlagen der I.G. Farben ... sollten außerhalb der Reichweite der britischen Bomberflotte liegen. Darüber hinaus war jedoch klar, dass die SS und ihr Angebot an Sklavenarbeitern einen bedeutsamen Anreiz für die Wirtschaft darstellten, in der Arbeitskräfte immer knapper wurden. Zahlreiche andere Unternehmen haben in Auschwitz und Umgebung Fabriken gebaut. Die größte deutsche Versicherungsgesellschaft versicherte die SS-Baracken ... Ausgebombte Deutsche erhielten Kleidung, Schuhe und Uhren, die man den ankommenden Deportierten abgenommen hatte. Gold aus Auschwitz und den übrigen Todeslagern, darunter auch Zahngold, das man lebenden oder toten Häftlingen aus dem Mund gebrochen hatte, ... wurde eingeschmolzen und an die deutsche Reichsbank verkauft und von dieser wieder an die deutschen Geschäftsbanken und die Schweizer Nationalbank. Der Terror und der Raub hatten überall ihre Verbindungen.

Zitiert nach: Harold James: Geschichte Europas im 20. Jahrhundert, München (C. H. Beck) 2004, S. 199. Übers. von Udo Rennert u. a.

Arbeitsaufträge: siehe Seite 85.

Erinnern für die Zukunft?

Von allem nichts gewusst? Nach Kriegsende zwangen die Besatzungstruppen die deutsche Bevölkerung zu Besuchen in ehemaligen NS-Konzentrationslagern oder führten ihnen Dokumentarfilme des Grauens vor. Die gängige Reaktion lautete, man habe dies weder gewusst noch gewollt. Doch nur wenige Jahre zuvor waren Rassenideologie, Innen- und Außenpolitik der Nazis noch auf breite Zustimmung gestoßen. Rund 500 Personen wurden in den Nürnberger Prozessen (s. S. 112f.) schuldig gesprochen; nach heutigen Forschungsergebnissen waren aber fast 500 000 Personen am Völkermord beteiligt. Das Schicksal der Ermordeten, der wenigen Überlebenden und der vielen Millionen Zwangsarbeiter interessierte nach 1945 kaum jemanden. Die Deutschen fühlten sich selbst als Opfer von Kriegsniederlage, Bombenterror, Massenvergewaltigungen, Flucht und Vertreibung. Das große materielle Elend der Deutschen nach dem Krieg verhinderte über lange Zeit eine tiefere Auseinandersetzung mit den Gründen für die Entstehung einer menschenverachtenden Diktatur.

„Über Auschwitz wächst kein Gras". In den 1960er Jahren fanden Prozesse gegen weitere, später gefasste Täter statt, die in den Konzentrationslagern Auschwitz und Treblinka für unzählige Morde verantwortlich waren. Täglich berichteten die Nachrichten grausame Details. Die Angeklagten waren unauffällige Personen, die nach ihren Mordtaten problemlos als Angestellte, Kaufleute oder Krankenpfleger in ihre alten Berufe zurückgekehrt waren. Der Deutsche Bundestag verlängerte nach erbitterten Diskussionen mehrfach die Verjährungsfrist für nationalsozialistische Mordtaten. Zugleich stieg die Zahl derer an, die einen Schlussstrich unter die deutsche Verantwortlichkeit für die Verbrechen des Dritten Reichs ziehen wollten. Die eigentliche „Aufarbeitung der Vergangenheit" setzte in der breiten Öffentlichkeit erst in den 1970er und 1980er Jahren ein. Auslöser waren u. a. die Ausstrahlung der amerikanischen Fernsehserie „Holocaust" im deutschen Fernsehen 1979 und die Rede von Bundespräsident Richard von Weizsäcker zum 40. Jahrestag des Kriegsendes (1985). Verstärkt förderte man in Westdeutschland Geschichtswerkstätten und Projekte, die die lokale Beteiligung an der NS-Herrschaft kritisch hinterfragten und sich dem Gedenken an die Opfer widmeten.

Formen des Gedenkens. Die polnische Regierung erklärte Auschwitz 1947 per Gesetz und „für ewige Zeit" zum polnischen Nationaldenkmal, weil dort große Teile der polnischen Intelligenz und des polnischen Widerstandes ermordet worden waren. Israel baute allen Opfern in Yad Vashem bei Jerusalem eine Forschungs- und Gedenkstätte, die die Namen und Lebensläufe aller ermordeten Juden bewahrt. In der „Allee der Gerechten" wurden Bäume für alle Nichtjuden gepflanzt, die einen Juden vor den Nazis retteten. In der alten Bundesrepublik kam es aufgrund von internationalem Druck, insbesondere aber dank des langjährigen Engagements privater Institutionen zu Gedenkstättengründungen. In der DDR gab es die nationalen Mahn- und Gedenkstätten Ravensbrück, Sachsenhausen und Buchenwald.

M1 Denkmal in Berlin für die ermordeten Juden Europas von Peter Eisenmann *(2005)*

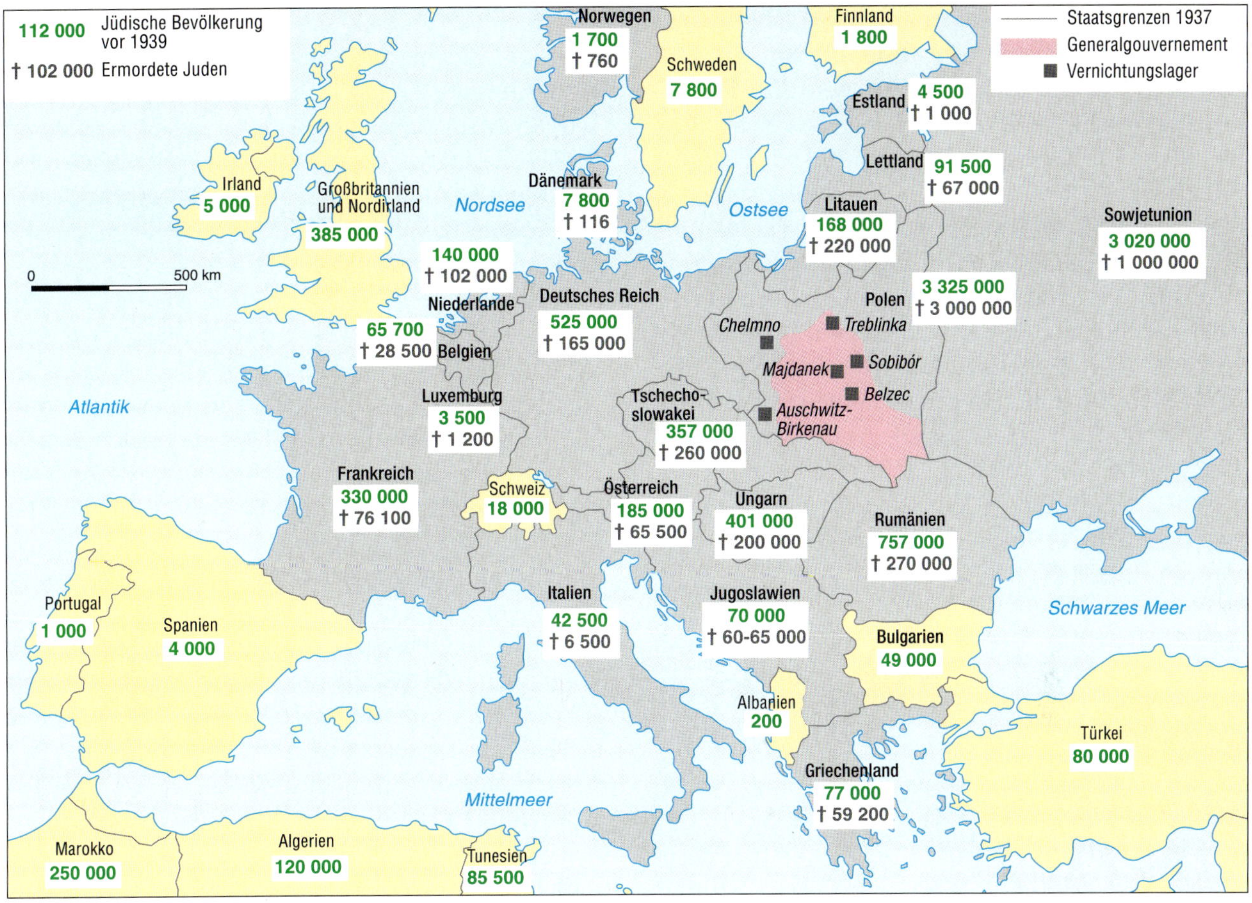

M2 Jüdische Bevölkerung in Europa vor und nach der Shoah

1 Die Texte auf Seite 82–83 behandeln alle dasselbe Thema. Zähle auf, welche unterschiedlichen Formen der Darstellung sie benutzen. Welche Aspekte werden jeweils betont?

2 Tragt Material zum Leben im Warschauer Getto zusammen (z. B. zu den Themen: Arbeit und Alltag, Ernährungslage und Widerstand) und präsentiert dies in der Klasse. Recherchiert das Schicksal von Eugenia Tabaczynska (s. S. 57), die auch im Warschauer Getto lebte (Internetsuchbegriff: Eugenia Tabaczynska).

3 Zu welchen auf den Seiten 82–85 erwähnten Inhalten des Geschichtsbuchs möchtest du mehr erfahren? Stellt euch die Fragen und die Ergebnisse eurer Nachforschungen gegenseitig vor.

4 Beschreibe den Anteil der jüdischen Bevölkerung in den einzelnen Ländern vor und nach der Shoah (M 2). Finde heraus, welche Unterstützung die Deutschen bei den Verhaftungen von Juden durch die lokale Polizei und Teile der Bevölkerung erhielten (z. B. Niederlande, Frankreich, Stichwort „Kollaboration“).

5 In Bulgarien und Dänemark wurde fast die gesamte jüdische Bevölkerung gerettet. Bringe in Erfahrung, wie und durch wen den Deutschen Widerstand geleistet wurde.

6 Eine Übersicht über alle derzeitigen Gedenkstätten zum Naziterror in ganz Europa findest du unter http://www.gedenkstaetten-uebersicht.de.
Suche zwei Orte deiner Wahl heraus und stelle Lage und Arbeit dieser Gedenkstätte in der Klasse vor.

7 Informiere dich, wie der nichtjüdischen Opfer der Naziverfolgung gedacht wird (z. B. Opfer der Euthanasie, Sinti und Roma, politisch und religiös Verfolgte, Homosexuelle).

Geschichte vor Ort: Spuren der Opfer, Spuren der Täter

Gedenkstätten in Nordrhein-Westfalen. Denkt man an Erinnerungsorte für Opfer des Nationalsozialismus, so kommen zuerst die Massenvernichtungslager im Osten (s. S. 85) oder die großen Konzentrationslager wie Dachau, Sachsenhausen oder Bergen-Belsen mit ihren vielen Neben- und Außenstellen in den Sinn. Weitaus weniger bekannt erscheinen die nordrhein-westfälischen Orte des Gedenkens. Sie reichen von Ausstellungsstätten ohne unmittelbaren lokalgeschichtlichen Bezug über Stätten des Gestapo-Terrors und organisatorische Einrichtungen der NSDAP bis hin zu Orten des früheren jüdischen Lebens oder der Gefangenschaft von Soldaten und Zwangsarbeitern. Wenig bekannt ist ebenso Niederhagen in Wewelsburg – das ehemals einzige eigenständige KZ im heutigen Nordrhein-Westfalen.

M1 Wewelsburg. *Nordturm nach der Sprengung 1945*

Die Wewelsburg. Heinrich Himmler, der Reichsführer SS, mietete die Burg 1934 vom Kreis Büren für den symbolischen Preis von einer Reichsmark jährlich an. Ursprüngliche Pläne für eine „Reichsführerschule SS" wurden bald aufgegeben. Stattdessen sollte die Burg als Zentrum des SS-Ordens ausgebaut werden. Es gab dazu gigantische Pläne ohne Rücksicht auf immense Kosten und Anwohner, die enteignet werden sollten. 1939 begann der Ausbau des Nordturms, wo ein „SS-Obergruppenführersaal" über einer „Gruft" entstand. Die Bauarbeiten wurden 1943 unvollendet eingestellt, die Räume bis zum Kriegsende nicht genutzt. Am 31. März 1945 ließ Himmler die Wewelsburg vor der Eroberung durch amerikanische Truppen sprengen.

Das Konzentrationslager Niederhagen. Für den Aus- und Umbau der Wewelsburg setzte die SS seit 1939 Häftlinge des KZ Sachsenhausen ein. Die ersten 100 kamen im Mai an und wurden in Zelten, später in Baracken untergebracht. Doch ihre Zahl reichte nicht aus, denn sie mussten neben der Wewelsburg auch an anderen Bauprojekten sowie im Straßenbau und im Steinbruch arbeiten. Daher wurde im September 1941 im kleinen Ortsteil Niederhagen ein neues selbstständiges KZ errichtet, das zunächst 480 Gefangene zählte. Seit 1942 kamen vor allem sowjetische Kriegsgefangene und Zwangsarbeiter hinzu, sodass sich bald 1 200 Inhaftierte im Lager befanden. Das KZ Niederhagen diente auch als Exekutionsstätte für die Gestapo in Westfalen-Lippe: 56 Menschen, darunter Frauen und Kinder, wurden dort hingerichtet. Da sich die ohnehin schwierigen Lebens- und Arbeitsbedingungen im Lager noch drastisch verschlechterten, stieg die Todesrate enorm an. Von den rund 3 900 Häftlingen, die die SS im Lager insgesamt registrierte, starben mindestens 1 285. Mit der Einstellung der Bauarbeiten an der Wewelsburg löste man das KZ Niederhagen im Frühjahr 1943 auf. Die Inhaftierten wurden auf andere Lager aufgeteilt, 50 Gefangene, fast alle Zeugen Jehovas, blieben als „Restkommando" in Wewelsburg.

M2 Ehemalige Häftlinge des „Restkommandos" 1945 nach der Befreiung. *Den Bibelforschern gelang es – unter den Augen der SS – Bibeln in das Lager hineinzuschmuggeln und mit einem selbstgebauten Vervielfältigungsapparat Glaubensschriften zu drucken, die von den Zeugen Jehovas im gesamten norddeutschen Raum verteilt wurden. Diese Untergrundarbeit war religiös motiviert; politischer Widerstand lässt sich für das KZ Niederhagen nicht belegen.*

GESCHICHTE AKTIV / KREATIV
Projektidee: „Wir besuchen eine Gedenkstätte für die Opfer des Nationalsozialismus."

Nordrhein-Westfalen besitzt über das gesamte Bundesland verteilt eine vielfältige Gedenkstättenlandschaft. Sie dient der Erinnerung an die nationalsozialistischen Gräueltaten und soll die Vergangenheit gerade durch die Begegnung mit sehr unterschiedlichen Schauplätzen lebendig machen. Auch Friedhöfe, Mahnmale oder Gedenktafeln bewahren die Erinnerung an das Leid von Millionen Menschen.

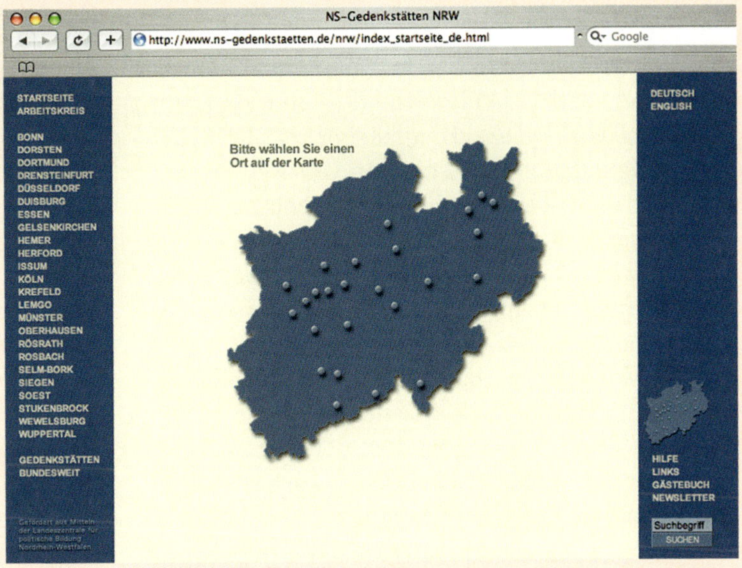

M3 Karte der Gedenkstättenlandschaft NRW

Planung:
Entscheidet euch für ein Ziel und holt darüber Informationen ein (Ausstellungskataloge, Bibliothek, Internet). Arbeitet auch mit Fachlehrern/innen aus anderen Fächern, z. B. Religion, zusammen. Meldet euch rechtzeitig für eine Führung (von Zeitzeugen?) an. Organisiert die Fahrt von und zu dem Gedenkort.

Durchführung:
Die Erwartungen müssen klar sein: Es ist kein normaler Ausflug oder Wandertag. Nehmt euch Zeit und plant keine zusätzlichen Ziele außerhalb eurer Thematik ein. Haltet euren Besuch in Bild und Wort (Protokoll) fest. Jeder Schüler/jede Schülerin soll mit einem aus einer ihm/ihr wichtigen Perspektive gemachten Foto ein Detail dokumentieren. Verweilt, vielleicht zum Ende eures Besuches, an einer markanten Stelle, um euch – jeder für sich – abschließend nochmals das Erlebte vor Augen zu führen.

Auswertung und Präsentation:
Was haben wir Neues erfahren, was war bekannt? Wie wirkte die Darstellung im Ausstellungs- oder im Lagerbereich? In welcher Weise wird den Opfern gedacht? Welche Fragen sind geblieben? Wie können sie beantwortet werden? Sprecht über eure Gefühle nach diesem Besuch.
Eine Präsentation sollte schriftliche Informationen und Bilder ausgewogen beinhalten. (Zu viel Text stößt ab!) Gibt es markante Aussagen von Zeitzeugen? Sammelt eure ausgewählten Einzelbilder (s. Durchführung) und fügt sie zusammen.

1 Recherchiere die Geschichte der Wewelsburg (M1) vor der nationalsozialistischen Zeit. Welche Funktion hat die Burg heute? (www.wewelsburg.de)

2 Zeichne die Karte M3 in dein Heft ab und beschrifte die Gedenkstätten. Hilfreich dabei ist der Link: www.ns-gedenkstaetten.de/nrw. Markiere in verschiedenen Farben Orte der Opfer, der Täter sowie Einrichtungen ohne einen solchen Bezug. Begründe, warum diese Trennung für die „Wewelsburg" schwierig ist.

3 Informiert euch anhand der letztgenannten Internetseite über eure nächstgelegene Gedenkstätte in NRW und plant einen Besuch mit den hier gegebenen Hinweisen.

4 Erstellt anhand des Autorentextes eine knappe tabellarische Zusammenfassung der Geschichte des KZ Niederhagen.

„Was aber tut das deutsche Volk?“

Passiver und aktiver Widerstand. Aus der Sicht der heutigen historischen Forschung wissen wir, dass der Nationalsozialismus so tief in das Denken und Handeln der deutschen Bevölkerung eingedrungen war, dass nur wenige mutige Männer und Frauen aktiven oder passiven Widerstand gegen die Willkürherrschaft leisteten. Unter Lebensgefahr halfen sie Verfolgten, protestierten gegen Versorgungsmängel oder rassistische Anordnungen, gaben Zwangsarbeitern heimlich zu essen, versteckten Juden oder planten Sabotageakte bis hin zum Attentat auf Hitler. Diese Menschen gingen ein hohes Risiko ein, von Spitzeln oder Denunzianten verraten und danach zum Tode verurteilt zu werden. Dennoch gelangen immer wieder einzelne Widerstandsaktionen.
Mit dem Begriff Widerstand (frz. Résistance) bezeichnet die Geschichtswissenschaft auch die Opposition von Teilen der Bevölkerung in den von Deutschen eroberten Ländern. Gelungene Beispiele dafür sind z. B. der Generalstreik der Amsterdamer gegen die Deportation der Juden am 22./23. Februar 1941 oder die Untergrundaktionen der polnischen Armia Krajova (Heimatarmee).

Widerstand in Organisationen und Institutionen. Während des Zweiten Weltkriegs existierten einzelne Widerstandskreise, die unterschiedliche Ziele verfolgten. Sozialdemokratische und kommunistische Gruppen unternahmen aus dem Untergrund Sabotageaktionen in Rüstungsbetrieben, um die Kriegsmaschinerie zu stoppen. Unerschrockene Geistliche beider Konfessionen kritisierten öffentlich das Regime und seine Politik. Der Münsteraner Bischof Graf von Galen prangerte in Predigten den Massenmord an behinderten Menschen an. Die evangelischen Landeskirchen wurden 1933 unter einem „Reichsbischof“ zu einer „Reichskirche“ vereinigt, die Hitlers Ideen folgen sollte. Gegen eine solche Form der Gleichschaltung wandten sich Theologen der „Bekennenden Kirche“, vor allem Pastor Martin Niemöller und Dietrich Bonhoeffer. Beide Kirchen vermieden jedoch jeden offenen Konflikt, der die nationalsozialistische Herrschaft in Frage gestellt hätte. Beispiele für den Protest junger Menschen sind die Aktionen der „Edelweißpiraten“ im Rheinland und die Münchner Studentengruppe „Weiße Rose“.

M1 Mitglieder der „Weißen Rose“
(von links nach rechts: Hans Scholl, geb. 1918, Sophie Scholl, geb. 1921 und Christoph Probst, geb. 1919; Foto 1942)

Das Attentat vom 20. Juli 1944. Ein Kreis um den vormaligen Leipziger Oberbürgermeister Carl Goerdeler (SPD) verbündete sich in der Endphase des Zweiten Weltkriegs mit hohen Offizieren der Wehrmacht, um einen Staatsstreich gegen Hitler zu verüben. Das Attentat führte Claus Schenk Graf von Stauffenberg durch, der als einziger aus dem Widerstandskreis Zugang zu Hitlers Hauptquartier hatte. Der Sprengstoffanschlag scheiterte; Hitler überlebte mit leichten Verletzungen. Die Verschwörer wurden zum Tode verurteilt und ihre Familienmitglieder verfolgt.

M2 Die zerstörte Lagerbaracke im Führerhauptquartier am Nachmittag des 20. Juli 1944

M3 Der Münsteraner Bischof von Galen predigte am 3. August 1941

Deutsche Männer und Frauen! Noch hat Gesetzeskraft der § 211 des Reichsstrafgesetzbuches, der bestimmt: „Wer vorsätzlich einen Menschen tötet, wird, wenn er die Tötung mit Überlegung ausgeführt hat, wegen Mordes bestraft." ... Es ist mir aber versichert worden, dass man im Reichsministerium des Innern gar keinen Hehl daraus mache, dass tatsächlich schon eine große Zahl von Geisteskranken in Deutschland vorsätzlich getötet worden ist und in Zukunft getötet werden soll ...

Wir müssen damit rechnen, dass die armen wehrlosen Kranken über kurz oder lang umgebracht werden. Warum? Weil sie nach dem Urteil irgendeines Amtes oder irgendeiner Kommission „lebensunwert" geworden sind, weil sie nach diesem Gutachten zu den „unproduktiven Volksgenossen" gehören. Man urteilt: Sie können nicht mehr Güter produzieren, sie sind wie eine alte Maschine, die nicht mehr läuft, sie sind wie ein altes Pferd, das unheilbar lahm geworden ist, sie sind wie eine Kuh, die nicht mehr Milch gibt. Was tut man mit solch einer Maschine? Sie wird verschrottet.

Zitiert nach: Clemens August von Galen: Akten, Briefe und Predigten, Bd. 2: 1939–1946, Mainz (Matthias Grünewald-Verlag) 1988, S. 874f.

M4 Aus dem vorletzten Flugblatt der „Weißen Rose" *(Ende Januar 1943):*

Aufruf an alle Deutsche!

Mit mathematischer Sicherheit führt Hitler das deutsche Volk in den Abgrund. Hitler kann den Krieg nicht gewinnen, nur noch verlängern. Seine und seiner Helfer Schuld hat jedes Maß deutlich überschritten. Die gerechte Strafe rückt näher und näher.

Was aber tut das deutsche Volk? Es sieht nicht und es hört nicht. Blindlings folgt es seinen Verführern ins Verderben. Sieg um jeden Preis! haben sie auf ihre Fahnen geschrieben ... Deutsche! Wollt ihr und eure Kinder dasselbe Schicksal erleiden, das den Juden widerfahren ist? Wollt ihr mit dem gleichen Maß gemessen werden wie eure Verführer? Sollen wir auf ewig das von aller Welt gehasste und ausgestoßene Volk sein? Nein! Darum trennt Euch rechtzeitig von dem nationalsozialistischen Untermenschentum! Beweist durch die Tat, dass Ihr anders denkt! Ein neuer Befreiungskrieg bricht an. Der bessere Teil des Volkes kämpft auf unserer Seite ... Freiheit der Rede, Freiheit des Bekenntnisses, Schutz des einzelnen Bürgers vor der Willkür verbrecherischer Gewaltstaaten, das sind die Grundlagen des neuen Europa.

Zitiert nach: Inge Scholl: Die weiße Rose, Erw. Neuausgabe, Frankfurt (Verlag der Frankfurter Hefte) 1982, S. 96–121. © S. Fischer Verlag, Frankfurt a. M.

M5 Erinnerungen des „Edelweißpiraten" Jean Jülich aus Köln

... Ich aber entdeckte gegen Ende 1942 die „Edelweißpiraten" und schloss mich ihnen an, weil die freiheitliche Auffassung dieser neuen Freunde mir imponierte und mir der militärische Drill und das Strammstehen und das Uniformiertsein der Hitlerjugend nicht gefielen und in meinen Augen die Kirchen zu duckmäuserisch den Nazis gegenüber waren ...

Nach und nach wurden wir bei unseren Treffen von der HJ gestört, und so kam es immer häufiger zu Prügeleien, welche meist damit endeten, dass die HJ Verstärkung durch Polizei oder SS erhielt und wir dann den Kürzeren zogen ...

Wir verübten Sabotage, soweit es unsere bescheidenen Möglichkeiten erlaubten, z. B. beschädigten wir im Schutz der Verdunkelung Eigentum von Nazi-Parteigenossen ... (oder) schrieben antifaschistische Parolen auf Naziplakate ...

Die Öffentlichkeit war mehr und mehr auf uns aufmerksam geworden und ebenfalls in dem zermürbenden Krieg mehr und mehr gegen die Nazis eingestellt. Nicht selten erlebten wir Sympathiebezeugungen, und nie wurden wir von den normalen Bürgern angepöbelt ...

Zitiert nach: Hermann Wilmes: Kursunterricht Geschichte, Teil 3, Köln (Aulis/Deubner/CVK) 1994, S. 299. © Stadtarchiv Köln

1 Darf ein gewissenloser Diktator ermordet werden (M2)? Finde die möglichen Argumente der Attentäter des 20. Juli 1944 heraus. Erkläre diesen Begriff der griechischen Antike (Suchbegriff „Tyrannenmord").

2 Welche Unterschiede und welche Gemeinsamkeiten finden sich in M3–M5? Stelle die hier erwähnten Widerständler in einer Kurzbiografie vor und deute ihre Aussagen vor dem Hintergrund der jeweiligen Lebensgeschichte.

3 Erkläre, warum der Widerstand innerhalb Deutschlands ungleich schwieriger war als in den besetzten Ländern.

4 Stelle die französische Résistance und die polnische Armia Krajova vor. Was war diesen Widerstandsorganisationen gemeinsam und worin unterschieden sie sich?

Hitler als „Held“ im Spielfilm?

Historische Filminhalte als Publikumserfolg. Ob Sandalenfilm (Antike), Ritterfilm (Mittelalter), Western oder zeitgeschichtliche Themen, wie die beiden Weltkriege und der Nationalsozialismus, im Film inszenierte Vergangenheit erfreut sich größter Beliebtheit. Kein anderes Medium kann Historie einem Massenpublikum so anschaulich und emotional vermitteln. Der Aufwand solch einer Produktion ist oft enorm. Wichtig ist zunächst die Glaubwürdigkeit des Films: Stimmen die historischen Fakten und die szenische Ausstattung (Bauten, Kostüme usw.)? Sind die Personen, ihre Handlungen und Beziehungen untereinander richtig getroffen? Doch auch ein detailgenauer Film ohne offensichtliche Fehler bleibt immer eine Konstruktion von Geschichte mit fiktiven und illusionären Elementen. Oft werden Teile erfunden. Das mag ein kurzer alltäglicher Dialog sein oder aber eine publikumswirksame Liebesgeschichte, die das eigentliche Thema des Films ausmacht. Der illusionäre Charakter solcher Filme lässt sich anhand von DVD-Zusatzmaterial erschließen, z. B. wenn Schauspieler über Probleme ihrer Darstellung erzählen oder Filmtricks erklärt werden.

M1 Auszeichnung eines Hitlerjungen *(Foto, April 1945)*

„Der Untergang“. Der preisgekrönte Film von Bernd Eichinger (Drehbuch) und Oliver Hirschbiegel (Regie), der einer der teuersten deutschen Filme aller Zeiten sein soll, schildert die letzten Tage im Führerbunker unter der Reichskanzlei. Hitler, seit Januar 1945 in Berlin, glaubte trotz der ausweglosen Lage an das Wunder eines Endsiegs. Fünf Tage nachdem die Rote Armee den Ring um Berlin geschlossen hatte, beging Hitler Selbstmord – zuvor heiratete er noch Eva Braun, seine langjährige Geliebte.

Der Film stützt sich bei den Ereignissen im Bunker auf das gleichnamige Buch des Publizisten und Historikers Joachim Fest sowie auf die Erinnerungen „Bis zur letzten Stunde“ von Hitlers Sekretärin Traudl Junge (beide 2002 erschienen). Dabei wird Adolf Hitler, der zwischen Größenwahn und tiefster Verzweiflung schwankt, zum ersten Mal in einem deutschen Film auch als Person mit menschlichen Zügen gezeigt. Er erscheint als fürsorglicher, fast väterlicher Dienstherr gegenüber seiner Sekretärin, aber ebenso als zynischer und eiskalt Vernichtungsbefehle erteilender Massenmörder.

Der Kampf um Berlin spiegelt sich hingegen in der fiktiven Geschichte um den Hitlerjungen Peter, der meint, den Einmarsch der Russen heldenhaft aufhalten zu müssen.

M2 Auszeichnung des Hitlerjungen Peter
(Filmbild aus „Der Untergang“)

M3 Filmplakat

Methode: Spielfilme historisch auswerten

1. Schritt: Thema und Inhaltsschwerpunkte erfassen

Schau dir den Film mindestens einmal aufmerksam an. Notiere das Thema und wesentliche inhaltliche Schwerpunkte: Welche Aspekte, Einzelheiten werden besonders herausgestellt, was wird nur am Rande gezeigt? Welche Personen stehen im Mittelpunkt? Warum? Erkundige dich, wann und von wem der Film produziert wurde.

2. Schritt: Glaubwürdigkeit überprüfen

Vergleiche deine Geschichtskenntnisse mit der Darstellung im Film. Was entspricht der historischen Wirklichkeit? Halte offensichtliche Fehler oder Widersprüche fest. Welche Ausstattungsdetails beeindrucken, welche stimmen nicht? Auf welche Quellen stützt sich der Film?

3. Schritt: Fiktive Anteile herausfinden

Welche Details sind von Filmemachern ausgedacht worden? Gibt es eine erfundene Geschichte? Wie wirkt diese auf den Zuschauer? Inwieweit spricht sie die Gefühle der Zuschauer an?

4. Schritt: Gesamtbewertung durchführen

Werte deine Notizen aus und formuliere ein Gesamtergebnis. Beurteile dabei den Stellenwert der erfundenen Geschichte und erörtere, inwieweit du den Film historisch überzeugend findest.

M4 Reaktionen auf den Film „Der Untergang"

a) aus der Sicht eines bekannten Filmregisseurs:

Wessen Sicht transportiert der Film? Warum dürfen wir Hitler und Goebbels nicht sterben sehen? ... Warum verdienen sie einen so würdigen Abgang, während alle anderen guten und schlechten Deutschen abgeknallt werden? Was für ein Verdrängungsvorgang entspinnt sich da vor unseren Augen? ... Der Film hat von allem keine Meinung, vor allem nicht vom Faschismus oder von Hitler. Er überlässt den Zuschauern die Haltung, die er selbst nicht hat oder höchstens vortäuscht.

Zitiert nach: Wim Wenders: Tja, dann wollen wir mal ... In: Die Zeit, Nr. 44 vom 21. Oktober 2004, S. 49ff.

b) aus der Sicht eines Historikers (und Hitlerbiografen):

Trägt der Film nun dazu bei, Hitler besser zu verstehen? Ich glaube nicht, so hervorragend das Porträt auch ist. Das kann er auch gar nicht leisten – und ich wüsste auch nicht, welche Einsichten wir gewännen, wenn wir Hitler tatsächlich besser kennten ... Würden wir besser verstehen, warum er so viel Macht über die Deutschen besaß? Warum so viele kluge Menschen in einflussreicher Position bereit waren, seine Ideen zu verwirklichen? Nicht einmal der beste Schauspieler wird imstande sein, Hitler einem Publikum verständlicher zu machen, das dessen wirres Denken unmöglich nachvollziehen kann ... Man sollte nicht erwarten, Hitler nach solch einem Film besser zu „verstehen".

Zitiert nach: Ian Kershaw: Der Führer küsst, der Führer isst Schokolade. In: FAZ vom 17. September 2004, S. 37.

1 Informiere dich über die Eroberung Berlins 1945 und über das Ende des Deutschen Reichs. Für wen war dies ein „Untergang"? Und für wen war es eher eine Befreiung?

2 Untersuche den Film „Der Untergang" in der vorgegebenen Reihenfolge der vier Schritte. Zusätzlich kannst du dich auch im Internet, in einem Filmlexikon oder mithilfe eines DVD-Zusatzmaterials kundig machen. Beziehe auch M3 mit ein.

3 Vergleiche M1 und M2 miteinander. Zu welchen Schlüssen kommst du?

4 Lege dar, warum es wichtig ist zu wissen, auf welches Quellenmaterial sich der Film stützt.

5 Erkläre, inwieweit die Reaktionen von Wim Wenders und Ian Kershaw gerechtfertigt sind.

Flucht und Vertreibung

Flucht vor der Roten Armee. In den letzten Kriegsmonaten setzte eine große Fluchtbewegung der deutschen Bevölkerung vor der anrückenden sowjetischen Armee aus den deutschen Ostprovinzen und den deutschen Siedlungsgebieten in Ostmitteleuropa ein. Bis zuletzt hatten die nationalsozialistischen Befehlshaber der Bevölkerung verboten zu flüchten und Durchhalteparolen ausgegeben. Als die sowjetischen Soldaten die deutschen Ostgrenzen ereichten, kam es aus Angst vor Vergeltung der Roten Armee zum eiligen Aufbruch. In Trecks über Land und auf Schiffen über die Ostsee versuchten die Flüchtlingsgruppen, meist Frauen, Kinder und alte Menschen, nach Westen zu gelangen. Viele erfroren in der eisigen Kälte des Winters 1944/45 oder fielen Luftangriffen zum Opfer. Andere wurden als Zwangsarbeiter in die Straflager der UdSSR verschleppt.

„Organisierte Umsiedlung“ oder ‣ Vertreibung? Unmittelbar nach Kriegsende mussten die Deutschen östlich der Flüsse Oder und Neiße ihre Wohngebiete verlassen. Auch Siedlungen von Deutschen in verschiedenen Ländern Ostmittel- und Südosteuropas mussten aufgegeben werden. Der unmittelbare Anlass für die Vertreibung der Deutschen war, Vergeltung für die nationalsozialistischen Verbrechen zu üben, vor allem für den Rassen- und Vernichtungskrieg in Osteuropa. Auf einer Konferenz in Potsdam (s. S. 110f.) beschlossen die Siegermächte im Sommer 1945, die deutsche Bevölkerung „in ordnungsgemäßer und humaner Weise“ umzusiedeln. Die Wirklichkeit sah jedoch ganz anders aus. Das Eigentum der Deutschen – Höfe, Wohnungen und Fabriken – wurde ohne Entschädigung enteignet.

Die Deutschen waren nicht allein unter chaotischen Bedingungen in überfüllten Zügen, zu Fuß oder mit Planwagen unterwegs: In der umgekehrten Richtung machten sich ca. 5 Millionen ehemaliger ins Deutsche Reich verschleppte Zwangsarbeiterinnen und -arbeiter aus dem Osten auf den Rückweg nach Polen, in die Sowjetunion und ins Baltikum. Die sowjetischen Zwangsarbeiter wurden in ihrer Heimat geächtet, weil sie dem Feind im Krieg geholfen hatten. Vertreibungsopfer waren auch die vielen polnischen Staatsbürger, die ihre Heimat in den sowjetisch besetzten Gebieten Ostpolens verlassen mussten.

Wie bringt man Millionen Menschen unter? Die deutschen Vertriebenen hatten ihre Heimat und ihren Besitz verloren. Doch damit nicht genug: In den Gebieten West- und Mitteldeutschlands, in denen die Flüchtlinge unterkamen, begegnete ihnen die einheimische Bevölkerung mit Ablehnung und Misstrauen. Die Vertriebenen wurden von Gemeinde- und Stadtverwaltungen auf die noch bewohnbaren Häuser verteilt. Dazu mussten Einheimische ihre Häuser oder Wohnungen mit den Neuankömmlingen teilen. Auch die Einheimischen litten unter Wohnungsknappheit und Nahrungsmangel. Daher sahen sie oft nicht ein, dass noch Fremde bei ihnen einquartiert wurden und sie Küche und Bad mit ihnen teilen sollten. Nach dem Krieg versuchte der Staat, den Menschen, die geflohen oder vertrieben waren, zumindest teilweise ihre Vermögensverluste zu ersetzen. Hierzu diente das 1952 erlassene Lastenausgleichsgesetz. Trotz aller Anstrengungen des Gesetzgebers dauerte es aber Jahre, bis die größte Not der Vertriebenen gelindert worden war.

M1 Flüchtlingslager Harenbleck bei Hannover *(März 1947)*

M2 Eine Frau schildert ihre Flucht

Als die Rote Armee im Januar 1945 das Gebiet um Königsberg eingekesselt hatte, blieb den Flüchtenden nur der Weg über das zugefrorene Meer auf die Frische Nehrung, eine Landzunge, von der aus man nach Danzig und von dort auf Schiffen nach Westen gelangen konnte:

Einige Frauen mussten Übermenschliches leisten. Als Treckführerinnen fanden sie nur mühevoll den sichersten Weg für die Wagen. Überall auf der Eisfläche lag verlorener Hausrat herum. Verwundete krochen mit bittenden Gebärden zu uns heran, schleppten sich an Stöcken dahin. Sechs Stunden dauerte unser Weg, dann hatten wir, zu Tode ermattet, die Nehrung erreicht ... Auf unserem Weg nach Danzig sahen wir grauenvolle Szenen: Mütter warfen im Wahnsinn ihre Kinder ins Meer, Menschen hängten sich auf. Andere stürzten sich auf verendende Pferde, schnitten sich Fleisch heraus, brieten die Stücke auf offenem Feuer. Frauen wurden in Wagen entbunden. Jeder dachte nur an sich, niemand konnte den Kranken und Schwachen helfen.

Zitiert nach: Christoph Beitz: Schicksale, Heft Nr. 4: 1945 – Ende und Anfang. Eine pädagogische Handreichung des Volksbundes Deutsche Kriegsgräberfürsorge, München 1995, S. 13.

M3 Flucht, Vertreibung und Umsiedlung von Deutschen und Polen zwischen 1944 und 1948

M4 Geschichte erzählt

Bericht einer kurz nach Kriegsende aus dem Sudetenland vertriebenen deutschen Frau:

Ich wohnte mit meinen drei Kindern in Freiwaldau, Ostsudetenland (heute: Jesenik) ... Am 26. Juli 1945 kamen plötzlich drei bewaffnete tschechische Soldaten und ein Polizist in meine Wohnung und ich musste dieselbe binnen einer halben Stunde verlassen. Ich durfte gar nichts mitnehmen. Wir wurden auf einen Sammelplatz getrieben und mussten viele Stunden warten, gegen Abend wurden wir unter grässlichen Beschimpfungen und Peitschenschlägen aus dem Heimatort fortgeführt. Nach sechsstündigem Fußmarsch mussten wir im Freien übernachten und wurden dann eine Woche lang in einem primitiven Lager festgehalten. Verpflegung gab es keine, und wir mussten mit dem wenigen, was wir uns an Essen mitgenommen hatten, auskommen. Es wurde uns immer noch nicht gesagt, was mit uns geschehen soll, bis wir am 2. August 1945 zum Bahnhof mussten und auf offene Kohlewagen verladen wurden. Vor der Abfahrt des Transportes bekamen wir pro Eisenbahnwagen ein Brot. Während der Fahrt regnete es in Strömen, ... die Kinder wurden krank ... und ich wusste mir vor Verzweiflung bald keinen Rat mehr. Nach zwei Tagen wurden wir in Tetschen (heute: Dečin) ausgeladen. Wir waren hungrig und erschöpft und ... wurden mit Peitschenhieben und Schreckschüssen zur Reichsgrenze getrieben.

Zitiert nach Wolfgang Benz (Hrsg.): Die Vertreibung der Deutschen aus dem Osten. Ursachen, Ereignisse, Folgen (= Fischer TB), Frankfurt/M. 1985, S. 138f.

1 Analysiere M2 und beschreibe die Umstände, unter denen die Menschen flohen.

2 Stelle mithilfe der Karte M3 die Bevölkerungsbewegungen nach dem Zweiten Weltkrieg dar.

3 Zeichne Verlauf und Begleitumstände der Vertreibung nach (M4).

4 Versetze dich in die Lage eines Heimatvertriebenen aus dem Osten und des Bürgers einer Stadt in Deutschland, der den Neuankömmling bei sich aufnehmen muss. Zeigt in einem Gespräch die Sorgen und Ängste der beiden Personen auf.

5 Beschreibe die Lebensverhältnisse in dem Notaufnahmelager (M1).

Der Zweite Weltkrieg – eine Bilanz?

30. Jan. 1933	*Hitler zum Reichskanzler ernannt*
24. März 1933	*„Ermächtigungsgesetz" – Gewaltenteilung aufgehoben*
1933	*„Gleichschaltung" der Länder; Gewerkschaften und Parteien aufgelöst*
1934	*Tod Hindenburgs; Hitler Reichskanzler und Reichspräsident*
1935	*„Nürnberger Gesetze" – die deutschen Juden verlieren Staatsbürgerschaft*
1936	*Vierjahresplan zur Wiederaufrüstung*
1938	*Münchner Abkommen; Novemberpogrom: gewaltsames Vorgehen gegen Juden; Enteignungen*
1. Sept. 1939	*Angriff auf Polen/Beginn des Zweiten Weltkriegs*
1939–1945	*Verfolgung und Ermordung der europäischen Juden*
22. Juni 1941	*Beginn des Russlandfeldzugs*
8. Dez. 1941	*Kriegseintritt der USA*
31. Jan. 1943	*Niederlage in Stalingrad*
20. Juli 1944	*Attentat auf Hitler scheitert*
7./8. Mai 1945	*bedingungslose Kapitulation der deutschen Wehrmacht*
6./8. Aug. 1945	*Atombombenabwürfe auf Hiroshima und Nagasaki*

Sicherung wichtiger Kompetenzen

- **Eigene Dateien**
  - **Geschichte**
    - **Nationalsozialismus – Zweiter Weltkrieg**
      - **Methoden**
        - Bild- und Tonmedien analysieren
        - Spielfilme historisch auswerten
      - **Fachbegriffe**
        - Antisemitismus
        - Konzentrationslager
        - Führerprinzip
        - Lebensraumpolitik
        - Holocaust
        - Rassenlehre

M1 Tote im Zweiten Weltkrieg *(Liste unvollständig)*

Deutschland	5 250 000	davon 600 000 Zivilisten
Sowjetunion	20 600 000	7 000 000 Zivilisten
Polen	4 250 000	4 200 000 Zivilisten
Osten Polens	1 500 000	Gebiet von der Sowjetunion 1939 annektiert
USA	259 000	
Großbritannien	386 000	62 000 Zivilisten
Frankreich	810 000	470 000 Zivilisten
Italien	330 000	
Rumänien	378 000	
Ungarn	420 000	280 000 Zivilisten
Jugoslawien	1 590 000	1 200 000 Zivilisten
Finnland	84 000	
Griechenland	160 000	140 000 Zivilisten
Belgien	88 000	76 000 Zivilisten
Niederlande	210 000	198 000 Zivilisten
Japan	1 800 000	600 000 Zivilisten
China	15 000 000	7 750 000 Zivilisten

M2 Der Völkermord in Zahlen *(nach Schätzungen)*

Lager	Zeitraum	Ermordete
Chelmno	Dez. 1941 – Juli 1944	ca. 150 000
Auschwitz	Jan. 1942 – Nov. 1944	ca. 1 000 000
Belzec	März 1942 – Dez. 1942	ca. 600 000
Sobibor	April 1942 – Okt. 1943	200 000 – 250 000
Treblinka	Juli 1942 – Okt. 1943	750 000 – 900 000
Majdanek	Sept. 1942 – Nov. 1943	50 000 – 60 000
In Vernichtungslagern getötete Juden		fast 3 000 000
Gesamtzahl der Opfer des Holocaust		5 290 000

M3 „Stolpersteine"
Heute gibt es sie in vielen Städten; begonnen wurde das Projekt von Gunter Demnig 1992 in Köln. Kleine in den Bürgersteig eingelassene Steinblöcke erinnern an von den Nationalsozialisten vertriebene oder ermordete Menschen.

M4 Bevölkerungsverschiebungen: Umsiedlung und Vertreibung *(1938–1944)*

1 Bildet verschiedene Teams und wertet arbeitsteilig das Zahlen- und Kartenmaterial (M1–M2 und M4 sowie die Zeitleiste) im Einzelnen so aus, wie ihr es im bisherigen Geschichtsunterricht gelernt habt. Fasst eure Ergebnisse zusammen und stellt sie der Gesamtgruppe vor.

2 Beurteilt, inwieweit die Zahlen aussagekräftig sind und als Bilanz von Krieg und Völkermord gelten können. Überlegt, was euch zusätzlich interessiert und welche Informationen dazu eingeholt werden müssen.

3 Schreibe einen kurzen Essay über das Kriegsende 1945. Nimm Angaben dieser Seite sowie die Informationen des ganzen Kapitels zu Hilfe.

4 Das rechte Bild zeigt Bilder von Holocaustopfern in der „Hall of Names“ (Yad Vashem). Hinter den Opferzahlen in den hier integrierten Tabellen stehen Millionen von Einzelschicksalen. Alle Biografien der ermordeten Juden werden in der Gedenkstätte Yad Vashem in Jerusalem aufbewahrt. Über www.yadvashem.org gelangst du auf die entsprechende Seite. Klicke „Shoah Victims’ Database“ an. Dann kannst du deinen Heimatort angeben oder den Namen von Einzelpersonen, über deren Schicksal die Forscher eine „Zeugenseite“ (page of testimony) angelegt haben.

GESCHICHTE AKTIV / KREATIV

Projektidee: „An das Kriegsende und die Opfer von Krieg und Völkermord erinnern“

- Diskutiert den Wert der Aktion des Künstlers G. Demnig (M3). Lasst euch von den „Stolpersteinen“ anregen.
- Skizziert zeichnerisch oder sprachlich Ideen für einen „Ort der Erinnerung“, ein Mahn- oder Denkmal in eurem Ort/in eurer Stadt.

US ARMY CHECKPOINT
YOU ARE LEAVIN
THE AMERICAN SECT
ВЫ ВЫЕЗЖАЕТЕ
АМЕРИКАНСКОГО СЕКТО
VOUS SORTEZ
DU SECTEUR AMERIC
SIE VERLASSEN DEN AMERIKANISCHEN S

Die Welt und Deutschland nach 1945

Vom Weltkrieg in den Kalten Krieg

Das Kriegsende im Westen. In vielen Ländern ist bis heute der Tag der bedingungslosen Kapitulation Deutschlands ein Gedenk- oder Feiertag. Am 8. Mai gedenkt man der Opfer des von den Deutschen aufgezwungenen Kriegs oder feiert – wie in den Staaten der ehemaligen Sowjetunion – den „Sieg über den Faschismus". Bei Kriegsende trafen die Alliierten auf demoralisierte Menschen in den zerstörten deutschen Städten (s. S. 108ff.). Zahlreiche Deutsche hatten bis zum Schluss den Durchhalteparolen der Nazipropaganda Folge geleistet und konnten die Niederlage nicht fassen. Andere sahen sich befreit von Verfolgung, staatlichem Terror und der Todesangst während der Bombennächte in Luftschutzkellern. Millionen von Zwangsarbeitern und Inhaftierten verdankten den alliierten Truppen ihre Befreiung und ihr Überleben. Diese „displaced persons" hofften nun auf eine schnelle Rückkehrmöglichkeit in ihre Heimat.

Der ▸ Kalte Krieg. Bald nach Kriegsende traten alte Gegensätze zwischen den kapitalistischen Vereinigten Staaten von Amerika und der kommunistischen Sowjetunion wieder deutlich hervor. Dieser Gegensatz bestimmte in unterschiedlicher Schärfe die Weltpolitik bis 1990. Die USA waren bei Kriegsende die größte Militärmacht der Welt. Sie hatten keinerlei Kriegszerstörungen im eigenen Land zu beklagen und waren für kurze Zeit alleinige Atommacht. Amerikanische Truppen standen in West-, Mittel- und Südeuropa sowie in weiten Teilen des pazifischen Raums und Südostasiens. Daher wollte der 1945 ins Amt gekommene Präsident Harry Truman die Chance nutzen, die Grundsätze der amerikanischen Demokratie und den freien Handel möglichst weltweit durchzusetzen. Die Sowjetunion als zweitgrößte Weltmacht war in einer deutlich schlechteren Lage: Sie hatte 20 Millionen Tote zu beklagen und weite Teile des Landes mit wichtigen Industriegebieten waren von deutschen Truppen zerstört worden. Die Sowjetunion versuchte ihrerseits, immer mehr Länder in Mittelosteuropa und Südosteuropa militärisch, politisch und wirtschaftlich unter ihre Kontrolle zu bringen. Bald standen sich Ost und West als zwei hochgerüstete militärische Blöcke gegenüber. Ab 1947 verfestigte sich das wachsende Misstrauen zwischen den USA und der UdSSR. Das Bild auf Seite 96 zeigt die Konfrontation sowjetischer und amerikanischer Panzer im Oktober 1961 an der Friedrichstraße in Berlin. Mehrfach bestand während des Kalten Kriegs das Risiko eines Atomkriegs.

Was lernst du in diesem Kapitel? Am Ende dieser Einheit wirst du folgende Fragen beantworten können:

- Wie entstand und verlief der Kalte Krieg? Welche Feindbilder wurden von den Ländern der Militärbündnisse ▸ NATO und ▸ Warschauer Pakt während des ▸ Ost-West-Konflikts aufgebaut und verbreitet?
- Inwieweit war Deutschland Spielball im Konflikt der Großmächte?
- Welche Lebensbedingungen herrschten im Deutschland der Nachkriegszeit?
- Aus welchen Gründen entstanden zwei deutsche Staaten? Worin lagen die wesentlichen politischen, wirtschaftlichen und gesellschaftlichen Unterschiede zwischen der Bundesrepublik und der DDR?

M1 Phasen den Kalten Kriegs

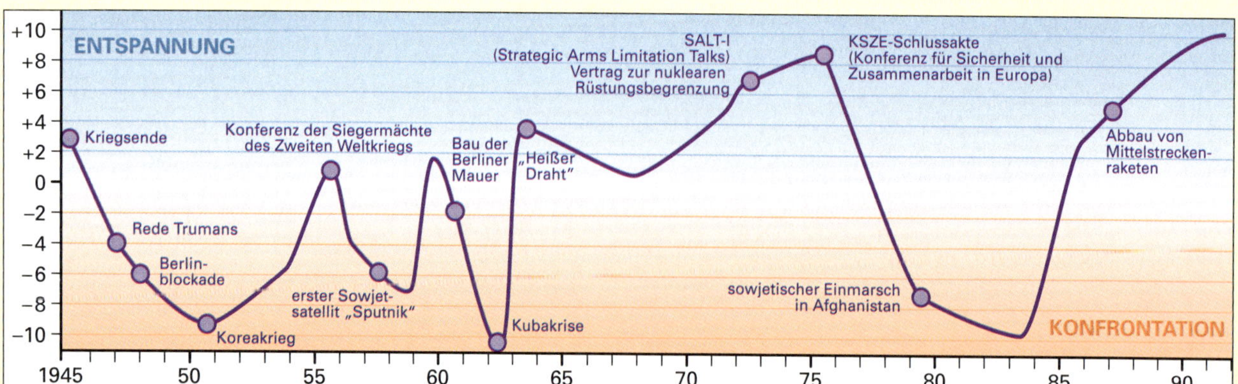

M2 Amerikanische Vorstellungen

Präsident Harry Truman am 12. März 1947:

Im gegenwärtigen Abschnitt der Weltgeschichte muss jede Nation ihre Wahl in Bezug auf ihre Lebensweise selber treffen. Nur allzu oft ist das keine freie Wahl. Die eine Lebensweise gründet sich auf den Willen der Mehrheit und zeichnet sich durch freie Einrichtungen, freie Wahlen, Garantie der individuellen Freiheit, Rede- und Religionsfreiheit sowie Freiheit vor politischer Unterdrückung aus.

Die zweite Lebensweise gründet sich auf den Willen einer Minderheit, der der Mehrheit aufgezwungen wird. Terror und Unterdrückung, kontrollierte Presse und Rundfunk, gefälschte Wahlen und die Unterdrückung der persönlichen Freiheit sind ihre Kennzeichen.

Ich bin der Ansicht, dass die Politik der USA die freien Völker unterstützen muss, die sich der Unterwerfung durch bewaffnete Minderheiten oder dem Druck von außen widersetzen.

Zitiert nach: Europa Archiv 1947, S. 820.

M3 Sowjetische Vorstellungen

Erklärung der Kominform (Verband der kommunistischen Parteien) in Moskau, September 1947:

Nach dem Weltkrieg sind zwei Lager entstanden: das imperialistische antidemokratische Lager mit dem Hauptziel, die Weltvormachtstellung des amerikanischen Imperialismus zu erreichen und die Demokratie zu zerstören. Wir dagegen bilden das antiimperialistische, demokratische Lager mit dem Hauptziel, die Demokratie zu festigen und den Faschismus zu beseitigen ...

Der Truman-Plan ist nur ein Teil für eine weltumfassende Eroberungspolitik, die von den USA in allen Teilen der Welt verfolgt wird. Die Aggressoren von gestern – die kapitalistischen Magnaten (Großkonzerne) in Deutschland und Japan, werden durch die USA auf ihre neue Rolle vorbereitet. Daher müssen wir uns gegen den amerikanischen Imperialismus und seine französischen und britischen Alliierten wenden.

Zitiert nach: Boris Meissner (Hrsg): Das Ostpakt-System, Frankfurt (Metzner) 1955, S. 97.

1 Schreibe in einer Tabelle die Vorstellungen Trumans (M2) neben die der kommunistischen Parteien (M3). Wie wird der Begriff „Demokratie" jeweils verwendet?

2 Zeige auf, wo in den beiden Texten das gegenseitige Misstrauen besonders deutlich wird.

M4 James Bond *(Filmplakat, 1963)*

Im Kalten Krieg spielten bei der Informationsbeschaffung über den Gegner Spione, Aufklärungsflüge, Abhörtechnik aller Art und (ab den 1960er Jahren) Satelliten eine entscheidende Rolle. Der britische Spion 007 wurde Held des erfolgreichsten Agentenfilms aller Zeiten – nach dem Ende des Kommunismus musste James Bond sich ein neues Feindbild suchen.

3 Vergleiche die Situation der USA und der UdSSR im Jahre 1945 (Autorentext).

4 Was verbirgt sich hinter den Kürzeln CIA und KGB? Stelle eine Verbindung zum Plakat M4 her.

5 Wann standen während der Zeit des Kalten Kriegs die Zeichen eher auf Entspannung, wann auf Konfrontation? Entschlüssele M1 mithilfe einer Tabelle. Beziehe die Bilder der vorangehenden DS mit ein. Auf der letzten Seite im Buch findest du Hinweise zu den Bildern.

Eine Weltordnung nach Blöcken

Den Kommunismus eindämmen? Ab 1946 gelang es der Sowjetunion, in den von der Roten Armee befreiten und besetzten Ländern Ostmitteleuropas kommunistische Regierungen einzusetzen. Dabei wurden Ergebnisse freier Wahlen gefälscht oder nichtkommunistische Minister aus gewählten Regierungen herausgedrängt und willkürlich verhaftet. Einzig Finnland und Jugoslawien konnten noch selbst über ihre inneren Verhältnisse bestimmen. Als die Sowjetunion Ansprüche auf türkische Grenzgebiete erhob und im griechischen Bürgerkrieg massiv die kommunistischen Aufständischen unterstützte, handelte die amerikanische Regierung: Mit einer Politik der Eindämmung (▸ Containment-Politik) sollte der kommunistische Einfluss im Osten Europas gestoppt und wenn möglich zurückgedrängt werden („roll back"). Schwerpunkt der Eindämmungspolitik war ein Programm der umfassenden Wirtschaftshilfe, das nach dem amerikanischen Außenminister ▸ „Marshallplan" benannt wurde. Diese Hilfen standen allen europäischen Staaten offen, die diese wünschten.

M1 „Früchte der Befreiung"
(Karikatur aus der „Herald Times" vom 2. Februar 1947 zu den Wahlen in Polen)

M2 „Die Uhr der sowjetischen Expansion läuft."
(deutsche Übernahme einer Karikatur aus der „New York Times", 1948)

Militärische Blockbildung. Die westlich orientierten Staaten schlossen sich 1949 unter der Führung der USA zu einem politischen und militärischen Verteidigungsbündnis zusammen: die NATO (North Atlantic Treaty Organization) entstand. Auf Initiative der USA verpflichteten sich die Teilnehmer, nur diejenigen Maßnahmen – unter Einschluss der Verwendung bewaffneter Kräfte – zu ergreifen, die sie „für erforderlich erachten, um die Sicherheit des nordatlantischen Gebiets wiederherzustellen und zu erhalten". Obwohl alle Partner formal gleichberechtigt waren, stellten die USA den Oberkommandierenden und bestimmten die Strategiekonzepte.
Die Sowjetunion schloss zwischen 1946 und 1949 mit den Ländern ihres Machtbereichs Freundschafts- und militärische Beistandsverträge ab, die die Stationierung sowjetischer Truppen vorsahen. Das östliche Gegenstück zur NATO war seit 1955 der Warschauer Pakt.
Die allmähliche Ausbildung zweier Militärbündnisse untermauerte die Trennung in Blöcke um die beiden Supermächte USA und UdSSR. Statt der 1945 erhofften einen gemeinsamen Welt hatte sich eine neue internationale Staatenordnung im Zeichen der Bipolarität herausgebildet.
Die Trennlinie zwischen den westlich orientierten Staaten und dem ▸ Ostblock hatte der britische Premierminister Winston Churchill 1946 als ▸ „Eisernen Vorhang" bezeichnet. Dieser verlief mitten durch Deutschland und mitten durch Berlin.

M3 Blockbildung nach 1949

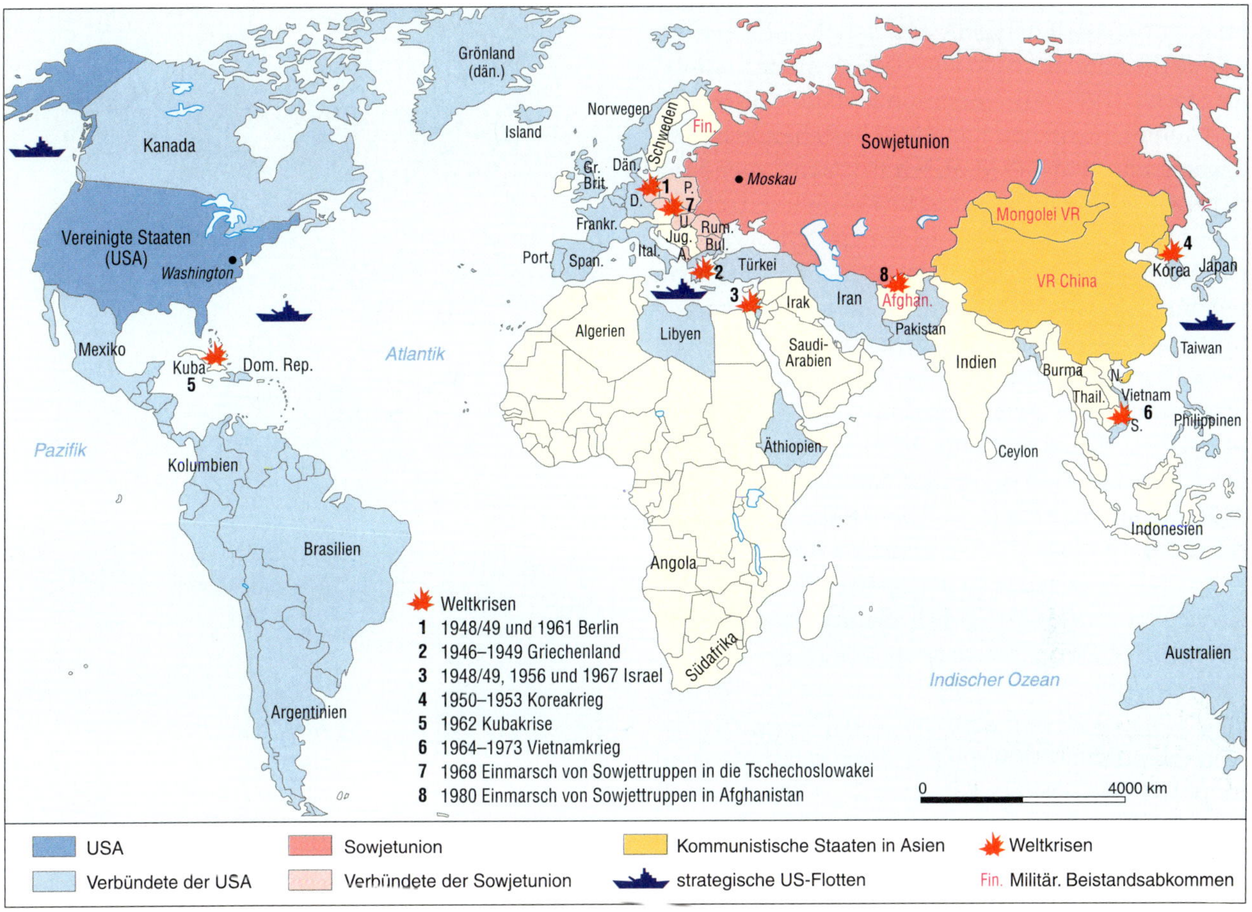

Um dem Ost-West-Konflikt zwischen den beiden Weltmächten zu entgehen, schlossen sich im April 1955 vor allem viele Staaten Afrikas und Asiens in der Bewegung der Blockfreien zusammen. Sie befürworteten ein friedliches Nebeneinander von unterschiedlichen Systemen und wollten keinem der Blöcke angehören. Ihre Wortführer waren Indonesien, Kuba, Ägypten und Jugoslawien.

M4 Europa im Kalten Krieg
(amerikanische Karikatur)

1 Setze dich mit den Aussagen der beiden Karikaturen auseinander (M1 und M2).
2 Beschreibe anhand der Karte (M3) die geopolitische Situation der beiden Blöcke.
3 Nenne die wichtigsten Konfliktherde und beziehe M4 mit ein.

Der Kalte Krieg wird heiß – Korea

Krisenherd Südostasien. Nicht nur in Europa, sondern auch in Asien verschlechterten sich die Beziehungen zwischen den USA und der UdSSR. 1949 ergriffen die Kommunisten unter Mao Zedong in China die Macht. In Vietnam leistete die aus nationalistischen und kommunistischen Kämpfern bestehende Befreiungsorganisation Việt Minh seit 1945 zunehmend Widerstand gegen die französische Kolonialherrschaft. Nach der Kapitulation Japans 1945 (s. S. 76f.) war das am Zweiten Weltkrieg unbeteiligte, aber von Japan beherrschte Korea unter den Siegermächten aufgeteilt worden. Der Süden kam unter US-amerikanische Verwaltung, der Norden unter sowjetische. Teilungslinie wurde der 38. Breitengrad. Die UNO übernahm 1947 das Mandat für die Wiedervereinigung. Für das ganze Land angesetzte Wahlen fanden unter Aufsicht der UNO nur in Südkorea statt, wo Syngman Rhee dank massiver amerikanischer Unterstützung zum Präsidenten der neu gegründeten „Republik Korea“ wurde. Gestützt auf Großgrundbesitzer, Militär und die USA errichtete er ein autoritäres Regime. Der Staatsgründung im Süden folgte eine im Norden: Der kommunistische Politiker Kim Il-Sung rief die „Demokratische Volksrepublik Korea“ aus; China und die Sowjetunion standen ihm zur Seite.

Eine Weltkrise entsteht. Gänzlich unerwartet überschritten im Juni 1950 nordkoreanische Truppen den 38. Breitengrad und drangen bis weit in den Süden vor. Der UN-Sicherheitsrat verurteilte diesen Schritt. Es kam zur Entsendung von Truppen aus 15 UN-Mitgliedsstaaten. Das größte Kontingent bildeten US-Soldaten; der Oberbefehl lag in amerikanischen Händen. Als auch das kommunistische China zugunsten des Nordens in den Krieg eingriff, forderte der Oberbefehlshaber US-General MacArthur den Einsatz von Atomwaffen. Präsident Truman lehnte diese Maßnahme ab. Der erbittert geführte Dschungelkrieg erstarrte schließlich nach drei Jahren am 38. Breitengrad, der ehemaligen Grenzlinie. Er zementierte die Teilung. Mehr als 54 000 UN-Soldaten starben; koreanische Quellen sprechen von über zwei Millionen Toten, insbesondere unter der Zivilbevölkerung.

Der Waffenstillstand vom Juli 1953 bekräftigte die Existenz von zwei koreanischen Staaten: Nordkorea blieb kommunistisch, Südkorea stand auch weiterhin unter Schutz und Einfluss der USA.

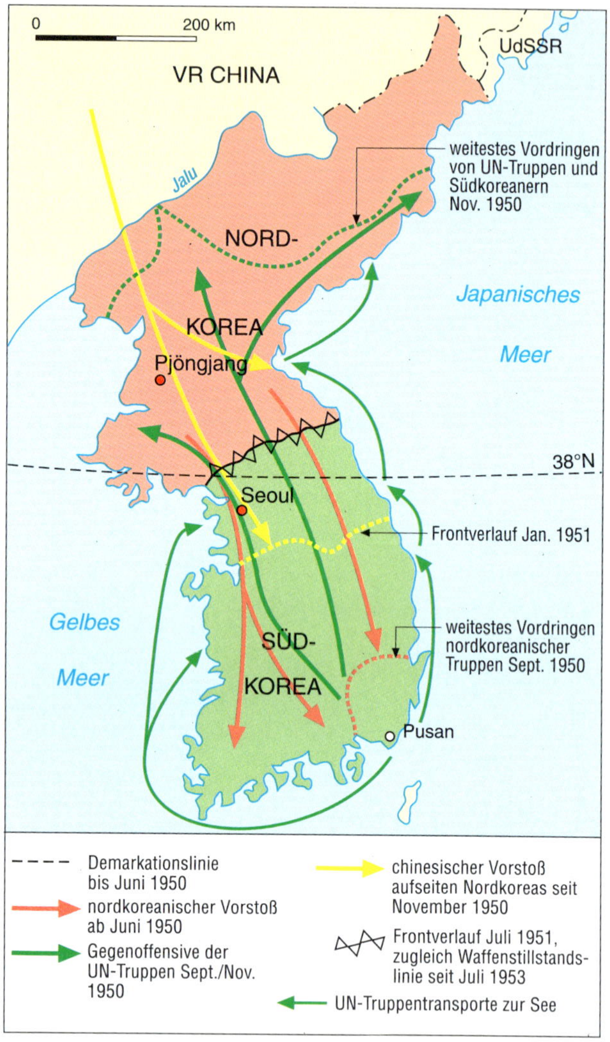

M1 Koreakrieg *(1950–1953)*

M2 Kim Il-Sung als „Führer Nordkoreas“

M3 Präsident Truman in einer Radioansprache im September 1950

Truman antwortete auf den Vorwurf der Sowjetunion, die USA mischten sich in die Angelegenheiten anderer Länder ein:

... wir haben die führende Rolle übernommen, schrittweise die Einheit unter den freien Nationen zu schaffen und sie zu stärken. Die erzielten Erfolge sind beeindruckend. Lassen Sie mich einige Schritte davon für Sie in Erinnerung rufen: 1945 setzten wir uns für die Gründung der Vereinten Nationen ein. 1947 begannen wir, Griechenland und die Türkei militärisch und wirtschaftlich zu unterstützen. Mit der Marshallplanhilfe konnten wir die Gefahr einer kommunistischen Unterwanderung in Europa eindämmen. Seit dieser Zeit sind die freien Nationen wirtschaftlich enger zusammengewachsen ... Mit der Gründung der NATO 1949 sollte deutlich gemacht werden, dass ihre Mitglieder gemeinsam die Freiheit verteidigen werden. Heute, 1950, setzen wir unsere Bemühungen mit einer noch größeren militärischen Hilfe fort, um die Verteidigungskraft der westlichen Welt zu stärken.

Schritt für Schritt haben diese Erfolge, die die freien Nationen im Kampf gegen den kommunistischen Imperialismus erzielt haben, sie noch stärker zusammengeschweißt.

Wir wünschen uns eine freiheitliche Ordnung auch für die Länder im Fernen Osten. Das ist einer der Gründe, weshalb wir, unter der Führung der Vereinten Nationen, für die Unabhängigkeit Koreas kämpfen. Russland hat noch nie freiwillig auf irgendein Territorium, das es sich im Fernen Osten angeeignet hat, verzichtet; nie hat es ein von ihm unterworfenes Volk in Freiheit entlassen ...

Wir glauben weder an einen Angriffs- noch an einen Verteidigungskrieg. Diese Mittel setzen Diktatoren ein und keinesfalls freie, demokratisch gesinnte Länder wie die Vereinigten Staaten. Wir bewaffnen uns nur zur Verteidigung im Angriffsfall. Auch wenn die Vertreter des kommunistischen Imperialismus nicht an Frieden glauben, so können sie doch davon abgehalten werden anzugreifen, wenn wir und alle freien Nationen gemeinsam Stärke beweisen und ihnen selbstbewusst entgegentreten.

Zitiert nach: http://www.trumanlibrary.org/publicpapers/index.php?pid=861&st=&st1=. Übers. vom Verfasser.

M4 Friedliches Nebeneinander der Blöcke?

Aus dem Programm der Kommunistischen Partei der Sowjetunion (KPdSU) vom Oktober 1961:

... Die Hauptfrage der Gegenwart ist die von Krieg und Frieden. Die einzige Quelle der Kriegsgefahr ist der Imperialismus. Verbreitete der Kapitalismus seine Herrschaft mit Feuer und Schwert, so brauchte der Sozialismus keine Kriege, um seine Ideale zu verbreiten. Seine Waffe ist die Überlegenheit über die alte Ordnung, in der Organisation der Gesellschaft, in der Staatsordnung, in der Wirtschaft, in der Hebung des Lebensniveaus und der geistigen Kultur. Der Sozialismus weist der Menschheit das einzig vernünftige Prinzip der zwischenstaatlichen Beziehungen zu einer Zeit, da die Welt in zwei Systeme geteilt ist: das von W. I. Lenin entwickelte Prinzip der friedlichen Koexistenz von Staaten mit unterschiedlicher sozialer Ordnung. Bei friedlicher Koexistenz hat die Arbeiterklasse der kapitalistischen Länder günstigere Kampfmöglichkeiten, fällt es den Völkern der kolonialen und abhängigen Länder leichter, für ihre Befreiung zu kämpfen ...

Zitiert nach: Alfred Gerigk: Deutschland und das Weltgeschehen im Jahre 1961 (= Handbuch der Deutschen Geschichte, Erg.-Bd. 2), Konstanz (Akad.-Verl.-Ges. Athenaion) 1962, S. 108.

M5 Rüstungswettlauf – Wer ist der Erste?

Waffensysteme	USA	UdSSR
Atombombe	1945	1949
H-Bombe	1952	1953
Langstreckenbomber	1953	1957
Interkontinentalrakete	1955	1957
Atom-U-Boot	1956	1962
Raketen mit Mehrfachsprengköpfen	1964	1972

1 Stellvertreterkrieg in Korea – erkläre diesen Begriff und erläutere ihn mithilfe von M1 und dem Autorentext.

2 Was sagt das Bild M2 über das Verhältnis der Staatsführung Nordkoreas zum Volk aus? Finde heraus, wie sich die beiden koreanischen Staaten bis heute entwickelt haben.

3 Fasse die amerikanische und die sowjetische Position in M3 und M4 zusammen. Vergleiche mit den älteren amerikanischen und sowjetischen Haltungen (s. S. 99/M2 und M3).

Die Entkolonialisierung und der Nord-Süd-Konflikt

Das Ende der europäischen Vorherrschaft. Gebildete Afrikaner und Asiaten in den von Europäern kontrollierten Kolonien erhofften sich vom Ende des Zweiten Weltkriegs die Erfüllung eines amerikanischen Versprechens: Das Selbstbestimmungsrecht der Völker sollte für die gesamte Welt gelten. Die Sowjetunion sah sich als Vorreiter der Befreiungsbewegungen in den Kolonien. Die europäischen Kolonialmächte waren durch den Weltkrieg geschwächt und konnten diesen Prozess nicht aufhalten.

Asien machte den Anfang: Die Philippinen erhielten 1946 die Unabhängigkeit; die Niederlande mussten bis 1949 das Inselreich Indonesien abgeben. Frankreich versuchte, seine Kolonien in Indochina wieder zu erlangen, musste aber nach einer Niederlage gegen die kommunistischen Việt Minh bei Điện Biện Phu 1954 seine Truppen abziehen. Vietnam wurde geteilt. Den Briten gelang auf dem riesigen indischen Subkontinent eine weitgehend friedliche Übertragung der Macht, auch wenn in der Folgezeit blutige Konflikte zwischen den neuen Staaten Indien und Pakistan ausbrachen. In Afrika wurden die meisten Staaten in den 1960er Jahren unabhängig. Doch für viele der neuen Staaten schlugen die Jubelfeiern der Unabhängigkeit bald um in innergesellschaftliche Spannungen, wirtschaftliche Probleme und neues Elend. Die willkürlichen Grenzen der Kolonialzeit schufen ethnische Konflikte und die wirtschaftliche Abhängigkeit von den ehemaligen Kolonialherren blieb meist bestehen.

Stellvertreterkriege. Sowohl die USA als auch die UdSSR unterstützen Befreiungsbewegungen, sofern diese die politischen und wirtschaftlichen Grundsätze der jeweiligen Supermacht teilten. Auf diese Weise versuchten Moskau und Washington ihren Einfluss in Asien und Afrika zu vergrößern. Oft bekriegten sich in einer Kolonie vom Westen und vom Osten finanzierte Befreiungsbewegungen. So kämpften zum Beispiel in der rohstoffreichen portugiesischen Kolonie Angola im südwestlichen Afrika die von der Sowjetunion und Kuba unterstützte MPLA gegen die von den USA finanzierte UNITA. Der Bürgerkrieg ruinierte das Land und wurde noch nach dem Ende des Ost-West-Konflikts dank sprudelnder Einnahmen aus dem Diamantengeschäft bis 2002 fortgesetzt.

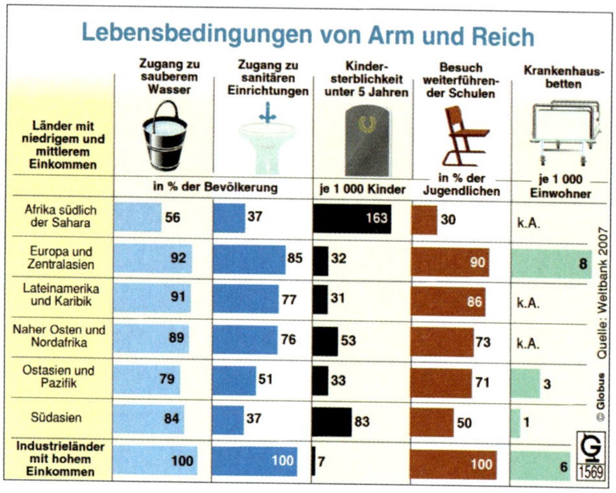

M1

Der Nord-Süd-Konflikt. Bald nach der Unabhängigkeit suchten viele der neuen Staaten einen dritten Weg zwischen den Blöcken. Doch eine gemeinsame Interessenvertretung kam nie zustande. Seit den 1970er Jahren spricht man bei Spannungen zwischen den reichen Industrieländern und den ehemaligen Kolonien von einem ▸ Nord-Süd-Konflikt. Deren Verhältnis hat sich nach der ▸ Entkolonialisierung kaum verändert: Die Industrieländer produzieren vor allem Fertigwaren, die vormaligen Kolonien exportieren in erster Linie Rohstoffe und Agrarerzeugnisse. Deren Preise sind auf dem Weltmarkt erheblichen Schwankungen ausgesetzt. Deshalb forderten die Länder des Südens immer wieder Preisstabilität und gerechtere Handelsbedingungen, darunter den uneingeschränkten Zugang zu den Märkten der Industrieländer. Die Armut auf der Südhalbkugel ist aber nicht allein eine Folge der ungleichen Handelsbedingungen:

- Weit verbreiteter Analphabetismus verhindert die Ausübung qualifizierter Arbeiten und damit die Möglichkeit, einen höheren Lohn zu erhalten;
- zum Teil wirtschaften korrupte Regierungen Staatseinnahmen in die eigene Tasche anstatt mit ihnen z. B. in das Bildungs- und Gesundheitswesen zu investieren;
- ungünstige klimatische Bedingungen bewirken vor allem in einigen afrikanischen Ländern Dürre und in ihrer Folge Hungerkatastrophen;
- nicht zuletzt übertrifft das Bevölkerungswachstum in einigen Regionen das Wirtschaftswachstum.

M2 Entkolonisalisierung ab 1945

M3 Unabhängigkeitsfeier Ghana *(1957)*

Ghana erlangte als erste europäische Kolonie in Afrika südlich der Sahara die Freiheit. Hier tanzt beim Festakt für die Unabhängigkeit Staatspräsident Kwame Nkrumah mit der Herzogin von Kent, die die britische Königin vertrat.

M4 Afrikanische Perspektiven

Karikatur aus der südafrikanischen Zeitung „Sowetan", 1998

1 Zeige anhand von M1 das Verhältnis zwischen Industrie- und Entwicklungsländern auf.
2 Benenne und erkläre Auswirkungen des Ost-West-Konflikts auf Afrika und Asien (Autorentext).
3 In welchen Zeiträumen erlangten die meisten Kolonien ihre Unabhängigkeit (M2)?
4 Erläutere den Symbolgehalt von M3 aus afrikanischer und europäischer Perspektive.
5 Definiere den Begriff „Nord-Süd-Konflikt" und ziehe dazu auch die Karikatur M4 heran.

Propaganda während des Kalten Kriegs

Die Schaffung von Feindbildern. Beide Supermächte schürten die Furcht vor dem feindlichen Gegenüber. Durch die bewusste Verfälschung von Informationen wurde die gegnerische Nation zum Angreifer erklärt und als Friedensstörer angeklagt. Die gezielte Medienpropaganda sollte zudem die eigene Stärke und Entschlossenheit zeigen und Skeptiker überzeugen. Man griff dabei auf bekannte Bilder und Symbole zurück, um aktuelle Hoffnungen oder Befürchtungen mit bewährten Mustern wirksam zu verknüpfen. Die über Jahre aufgebauten Feindbilder schränkten in Konfliktsituationen den Spielraum der Verhandlungspartner ein und erschwerten die Verständigung durch die bestehenden Vorurteile.
Die antikommunistische bzw. antikapitalistische Propaganda wurde in Zeitungsnachrichten, Fernsehbildern und Radiokommentaren verbreitet und prägte das Bild vom anderen nachhaltig.

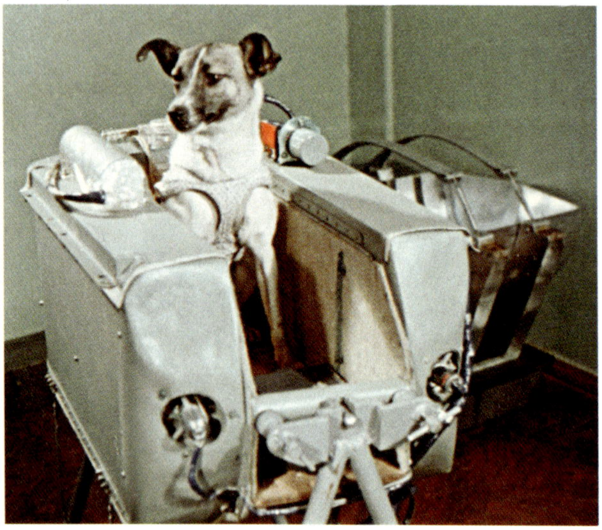

M1 Das erste Lebewesen im Weltraum
(Die Hündin Laika in ihrer Druckkabine vor dem Start am 3. November 1957.)
In der Weltraumfahrt kam es zu einem erbitterten Wettstreit der Großmächte: Im Oktober 1957 gelang es der Sowjetunion als erstem Land der Welt einen Satelliten (Sputnik 1) ins Weltall zu schießen. In der westlichen Welt löste das den „Sputnik-Schock" aus. Der Kosmonaut Juri Gagarin flog 1961 als erster Mensch ins Weltall. Er umrundete in 108 Minuten einmal die Erde. In den folgenden Jahren des Wettstreits um die Eroberung des Weltraumes begannen die USA ein ehrgeiziges und teures Weltraumprogramm zur Landung eines Amerikaners auf dem Mond.

M2 Mondlandung *(1969)*
Der amerikanische Astronaut Neil Armstrong hisst als Kommandant der Mondfähre von „Apollo 11" die amerikanische Flagge am 21. Juli 1969.

Ost-West-Konkurrenz auf vielen Gebieten. Der Kampf der weltanschaulich völlig unterschiedlichen Machtblöcke verlagerte sich angesichts der verheerenden Auswirkungen eines atomaren Kriegs auf viele andere Ebenen. Dies führte zu einem Wettkampf um die besseren Leistungen, u. a. in den Bereichen Raumfahrt und Sport.
Bücher und Filme stellten die Menschen auf der anderen Seite des Eisernen Vorhangs als unerbittliche Gegner dar. In Agentenromanen und -filmen in West und Ost wurden die jeweiligen Gegner und deren Verbündete als skrupellos und brutal dargestellt (s. S. 99/M4). In entsprechenden Veröffentlichungen der Ostblockstaaten erschienen die Menschen im Westen als konsumgierig und moralisch verdorben.

M3 Rangliste im „Medaillenspiegel" der Nationen bei den Olympischen Sommerspielen

Wo/wann	1. Platz	2. Platz	3. Platz
1960 Rom	UdSSR	USA	Italien
1964 Tokio	USA	UdSSR	Japan
1968 Mexiko	USA	UdSSR	Japan
1972 München	UdSSR	USA	DDR
1976 Montreal	UdSSR	DDR	USA
1980 Moskau*	UdSSR	DDR	Bulgarien
1984 Los Angeles*	USA	Rumänien	BRD
1988 Seoul	UdSSR	DDR	USA

* 1980 Boykott von vielen westlichen Nationen wegen des sowjetischen Einmarsches in Afghanistan; 1984 Boykott des Ostblocks außer Rumänien

M4 „Vereinte Abwehr"

Werbung für einen westdeutschen Verteidigungsbeitrag (1952)

M6 „Amikäfer"

Plakat gegen den drohenden Ausfall der Kartoffelernte durch Käfer (DDR, 1950). In der DDR wurde das Gerücht verbreitet, die Amerikaner hätten die Käfer absichtlich ausgesetzt.

M5 „Die amerikanische Spinne"
Karikatur aus der sowjetischen Zeitschrift „Krokodil", 1950, auf Russisch: Sapadnaja Evropa= Westeuropa)

1 Der Ost-West-Konflikt war nicht nur ein militärischer. Weise dies anhand der Materialien (M1–M5) und des Autorentextes nach.
2 Erkläre, warum es für die Amerikaner so wichtig war, als Erste auf dem Mond gelandet zu sein (M1).
3 Arbeite die Bildaussagen in M4–M6 heraus. Wie wird der Gegner jeweils dargestellt? Erarbeite die einzelnen Bildelemente.
4 Suche nach Beispielen für heutige Feindbilder und stelle Vergleiche an.

Die „Zusammenbruchgesellschaft“

„Stein-Zeit“ in Deutschland. Die Flächenbombardierungen in den letzten Kriegsmonaten hinterließen gigantische Schutt- und Trümmermassen in den Städten. Wohnungen waren zerbombt und ausgebrannt, Gas-, Strom- und Wasserleitungen unterbrochen und Kulturgüter von unermesslichem Wert zerstört. Etwa die Hälfte aller Straßen und Brücken im Land konnten nicht benutzt werden; Eisenbahn und Post hatten ihre Dienste eingestellt. Stadt- und Gemeindeverwaltungen gab es nicht mehr. Heute sprechen wir von der „Zusammenbruchgesellschaft“ jener Jahre.

Die „Trümmerfrauen“. Die Männer der jüngeren und mittleren Jahrgänge waren bei Kriegsende in Kriegsgefangenschaft, gefallen oder verkrüppelt. Deshalb mussten die Frauen den Alltag in den zerstörten Städten allein bewältigen und ihre Familie versorgen. In allen Gebieten Deutschlands wurden Frauen das Ziel sexueller Übergriffe von Besatzungssoldaten unterschiedlicher Länder. Nach heutigen Schätzungen wurden zwischen Ostpreußen und Berlin 1,9 Millionen Frauen Opfer von Vergewaltigung und Missbrauch sowjetischer Soldaten. Bevor an den Bau neuer Wohnungen gedacht werden konnte, mussten 400 Millionen Kubikmeter Schutt mit primitivsten Mitteln weggeräumt und die noch brauchbaren Steine gesäubert werden. Diese Arbeit verrichteten die „Trümmerfrauen“ gegen geringen Lohn und höhere Lebensmittelrationen.

M2 „Trümmerfrauen“ *(Berlin, 1945)*

Ab 1946 wurden Frauen in bestimmten Gegenden von den Alliierten zum Räumen der Trümmer dienstverpflichtet.

M1 Blick auf den Kölner Dom und die Hindenburgbrücke *(Mai 1945)*

M3 Ausgebombt oder auf der Flucht: Frau in Köln *(1945)*

M4 Plakate der britischen Besatzungsmacht in Köln *(Sommer 1945)*

M5 Ein Engländer besucht Köln im Juni 1945

Der englische Schriftsteller Stephen Spender kannte Köln aus der Vorkriegszeit und bereiste direkt nach Kriegsende Deutschland:

In Köln wurde mir bewusst, was totale Zerstörung bedeutete. Beim ersten Durchfahren schien es mir, als sei dort auch nicht ein einziges Haus übrig geblieben. Noch stehen zwar viele Mauern, aber sie sind wie dünne Masken in der feuchten, hohlen Leere ausgeweideter Innenräume. Tatsächlich sind nur wenige Häuser Kölns bewohnbar geblieben, vielleicht dreihundert, wie man mir sagt …

Durch die Straßen Kölns schleppen sich tagaus tagein Tausende von Menschen, dieselben, die noch vor wenigen Jahren an den Schaufenstern entlang bummelten oder vor den Kinos warteten … Die Menschen, die dort leben, scheinen gar nicht zu Köln zu gehören. Diese Menschen gleichen einem Stamm von Nomaden, die inmitten einer Wüste eine Ruinenstadt entdeckt und dort ihr Lager aufgeschlagen haben, in Kellern hausen und in den Trümmern nach Beute suchen. Die Stadt sieht wie ein Leichnam aus und stinkt auch so von nicht weggeräumtem Müll, all den Leichen, die immer noch unter den Bergen von Schutt und Eisen begraben liegen … Die Wirkung dieser Leichenstädte ist tief entmutigend …

Zitiert nach: Stephen Spender: Deutschland in Ruinen (= Suhrkamp TB, Nr. 2861), Frankfurt am Main 1998, S. 38ff. Übers. von Joachim Utz. @ Mattes Verlag, Heidelberg.

1 Beschreibe die Bilder M1–M3 und erläutere sie mithilfe des Autorentextes und M5.

2 Suche Bilder oder Berichte vom Kriegsende aus deinem Heimatort und vergleiche mit Köln.

3 Die Alliierten setzten alles auf eine „Umerziehung" (engl.: re-education) der Deutschen zur Demokratie. Lege dar, wie dies durch die Plakatserie M4 zum Ausdruck kommt.

4 In der Schlange von Bild 4 (M4) beschwert sich ein älterer Mann und ruft: „Unter Hitler wäre das nicht passiert!" Wie reagieren die anderen Menschen in der Schlange? Bereitet ein kurzes Rollenspiel vor.

Was soll aus Deutschland werden?

Pläne für die Zukunft Deutschlands. Schon während des Kriegs entwickelten die Alliierten Pläne, wie sie nach der Niederlage der Nationalsozialisten mit Deutschland verfahren wollten. Bei einer Konferenz Ende 1943 in Teheran erörterten der amerikanische Präsident Franklin D. Roosevelt, der britische Premierminister Winston Churchill und der sowjetische Staatschef Josef Stalin eine staatliche Zerstückelung Deutschlands, damit es als geschwächte Macht keinen Krieg mehr führen könne. Auf einem weiteren Treffen der drei Regierungschefs in Jalta auf der Halbinsel Krim im Februar 1945 vereinbarte man die Verschiebung Polens nach Westen: Polen bekam im Westen deutsche Gebiete als Ausgleich für Ostpolen, welches der Sowjetunion zugesprochen wurde. Außerdem legte man in der Deutschlandfrage fest, dass Großbritannien, die USA und die Sowjetunion nach dem Sieg zusammen die Regierungsgeschäfte in Deutschland führen sollten. Trotz der gemeinsamen Vereinbarungen traten bald Spannungen zwischen den Alliierten wegen unterschiedlicher Interessen auf und die Beziehungen begannen sich zu verschlechtern.

M1 Churchill, Truman und Stalin *(von links)* **vor Schloss Cecilienhof in Potsdam bei Berlin.** *Roosevelt war im April 1945 verstorben; Churchill wurde während der Konferenz nach einer Wahlniederlage von Clement Attlee abgelöst.*

Die ▸Konferenz von Potsdam. Am 5. Juni 1945 übernahmen die Besatzungsmächte die oberste Regierungsgewalt in Deutschland und gaben die Aufteilung in vier ▸Besatzungszonen bekannt (Frankreich wurde nachträglich beteiligt). Die Oberbefehlshaber der Zonen bildeten den Alliierten Kontrollrat mit Sitz in Berlin, der für gesamtdeutsche Angelegenheiten zuständig war. Auf einer Nachkriegskonferenz der Hauptsiegermächte, die vom 17. Juli bis 2. August 1945 in Potsdam tagten, erließen diese wichtige Bestimmungen für eine politische Neuordnung Deutschlands und Europas. Das Potsdamer Abkommen betonte die totale militärische Niederlage der Nationalsozialisten und machte der deutschen Bevölkerung ihre Verantwortung für Chaos und Elend deutlich. Die deutsche Wirtschaft durfte künftig nur für den Friedensbedarf produzieren. Für Kriegszwecke einsetzbare Industrieanlagen wurden als Reparationsleistungen demontiert oder zerstört. Grundsätzlich blieb Deutschland jedoch als wirtschaftliche Einheit erhalten. Jede Besatzungsmacht konnte die Kriegsentschädigungen aus ihrer Zone entnehmen. Die Sowjetunion erhielt zusätzlich, gegen Lieferung von Nahrungsmitteln und Brennstoffen, einen Teil der in den Westzonen demontierten Industrieanlagen. Wie hoch die Zahlungen sein sollten, blieb allerdings offen. Bis zur endgültigen Festlegung der Grenzen in einem Friedensvertrag stellte man die deutschen Gebiete östlich der Oder und Neiße unter polnische Verwaltung (Westverschiebung Polens). Das Gebiet um Königsberg wurde sowjetisch. Übereinstimmung bestand darin, die Deutschen aus den von Polen und der Sowjetunion verwalteten Gebieten auszusiedeln.

M2 Entwurf eines Siegerdenkmals *(aus der „Schweizer Illustrierten Zeitung“ vom 11. April 1945. Links sitzt Stalin, rechts befinden sich Churchill und Roosevelt.)*

M3 Aus dem Potsdamer Abkommen

... (2) Soweit es durchführbar ist, unterliegt die deutsche Bevölkerung in ganz Deutschland einer einheitlichen Behandlung.

(3) Die Ziele der Besetzung Deutschlands sind:

I. die vollständige Entwaffnung und Entmilitarisierung Deutschlands und die Beseitigung oder Kontrolle der gesamten deutschen Industrie, die für eine Rüstungsproduktion benutzt werden könnte ...

II. das deutsche Volk davon zu überzeugen, dass es eine totale militärische Niederlage erlitten hat und sich nicht der Verantwortung für das entziehen kann, was es selbst über sich heraufbeschworen hat ...

III. die Nationalsozialistische Partei mit ihren angeschlossenen Organisationen zu zerschlagen, alle Nazi-Einrichtungen aufzulösen, zu gewährleisten, dass sie in keiner Form wiedererstehen ...

IV. den späteren Wiederaufbau des deutschen politischen Lebens auf demokratischer Grundlage und eine friedliche Mitarbeit Deutschlands im Leben der Völker vorzubereiten ...

(5) Kriegsverbrecher ... sollen verhaftet und vor Gericht gestellt werden ...

(9) (Überall in Deutschland) ... sollen alle demokratischen politischen Parteien ... erlaubt und gefördert werden ...

(12) In praktisch kürzester Zeit ist das deutsche Wirtschaftsleben zu dezentralisieren, mit dem Ziel, die Vernichtung der bestehenden übermäßigen Konzentration der Wirtschaftskraft ...

Zitiert nach: documentarchiv.de (Hrsg.): URL: http://www.documentarchiv.de/in/1945/potsdamer-abkommen.html, Stand: 01/2007.

M4 Die territorialen Veränderungen nach dem Zweiten Weltkrieg

1 Beschreibe den Eindruck, den das Foto (M1) machen soll, und vergleiche mit der Karikatur (M2).

2 Die wesentlichen Ziele der Alliierten in Bezug auf Deutschland waren: Demilitarisierung, Denazifizierung, Dezentralisierung und Demokratisierung. Ordne die Textstellen aus dem Potsdamer Abkommen (M3) diesen Begriffen zu.

3 Beschreibe die Aufteilung Deutschlands (M4). Zeige auf, welchen Status Berlin besaß. Was geschah mit Österreich und Wien? Ziehe dazu weitere Informationen heran.

4 Diskutiert, welche Folgen die Abtrennung der deutschen Ostprovinzen und die Aufteilung in Besatzungszonen für die weitere Entwicklung hatten.

Verbrechen gegen die Menschheit: Das NS-System steht vor Gericht

„Entnazifizierung" und Demokratisierung. „Reeducation" hieß eine Devise der Sieger nach 1945. Das deutsche Volk sollte umerzogen und dabei der übersteigerte Nationalismus, das rassistische Denken und der Militarismus endgültig ausgerottet werden. Alle Schulbücher aus der Nazizeit wurden vernichtet. Die Bevölkerung musste u. a. Vorführungen von Dokumentarfilmen über deutsche Kriegsverbrechen und Konzentrationslager besuchen.

M1 Neunburg vorm Wald
Die Häftlinge waren auf ihrem Todesmarsch von Flossenbürg nach Dachau in der Nähe von Neunburg von SS-Mannschaften ermordet worden.

In der Sowjetischen Besatzungszone wurden etwa eine halbe Million Menschen als ehemalige Nationalsozialisten aus ihren Ämtern entfernt, darunter fast alle Richter und Staatsanwälte. Mitläufer blieben straffrei und sollten möglichst schnell in die neue sozialistische Gesellschaft eingebunden werden. Da nach kommunistischer Überzeugung die Ursachen von Nationalsozialismus und Faschismus im Kapitalismus begründet lagen, wurde für die SBZ eine radikale Umgestaltung der gesellschaftlichen und politischen Verhältnisse beschlossen. In der britischen und französischen Zone entließ man nur die Führungskräfte. Die Amerikaner strebten eine umfassende „Entnazifizierung" an. Nach der ersten Phase genereller Entlassungen und Verhaftungen, u. a. von höheren Funktionären der Partei, von Gestapo-Beamten und SS-Mitgliedern, war für die westlichen Alliierten schließlich die persönliche Schuld entscheidend. Zwölf Millionen Deutsche in den Westzonen mussten in einem Fragebogen Auskunft über Beruf und ihre Tätigkeiten während der NS-Zeit geben. Dann wurde der Befragte in eine von fünf Kategorien eingestuft und galt als Hauptschuldiger, Belasteter, Minderbelasteter, Mitläufer oder Entlasteter.

Das „Gesetz zur Befreiung von Nationalsozialismus und Militarismus" vom 5. März 1946 übergab das Entnazifizierungsverfahren in deutsche Hände; die Alliierten behielten sich jedoch die Kontrolle vor. Die Laienrichter hoben zahlreiche Entlassungen aus dem öffentlichen Dienst wieder auf, noch ausstehende Verfahren endeten zunehmend mit der Einschätzung „Mitläufer" oder „Unbelasteter". Dies führte auch deswegen zu Unmut, weil viele schwerer Belastete mit milderen Strafen belegt wurden als Minderbelastete, deren Prozesse zu Beginn der „Entnazifizierung" mit größerer Härte geführt worden waren.

Die Nürnberger Kriegsverbrecherprozesse. Am 20. November 1945 begann vor dem Internationalen Militärgerichtshof in Nürnberg das Verfahren gegen 24 deutsche Hauptkriegsverbrecher, darunter führende Angehörige der NSDAP, des Staates und der Wehrmacht. In zwölf Folgeprozessen saßen 1947–1949 etwa 700 Juristen, SS-Ärzte, SS-Führer, hohe Offiziere und Mitglieder des Wachpersonals der Konzentrationslager ebenfalls auf der Anklagebank. Die Anklagepunkte, wie Planung und Durchführung eines Angriffskriegs, waren umstritten, denn das damals geltende Völkerrecht sah dafür keine gesetzliche Grundlage vor. Auch aufgrund der Besetzung der Gerichte mit ausschließlich alliierten Richtern und der Tatsache, dass nur deutsche Kriegsverbrechen abgeurteilt wurden, hielten viele Deutsche das Vorgehen der Alliierten für eine „Justiz der Sieger". Trotzdem empfand die deutsche Bevölkerung die in Nürnberg ausgesprochenen Urteile als gerecht. Von den prominenten Angeklagten, die sich alle für „nicht schuldig" erklärten, wurden drei freigesprochen, sieben zu lebenslänglichen oder langjährigen Freiheitsstrafen und zwölf zum Tod durch den Strang verurteilt. Hermann Göring entzog sich der Hinrichtung durch Selbstmord.

Die Arbeit des Nürnberger Tribunals wurde wegweisend für die Arbeit des UN-Tribunals in Den Haag gegen Kriegsverbrecher im früheren Jugoslawien und in Ruanda (seit 1994).

M2 Wie lässt sich Deutschland „entnazifizieren"?

Auszüge aus der amerikanischen Direktive JCS 1067 vom 17. Oktober 1945:

Es muss den Deutschen klargemacht werden, dass Deutschlands rücksichtslose Kriegsführung und der fanatische Widerstand der Nazis die deutsche Wirtschaft zerstört und Chaos und Leiden unvermeidlich gemacht haben, und dass sie nicht der Verantwortung für das entgehen können, was sie selbst auf sich geladen haben ... Das Hauptziel der Alliierten ist es, Deutschland daran zu hindern, je wieder eine Bedrohung für den Weltfrieden zu werden. Wichtige Schritte zur Erreichung dieses Zieles sind die Ausschaltung des Nazismus und Militarismus in jeder Form, die sofortige Verhaftung der Kriegsverbrecher zum Zwecke der Bestrafung, die industrielle Abrüstung und Entmilitarisierung Deutschlands mit langfristiger Kontrolle des deutschen Kriegspotenzials und die Vorbereitungen zu einem späteren Wiederaufbau des deutschen politischen Lebens auf demokratischer Grundlage ...

Zitiert nach: Ernst-Ulrich Huster (u. a.): Determinanten der westdeutschen Restauration 1945–1949, Frankfurt/Main (Suhrkamp) 1972, S. 284f.

M4 „Mechanische Entnazifizierung" *(Karikatur von M. Radler, 1946)*

M3 Demokratisierung des Unterrichts

Auszüge aus der Kontrollratsdirektive Nr. 54 vom 25. Juni 1947:

5. Alle Schulen müssen es sich besonders angelegen sein lassen, den Sinn für staatsbürgerliche Verantwortung zu entwickeln und das Schwergewicht auf die demokratische Weltanschauung legen, und zwar durch die Auswahl der Schulbücherprogramme und des Unterrichtsmaterials sowie durch die Schulorganisation selbst.

6. Die Schulprogramme müssen sich zum Ziel setzen, Achtung und Verständnis gegenüber anderen Nationen zu entwickeln. Zu diesem Zweck ist dem Studium der lebenden Sprachen besondere Aufmerksamkeit zu schenken, ohne einer von ihnen den Vorrang zu geben.

Zitiert nach: Klaus-Jörg Ruhl (Hrsg.): Neubeginn und Restauration, München (dtv) 1982, S. 316.

1 Betrachte M1: Was wollten die Alliierten mit solchen Maßnahmen erreichen?

2 Fasse zusammen, welche Ziele sich die Vereinigten Staaten für ihre Deutschlandpolitik setzten (M2).

3 Die „Entnazifizierung" – eine Erfolgsgeschichte? Nimm zu dieser Frage Stellung. Der Autorentext und die Materialien M2 bis M4 geben dir wichtige Hilfestellungen.

4 Der Nürnberger Prozess gegen die Hauptkriegsverbrecher erfuhr unterschiedliche Bewertungen. Erkläre, warum dies so war (Autorentext).

5 Zeige, auf welchem Wege die Alliierten die Deutschen zur Demokratie erziehen wollten (M3).

Neubeginn in Trümmern

Kampf ums Überleben. Im Krieg gab es trotz der Rationierung der Lebensmittel in Deutschland genug zu essen, weil besetzte Länder ausgeplündert wurden und Zwangsarbeiter in der Landwirtschaft die Produktion aufrechterhielten. Nach der Kapitulation wurde die Versorgungslage schwieriger und verschärfte sich durch den bitterkalten Winter 1946/47. Hunger herrschte im ganzen Land; die Zuteilungen auf Lebensmittelkarten reichten nicht zum Überleben.

M1 Essenszuteilung für einen Erwachsenen *(Herbst 1946)*

Die durch Lebensmittelkarten zugeteilte Menge pro Tag bestand aus 350 g Brot, 5 g Butter, 14 g Fleisch, 52 g Käse, 43 g Gemüse, 2 Kartoffeln und 1/8 l Magermilch. Dies entsprach etwa 1550 Kalorien.

Also mussten die Hungernden zusätzliche Lebensmittel, Heizmaterial und Mangelwaren „organisieren". Geld hatte jeder in der Tasche, aber es gab keine Waren. Die Reichsmark hatte keinen Wert mehr, zur Ersatzwährung wurden amerikanische Zigaretten. Bei „Hamsterfahrten" tauschten Städter bei Bauern Essenswaren gegen Schmuck, Wäsche oder Kunstgegenstände ein. In seiner Sylvesterpredigt 1946 rechtfertigte der Kölner Erzbischof Frings den Kohlenklau in Existenz bedrohender Notlage („fringsen").

Ware (Beispiele)	offizielle Preise 1947	Schwarzmarkt-preise 1946/47
1 kg Fleisch	2,20 RM	60–80 RM
1 kg Brot	0,37 RM	20–30 RM
1 kg Kartoffeln	0,12 RM	4 RM
1 kg Zucker	1,07 RM	120–180 RM
1 kg Butter	4,00 RM	350–550 RM
1 kg Milchpulver		140–160 RM
1 Glühbirne		40 RM
1 Paar Schuhe		500–800 RM

M2 Schwarzmarktpreise
Für die Waren, die im offiziellen Angebot fehlten, findet sich kein Preis. Zum Vergleich: Der Monatslohn eines Arbeiters betrug im Zeitraum 1945 bis 1948 zwischen 150 und 200 Reichsmark (RM).

Eine neue Währung. Der Hungerwinter 1946/47 veranlasste Briten und Amerikaner, ihre Besatzungszonen am 1. Januar 1947 zur sogenannten „Bizone" zusammenzulegen. Davon erhofften sich die Alliierten eine schnellere Verbesserung der wirtschaftlichen Lage, sodass Freiheit und Demokratie als Zukunftsmodell in Deutschland eine Chance haben konnten. Die französische Zone kam im April 1949 hinzu („Trizone"). Der neue Wirtschaftsraum profitierte bald von Hilfsgeldern des „European Recovery Program", das nach seinem Erfinder, dem amerikanischen Außenminister Georges Marshall, auch „Marshallplan" genannt wurde. Stalin verbot den Ländern seines Herrschaftsbereichs die Annahme von Geldern aus dem Marshallplan. Ab Oktober 1947 ließen die USA unter größter Geheimhaltung 500 Tonnen neuer Banknoten drucken. Am 20. Juni 1948 erhielt jeder volljährige Bürger „Trizonesiens" 40 Deutsche Mark ausgezahlt. Sparguthaben in Reichsmark wurden im Verhältnis 100:6,5 und Schulden im Verhältnis 10:1 umgerechnet. Die Zwangsbewirtschaftung mit Lebensmittelkarten wurde aufgehoben und die meisten Preise freigegeben. Die ▸Währungsreform ermöglichte binnen kurzem, dass sich die Geschäfte mit Waren füllten; der Schwarzmarkt wurde bedeutungslos.

Länder als neue Verwaltungseinheiten. Nach dem Ende der NS-Diktatur wollten die westlichen Besatzungsmächte in ihren Zonen die Demokratie von der Basis her aufbauen. Im Januar 1946 ließen die Amerikaner, im Herbst die Briten die ersten freien Gemeindewahlen zu, denen wenig später Kreistagswahlen folgten. Im amerikanischen Besatzungsgebiet erarbeiteten Deutsche in verfassungsgebenden Länderversammlungen Staatsordnungen für die neuen Länder. Nach einer Volksabstimmung Ende desselben Jahres konnten die ersten demokratischen Wahlen zu den Landtagen durchgeführt und so Länderregierungen eingesetzt werden.

M3 Besatzungszonen und spätere Bundesländer

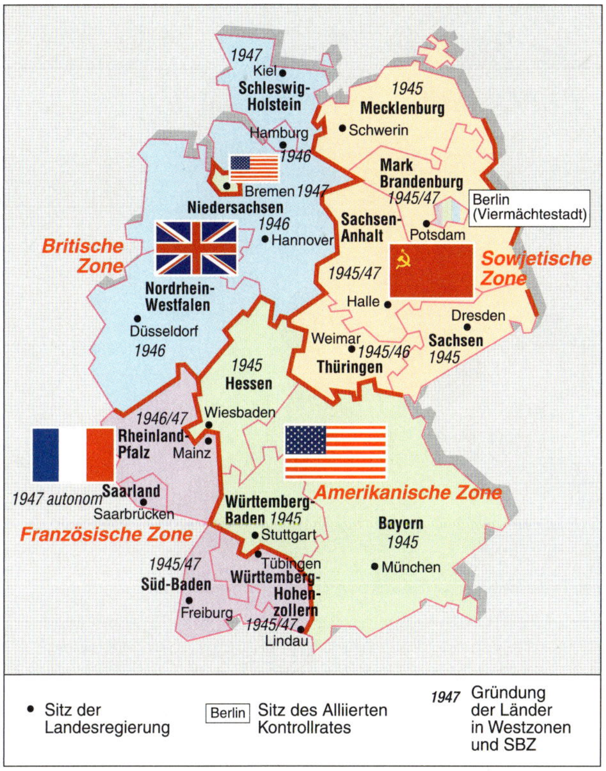

M4 Hauptsorgen der Deutschen

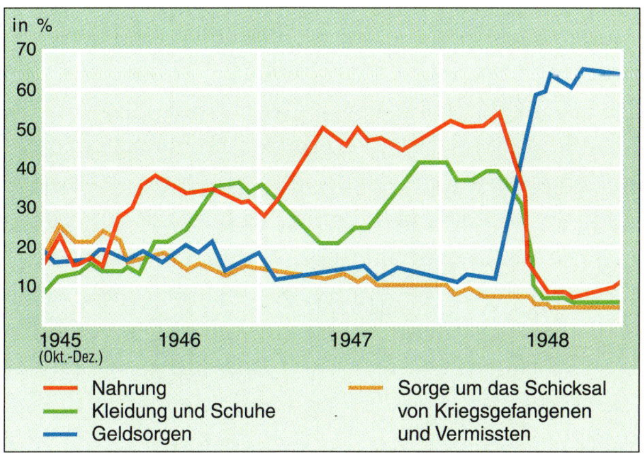

M5 Plakate zum Marshallplan

Plakat in den westlichen Besatzungszonen (1948)

Plakat in der Sowjetischen Besatzungszone (1984)

1 Fasse in einer Mindmap die Bedingungen des Alltagslebens unter den Bedingungen des Schwarzmarkts zusammen (M1–M2 und Autorentext).
2 Zeige anhand von M4 die Veränderungen in der Beurteilung der Hauptsorgen und gib eine Erklärung für die Gründe.
3 Vergleiche die Karte M3 mit M4 auf Seite 111. Welche Bundesländer entstanden in den Besatzungszonen der Westalliierten? Finde heraus, wann die Bundesländer auf dem Gebiet der SBZ entstanden.
4 Erarbeite die Einstellung zum Marshallplan (M5), welche die Plakate verdeutlichen.

Weichenstellung in den Besatzungszonen

Die ▸ Berlinblockade. Mit der Währungsreform wurde am 20. Juni 1948 die Deutsche Mark nur in den westlichen Besatzungszonen, nicht aber in den Westsektoren Berlins eingeführt. Am 23. Juni ordnete die sowjetische Besatzungsmacht in der SBZ eine Währungsumstellung an, die DM-Ost wurde daraufhin eingeführt. An dem Anspruch Stalins, jene Währung solle für ganz Berlin gelten, und dem Widerstand, den die Westalliierten leisteten, entzündete sich der längst schwelende Konflikt zwischen West und Ost. Unter dem Vorwand einer „technischen Störung" legten die Sowjets am 23. Juni 1948 die Stromversorgung in Westberlin lahm. Alle Land- und Wasserwege von den westlichen Zonen nach Berlin wurden gesperrt, sämtliche Lieferungen von Versorgungsgütern eingestellt. Der Plan, die Westmächte so zur Aufgabe ihres Berlin-Sektors zu zwingen, scheiterte einerseits an dem Widerstandswillen der Berliner, andererseits an den Hilfsmaßnahmen, besonders denen der USA. Die „Luftbrücke" bewirkte eine deutliche Verbesserung des Verhältnisses zwischen der deutschen Bevölkerung und den westlichen Alliierten; zugleich verschlechterte sich zusehends die Einstellung der Westdeutschen und Westberliner gegenüber den sowjetischen Machthabern und den von ihnen abhängigen deutschen Kommunisten. Nach elf Monaten musste Stalin die Blockade aufgeben.

M1 „Rosinenbomber"
Transporte auf dem Luftweg versorgten die eingeschlossene Bevölkerung über drei Luftkorridore mit dem Lebensnotwendigen.

M2 Plakat der KPD
(1945)

Neubeginn im Osten. In der Sowjetischen Besatzungszone (SBZ) regierte seit Juni 1945 die Sowjetische Militäradministration in Deutschland (SMAD). Eine Bodenreform enteignete ohne Entschädigung 8 000 Grundbesitzer mit einem Landbesitz von über 100 Hektar und 4 000 Höfe mit weniger als 100 Hektar. Zugleich wurden von der SMAD die Beschlagnahmung von Versicherungen, Banken und Industrieunternehmen angeordnet und als „Volkseigene Betriebe" (VEB) staatlicher Leitung unterstellt.
Sozialdemokraten und Kommunisten in Deutschland berieten nach Kriegsende über einen gemeinsamen Weg der Arbeiterbewegung. Widerstand hiergegen gab es sowohl in den Reihen der SPD als auch bei der KPD. Als in den bevorstehenden Länderwahlen mit schlechten Wahlergebnissen für die KPD zu rechnen war, wurde ab Oktober 1945 vonseiten der KPD der Zusammenschluss der beiden Parteien betrieben. Eine Befragung der SPD-Mitglieder war in der SBZ von der SMAD verboten worden, in den Westsektoren Berlins sprachen sich 82 % gegen eine Vereinigung mit der KPD aus. Unter dem Druck der SMAD erfolgte die Vereinigung auf dem Gründungsparteitag der Sozialistischen Einheitspartei Deutschlands (SED) am 21./22. April 1946. Zu gleichberechtigten Vorsitzenden wurden Otto Grotewohl (SPD) und Wilhelm Pieck (KPD) gewählt.

M3 Propagandatafel zur Kollektivierung

Ab 1952 wurde der Besitz der Kleinbauern in „Landwirtschaftliche Produktionsgenossenschaften" (LPG) zusammengefasst, um die Produktivität zu erhöhen. Wer sich weigerte, wurde unter Druck gesetzt.

M4 Ein Bauer berichtet über die Landverteilung

In der Bahnhofskneipe, einer kleinen Räucherhöhle, trat die Kommission zusammen, die das Gut aufteilen sollte. Sie bestand zum großen Teil aus Leuten aus dem Ort, die politisch ihr Mäntelchen nach dem Wind hängten und sich unter dem neuen Regime Chancen für die eigene Zukunft ausrechneten. Die haben dann den Bewerbern, also auch mir, die einzelnen Parzellen zugeteilt. Mehr als neun Hektar durften pro Neubauer nicht verteilt werden. Und die besten Stücke haben wir natürlich auch nicht bekommen. Ich erhielt siebeneinhalb Hektar Weide- und Ackerland, verteilt auf fünf weit auseinander liegende Stellen ...

Zitiert nach: Dieter Zimmer: Auferstanden aus Ruinen. Von der SBZ zur DDR, Stuttgart (Deutsche Verlags-Anstalt) 1989, S. 57.

M5 Aufruf der Kommunistischen Partei Deutschlands am 11. Juni 1945

Wir sind der Auffassung, dass der Weg, Deutschland das Sowjetsystem aufzuzwingen, falsch wäre, denn dieser Weg entspricht nicht den gegenwärtigen Entwicklungsbedingungen in Deutschland. Wir sind vielmehr der Auffassung, dass die entscheidenden Interessen des deutschen Volkes einen anderen Weg vorschreiben, und zwar den Weg der Aufrichtung eines antifaschistischen-demokratischen Regimes, einer parlamentarisch-demokratischen Republik mit allen demokratischen Rechten für das Volk.

Zitiert nach: Thüringer Volkszeitung Nr. 1, Organ der Kommunistischen Partei Deutschlands vom 3. Juli 1945.

M6 Anweisungen von Walter Ulbricht 1945 über den Aufbau von Verwaltungen in der SBZ

... Die Bezirksverwaltungen müssen politisch richtig zusammengestellt werden. Kommunisten als Bürgermeister können wir nicht brauchen ... Die Bürgermeister sollen in den Arbeiterbezirken in der Regel Sozialdemokraten sein. In den bürgerlichen Vierteln müssen wir an die Spitze einen bürgerlichen Mann stellen, einen, der früher dem Zentrum, der Demokratischen oder Deutschen Volkspartei angehört hat ... er muss aber gleichzeitig auch Antifaschist sein und ein Mann, mit dem wir gut zusammenarbeiten können ... Der erste stellvertretende Bürgermeister, der Dezernent für Personalfragen und der Dezernent für Volksbildung – das müssen unsere Leute sein. Dann müsst ihr noch einen ganz verlässlichen Genossen in jedem Bezirk ausmachen, den wir für den Aufbau der Polizei brauchen ... Es ist doch ganz klar: Es muss demokratisch aussehen, aber wir müssen alles in der Hand haben!

Zitiert nach: Wolfgang Leonhard: Die Revolution entlässt ihre Kinder, Köln und Berlin [7]1984, S. 356.

1 Fasse Gründe, Verlauf und Lösung der Berlinkrise 1948 zusammen (M1 und Autorentext). Informiere dich auch unter dem Stichwort „Luftbrücke".

2 Die Sowjetunion als großes Vorbild für die SBZ. Nenne Beispiele dafür (M2–M6 und Autorentext).

3 Propaganda und Realität: Stelle M3 der Aussage des Bauern (M4) gegenüber.

4 Überlege, wie Menschen auf die Enteignungen reagiert haben. Unterscheide dabei zwischen denen, die Land abgeben mussten, und denen, die welches erhielten. Beziehe auch die Mehrheit der nicht direkt davon Betroffenen in deine Überlegungen mit ein.

5 Charakterisiere das Demokratiemodell, das in M5 formuliert wird.

6 „Es muss demokratisch aussehen, aber wir müssen alles in der Hand haben!" Lies nach und erläutere, wie diese Devise Walter Ulbrichts in der politischen Praxis umgesetzt wurde (M6 und Autorentext).

7 Stellt in Kurzvorträgen folgende Politiker der SBZ vor: Walter Ulbricht, Otto Grotewohl und Wilhelm Pieck. Siehe dazu auch Seite 122/M1.

Parteien und Wahlen in Westdeutschland

Eine neue Parteienlandschaft? Niemand konnte voraussehen, wie sich bei den ersten freien Wahlen nach der Diktatur die Millionen ehemaliger Parteimitglieder der NSDAP verhalten würden. Die Ergebnisse zeigten, dass die Parteienvielfalt aus der Weimarer Republik (s. S. 41) zunächst zugunsten einer Konzentration auf vier politische Gruppierungen aufgelöst wurde. Anfangs kam es zur Gründung auf Orts- und Kreisebene, nachdem die Alliierten auf der Konferenz von Potsdam demokratische Parteien zugelassen und ihnen ein Versammlungs- wie öffentliches Diskussionsrecht zugestanden hatten. Landesorganisationen oder zonale Zusammenschlüsse entstanden erst im Laufe des Jahres 1946. Die „5%-Hürde" (seit 1953) erlaubte nur Parteien mit mehr als fünf Prozent der Wählerstimmen den Einzug ins Parlament.

Die großen Richtungen der Parteien. Bereits einen Tag nach dem Einmarsch der Amerikaner strebten Sozialdemokraten in Dortmund eine Neuformierung ihrer Arbeiterpartei an. Viele SPD-Mitglieder und Anhänger waren der Partei trotz Verbots und Verfolgung während der NS-Zeit treu geblieben; Sozialdemokraten und Kommunisten genossen als Organisatoren des Widerstands gegen Hitler besondere Achtung bei den Alliierten. Vorsitzender der SPD wurde Kurt Schumacher (1895–1952). Während der 1950er Jahre verstärkte sich die innerparteiliche Diskussion um die Zukunft der SPD als „sozialistische Arbeiterpartei". Mit dem Godesberger Programm von 1959 sagte sich die SPD vom Marxismus los und bejahte die soziale Marktwirtschaft. Damit erschloss die SPD ein größeres Wählerpotential und wurde zur Volkspartei.

Die Christlich-Demokratische Union (CDU) wurde als bürgerliche Sammlungsbewegung 1945 gegründet. Ehemalige Zentrumspolitiker und Anhänger der DDP aus der Weimarer Republik sahen in der CDU ihre neue politische Heimat. Die Partei sprach konservativ denkende Angehörige aller sozialen Schichten an und wandte sich ausdrücklich an die Mitglieder beider großen christlichen Konfessionen. In der Frühzeit der CDU gab es auch Strömungen, die für eine Verstaatlichung von Großunternehmen eintraten. Eine französische Zeitung urteilte 1946 über die CDU: „Diese Partei ist sozialistisch und radikal in Berlin, kirchentreu und konservativ in Köln, kapitalistisch und reaktionär in Hamburg, gegenrevolutionär und partikularistisch in München". Herausragende Persönlichkeit wurde der vormalige Kölner Oberbürgermeister Konrad Adenauer (1876–1967).

Aus mehreren liberalen Gruppierungen entstand die Freie Demokratische Partei (FDP) unter dem Vorsitz von Theodor Heuss (1884–1963), welche den Einfluss des Staates zugunsten der Freiheit des Einzelnen möglichst gering zu halten suchte.

War die Kommunistische Partei Deutschlands (KPD), die einen gemäßigten „deutschen" Weg zum Sozialismus finden wollte, 1946 noch in fast allen Landtagen sowie in mehreren Landesregierungen vertreten, so büßte sie durch ihre Nähe zur SED und den Geschehnissen in der Sowjetischen Besatzungszone bald Wählerstimmen im Westen ein.

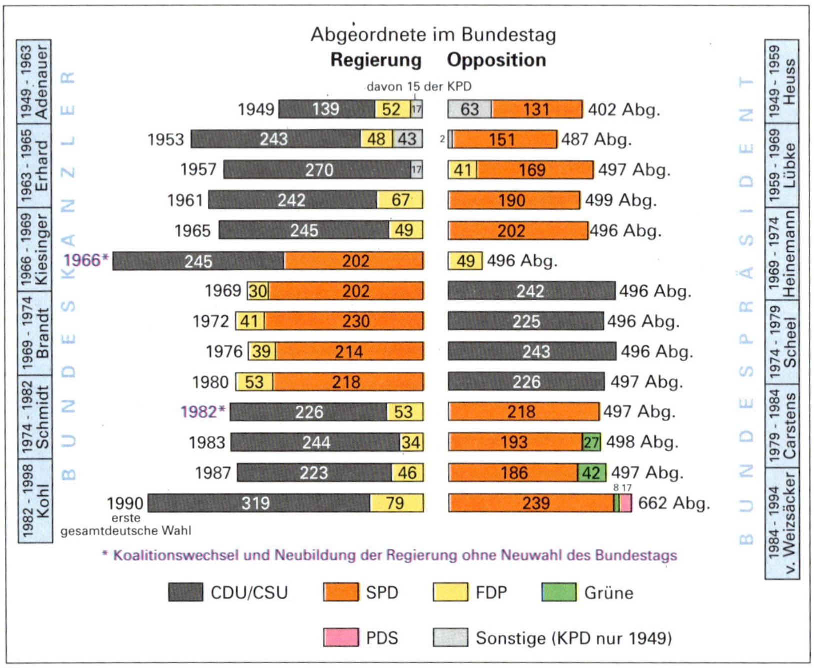

M1 Sitzverteilung im Bundestag 1949–1990

M2 Wahlplakate *(1946/47)*

Der Text in den Bausteinen (FDP): Freie Arbeitsplatz- und Berufswahl/Glaubens- und Gewissensfreiheit/Handel, Handwerk und Industrie/Grundbesitz/Hausbesitz.

M3 Aus dem Gründungsaufruf der CDU vom 26. Juni 1945 in Berlin

In der schwersten Katastrophe, die je über ein Land gekommen ist, ruft die Partei Christlich-Demokratische Union Deutschlands aus Liebe zum deutschen Volk die christlichen, demokratischen und sozialen Kräfte zur Sammlung, Mitarbeit und zum Aufbau einer neuen Heimat auf. Aus dem Chaos von Schuld und Schande, in das uns die Vergottung eines verbrecherischen Abenteurers gestürzt hat, kann eine Ordnung in demokratischer Freiheit nur erstehen, wenn wir uns auf die Kultur gestaltenden sittlichen und geistigen Kräfte des Christentums besinnen und diese Kraftquelle unserem Volke immer mehr erschließen ... An die Stelle des Zerrbildes einer staatlichen Gemeinschaft in der Hitlerzeit soll jetzt der wahrhaft demokratische Staat treten, der auf Pflicht des Volkes zu Treue, Opfer und Dienst am Gemeinwohl ebenso ruht wie auf der Achtung vor dem Recht der Persönlichkeit, ihrer Ehre, Freiheit und Menschenwürde.

M4 Aus einem Aufruf des Zentralausschusses der SPD vom 15. Juni 1945

Das deutsche Volk muss die Kosten der faschistischen Hochstapelei bezahlen. Ehrlose Hasardeure und wahnwitzige Machtpolitikaster haben den Namen des deutschen Volkes in der ganzen Welt geschändet.
Der politische Weg des deutschen Volkes in eine bessere Zukunft ist ... klar vorgezeichnet: Demokratie in Staat und Gemeinde, Sozialismus in Wirtschaft und Gesellschaft! ... Der neue Staat muss wieder gutmachen, was an den Opfern des Faschismus gesündigt wurde, er muss wieder gutmachen, was faschistische Raubgier an den Völkern Europas verbrochen hat. Dieser Staat muss zuerst und vor allem dem deutschen Volk die wirtschaftliche und moralische Kraft geben, diese übermenschliche Aufgabe zu erfüllen. Deshalb fordert die Sozialdemokratische Partei Deutschlands: Restlose Vernichtung aller Spuren des Hitlerregimes in Gesetzgebung, Rechtsprechung und Verwaltung, einen sauberen Staat der Rechtlichkeit und Gerechtigkeit, Haftpflicht der Mitglieder der NSDAP und ihrer Gliederungen für die durch das Naziregime verursachten Schäden ... (Wir fordern die) Verstaatlichung der Banken, Versicherungsunternehmen und Bodenschätze, Verstaatlichung der Bergwerke und der Energiewirtschaft.

Beide Texte zitiert nach: Christoph Kleßmann: Die doppelte Staatsgründung, Göttingen (Vandenhoek & Ruprecht) 1991, S. 421f. und S. 415f.

1 Analysiere die Wahlplakate und achte dabei vor allem auf die verwendeten Symbole. Was erfährst du über die Zielsetzungen der Parteien im Hinblick auf Gesamtdeutschland (M2)?
2 Lies M3 und M4 genau durch. Achte dabei auf die Formulierungen. Nenne die Zielsetzungen der beiden Parteien (M3–M4).
3 Erläutere mithilfe von M1 die Verteilung von Regierungs- und Oppositionsparteien zwischen 1949 und 1989. Stelle die Kanzler und Bundespräsidenten jener Jahre vor.

Die Bundesrepublik Deutschland entsteht

Anstöße der Westalliierten. Mit der Zusammenlegung der britischen, amerikanischen und französischen Besatzungszonen („Trizone") wurden erstmals die Umrisse eines westdeutschen Staates erkennbar. Dieser neue Staat sollte nach den Vorstellungen der Amerikaner wirtschaftlich aufblühen und ein „Bollwerk gegen den Kommunismus" darstellen. Im Frühjahr 1948 beschloss eine Konferenz der Westmächte und der als Nachbarn betroffenen Benelux-Staaten in London, den westdeutschen Staat zu errichten. Die Ministerpräsidenten in den Westzonen wurden aufgefordert, die entsprechenden Schritte einzuleiten.

M1 Uncle Sam, Britannia und Marianne übergeben dem deutschen Michel sein jüngstes Kind
(Karikatur von Mirko Szewczuk, 1949).

Der Beitrag der Westdeutschen. Die Ministerpräsidenten hatten Bedenken gegen einen Teilstaat und bestanden auf seiner Vorläufigkeit. Deshalb wollten sie keine „Verfassung", sondern nur ein „Grundgesetz" beschließen lassen. Dieses sollte auch nicht von einer vom Volk gewählten Nationalversammlung verabschiedet werden, wie das die Alliierten wünschten. Stattdessen wurden zunächst Experten damit beauftragt, das Grundgesetz auszuarbeiten. Sie kamen im August 1948 auf der Insel Herrenchiemsee zusammen. Ihr Entwurf wurde von einem „Parlamentarischen Rat", in den 65 Vertreter von den Länderparlamenten entsandt worden waren, über ein halbes Jahr lang beraten. Nachdem die Länderparlamente mit Ausnahme Bayerns dem Verfassungsentwurf zugestimmt und die alliierten Militärgouverneure ihn genehmigt hatten, trat das „Grundgesetz für die Bundesrepublik Deutschland" am 23. Mai 1949 in Kraft. Bundeshauptstadt wurde die rheinische Universitätsstadt Bonn. Nach der Bundestagswahl vom 14. August wählte das Parlament Konrad Adenauer (CDU), der Präsident des Parlamentarischen Rates gewesen war, zum Bundeskanzler.

Das Grundgesetz und die deutsche Geschichte. Während der Arbeit am Grundgesetz wurde die Luftbrücke nach Berlin durchgeführt (s. S. 116f.), die man in der westdeutschen Öffentlichkeit zunehmend als Behauptung der Freiheit gegen die stalinistische Diktatur ansah. Die Beratungen des Parlamentarischen Rates begannen am 1. September 1948, dem Jahrestag des deutschen Angriffs auf Polen 1939, und endeten am 8. Mai 1949, vier Jahre nach der Kapitulation des Deutschen Reichs. Alle diese historischen Erfahrungen gingen in das Grundgesetz ein. Seine „Mütter und Väter" wollten eine Ordnung schaffen, in der niemals wieder Menschenrecht vom Staat verletzt oder die Demokratie ihren Gegnern wehrlos ausgeliefert sein würden. Deshalb stellten sie nach dem Vorbild der Paulskirchenverfassung von 1848 dem Grundgesetz einen Katalog der Grund- und Freiheitsrechte voran, an die alle staatliche Gewalt gebunden sein sollte. Aus dem Scheitern der Weimarer Republik folgerten sie, dass der Präsident schwach, Parlament und Regierung dagegen stark sein mussten. Ein höchstes Gericht, das Bundesverfassungsgericht, sollte Hüter des Grundgesetzes sein.

Das Grundgesetz bewährte sich in den politischen und gesellschaftlichen Herausforderungen der folgenden Jahrzehnte. Es trug wesentlich dazu bei, dass die Bundesrepublik von den meisten Bürgern akzeptiert wurde. Das Grundgesetz bezog auch die Menschen in Ostdeutschland mit ein und wirkte damit als Gegenentwurf zu den dort geschaffenen Verhältnissen (s. S. 122f.). Ab 1990 wurde es zur Grundlage für die Wiedervereinigung der beiden deutschen Staaten.

M2 Die Staatsorgane der Bundesrepublik Deutschland

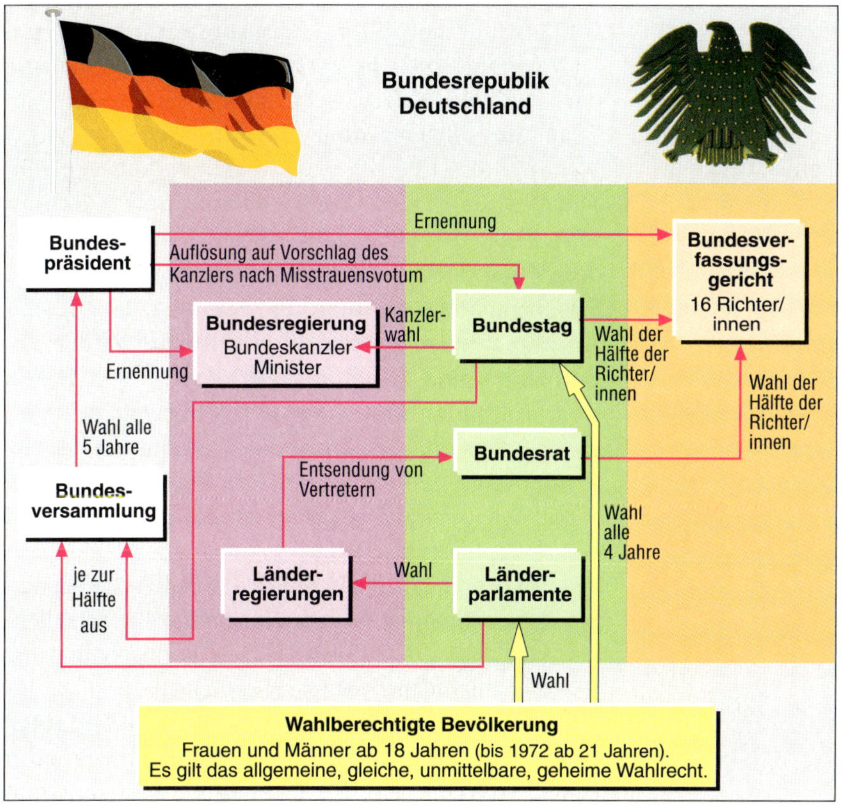

M3 Bestimmungen des Grundgesetzes

Artikel 1

(1) Die Würde des Menschen ist unantastbar. Sie zu achten und zu schützen ist Verpflichtung aller staatlichen Gewalt.

(2) Das Deutsche Volk bekennt sich darum zu unverletzlichen und unveräußerlichen Menschenrechten als Grundlage jeder menschlichen Gemeinschaft, des Friedens und der Gerechtigkeit in der Welt.

(3) Die nachfolgenden Grundrechte binden Gesetzgebung, vollziehende Gewalt und Rechtsprechung als unmittelbar geltendes Recht.

Es folgen u. a.:

- *Recht auf Leben und körperliche Unversehrtheit, Freiheit der Person (Art. 2)*
- *Gleichheit aller Menschen vor dem Gesetz, Verbot der Diskriminierung aufgrund von Rasse, Abstammung oder religiöser und politischer Anschauungen (Art. 3)*
- *Freiheit des Glaubens und des Gewissens (Art. 4)*
- *Meinungs- und Pressefreiheit, Verbot der Zensur (Art. 5)*
- *Versammlungs- und Vereinigungsfreiheit (Art. 9)*
- *Brief-, Post- und Fernmeldegeheimnis (Art. 10)*
- *Asylrecht für politisch Verfolgte (Art. 16a)*

Artikel 20

(1) Die Bundesrepublik Deutschland ist ein demokratischer und sozialer Bundesstaat.

(2) Alle Staatsgewalt geht vom Volke aus. Sie wird vom Volke in Wahlen und Abstimmungen und durch besondere Organe der Gesetzgebung, der vollziehenden Gewalt und der Rechtsprechung ausgeübt.

(3) Die Gesetzgebung ist an die verfassungsmäßige Ordnung, die vollziehende Gewalt und die Rechtsprechung sind an Gesetz und Recht gebunden.

(4) Gegen jeden, der es unternimmt, diese Ordnung zu beseitigen, haben alle Deutschen das Recht zum Widerstand, wenn andere Abhilfe nicht möglich ist.

Artikel 79 („Ewigkeitsklausel")

(3) Eine Änderung dieses Grundgesetzes, durch welche die Gliederung des Bundes in Länder ... oder die in den Artikeln 1 und 20 genannten Grundsätze berührt werden, ist unzulässig.

Zitiert nach: documentarchiv.de/brd/1949/grundgesetz.html

1 Vergleiche den Grundrechtekatalog des Grundgesetzes (GG) mit früheren Erklärungen der Menschen- und Bürgerrechte.

2 Nenne die Prinzipien, auf denen Art. 20 GG beruht (M3).

3 Lege eine Tabelle an und stelle die Kompetenzen der Staatsorgane der Bundesrepublik denen der Weimarer Republik gegenüber (M2 und S. 41).

4 Zeige, welche Lehren die Verfasser des Grundgesetzes aus der deutschen Geschichte gezogen haben (M2–M3 und Autorentext).

5 Erörtere, inwieweit das Grundgesetz eine Schöpfung der Alliierten oder der Deutschen ist (M1 und Autorentext).

Aus der SBZ wird die Deutsche Demokratische Republik

Die Volkskongressbewegung. Als Antwort auf die Verfassungsdiskussion in den Westzonen förderte die SED 1947 die Idee einer Vertretung, die als Sprecher gesamtdeutscher Interessen gegenüber den Besatzungsmächten auftreten sollte. Stalin gab seinen Plan auf, ein geeintes, kommunistisch geprägtes oder zumindest neutrales Deutschland gründen zu können und verstärkte die Bemühungen, einen eigenen, nach sowjetischem Vorbild gestalteten Staat zu errichten. Im Dezember 1947 wurde auf Initiative der SED der „Deutsche Volkskongress für Einheit und gerechten Frieden" in Berlin einberufen, an dem über 2000 ausgesuchte Delegierte aus allen Zonen teilnahmen.

Als der Volkskongress im März 1948 zum zweiten Mal tagte, wählten die Delegierten einen „Deutschen Volksrat", eine Art Vorparlament, das den Auftrag zur Ausarbeitung einer Verfassung erhielt. Ein Ausschuss des Rates erarbeitete daraufhin – auf der Grundlage eines SED-Papiers vom November 1946 – den Entwurf einer „Verfassung der Deutschen Demokratischen Republik".

Die Gründung der DDR. Zur Bestätigung dieses Verfassungsentwurfs wurde am 15. und 16. Mai 1949 ein dritter Volkskongress nach einer Einheitsliste vom Volk gewählt. Die Wählerinnen und der Wähler konnten sich nicht für eine bestimmte Partei entscheiden, sondern mussten die vorgegebene Liste annehmen oder ablehnen; dieses Wahlsystem hielt sich bis zum Ende der DDR 1989.

Die Sowjetische Militäradministration übertrug am 11. November 1949 die Verwaltung auf die Regierung der DDR. Die DDR war ebenso wie die Bundesrepublik in ihrer Souveränität eingeschränkt.

Die Verfassung der DDR – Schein und Wirklichkeit. Die meisten Passagen glichen vom Wortlaut her den Verfassungen westlich-demokratischer Staaten. Sie enthielten u. a. einen umfassenden Katalog von Grundrechten, schrieben die allgemeine, gleiche, unmittelbare und geheime Wahl der Abgeordneten nach den Grundsätzen der Verhältniswahl vor und garantierten eine Mitsprache der Länder bei der Gesetzgebung. Die Verfassung legte fest, dass die Wirtschaft des Landes dem „Wohl des ganzen Volkes und der Deckung seines Bedarfs" zu dienen habe.

Dies alles galt nur dazu, um den Schein eines demokratischen Staates aufrechtzuerhalten. In Wirklichkeit diktierte die Führung der SED das politische, wirtschaftliche und gesellschaftliche Leben in der DDR. Das eigentliche Machtzentrum bildete das Politbüro der SED. Daneben kontrollierte der Apparat des Zentralkomitees (ZK) der SED die Verwaltung des Staates. Im ZK kamen die führenden Persönlichkeiten der DDR zusammen; es tagte aber nur selten und verkündete vor allem die Richtlinien der Partei.

M1 Bedeutende Politiker der DDR
Auf dem III. Parteitag der Sozialistischen Einheitspartei Deutschlands, 1950: Von links nach rechts in der vorderen Reihe Wilhelm Pieck (erster und einziger Staatspräsident der DDR), Walter Ulbricht (Generalsekretär der SED und späterer Staatsratsvorsitzender), Otto Grotewohl (erster Ministerpräsident der DDR) und Erich Honecker (Generalsekretär der SED 1971–1989)

M2 Wahlen in der SBZ

a) Ausschnitt eines Stimmzettels für die Wahlen zum Volkskongress am 15. Mai 1949. Die Aufstellung und Reihung der Kandidaten legten ausschließlich die SED und die SMAD fest:

STIMMZETTEL

für den Stimmkreis 3 Land Sachsen-Anhalt zum 3. Deutschen Volkskongress

Ich bin für die Einheit Deutschlands und einen gerechten Friedensvertrag

Ich stimme darum für die nachstehende Kandidatenliste zum Dritten Deutschen Volkskongress

1.	**Prof. Agricola, Rudolf,** SED	Halle/Saale
2.	**Beck, Arnold,** FDGB	Halle/Saale
3.	**Biering, Walter,** VdgB	Sohesten
4.	**Bierks, Hand,** SED	Zschornewitz
5.	**Biniada, Robert,** CDU	Duben
6.	**Bock, Erich,** LPD	Halle/Saale
7.	**Böhland, Max,** FDGB	Merseburg
8.	**Büttner, Thekla,** LPD	Zeitz
9.	**Dr. Damerow, Erich,** LPD	Halle/Saale
10.	**Dittmar, Karl,** FDGB	Halle/Saale
11.	**Diez, Käte,** LPD	Halle/Saale
12.	**Zinicke, Ludwig,** SED	Halle/Saale
13.	**Prof. D. Facher, Erich,** CDU	Halle/Saale
14.	**Feist, Gotth.,** FDGB	Halle/Saale
...		
77.	**Prof. Dr. Zerm ,** LPD	Halle/Saale

JA ○

○ NEIN

b) Nachdem das Wahlergebnis nicht den Erwartungen der SED enstprach, erfolgte per Blitztelegramm einen Tag später folgende Anweisung. Sie änderte allerdings nichts daran, dass auch nach der neuerlichen Auszählung 33,9 % der Wähler die Einheitslisten ablehnten:

1. Aus den Stimmzetteln muss der Wille des Wählers erkenntlich sein.

2. Alle weiß abgegebenen Stimmzettel sind gültig und als Ja-Stimmen zu zählen.

3. Stimmzettel, auf denen Kandidaten angestrichen oder im Wahlzettel durchgestrichen sind, gelten als Ja-Stimmen, wenn sie im Ja-Feld angekreuzt sind.

4. Stimmzettel, die nicht durchkreuzt sind, sondern lediglich beschrieben sind, gelten nur dann als ungültig, wenn sie eine demokratisch-feindliche Gesinnung erkennen lassen.

5. Alle ungültigen Stimmzettel sind nach obigen Richtlinien durch die Wahlkommission nochmals zu überprüfen.

Zitiert nach: SBZ 1945-1949. Politik und Alltag in der Sowjetischen Besatzungszone, hrsg. vom Gesamtdeutschen Institut, Bonn 1989, S. 100f.

M3 Verfassungsschema DDR

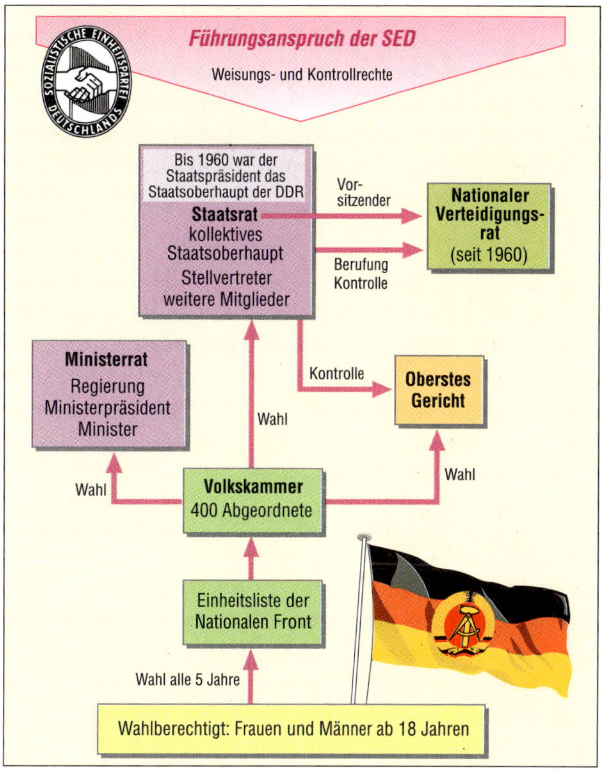

M4 Die Verfassung der DDR

Präambel vom 7. Oktober 1949:

Von dem Willen erfüllt, die Freiheit und die Rechte des Menschen zu verbürgen, das Gemeinschafts- und Wirtschaftsleben in sozialer Gerechtigkeit zu gestalten, dem gesellschaftlichen Fortschritt zu dienen, die Freundschaft mit anderen Völkern zu fördern und den Frieden zu sichern, hat sich das deutsche Volk diese Verfassung gegeben.

Zitiert nach: www.documentarchiv.de/ddr/verfddr1949.html

1 Gib Gründe dafür an, warum sich der Staat auf dem Gebiet der SBZ den Namen „Deutsche Demokratische Republik" gegeben hat.

2 Nenne die Merkmale einer demokratischen Wahl und stelle sie dem Ablauf der Wahlen in der SBZ (M2) gegenüber.

3 Analysiere das Schema M3 unter den Aspekten Wahlrecht und Gewaltenteilung.

4 Vergleiche die Präambel der DDR-Verfassung (M4) mit der des Grundgesetzes der Bundesrepublik Deutschland von 1949.

Nordrhein-Westfalen – ein künstliches Bundesland?

„Operation Marriage“. Die Gründung Nordrhein-Westfalens war mit Spannungen zwischen den Besatzungsmächten verbunden, die bereits kurz nach dem Kriegsende deutlich wurden. Die endgültige Gliederung Deutschlands in vier Besatzungszonen teilte die alte preußische Rheinprovinz der französischen und der britischen Zone zu. Frankreich verlangte außerdem die Internationalisierung des wichtigen rheinisch-westfälischen Industriegebiets und die Abtrennung linksrheinischer Gebiete. Dies unterstützten die Russen, die sich einen Zugriff auf das Ruhrgebiet erhofften. Eine solche Machtverschiebung lag aber nicht im Interesse der USA und Großbritanniens. Sie hielten ein Rumpfdeutschland ohne die Industrie im Westen nicht für lebensfähig und fürchteten eine zu starke sowjetische Einflussnahme.
Im Sommer 1946 entschieden sich die Briten für eine weitgehende Kontrolle der Wirtschaft an Rhein und Ruhr und gegen den von Frankreich geforderten Rhein-Ruhr-Staat. So kam es nicht zu eigenständigen Ländern Westfalen und Nordrhein, sondern zur Bildung von Nordrhein-Westfalen. Der Vorgang wurde von den Briten „Operation Marriage“ genannt. Am 17. Juli gab der Militärgouverneur die „Vermählung“ bekannt, die am 23. August mit der britischen Verordnung Nr. 46 rechtskräftig wurde. Eine Landesregierung wurde gebildet, die am 30. August zur ersten Sitzung zusammentrat. Am 2. Oktober versammelte sich auch der von der Militärregierung ernannte Landtag in Düsseldorf. Im Januar 1947 erhielt das neue Land seinen heutigen Umfang, als das Land Lippe beitrat. Aus der ersten freien Landtagswahl am 20. April 1947 ging die CDU als stärkste Kraft im Lande hervor.

M1 Wirtschaftliche Verflechtung des Ruhrgebiets
(Skizze von 1946)

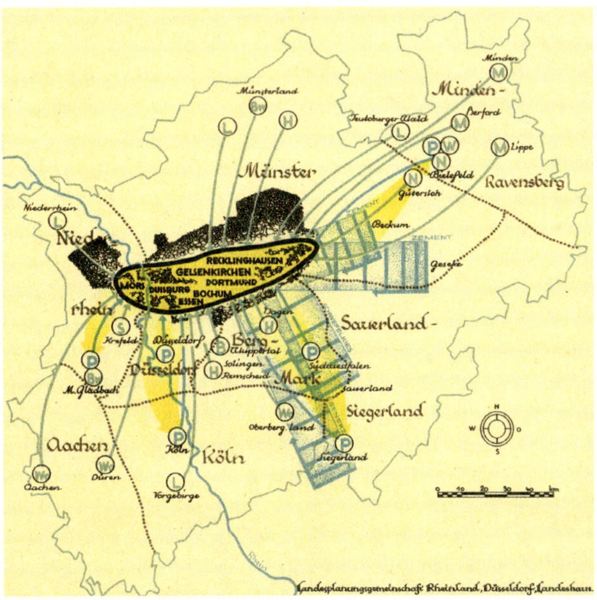

Liebeshochzeit oder Vernunftehe? Die Zusammenlegung war heftig umstritten. Bis in den Juli 1946 hinein verfolgte man in Westfalen Pläne eines Zusammenschlusses mit Lippe, Osnabrück und Südoldenburg, denn die Mehrheit der Bevölkerung war gegen die Verbindung mit dem Rheinland. Auch nach der Entstehung des neuen Landes hielten Politiker und viele Industrielle einen ausschließlich auf das Ruhrgebiet zugeschnittenen Staat für zweckmäßig. Andere lehnten das Land ab, sahen in ihm nur eine Übergangserscheinung bis zur endgültigen Regelung der deutschen Staatsfrage. Auch gab es Bedenken, das volkreiche, wirtschaftlich starke Nordrhein-Westfalen könne künftig die Rolle Preußens übernehmen. Noch 1954 wurde für den Fall einer Neugliederung der Bundesländer die Auflösung der Länder Rheinland-Pfalz und Nordrhein-Westfalen vorgesehen. Die anfangs unübersehbaren Spannungen zwischen den beiden Landesteilen entschärften sich jedoch nach und nach. Heute steht die Einheit des Landes nicht mehr zur Diskussion. Aus dem künstlich anmutenden „Bindestrichgebilde“ wurde ein selbstbewusstes Bundesland mit großer Ausstrahlungskraft. Ein beispielhafter Strukturwandel fand statt. Die ehemalige Kohle- und Stahlregion verfügt inzwischen über eine moderne Industriestruktur, bietet vielfältige Dienstleistungen und einen bedeutenden Medienstandort. Die von Großbritannien gewünschte Verbindung führte viele Landschaften, kulturelle und industrielle Traditionen in einem Bundesland zusammen.

M2 Eine Anekdote

Ministerpräsident Fritz Steinhoff führte eine Regierung mit Ministern überwiegend aus dem Rheinland. Beim Amtsantritt 1956 flüsterte er seinem Stellvertreter und Finanzminister, einem westfälischen Landsmann, zu: „Wir Westfalen müssen das halten, was die Rheinländer versprechen.“

Bildung Archiv Pädagogik

Methode: Recherche in einem Archiv

In Archiven werden wichtige Schriftstücke und interessante Dokumente, darunter z. B. Fotos, Filme, Pläne, Karten, EDV-Dateien, aufbewahrt, die für die Gegenwart und Zukunft belegen, wie die Menschen früher gelebt haben. Sie lagern sicher in Magazinräumen – im Hauptstaatsarchiv Düsseldorf sogar gegen einen Atombombenangriff geschützt. Lange Zeit galt das Archiv mit seinen „geheimen“ Unterlagen als schwer zugänglicher Ort für nur wenige Befugte. Heute hat sich dies weitgehend geändert. Die Archive dienen der Forschung, Verwaltung und Öffentlichkeit gleichermaßen und haben sich so zum „Gedächtnis der Gesellschaft“ entwickelt. Nordrhein-Westfalen besitzt neben fünf staatlichen Archiven zahlreiche Kommunal- und Kreisarchive. Hinzu kommen die Wirtschaftsarchive, die Archive von Rundfunk, Fernsehen und Zeitungen, der Parteien und Verbände, der Hochschulen, der Kirchen und des Adels. Nur für die Nutzung privater Archive benötigt man eine besondere Erlaubnis. Die Archivalien kann der Besucher wie im Lesesaal einer Bibliothek auswerten, aber nicht entleihen.

M3 Urkunde mit zerbrochenem Siegel

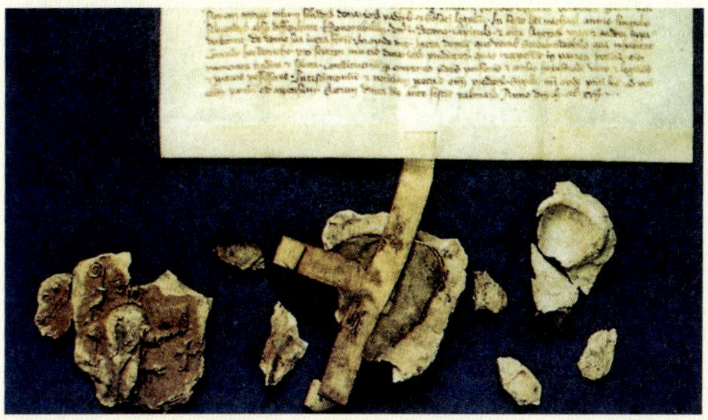

Die Archive kümmern sich um die Erhaltung ihrer Archivalien und lassen sie in eigenen oder fremden Restaurierungswerkstätten wiederherstellen, d. h. benutzungsfähig machen – nicht aber inhaltlich ergänzen.

1. Schritt: Vorbereitung des Archivbesuchs
Bestimmt euer Thema inhaltlich und zeitlich ganz genau und überlegt, was ihr im Archiv suchen wollt. Entscheidet euch für ein Archiv und holt telefonisch oder per Internet Informationen ein (Öffnungszeiten; Anfrage, ob Material zu eurem Thema vorhanden ist). Vereinbart einen Termin, zu dem euch der Archivar die gesuchten Dokumente herauslegen kann. Organisiert die Fahrt dorthin.

2. Schritt: Sichtung und Auswahl
Vor Ort könnt ihr mit Findbüchern, in denen alle Dokumente aufgelistet sind, die gewünschten Stücke in den Lesesaal bestellen. Lasst euch dabei beraten. Geht bei der Auswertung sorgsam mit den Dokumenten um – es handelt sich um einmalige Originale. Schreibt interessante Sachverhalte heraus oder das Schriftstück insgesamt ab. Notiert immer die vollständige Quellenangabe und den Fundort. Fragt nach, ob ihr kopieren dürft.

3. Schritt: Ergebnissicherung und Präsentation
Stellt die gefundenen Materialien eurer Klasse vor. Benennt Fundort, Quellenart (z. B. Brief, Urkunde), Autor, Adressat, Entstehungszeit. Fasst den Inhalt und Aussagewert der Quelle, bezogen auf euer Thema, zusammen. Erwähnt auch Besonderheiten (z. B. alte Schrift oder Unterstreichungen). Berichtet über eure Suche und über Probleme dabei (z. B. Lesbarkeit von Quellen). Vielleicht könnt ihr eure Ergebnisse auch als Wandzeitung oder Ausstellung (Klassenraum, Schulfoyer) präsentieren.

1 Beantworte die Titelfrage dieser Seite (Autorentext und M1). Finde dabei Beispiele für die Verschiedenheit Nordrhein-Westfalens, was Landschaft, Mundart, Tradition und Mentalität anbelangt.
2 Warum kann man das Ruhrgebiet als Klammer des Landes NRW bezeichnen (Autorentext und M1)?
3 Weshalb dürfen Archivalien (M3) nicht inhaltlich ergänzt werden? Begründe.
4 Informiert euch im Internet (www.archive.nrw.de) über eure nächstgelegenen Archive, nehmt Kontakt auf und plant mit den hier gegebenen Hinweisen eine Recherche zu einem der folgenden Themen: Demontage, Integration von Flüchtlingen, Aufbau von Verwaltungen, Parteien oder Institutionen.

Die Bundesrepublik wird Bündnispartner des Westens

Die Besatzungsherrschaft. Bei ihrer Gründung war die Bundesrepublik Deutschland weder innen- noch außenpolitisch ein selbstständiger Staat. Zehntausende amerikanische, britische und französische Soldaten blieben auf deutschem Boden als Besatzungstruppen stationiert. Eigene Streitkräfte durfte die Bundesrepublik nicht aufbauen. Auch die Außenpolitik blieb Sache der alliierten Militärbefehlshaber, die jetzt „Hohe Kommissare" hießen. Einen deutschen Außenminister und deutsche Botschaften im Ausland gab es nicht. Die „Hohen Kommissare" überwachten die Einhaltung des Grundgesetzes.

Die ▸Westintegration. Bundeskanzler Adenauer und seine Christdemokraten strebten danach, die Bundesrepublik zu einem gleichberechtigten Mitglied der westeuropäischen Staatengemeinschaft zu machen. Einem starken Westen würde die Sowjetunion schließlich nachgeben und die Wiedervereinigung Deutschlands zugestehen.
Adenauer sah aber auch, dass seine Ziele nur verwirklicht werden konnten, wenn die Bundesrepublik den französischen Sicherheitsinteressen entgegenkam. Deshalb ging er auf den Vorschlag des französischen Außenministers Robert Schuman ein, die Kohle- und Stahlerzeugung beider Länder aus der Zuständigkeit der Regierungen herauszulösen und einer gemeinsamen Behörde zu unterstellen. 1951 traten dieser „Montanunion" die Benelexustaaten und Italien bei. Aus ihr entwickelte sich in vielen Etappen die heutige ▸Europäische Union (s. S. 184ff.). Während des Koreakriegs (s. S. 102) entschieden die Westmächte, die Bundesrepublik solle sich an einer „Europäischen Verteidigungsgemeinschaft" (EVG) beteiligen. Auf diese Weise sollte der Westen gestärkt werden, zugleich blieben die deutschen Machtmittel unter Kontrolle. Im Gegenzug wurden die Souveränitätsrechte der Bundesrepublik erweitert; es gab jetzt wieder ein Auswärtiges Amt, dessen Leitung Kanzler Adenauer selbst übernahm.

Die „Stalinnoten". Die Sowjetunion wollte die Aufnahme der Bundesrepublik in ein westliches Militärbündnis verhindern. Kurz vor Unterzeichnung des EVG-Vertrags 1952 schlug Stalin in zwei Schreiben an die Westmächte vor, die Bundesrepublik und die DDR zu vereinigen; Gesamtdeutschland solle keinem der Blöcke angehören. Die Westmächte und Adenauer lehnten den Vorschlag ab, weil sie befürchteten, ein neutrales Deutschland sei dem Druck der Sowjetunion schutzlos ausgeliefert. Die Oppositionsparteien unter Führung der SPD hingegen hatten darauf gedrängt, Stalins Vorschlag wenigstens zu prüfen.

Die Bundesrepublik wird souverän. 1954 lehnte die französische Nationalversammlung den EVG-Vertrag ab. Daraufhin einigten sich in Paris neun westliche Regierungen, die Bundesrepublik in die NATO aufzunehmen und die Besatzungsherrschaft zu beenden. Die Bundesregierung verpflichtete sich, eine Armee, die Bundeswehr, aufzubauen; der Bundestag führte 1956 nach heftigen Diskussionen die allgemeine Wehrpflicht ein. Damit war der Beschluss der Potsdamer Konferenz, Deutschland auf Dauer zu entmilitarisieren, hinfällig; elf Jahre nach dem Ende des Zweiten Weltkriegs standen wieder deutsche Soldaten unter Waffen. Abgesehen von einigen alliierten Vorbehaltsrechten gab es nun wieder einen souveränen deutschen Staat.

M1 Konrad Adenauer *(rechts)* **stellt 1949 den „Hohen Kommissaren" sein Kabinett vor.** *Dabei betritt er den Teppich, der laut Protokoll den Vertretern der Sieger vorbehalten ist.*

M2 Frieden durch wirtschaftliche Verflechtung?

Aus der Regierungserklärung des französischen Außenministers Robert Schuman, 9. Mai 1950:

... Europa ist nicht zustande gekommen, wir haben den Krieg gehabt. Europa lässt sich nicht mit einem Schlage herstellen und auch nicht durch eine einfache Zusammenfassung: Es wird durch konkrete Tatsachen entstehen, die zunächst eine Solidarität der Tat schaffen. Die Vereinigung der europäischen Nationen erfordert, dass der Jahrhunderte alte Gegensatz zwischen Frankreich und Deutschland ausgelöscht wird. Zu diesem Zwecke schlägt die französische Regierung vor, in einem begrenzten, doch entscheidenden Punkt sofort zur Tat zu schreiten. (So soll) die Gesamtheit der französisch-deutschen Kohle- und Stahlproduktion einer gemeinsamen Hohen Behörde unterstellt werden, in einer Organisation, die den anderen europäischen Ländern zum Beitritt offen steht ... Die Solidarität der Produktion, die so geschaffen wird, wird bekunden, dass jeder Krieg zwischen Frankreich und Deutschland nicht nur undenkbar, sondern materiell unmöglich ist ... Durch die Zusammenlegung der Grundindustrien und die Errichtung einer neuen Hohen Behörde, deren Entscheidungen für Frankreich, Deutschland und die anderen teilnehmenden Länder bindend sein werden, wird dieser Vorschlag den ersten Grundstein einer europäischen Föderation bilden, die zur Bewahrung des Friedens unerlässlich ist.

Zitiert nach: Themenportal Europäische Geschichte (2006), www.europa.clio-online.de/2006/Article=29 (06/2007).

M3 Führt die Aufrüstung zum deutsch-deutschen Krieg?

Nach seinem Rücktritt als Bundesinnenminister setzt sich Gustav Heinemann am 13. Oktober 1950 mit Adenauers Politik der Wiederbewaffnung auseinander:

Für Sicherheit gegen inneren Umsturz haben wir selber zu sorgen. Die Sicherheit gegen Angriffe von außen ist Sache der Besatzungsmächte. Sie kann nur von den Besatzungsmächten der Bundesrepublik, das heißt den Westmächten, gewährleistet werden.

Es ist nicht unsere Sache, eine deutsche Beteiligung an militärischen Maßnahmen nachzusuchen oder anzubieten. Wenn die Westmächte unserer Mitwirkung zu bedürfen glauben, so mögen sie an uns herantreten und dabei verbindlich sagen, welches die Grundlagen einer etwa von ihnen gewünschten deutschen Mitwirkung sein sollen. Nachdem es eines der vornehmsten Kriegsziele der Alliierten gewesen ist, uns zu entwaffnen und auch für die Zukunft waffenlos zu halten und das deutsche Volk zu einer jedem Militärwesen abholden (= abgeneigten) Geisteshaltung zu erziehen, haben wir allen Anlass, auf gegenteilige Aufforderungen so zurückhaltend wie nur möglich zu reagieren.

Der einfache Satz: „Wir müssen uns verteidigen können", genügt keinesfalls. Ein europäischer Krieg unter unserer Beteiligung wird für uns nicht nur ein nationaler Krieg sein, wie für die anderen betroffenenen Völker, sondern obendrein ein Krieg von Deutschen gegen Deutsche. Er wird sich, so wie die Dinge liegen, auf deutschem Boden abspielen. Wir legitimieren unser Deutschland selbst als Schlachtfeld, wenn wir uns in die Aufrüstung einbeziehen. Ich weiß, dass es zur Zeit irreal ist, an eine Verständigung unter den Weltmächten über Deutschland zu denken. Wer aber möchte sagen, dass es auch morgen irreal sein wird?

Zitiert nach: Winfried Reichert: Die Deutsche Frage, Würzburg (Ploetz) 1974, S. 75ff.

M4 Plakat der SPD *(1955)*

1 Stellt oder spielt die Szene in M1 nach. Beschreibt Einstellungen und Zielsetzungen, die in ihr zum Ausdruck kommen.

2 Erläutere das Konzept des französischen Außenministers Schuman (M2).

3 Vergleiche die französische Politik gegenüber Deutschland nach dem Ersten und nach dem Zweiten Weltkrieg (M2–M3). Lies auch auf S. 44f. nach.

4 Führt ein Streitgespräch zwischen Adenauer und Heinemann über Wiederbewaffnung und Westbindung (M3–M4 und Autorentext).

5 Informiere dich über die weitere Laufbahn des Politikers Gustav Heinemann.

Die DDR wird Bündnispartner des Ostens

Die Einbindung der DDR in den „Ostblock". Zwischen 1950 und 1955 wurde die DDR in die Bündnissysteme des Ostens integriert. Dieser Prozess lief ähnlich ab wie die Westintegration der Bundesrepublik. Am Anfang stand die wirtschaftliche Einbindung, es folgte der Aufbau von Streitkräften, die Einbeziehung ins Militärbündnis und die Erlangung der staatlichen Souveränität. Diese Schritte erfolgten als unmittelbare Reaktion auf entsprechende westliche Beschlüsse zur Integration der Bundesrepublik. So wurde 1950 die DDR Mitglied im „Rat für gegenseitige Wirtschaftshilfe" (RGW). Dessen Aufgabe war es, die Zusammenarbeit der Ostblockstaaten und die Spezialisierung der Volkswirtschaften zu fördern. So belieferte die DDR die Partner u. a. mit Fischverarbeitungsschiffen und chemischen Produkten. Im Gegenzug erhielt sie Omnibusse aus Ungarn und große Traktoren sowie Diesellokomotiven aus der Sowjetunion. Innerhalb des RGW erbrachte die DDR die zweithöchste Wirtschaftsleistung nach der UdSSR.

M1 DDR-Briefmarke
(1974)

Abgrenzung vom Westen und Militarisierung. Nachdem Adenauer und die Westmächte den Vorschlag, ein neutrales Gesamtdeutschland zu schaffen, 1952 abgelehnt hatten (s. S. 126), war die Einheit Deutschlands für Stalin nicht mehr Ziel seiner Politik. Die SED verkündete jetzt offiziell den „planmäßigen Aufbau des Sozialismus" in der DDR; die Grenze zur Bundesrepublik wurde systematisch abgeriegelt und befestigt.

1952 entstand neben der allgemeinen auch eine militärisch organisierte „Kasernierte Volkspolizei". Sie erhielt sowjetische Ausbildung und Ausrüstung; die Jugendorganisation der Partei, die „Freie Deutsche Jugend" (FDJ), warb für den Eintritt in die „Nationalen Streitkräfte". Kurz zuvor war die „Gesellschaft für Sport und Technik" gegründet worden, die sich um die vormilitärische Ausbildung der Jugend kümmern sollte.

Nachdem die Bundesrepublik am 9. Mai 1955 Mitglied der NATO geworden war, dauerte es keine Woche bis zur sowjetischen Antwort. Am 14. Mai gründeten die UdSSR, Polen, die Tschechoslowakei, Ungarn, Rumänien, Bulgarien, Albanien sowie die DDR den Warschauer Pakt. Ein Austritt war nicht vorgesehen, das Oberkommando hatte ein sowjetischer Marschall. Ihm unterstanden die Truppen der DDR auch in Friedenszeiten. Diese wurden 1956 in „Nationale Volksarmee" (NVA) umbenannt.

M2 Offiziere der „Nationalen Volksarmee" (NVA) auf einem Lehrgang in der Sowjetunion

Ein selbstständiger Staat? Am 20. September 1955 schlossen die UdSSR und die DDR einen Vertrag ab, der die Souveränität der DDR feststellte und die fortbestehende Stationierung der sowjetischen Truppen regelte: 20 Divisionen, etwa 400 000 Mann, sollten in der DDR präsent sein. In Polen, der Tschechoslowakei und in Ungarn standen jeweils drei bis vier russische Divisionen. In einer Erklärung bekräftigte die Sowjetunion ihre Rechte und Verpflichtungen in Bezug auf Gesamtdeutschland.

Ab dem Jahr 1956 standen sich auf beiden Seiten der innerdeutschen Grenze auch deutsche Armeen gegenüber, die fest in ihren jeweiligen Block eingebunden waren. Damit wurde die Zweistaatlichkeit Deutschlands für lange Zeit festgeschrieben.

M3 Die „Staatsgrenze West" der DDR zwischen Thüringen und Hessen *(1971)*

M4 Die Wiederbewaffnung aus Sicht der DDR

Die Eingliederung der BRD in die NATO erwies sich als eine entscheidende Zäsur (Einschnitt) in der nationalen Frage ... Die Pariser Verträge versperrten den Weg zur Bildung eines einheitlichen demokratischen deutschen Staates ... Nach dem Inkrafttreten der Pariser Verträge wurde mithilfe der USA die Bundeswehr in schnellem Tempo aufgebaut. Alle leitenden Positionen übernahmen ehemalige Generale der faschistischen Wehrmacht ... Der BRD war die Rolle des Stoßkeils gegen den Sozialismus zugedacht. Die aggressivsten Kräfte des Imperialismus glaubten, dass sie, gestützt auf die NATO, in absehbarer Zeit die Ergebnisse des Zweiten Weltkriegs und der Nachkriegsentwicklung revidieren und den Sozialismus „zurückrollen" könnten ...

Die zunehmende Aggressivität des Imperialismus machte die Aufstellung bewaffneter Streitkräfte der DDR notwendig. Am 18. Januar 1956 beschloss die Volkskammer das Gesetz über die Bildung der Nationalen Volksarmee. Die NVA wurde zunächst auf dem Prinzip der Freiwilligkeit aufgebaut. Die Offiziere, Unteroffiziere und Soldaten entstammten vor allem der Arbeiterklasse und der werktätigen Bauernschaft, die Führungskader hatten sich im Kampf gegen den Faschismus bewährt.

(Die NVA) ist das militärische Machtinstrument der Arbeiterklasse und der anderen Werktätigen. In enger Waffenbrüderschaft mit der Sowjetarmee und den anderen Armeen der sozialistischen Verteidigungskoalition dient die NVA den Lebensinteressen des Volkes, dem Schutz des Sozialismus und der Sicherung des Friedens an der Westgrenze des sozialistischen Weltsystems.

Zitiert nach: Heinz Heitzer: DDR. Geschichtlicher Überblick, Berlin (Dietz) 1984, S. 114ff.

M5 Tafel an der Transit-Autobahn Hannover-Westberlin *(Foto, 1956)*

1 Die Flaggen in M1 gehören zu den im Autorentext als Gründer des Warschauer Pakts genannten Staaten. Welche davon sind heute noch Staatsflaggen?

2 Stelle in einer Tabelle den Prozess der Blockeinbindung der Bundesrepublik und der DDR 1949–1956 zusammen. Nenne Parallelen und Unterschiede (Autorentext und S. 100f.).

3 Beschreibe die Grenzanlagen der DDR und erörtere ihren Zweck (M3).

4 Arbeite aus M4 heraus, wie in der DDR die Wiederbewaffnung begründet wurde. Nimm kritisch Stellung dazu.

5 Welche „Botschaft" soll den westlichen Benutzern der DDR-Autobahn durch M5 vermittelt werden?

6 Erläutere, inwiefern die östliche Wirtschafts- und Verteidigungsgemeinschaft als „Block" bezeichnet werden kann (M1–M5).

Wege zum Wohlstand: Plan oder Markt?

Die Schlüsselrolle der Wirtschaft. Nach den Zerstörungen des Kriegs und der Not der Nachkriegsjahre sehnten sich die Menschen nach Sicherheit und Wohlstand. Die Zustimmung zu den politischen Systemen im Westen und im Osten hing wesentlich davon ab, ob es der jeweiligen Wirtschaftspolitik gelang, Arbeit und Einkommen zu sichern und Güter gerecht zu verteilen. Hierbei gingen Ost- und Westdeutschland unterschiedliche Wege.

Sozialistische Planwirtschaft. In der DDR trieb man seit 1952 den „planmäßigen Aufbau des Sozialismus" voran. Die noch bestehenden privaten Fabriken wurden verstaatlicht, die 1946 geschaffenen bäuerlichen Kleinbetriebe oft unter Zwang zu „Landwirtschaftlichen Produktionsgenossenschaften" zusammengefasst. Da alle Betriebe vom Staat kontrolliert wurden, konnte es Konkurrenz und freie Preisbildung nicht mehr geben. Vielmehr legte eine staatliche Planungskommission jeweils auf fünf Jahre fest, welche Güter in welchen Mengen hergestellt werden sollten. Auf diese Weise steigerte die DDR ihre Wirtschaftsleistung bis 1960 um das Zweieinhalbfache; die Bevölkerung war mit den Gütern des Grundbedarfs ausreichend versorgt. Da jedoch der Anreiz, Gewinne zu machen, fehlte, wurden zu wenig neue Ideen entwickelt, Produkte blieben jahrelang die gleichen und die Mitarbeiter waren wegen der staatlich festgelegten Löhne wenig motiviert. Gegen die geringe Produktivität und Arbeitsmoral setzten Verantwortliche auf Vergünstigungen wie zusätzlichen oder kostenlosen Urlaub, bevorzugte Zuteilung der begehrten Neubauwohnungen oder die Auszeichnung als „Heldin" bzw. „Held der Arbeit".

Soziale Marktwirschaft. In den Westzonen wurden seit 1946 die Weichen hin zu einer liberalen Wirtschaftsordnung gestellt. Kapital, Fabriken und Maschinen sollten in Privatbesitz bleiben und verschiedene Firmen um die Gunst der Käufer konkurrieren können. Die Befürworter der sozialen Marktwirtschaft glaubten, dass diejenigen Firmen, die die beste Qualität zu den günstigsten Preisen anböten, sich durchsetzen und Gewinne machen würden. Der „Markt", das Wechselspiel von Angebot, Nachfrage und Preisbildung, sollte also die Wirtschaft regeln. Zugleich traf man Vorsorge, dass das freie „Wechselspiel der Kräfte" durch Sozialgesetze eingegrenzt und überwacht wurde. Die Bundesrepublik entwickelte sich zum „Sozialstaat", in dem Arbeitnehmer vor Arbeitslosigkeit nach Firmenzusammenbrüchen geschützt, die Lohnfortzahlung im Krankheitsfalle garantiert und die Renten den steigenden Einkommen angepasst wurden. Weitere Maßnahmen waren die Einführung des Kindergeldes und die Mitbestimmung der Arbeitnehmer in den Betrieben.

M1 Ludwig Erhard
war von 1949–1963 Wirtschaftsminister und von 1963–1965 Bundeskanzler. Er gilt als Erfinder der „sozialen Marktwirtschaft".

Das „Wirtschaftwunder". Die wachsenden Sozialausgaben konnten finanziert werden, weil die Bundesrepublik mit Beginn der 1950er Jahre einen bisher ungekannten Wirtschaftsaufschwung erlebte. Dafür hatten Marshallplanhilfe und die Währungsreform (s. S. 114f.) Grundlagen gelegt. Die Binnennachfrage schnellte nach oben, weil die Westdeutschen nun die Güter kauften, die im Krieg und in der Nachkriegszeit unerreichbar gewesen waren, besonders Haushaltsgeräte, Autos und Motorroller. Die Vertriebenen aus den Ostgebieten und Übersiedler aus der DDR deckten den wachsenden Bedarf an Arbeitskräften. Überall in Deutschland wurden zerstörte und veraltete Fabriken und Maschinen durch neue Anlagen ersetzt. Neben der Binnennachfrage wurde der Export Motor des „Wirtschaftswunders". Nach dem Koreakrieg gab es eine immense Nachfrage nach deutschen Exportgütern auf dem Weltmarkt. Die hohe Wochenstundenzahl und die im internationalen Vergleich niedrigen Löhne der deutschen Arbeitnehmer machten deutsche Waren vergleichsweise billig bei hoher Qualität. Die Bundesrepublik trat ihre Rolle als „Exportweltmeister" an.

M2 Werbeplakat für den ersten Fünfjahresplan *(1951–1955). In der Bildmitte Walter Ulbricht, der Vorsitzende der SED.*

M3 Westdeutsches Werbeplakat *(1955)*

M4 Planwirtschaft und Arbeitsteilung

In einem Fahrradladen in Halle verkaufte eine Verkäuferin jahrelang grundsätzlich nichts aus dem Lagerraum. Sie hatte keine Lust, nach hinten zu gehen, womöglich noch auf die Leiter zu steigen. Lagen die Artikel nicht griffbereit im Verkaufsraum, gab es sie nicht. Die Kunden verwunderte das kaum, sie waren daran gewöhnt, die einfachsten Dinge nicht zu bekommen. Nach zwei Jahren fiel der HO-Zentrale (Handelsorganisation) der überhöhte Lagerbestand und der niedrige Umsatz auf. Die Verkäuferin wurde – ein seltener Fall in der DDR – fristlos entlassen.

Das Gefühl des DDR-Bürgers für Zeit ist von besonderer Art. Das russische „wso budjet" = es wird schon werden, ist zur Normalität geworden. Das amerikanische „time is money" kommt niemandem in den Sinn. Langjährige Erfahrung lehrt, dass es in der zentral geleiteten Wirtschaft vollkommen sinnlos ist, sich bei der Arbeit „zu überschlagen". Arbeitet man schnell, ist das Material schnell verbraucht, es stoppt die Zulieferung, es entstehen Wartezeiten. Schafft man sein Pensum vorfristig, muss man dennoch die Arbeitszeit absitzen.

Zitiert nach: Irene Böhme: Die da drüben. Sieben Kapitel DDR, Berlin (Rotbuch) 1986, S. 28ff.

1 Stelle in einer Tabelle die Merkmale der sozialistischen Planwirtschaft und der sozialen Marktwirtschaft einander gegenüber (M1 und Autorentext).

2 Vergleiche die beiden Plakate (M2–M3) und erläutere, welche Gesichtspunkte des jeweiligen Wirtschaftssystems herausgestellt werden.

3 Erkläre das Verhalten der Verkäuferin in Halle (M4). Was hätte ihr Arbeitgeber im Westen gesagt?

4 Diskutiert Vorzüge und Nachteile einer freien und einer geplanten Wirtschaft (M1, M4 und Autorentext).

„Wir sind wieder wer!" – Die Bundesrepublik in der Ära Adenauer

Rasante Modernisierung. Zwischen 1950 und 1958 verdoppelte sich das deutsche Bruttosozialprodukt. Nach den Jahren des Hungers, der Wohnungsnot und der Trauer um die Toten und Vermissten fassten die Menschen wieder Zuversicht. Bereits die Zeitgenossen sprachen von den „Goldenen Fünfzigern". Die Arbeitslosenzahlen sanken, 1955 kamen die ersten „Gastarbeiter" aus Italien (s. S. 138f.). Die kriegszerstörten Städte wurden im nüchtern-modernen Stil der 1950er Jahre wieder aufgebaut und der soziale Wohnungsbau gefördert.

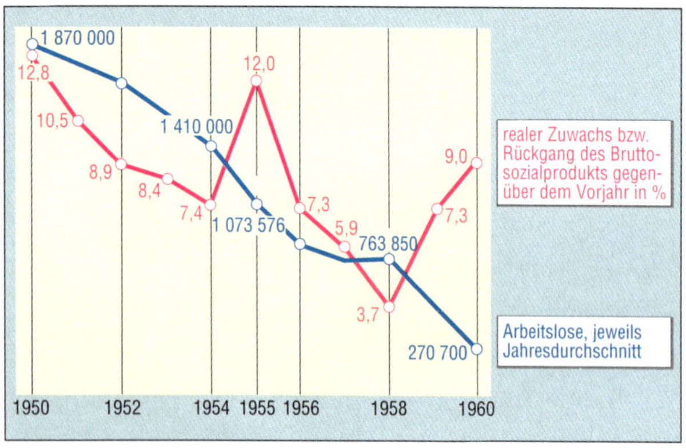

M1 Wirtschaftswachstum und Arbeitslosigkeit in der Bundesrepublik *(1950–1960)*

Im Zeichen hoher Wachstumsraten wandelte sich die Gesellschaft: Immer mehr Menschen waren Angestellte in Dienstleistungsbereichen, während der Anteil der Arbeiter, der Selbstständigen und der in der Landwirtschaft Beschäftigten sank. Die Automobilproduktion verachtfachte sich innerhalb von zehn Jahren und bescherte den Deutschen eine nie gekannte Mobilität. Die Werte blieben eher traditionell und konservativ: Der regelmäßige Gang zur Kirche war bei den Angehörigen der beiden großen christlichen Konfessionen selbstverständlich, Kirchenaustritte bis Ende der 1950er Jahre praktisch unbekannt. Zahlreiche Jugendliche revoltierten mit lässig getragenen Jeans, Petticoats, pomadigen Elvis-Tollen und knatternden Mopeds gegen dieses konservative Weltbild (s. S. 140). Trotz wachsender Einkommen blieb die westdeutsche Gesellschaft bis zum Ende der 1950er Jahre eine Klassengesellschaft mit erheblichen Einkommensunterschieden und Wachstumsgefällen zwischen den Regionen.

Verdrängung der Vergangenheit? Die Entnazifizierung der Alliierten hatte Zehntausende von Beamten und Unternehmern ins Gefängnis gebracht oder mit Berufsverbot belegt. Eines der ersten Gesetze, das der Bundestag verabschiedete, war 1951 ein Straffreiheitsgesetz, mit dem 800 000 ehemalige Amtsinhaber des NS-Regimes vorzeitig in die Freiheit entlassen wurden. Diese Beamten erhielten die Möglichkeit der Rückkehr in den öffentlichen Dienst. In Politikerreden und im öffentlichen Bewusstsein wurde die NS-Zeit nun zum „Betriebsunfall" der deutschen Geschichte umgedeutet. Amerikanische Umfragen aus dem Jahre 1952 zeigten, dass 14 % der wahlberechtigten Deutschen sich vorstellen konnten, wieder einen Mann wie Hitler zu wählen. Fast die Hälfte aller Deutschen war der Meinung, dass Hitler einer der bedeutendsten Staatsmänner der Geschichte geworden wäre, wenn er den Weltkrieg nicht begonnen hätte. Diese Umfragen lösten erhebliche Besorgnis auf alliierter Seite aus und wurden von der DDR-Propaganda dazu genutzt, um sich als das „bessere Deutschland" darzustellen.

Neue politische Stabilität. Der wachsende Wohlstand war der Hauptgrund dafür, dass die Ordnung des Grundgesetzes akzeptiert wurde. Eine breite Opposition von rechts wie in der Weimarer Republik konnte sich nicht entfalten. Die in den Jahren nach dem Krieg noch bedeutende Kommunistische Partei verlor angesichts der schleppenden Wirtschaftsentwicklung in der DDR ihren Rückhalt in der westdeutschen Arbeiterschaft. Nachdem die großen Parteien CDU und SPD im Jahre 1949 noch nahezu gleichauf in der Wählergunst lagen, verschoben sich die Gewichte zugunsten der CDU, die mit dem Spitzenkandidaten Konrad Adenauer 1957 die absolute Mehrheit der Stimmen erhielt (s. S. 118/M1).

M2 CDU-Wahlplakat mit Kanzler Adenauer *(1957)*

Ab 1957 erschien Adenauers Bild auf Wahlplakaten nur noch in gemalter Form, um sein hohes Alter zu verbergen.

M3 Arbeiterunterkünfte in Bonn *(1956)*
Bis Anfang der 1970er Jahre waren Barackenlager als Notunterkünfte am Rande aller deutschen Großstädte zu finden; erst allmählich schaffte der staatlich subventionierte soziale Wohnungsbau Abhilfe. 1956 lebten 11 % der Menschen in Nordrhein-Westfalen in solchen Unterkünften.

M4 Wohnzimmer der deutschen Mittelschicht *(1950er Jahre). Die Ultrakurzwellensender erlaubten neuen Musikgenuss im Radio, ab 1952 wurde für zunächst wenige Stunden am Tag ein einziges Fernsehprogramm ausgestrahlt.*

1 Übertrage die Zahlenangaben in M6 in eine Grafik. Erläutere sie mithilfe von M1.
2 Fasse die positiven und negativen Seiten der 1950er Jahre zusammen (Autorentext).
3 Erstelle eine Biografie Konrad Adenauers.
4 Beschreibe M3–M5. Erläutere, was daran typisch für die 1950er Jahre ist.

M5 Sonntagsausflug in die Eifel *(1956)*
Das Auto wurde zum Statussymbol und erschloss neue Ziele an Wochenenden und im Urlaub. Beliebteste Ferienländer der Deutschen waren Österreich und Italien.

M6 Löhne und Preise

Im Land der großen Mitte stellte man mit geschwellter Brust, in einen Ausruf Ludwig Erhards einstimmend, fest: „Wir sind wieder wer!“ Man blickte um sich und sah ein Land, in dem Milch und Honig flossen. Die neue zentrale Figur war der „kleine Mann“: Er hatte mehr Freizeit als jemals zuvor; der Tourismus machte ihn zum Weltbürger; er vertraute der Vollbeschäftigung auf Dauer; er hatte mehr Geld als früher und gab es leichter aus. Entsprach auch die Wirklichkeit nicht solcher Euphorie – es ging aufwärts: 1950 musste ein Industriearbeiter noch für 1 kg Bohnenkaffee 22 Stunden und 37 Minuten, für 1 kg Kotelett 4 Stunden und 35 Minuten, für 1 kg Zucker 1 Stunde arbeiten; 1959 hatte er mit 6,15 Stunden 1 kg Kaffee, mit 2 Stunden 25 Minuten 1 kg Kotelett und mit 26 Minuten 1 kg Zucker sich erarbeitet. 1950 kosteten gute Schuhe 2 Arbeitstage, ein Rundfunkgerät 15 Arbeitstage, ein Leichtmotorrad 56,5 Arbeitstage, ein Volkswagen 493 Arbeitstage; 1959 musste man für Schuhe 10 Stunden 42 Minuten, für ein Rundfunkgerät 13,5 Arbeitstage, für ein Leichtmotorrad 21 Arbeitstage und für den Volkswagen 174 Arbeitstage aufwenden.

Zitiert nach: Hermann Glaser: Deutsche Kultur 1945–2000, München/Wien (Hanser) 1997, S. 217.

5 Das Gefühl „Wir sind wieder wer!“ wurde durch die Fußballweltmeisterschaft 1954 in der Schweiz beflügelt. Stelle dazu Nachforschungen an oder suche ausgewählte Szenen aus dem Film „Das Wunder von Bern“ heraus.

Umbau nach sowjetischem Muster – Die DDR in den 1950er Jahren

Anhaltende Versorgungsmängel. Der wirtschaftliche Wiederaufbau gestaltete sich in der DDR deutlich schwieriger als in der Bundesrepublik. Die Sowjetunion hatte die Annahme von Geldern aus dem Marshallplan verboten und konnte selbst kaum Hilfe leisten. Bis 1954 wurden aus der DDR Industrieanlagen, Eisenbahnschienen und gewerbliche Produkte als Kriegsentschädigung in die Sowjetunion transportiert. Die DDR besaß außer Braunkohle und Uran keine Rohstoffe. Die Industrie in Sachsen und Thüringen stellte traditionell hochwertige Fahrzeuge und Apparate her und war auf die Verbindung mit den schwerindustriellen Zentren im Ruhrgebiet und Oberschlesien sowie auf die nationalen und internationalen Märkte angewiesen. Durch die Grenzziehungen im Osten und im Westen waren diese Verbindungen zerrissen worden.

Im ersten Fünfjahresplan setzte die SED das Ziel, eine von westlichen Importen unabhängige Volkswirtschaft aufzubauen. Dafür wurde, ähnlich wie in der Sowjetunion in den 1930er Jahren, eine eigene Stahlindustrie aus dem Boden gestampft. Sie verschlang fast alle Investitionsmittel, für die Konsumgüterindustrie blieb wenig übrig. Die Folge war, dass die Menschen in der DDR nur unzureichend mit Kleidung, Möbeln, Haushaltsgeräten, Fahrzeugen, ja selbst Fleisch, Fett und Zucker versorgt wurden. Umso größer erschien der Unterschied zu den Lebensverhältnissen in der Bundesrepublik. Die Unzufriedenheit wuchs; Versorgungsmängel blieben für die DDR ein Problem, so lange der Staat existierte.

Volksaufstand vom 17. Juni 1953. Um den Plan zu erfüllen, erhöhte die SED im März 1953 die Arbeitsnormen, d. h. die zum gleichen Lohn geforderte Arbeitsleistung, um 10 %. Dagegen streikten im Juni Arbeiter in Berlin. Am 17. Juni erfasste die Welle der Streiks und Demonstrationen große Teile der DDR. Die Teilnehmer forderten nicht nur die Rücknahme der Normerhöhung, sondern den Rücktritt der Regierung, freie Wahlen und die deutsche Einheit. Die SED-Führung wusste keinen anderen Ausweg und rief die in der DDR stationierte sowjetische Armee zu Hilfe. Am Nachmittag des 17. Juni rasselten sowjetische Panzer durch die Straßen und schlugen die Aufstände nieder. Es gab Dutzende von Toten und viele Verletzte.

Die Partei sichert ihre Herrschaft. In der Folge des 17. Juni 1953 baute das Ministerium für Staatssicherheit („Stasi") sein Spitzelnetz aus. Widerstand wurde jetzt praktisch unmöglich.

M1 Ausstellung „10 Jahre DDR"
(Walter Ulbricht vor dem Museum für Deutsche Geschichte in Berlin am 20. September 1959)

Die Menschen in der DDR hatten nur die Wahl, sich mit dem Regime abzufinden oder das Land zu verlassen; seit der Gründung der DDR hatten weit mehr als zweieinhalb Millionen Bürger dem Land den Rücken gekehrt und waren in die Bundesrepublik geflohen (s. S. 142f.). Diejenigen, die blieben, fanden im privaten Freundeskreis oder durch Engagement bei den Kirchen mancherlei Freiräume, wo sie sich der Beeinflussung durch die Partei entziehen konnten. Vielen bot die sozialistische Neuordnung konkrete Vorteile: Es gab keine Arbeitslosigkeit, auch die Frauen waren in die Arbeitswelt einbezogen und in ihr gleichberechtigt. Die Güter des täglichen Bedarfs waren billig, die medizinische Versorgung kostenlos. Alle Schüler besuchten eine Einheitsschule (ab 1959 „Polytechnische Oberschule" mit 10 Klassen). Auf den Universitäten wurden aber die Kinder von Bauern und Arbeitern bevorzugt. Auf diese Weise entstand eine neue Elite aus der bisherigen Unterschicht und ersetzte so die in den Westen Abgewanderten. Allerdings zeigte sich im Laufe der Jahre immer deutlicher, dass die Leistungsfähigkeit der Wirtschaft nicht ausreichte, um die Sozialpolitik der DDR zu finanzieren.

M2 Potsdamer Platz, 17. Juni 1953

M3 Aus dem Bericht eines Volkspolizisten am 17. Juni 1953

... Bei meinem gestrigen Einsatz konnte ich feststellen, dass die größten Schreier und Aggressoren Jugendliche waren ... Es wurden Losungen wie „Wir brauchen keine Volksarmee, wir brauchen Butter!“, „Wir fordern freie Wahlen!“, „Wir rufen zum Generalstreik auf!“ gerufen. Vielfach wurden von den Jugendlichen feindliche Haltungen gegenüber Parteigenossen eingenommen, die durch das Parteiabzeichen erkenntlich waren oder durch ihre Argumente versuchten, (sie) von ihrer falschen Haltung zu überzeugen. Besonders stark war das Geschreie, wenn Volkspolizisten erblickt wurden, wobei dann immer gerufen wurde: „Wir brauchen keine Nationale Verteidigungsarmee!“ Zwei Lautsprecherwagen wurden angegriffen. Von dem ersten Wagen wurden die Vorderscheiben mit Knüppeln eingeschlagen. Der zweite Wagen wurde dann in Gang gebracht und über die Lautsprecher die verschiedensten Parolen durchgegeben. So u. a.: „Heraus zum Generalstreik!“ Vor dem Gebäude des Zentralkomitees wurde die Zurücknahme der Normenerhöhung sowie die Abschaffung der Normen überhaupt gefordert, weiterhin eine 40%ige Senkung der HO-Preise verlangt ...

In der Friedrichstraße gingen Gruppen von Jugendlichen, die in Sprechchören Folgendes riefen: „Wir sind am Ende unserer Qual, wir fordern freie Wahl!“ ... Hierbei konnte festgestellt werden, dass die Sprechchöre gut funktionierten, was darauf schließen lässt, dass westliche Elemente sowohl die Losungen wie auch das Aufrufen organisiert haben.

Zitiert nach: BpB/D-Radio/Zentrum für Zeithistorische Forschung Potsdam, Projekt „17. Juni 1953“, http://www.17juni53.de/chronik/530616/53-06-17_fdgb_nohr.pdf

M4 Stundenplan der zehnklassigen „Polytechnischen Oberschule“

Fach Klasse:	5	6	7	8	9	10
Deutsch	7	6	5	5	3	3
Russisch	6	5	3	3	3	3
Mathematik	6	6	6	4	5	4
Physik	–	3	2	2	3	3
Astronomie	–	–	–	–	–	1
Chemie	–	–	2	4	2	2
Biologie	2	2	1	2	2	2
Geographie	2	2	2	2	1	2
Werkunterricht	2	2	–	–	–	–
Polytechnischer Unterricht	–	–	4	4	5	5
Geschichte	1	2	2	2	2	2
Staatsbürgerkunde	–	–	1	1	1	2
Zeichnen	1	1	1	1	1	–
Musik	1	1	1	1	1	1
Sport	3	3	2	2	2	2
Wochenstunden	31	33	32	33	31	32

1 Charakterisiere Alltag und Lebensverhältnisse in der DDR (M1 und Autorentext).

2 Stelle aus M3 die Forderungen der Demonstranten zusammen. Wie wertet der Volkspolizist die Ereignisse? Beziehe M2 und Seite 168 mit ein.

3 Höre dir die Radioreportagen des RIAS (Radio im amerikanischen Sektor) unter www.17juni53 an. (Klicke auf Material, dann O-Töne und track 15 und 16.) Stelle Überlegungen an, wie man die Eskalation hätte verhindern können.

4 Wie reagierte die SED auf den 17. Juni (Rede Ulbrichts, track 3)?

5 Welche Besonderheiten fallen dir bei der Betrachtung von M4 auf?

Trabi und Audi – zwei deutsche „Verwandte“

1909 August Horch gründet in Zwickau eine Autofabrik. Als Firmennamen wählt er „Audi“, die lateinische Übersetzung seines Namens.
1916 Die Zschopauer Maschinenfabrik Jörgen S. Rasmussen entwickelt Dampfkraftwagen (DKW). Nach dem Krieg werden Motorräder und Autos hergestellt.

M1 Markenzeichen

1932 In der Weltwirtschaftskrise verbinden sich die Fahrzeughersteller Horch, Audi (beide Zwickau), die DKW Motorradwerke Zschopau und die Chemnitzer Wandererwerke unter Führung der sächsischen Staatsbank zur Auto Union AG. Die vier Ringe werden das Markenzeichen der neuen Firma. Der Konzern produziert auch Rennwagen und steigt zum zweitgrößten Automobilhersteller nach Opel auf.
Im Zweiten Weltkrieg wird der zivile PKW-Bau eingestellt, die Auto Union produziert Rüstungsgüter.

1946 Die Werke der Auto Union werden *verstaatlicht* und sind jetzt „Volkseigene Betriebe“ (VEB). Horch wird zum VEB Sachsenring, Audi zum VEB Automobilwerke Zwickau.

Führende Mitarbeiter wandern nach Bayern ab und nehmen Konstruktionspläne mit.

1948 Im Zwickauer Audi-Werk beginnt die Serienproduktion von Autos; bis 1955 werden rund 28 000 Stück hergestellt. Ferner wird das Motorrad DKW RT 125 gebaut.
1958 Die beiden Zwickauer Werke schließen sich zum VEB Sachsenring Automobilwerke Zwickau zusammen. Die Serienproduktion des Trabant P 50 beginnt. Er hat eine *Duroplastkarosserie.*
1973 Der einmillionste Trabant wird ausgeliefert. Das Konzept hat sich in 15 Jahren *kaum geändert.*
1988 Der *Preis* für den Trabant ist von ursprünglich 7 450 MDN (Ostmark) auf 15 000 MDN gestiegen. Die Wartezeit nach der Bestellung beträgt 15 Jahre. Auf dem *Schwarzmarkt* ist ein fabrikneuer „Gebrauchter“ für 20 000 MDN zu bekommen.
Volkswagen liefert eine komplette Anlage zur Herstellung von Viertaktmotoren.
1991 Der letzte Trabant, ein pinkfarbenes Modell mit breiter Spur, Blechmotorhaube, Viertaktmotor und Scheibenbremsen läuft vom Band. Insgesamt sind ca. drei Millionen Stück hergestellt worden.

M2 Werbung für den Trabant *(ca. 1960)*

M3 Auslieferung des letzten Trabant *(1991)*

1949 Mit Krediten der bayerischen Staatsregierung und *Marshallplangeldern* entsteht in Ingolstadt ein neuer Standort der Automobilindustrie: Am 3. September wird die Auto-Union GmbH gegründet. Die technischen Grundlagen – Frontantrieb und Zweitaktmotor – sind schon vor dem Krieg in Sachsen entwickelt worden. Unter der Bezeichnung DKW werden zunächst ein kleines, robustes Motorrad (RT 125 W – für „West“) und ein Lieferwagen produziert.

1950 Im August wird der erste Nachkriegs-Personenwagen der Auto-Union hergestellt, das Modell DKW Meisterklasse F 89 P als Limousine und viersitziges Karmann Cabriolet.

1958 Daimler-Benz übernimmt die Auto Union. 1963 kommt erstmals ein Wagen dieser Klasse mit *Scheibenbremsen* auf den Markt. Die *Motorleistung* der DKW-Modelle wird bis auf 45 PS *gesteigert*.

1964 Volkswagen übernimmt die Auto Union. Die Motorisierung wird *auf Viertakt-Motoren umgestellt*. Der Markenname „DKW“ wird aufgegeben, weil er allzu stark mit dem Zweitaktmotor verbunden ist. Statt dessen wird wieder der alte Name „Audi“ benutzt.

M4 Werbung für ein DKW-Motorrad *(1956)*

M5 DKW-Werbung *(1958)*

M6 Internationale Automobil-Ausstellung *(Frankfurt 2005)*

1 Entwickle anhand der Texte dieser Doppelseite einen „Stammbaum“ der Herstellerfirmen von Trabant und Audi (Heft, Wandplakat).

2 Erläutere die Firmengeschichten nach dem Zweiten Weltkrieg mithilfe der Texte auf S. 130 und S. 132. Gehe dabei besonders auf die *kursiv* gedruckten Begriffe dieser Doppelseite ein.

3 Zeige, welche Vorstellung von der Rolle von Frauen und Männern und welches Bild der Familie in den Werbeplakaten M2, M4 und M5 deutlich wird.

4 Eine Automarke für alle oder eine Auswahl von verschiedenen Herstellern? Diskutiert die Vor- und Nachteile.

„Gastarbeiter" in Deutschland – Beginn einer multikulturellen Gesellschaft?

Die deutsche Wirtschaft braucht Arbeitskräfte. Seit Mitte der fünfziger Jahre befand sich die Bundesrepublik in einem langen Wirtschaftsaufschwung. Bald war die Vollbeschäftigung erreicht und auf Druck der deutschen Industrie wurden nun Arbeiter aus Südeuropa und der Türkei angeworben. Mit Italien schloss die Bundesregierung 1955 die erste Anwerbevereinbarung. Das Interesse der Gastarbeiter daran, vorübergehend in Deutschland zu arbeiten, war wirtschaftlich begründet: Oft stammten sie aus Regionen wie Süditalien oder Anatolien, in denen hohe Arbeitslosigkeit und bittere Armut herrschten. Daher war für sie ein Arbeitsplatz in Deutschland besonders attraktiv.

M1 Anwerbung italienischer Arbeitskräfte

Werbebroschüre des Ruhrbergbaus (1957). Der Text lautet: Ein neues Leben im Steinkohlebergbau Westdeutschlands

Anfangs meinten die Bundesregierung und ebenso die meisten Gastarbeiter, sie würden nur für eine gewisse Zeit in Deutschland leben und arbeiten. Schließlich waren die Arbeitsverträge zunächst zeitlich befristet, auch wenn sie immer wieder verlängert werden konnten. Weil viele Gastarbeiter so über einen längeren Zeitraum in Deutschland blieben, ließ ein Großteil von ihnen ihre Familien nachkommen. Auf diese Weise wurden aus Gastarbeitern und ihren Angehörigen Mitbürger.

Wegen des großen Zuzugs, aber auch, weil die Wirtschaft nicht mehr wie in den 1950er Jahren florierte, wurde 1973 ein Anwerbestopp verfügt. Eine weitergehende Ausländerpolitik, die sich um die Eingliederung der eingewanderten Gastarbeiter und ihrer Familien in die bundesrepublikanische Gesellschaft kümmerte, wurde jedoch kaum betrieben.

Auch in der DDR waren Gastarbeiter tätig. Sie kamen vor allem aus Vietnam, Mosambik und Angola. Ihre Anzahl lag jedoch weit unter jener der Gastarbeiter, die in der Bundesrepublik tätig waren. Getrennt von der übrigen Bevölkerung in der DDR, lebten sie in eigenen Wohnheimen.

Gelungene Integration? Durch die relativ hohe Zahl von Gastarbeitern und ihrer Familien begann sich die Bevölkerungsstruktur anhaltend zu verändern. Deutschland entwickelte sich zu einem Land, in dem Angehörige vieler Völker und Nationen leben und in dem nicht mehr nur Deutsch gesprochen wird. Manche Deutsche reagierten auf die Einwanderung von Ausländern mit Unbehagen oder auch mit Ablehnung. Manche fürchteten ihre Konkurrenz auf dem Arbeitsmarkt; andere hatten den Eindruck, Deutschland werde „überfremdet".

In den vergangenen Jahrzehnten haben Ausländer vor allem die deutsche Alltagskultur tief greifend verändert. So sind griechische Restaurants, italienische Lebensmittelläden und türkische Fernsehsender zu einer Selbstverständlichkeit geworden. Heute ist die deutsche Gesellschaft vielgestaltig und multikulturell.

Diese Veränderung bringt jedoch auch Probleme mit sich. Denn die Integration mancher Migranten ist durchaus nicht gelungen. So belegen Bildungsstudien, dass Kinder, deren Eltern aus dem Ausland stammen, besonders häufig in der Schule scheitern. Unzureichende Deutschkenntnisse oder auch eine gewollte Abschottung gegenüber der „deutschen" Umgebung erschweren die Integration.

M2 Erfahrungen von Gastarbeitern *(1959 und 1972)*

a) Der Italiener Silvano J. kam mit anderen Gastarbeitern mit dem Zug. In Augsburg stiegen die ersten aus, in Ulm die nächsten. „Da war jemand, der hat gesagt, Du und Du und Du, Ihr geht da jetzt raus. Leute waren da, die haben uns praktisch an der Hand geführt wie Kinder.“ Er kam mit weiteren 15 Italienern in Stuttgart an. Dort standen schon Leute von Firmen am Bahnsteig zur Abholung bereit. Zu Silvano J. und einem Kollegen sagte jemand: „Ihr geht jetzt in diesen Zug rein, Richtung Ludwigsburg.“ ... Die Unterbringung erfolgte (dort) nicht in Holzbaracken, sondern in festen Häusern, zu dritt in einem Zimmer ohne Stockbetten. „Nur das Bett war nicht gut, es bestand aus einem Holzbrett und als Matratze ein bisschen Stroh.“ Als sie den Chef fragten: „Schlafen Sie auch so?“, bekamen sie richtige Betten.

Zitiert nach: Migration (= Deutschland und Europa), hrsg. von der Landeszentrale für politische Bildung Baden-Württemberg, Heft Nr. 45 (2002), S. 42.

b) Gabriele Iachini hatte in seinem Heimatort in den Abruzzen bis 1963 in der Landwirtschaft gearbeitet. Die Aussicht auf hohe Verdienstmöglichkeiten zog ihn schließlich nach Deutschland. Hier arbeitete er zunächst bei der Deutschen Bundesbahn und wechselte später in einen Schmiedebetrieb. 1965 holte er seine Familie nach Deutschland und half seiner Frau und den drei fast erwachsenen Kindern bei der Arbeitssuche. Mit ihren Ersparnissen kaufte sich die Familie Iachini 1975 in ihrem italienischen Heimatort ein Stück Land und errichtete darauf ein Haus. 1980 kehrte Gabriele Iachini mit seiner Frau nach Italien zurück. Dort widmete er sich seinen Olivenhainen, Obstbäumen und Weinstöcken. Die Zeit in Deutschland bewertet Iachini in der Rückschau insgesamt positiv. Er kam hierher, um Geld für ein eigenes Haus und Land in Italien zu verdienen. Mit Deutschland verband er vor allem Disziplin und Ordnung, die ihn sehr beeindruckten. Als Fremder in Deutschland habe er den Unterschied zwischen Deutschen und Italienern akzeptiert und versuchte, sich anzupassen. Sein Hauptinteresse galt einer guten Arbeitsstelle, die genügend Verdienstmöglichkeiten bot.

In: Neapel, Bochum, Rimini. Arbeiten in Deutschland, Urlaub in Italien. Italienische Zuwanderung und deutsche Italiensehnsucht im Ruhrgebiet. Katalog zur Ausstellung des Westfälischen Industriemuseums Zeche Hannover, Bochum/Essen (Klartext Verlag) 2003, S. 90. Vom Verfasser bearbeitet.

M3 Der einmillionste Gastarbeiter *(1964)*

Der Portugiese Armando de Sá Rodrigues erhielt bei seiner Ankunft auf dem Bahnhof von Köln-Deutz zur Begrüßung ein Moped geschenkt.

1 Wiederhole: Nenne Wanderungsbewegungen, die dir aus der Geschichte bekannt sind. Welche Ursachen hatten sie?

2 Finde heraus, für welche Arbeit in M1 geworben wird. Was lässt sich über die Gründe dieser Form der Werbung vermuten? Ziehe ergänzend M3 heran.

3 Erläutere, mit welchen Hoffnungen Gastarbeiter nach Deutschland kamen und mit welchen Schwierigkeiten sie konfrontiert wurden (M1–M2 und Autorentext).

4 Diskutiert, inwieweit die Integration ausländischer Arbeitnehmer in Deutschland gelungen ist (M2–M3 und Autorentext).

5 Unter www.angekommen.com findest du viele Beispiele zur Einwanderung im Rheinland und in Westfalen. Suche eines heraus und berichte.

Jugend in West und Ost in den 1950er Jahren

Unterschiedliche Schwerpunkte in der Jugendpolitik. Die Jugendlichen der 1950er Jahre hatten noch das Grauen des Kriegs und die Hungerjahre der Nachkriegszeit erlebt. Sie kannten die Angst in den Luftschutzbunkern, waren in vielen Fällen mit ihren Müttern Hals über Kopf geflohen oder davongejagt worden. Viele Väter waren in den Kämpfen gefallen oder kamen mit Kriegsverletzungen traumatisiert zurück.

Im Westen bemühten sich zahlreiche staatliche und kirchliche Organisationen darum, die Jugendlichen in erster Linie zu den traditionellen Werten wie Disziplin, Fleiß, Ordnung und Gehorsam zu erziehen. Eine Erziehung zum demokratischen Staatsbürger sollte über Schule, Familie und Ausbildung erfolgen. Dagegen gründete die SED in der DDR staatlich gelenkte Jugendverbände, in denen möglichst alle Kinder und Jugendlichen Mitglieder sein sollten: die Pionierorganisation für 6- bis 14-Jährige und die Freie Deutsche Jugend (FDJ) für Jugendliche bis ca. 27 Jahren. Die FDJ bot u. a. Arbeitsgemeinschaften und Zeltlager an, diente aber vor allem dazu, die Jugend mit der marxistischen Weltanschauung vertraut zu machen. Offiziell wurde zwar niemand gezwungen, der FDJ beizutreten. Tatsächlich aber erschwerte man Nichtmitgliedern beispielsweise den Besuch weiterführender Schulen und Universitäten.

M1 Rock 'n' Roll *(Elvis Presley auf der Bühne, 1956)*

Gemeinsame Idole. Bei aller Unterschiedlichkeit der Jugendpolitik und der Erziehung in Ost und West gab es doch eine gemeinsame Vorliebe für eine Musik, die ab Mitte der 1950er Jahre die Welt eroberte: Rock 'n' Roll. Über 50 000 Jukeboxes im Westen in Milchbars, Cafés und Kneipen verbreiteten die Hits von Bill Healey und Elvis Presley. Letzterer wurde zur Symbolfigur der Jugend: Die Art, wie er sang und sich auf der Bühne bewegte, faszinierte viele Jugendliche und schockierte ihre Eltern. Die Erwachsenen sahen sich in ihrer Ablehnung bestätigt, als es während mehrerer Konzerte zu Krawallen kam, bei denen sogenannte „Halbstarke“ das Mobiliar ganzer Konzertsäle zertrümmerten. Im Westen imitierten viele die lässige Art der amerikanischen Besatzungssoldaten, trugen Jeans, Cowboystiefel und großkarierte Jacken. Radiosender wie der amerikanische Soldatensender AFN und Radio Luxemburg bedienten die Musikwünsche. Eine neue Zeitschrift mit Namen „Bravo“, die 1956 mit einer Auflage von 30 000 Exemplaren startete, erreichte bald Kultstatus. Innerhalb von drei Jahren steigerte sie ihre Auflage auf eine halbe Million und 1960 bereits auf 1,6 Millionen Exemplare.

Den Regierenden in der DDR dagegen war der Rock 'n' Roll und mit ihm jede Form der unkontrollierbaren Jugendkultur verdächtig. Die Jugend galt als die „Kampfreserve der Partei“. Daher verwundert es nicht, dass Rockmusik als „Waffe des kapitalistischen Gegners“ und „akustische Kriegsvorbereitung des Westens“ gebrandmarkt wurde. Ab Mitte der 1950er Jahre mussten 60 % aller gespielten Musiktitel in DDR-Radiosendern und bei Tanzveranstaltungen aus der DDR oder aus „sozialistischen Bruderländern“ stammen. Die Jugendlichen im Osten störte das wenig: Platten und Tonbänder mitgeschnittener Musik aus dem „Westradio“ wurden begehrte Tauschobjekte. Die FDJ versuchte, mit „Singebewegungen“ und „Festivals des politischen Liedes“ die Jugendlichen auf Parteilinie zu bringen. Erst mit dem Weltjugendtag 1971 setzte eine Lockerung in der Haltung gegenüber westlicher populärer Musik ein und es entstand eine eigene Musikszene in der DDR, die auch international Beachtung fand.

M2 Beginn der Konsumgesellschaft: Jugendliche in Dortmund *(1959)*

M3 DDR-Plakat *(1951)*

M4 Rock 'n' Roll elektrisiert und schockiert

Der Rockmusiker Udo Lindenberg erinnert sich:

Damals 1957, ich war elf, schoss aus dem Radio Elvis Presley mit Tutti Frutti ... Worum es ging, verstand ich nicht, aber die elektrisierende Musik rockte mich durch. Elvis Presley hatte mich angezündet und ich dachte: Jetzt ist Erdbeben ... Ab da verband ich mit dem deutschen Lied- und Schlagergut nur noch Albträume ... Erst eine Weile später kriegte ich mit, was an Rock 'n' Rollern außer Musik noch wichtig ist: Elvis hatte es drauf: Mit eingebauten Kugellagern in den Gelenken und dem verträumt-trotzig-verletzbaren Erosblick hat er sogar den aufrechten Westfälinnen meiner Heimatstadt Gronau in die Unterkleider geguckt. Er hat uns gegen unsere Eltern, denen ja sonst alles gehörte, etwas Eigenes gegeben. Bis jetzt hatten wir immer nur zu hören bekommen: „Dafür bist du noch zu jung!“ Mit Elvis in den Ohren konnten wir zurückbrüllen: „Dafür seid ihr schon zu alt!“

Zitiert nach: Christoph Kleßmann und Georg Wagner (Hrsg.): Das gespaltene Land. Leben in Deutschland 1945–1990, München (Beck) 1993, S. 294.

M5 „Gesetze“ der Pionier-Organisation *(1968)*

Wir ... Pioniere lieben unser sozialistisches Vaterland, die Deutsche Demokratische Republik ... lieben und achten unsere Eltern ... sind Freunde der Sowjetunion und aller sozialistischen Bruderländer ... lernen fleißig, sind ordentlich und diszipliniert ... lieben die Arbeit und alle arbeitenden Menschen ... lieben die Wahrheit, sind zuverlässig und einander freund ... halten unseren Körper sauber und gesund, treiben regelmäßig Sport und sind fröhlich.

Zitiert nach: Hermann Weber (Hrsg.): DDR. Dokumente zur Geschichte der Deutschen Demokratischen Republik 1945–1985 (= dtv-TB, Nr. 2953), München ^{3}1987, S. 304f.

M6 Erinnerungen einer DDR-Bürgerin an ihre Jugend

Wir griffen nach den Sternen, wollten das höchste Menschenglück ... Das Zauberwort hieß: Kommunismus. Für ihn lohnte sich alle Mühe. Dafür lernten wir. Dafür wollten wir arbeiten. Mädchen genauso wie Jungen. Bei der Wahl des Berufes überlegte man weniger: Was würde mir Spaß machen? Eher: Womit wäre ich am nützlichsten? Ich wuchs heran mit einem Wust von unerreichbaren Idealen ... Mit zwanzig, als Studentin der Journalistik, schob ich die Spitzelwut, die Engstirnigkeit und Verlogenheit der Hochschullehrer und ihrer Helfer unter den Studenten auf ihre persönliche Unfähigkeit, nie aber auf den Sozialismus als Ganzes, mein Ziel und Ideal ... Ich war ein Pionier geblieben bis über die Dreißig. Und es gab viele wie mich ... Nein, es war nicht nur Angst und Feigheit. Und wir haben es auch nicht nur mit uns machen lassen. Wir haben es selbst gemacht. Wir sind einem falschen Ideal aufgesessen.

Zitiert nach: Vera-Maria Baehr: Wir denken erst seit Gorbatschow, Recklinghausen (Bitter Verlag) 1990, S. 7ff.

1 Arbeite die Erziehungsziele in M3 und M5 heraus und vergleiche mit den Erfahrungen der Autorin in M6. Welche Kritik übt die Verfasserin von M6 als Erwachsene?

2 Beschreibe und erläutere, wie die Jugendlichen in M2 sich selbst in Szene setzen (Körpersprache, Kleidung).

3 Was „elektrisierte“ den jungen Udo Lindenberg (M1 und M4)? Spielt für dich Musik eine ähnliche Rolle?

Die DDR mauert sich ein

Abwanderung in den Westen. Während die Bevölkerung in der Bundesrepublik durch das „Wirtschaftswunder" zunehmenden Wohlstand genoss, hielten in der DDR die Engpässe in der Versorgung der Bürger auf zahlreichen Gebieten an. Dieser Umstand und die verbreitete Unzufriedenheit mit den politischen Verhältnissen veranlassten viele Menschen aus der DDR, in die Bundesrepublik zu flüchten. Am einfachsten war dies über die offene Grenze vom Ostteil in den Westteil Berlins und anschließend per Flugzeug nach Westdeutschland. Das unerlaubte Verlassen der DDR war nach DDR-Recht seit 1954 „Republikflucht" und wurde mit langjährigen Haftstrafen geahndet.

Der Mauerbau. Unter den Flüchtlingen gab es viele junge und gut ausgebildete Bürger. Bald fehlten in den Betrieben der DDR zusehends Arbeiter, in den Krankenhäusern Ärzte und Schwestern, in den Schulen Lehrer und Schüler. Diese Abwanderung konnte die Regierung in Ostberlin nicht tatenlos hinnehmen und versperrte völlig überraschend für die Öffentlichkeit in Ost und West alle Wege in den Westteil Berlins: Am 13. August 1961 wurden daher an der gesamten Grenze des sowjetischen Sektors von Berlin Barrieren aus Stacheldraht und Betonquadern errichtet. In den folgenden Tagen ersetzte man sie durch eine feste Mauer. Bis 1989 ließ die DDR-Regierung die Grenzanlagen in Berlin ebenso wie die innerdeutsche Grenze immer wieder ausbauen und erweitern: Wachttürme wurden errichtet, Stolperdrähte gezogen, Minenfelder angelegt, Sperrgräben für Autos ausgehoben. Wenn diese und weitere Hindernisse einen Flüchtenden nicht stoppen konnten, hatten die Grenztruppen der DDR den Befehl zu schießen.

Folgen des Mauerbaus. Die Mauer trennte Familien, schnitt Menschen von ihrem Arbeitsplatz ab und kappte Verkehrsverbindungen. Der Bau löste weltweit Entsetzen und Empörung aus. In Westberlin und in der Bundesrepublik demonstrierten Hunderttausende dagegen. Auch international regte sich Protest; zu weitergehenden Maßnahmen aber, geschweige denn einem bewaffneten Konflikt, waren weder die USA noch andere Staaten willens, weil sie einen Krieg vermeiden wollten.

M1 Mauerbau *(Foto 1961). Die Mauer umgab Westberlin auf einer Länge von ca. 43 km und war Teil eines fast unüberwindbaren Grenzsystems.*

M2 Flucht in den Westen

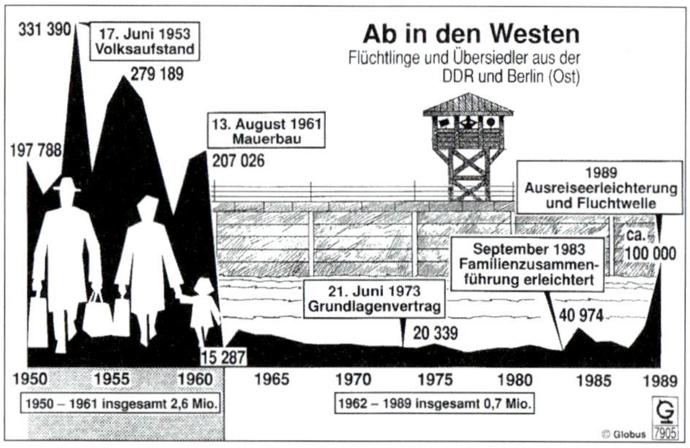

M3 Gescheiterter Fluchtversuch *(September 1971 an der Lindenstraße in Berlin-Kreuzberg)*

Auch nach dem Bau der Berliner Mauer und dem Ausbau der innerdeutschen Grenze flohen noch über 200 000 Menschen aus der DDR. Vor allem in den 1960er Jahren waren viele Fluchtversuche erfolgreich. Zum Teil gruben Flüchtlinge Tunnel unter den Sperranlagen hindurch, überquerten die Ostsee auf Surfbrettern oder flogen im selbst gebastelten Heißluftballon in die Bundesrepublik. Viele Flüchtende aber scheiterten. Bei dem Versuch, die Berliner Mauer oder die innerdeutsche Grenze zu überwinden und in den Westen zu gelangen, starben zwischen 1961 und 1989 etwa 1 000 Menschen.

M4 Grenzsicherung

Aus einer Rede des SED-Politbüromitglieds Albert Norden vor Soldaten der Grenztruppen (1963):

... jeder Schuss aus der Maschinenpistole eines unserer Grenzsicherungsposten zur Abwehr solcher Verbrechen (Fluchtversuche) rettet in der Konsequenz Hunderten von Kameraden, rettet Tausenden von Bürgern der DDR das Leben und sichert Millionenwerte an Volksvermögen. Ihr schießt nicht auf Bruder und Schwester, wenn ihr mit der Waffe Grenzverletzer zum Halten bringt. Wie kann der euer Bruder sein, der die Republik verrät ... Verrätern gegenüber menschliche Gnade zu üben, heißt, unmenschlich am ganzen Volk zu handeln.

Zitiert nach: „Volksarmee", Nr. 41/1963.

M5 Hinweise der Grenztruppen der DDR für den Aufenthalt von Touristen in Schierke (Harz)

DDR-Bürger, die in der sogenannten Sperrzone nahe der Grenze lebten, wurden vom Staat dauerhaft kontrolliert und überwacht. Auch Touristen wurden genau beobachtet:

Werte Gäste! Sie haben das Vertrauen erhalten, in einem Kurort unmittelbar an der Staatsgrenze zur BRD Ihren Urlaub zu verbringen, und wir erwarten, dass sie dieses während Ihres Aufenthaltes stets rechtfertigen ... Innerhalb der Sperrzone benutzen sie bitte die Wanderwege, die mit Schildern der Aufschrift „Schutzstreifen! Betreten und Befahren verboten!" gekennzeichnet sind, nie! ... Wir möchten Sie ... darauf hinweisen, dass das Betreten des Schutzstreifens eine hohe Verletzung der Ordnung und Sicherheit darstellt und Sie sich außerdem in große Gefahr bringen, da unsere Grenzsoldaten nicht erkennen können, ob es sich um einen Urlauber, der sich verirrt hat, oder um ein versuchtes Grenzverbrechen handelt. Unsere Soldaten sind befugt, im Interesse des Friedens und zum Schutz der Heimat von der Schusswaffe Gebrauch zu machen. Beim Betreten des Schutzstreifens haben Sie mit sofortiger Ausweisung aus der Sperrzone zu rechnen. Ihr Urlaub ist ohne Rückvergütung abzubrechen. Sie können weiterhin mit einem Ordnungsstrafverfahren und Benachrichtigung Ihres Betriebes rechnen.

Zitiert nach: Jürgen Ritter/Peter Joachim Lapp: Die Grenze. Ein deutsches Bauwerk, Berlin (Christian Links Verlag) 1997, S. 100ff.

1 Nimm zu der These Stellung, die DDR wäre ohne den Bau der Mauer langfristig „ausgeblutet" (M2).

2 Zeige, in welcher Weise die Grenzanlagen der DDR ausgebaut wurden (M1, M3 und Autorentext).

3 Erläutere, weshalb M4 zufolge auf Flüchtlinge geschossen werden durfte. Beschreibe das Bild, das Albert Norden von Flüchtlingen zeichnete. Welche Argumente könnte man ihm entgegenhalten?

4 Nenne die Funktionen, welche die Grenzanlagen der DDR M4 und M5 zufolge hatten und nimm zu den entsprechenden Angaben kritisch Stellung.

5 Beschreibe das Verhältnis des Staates zu seinen Bürgern, das in M5 deutlich wird.

6 Nach dem Ende der DDR kam es zu Prozessen gegen „Todesschützen" an der Mauer. Informiere dich über den Verlauf und die Ergebnisse.

Es wächst auseinander, was zusammengehörte

Zwei Staaten – zwei Ordnungen. Der Bau der Berliner Mauer stellte den Höhepunkt der deutschen Teilung dar. In verschiedener Hinsicht war diese Entwicklung mit einem Prozess des Auseinanderlebens von West- und Ostdeutschen verbunden: Bereits die Aufteilung Deutschlands in Besatzungszonen hatte das Land, seine Wirtschaft, seinen Handel und seine Verkehrswege zerschnitten. Durch die Einführung unterschiedlicher Währungen in Ost und West wurde die wirtschaftliche Spaltung vertieft. Unter Aufsicht und unter Eingriffen der Besatzungsmächte festigten sich in West- und Ostdeutschland verschiedene politische Systeme. Alltag, Erziehung und Jugend folgten in West und Ost unterschiedlichen Regeln. Die deutschen „Brüder und Schwestern" waren in zwei Staaten geteilt, die sich gegenseitig nicht anerkannten, aber den Anspruch erhoben, die jeweils gültige demokratische Ordnung für Deutschland zu repräsentieren. Die Kluft zwischen der Bundesrepublik Deutschland und der DDR war tief; zu einer weitergehenden politischen Verständigung kam es erst in den frühen 1970er Jahren (s. S. 152f.). Bis dahin pflegten beide deutsche Staaten gegenseitige Feindbilder, die sie bis zur Wiedervereinigung nicht abzulegen vermochten: So blieb für die politische Klasse in der DDR die Bundesrepublik ein „historisch rückschrittliches Staatswesen", während für die meisten Menschen in der Bundesrepublik die DDR ein „Unrechtsregime" darstellte, wozu nach herrschender Auffassung ein Blick auf die unmenschlichen Sperr – und Grenzanlagen genügte.

M1 Grenzübergang Helmstedt/Marienborn *(Foto vom Westen gesehen, 1965)*

M2 Geschichte erzählt

Grenzübertritt

„Habt ihr alle Pakete mit? Die Pfirsiche dürfen nicht matschig werden. Grüßt auch Tante Hedwig! Fahrt vorsichtig. Tankt vor der Grenze. – Habt ihr denn die Pässe?"

Die Worte meiner Mutter, die wegen ihres Rheumas bestenfalls in Kliniken reiste, sind Mitte der 1960er Jahre an der Straße verhallt. Die Reisepässe, die Tage zuvor zusammengesucht, auf ihr Gültigkeitsdatum hin geprüft wurden, waren das Wichtigste und lagen als westdeutsche Rettungsringe gegen ostdeutsche Bedrohlichkeiten ab Fahrtbeginn griffbereit im Handschuhfach. Man reiste nicht nur als Verwandter zu Verwandten, als Mensch zu Menschen, sondern – wie es die Weltgeschichte bewirkt hatte – als Klassenfeind durch das Land des Klassenfeindes.

Meinem Vater am Steuer rann bereits im Westen der Schweiß. Vor dem Erreichen von Helmstedt/Marienborn durchquerten wir das frühmorgendliche Wolfsburg. Italienische Gastarbeiter, die zu Fuß oder auf Mopeds durch die Tore des VW-Werks fuhren, Ausländer, die uns sonst nicht interessierten, wurden durch die Grenznähe, die Nähe zum anderen System, ein wenig zu freundlichen, harmlosen, eigentlich sogar zu brüderlichen Miteuropäern – im Vergleich zu den kommenden Grenzposten. Ein Sizilianer, sonst wertfrei als Itaker abgetan, der im Morgennebel an uns vorbeifuhr, ... konnte mit einem Mal mehr ein Vertrauter und verständiger Helfer sein, als der deutsche Leutnant der Grenztruppen an der DDR-Staatsgrenze West.

Wer nun, ab hier, in vollbesetzten Autos mit Obst, Kaffee, (auch im Westen brandneuen) Dosensuppen, Pralinen, Schnäpsen bis unters Dach weiter auf der angezeigten Strecke blieb, der wollte gleichfalls hinter den Eisernen Vorhang. Schon hier, ein paar Kilometer vor den ersten DDR-Beamten, zeitigte die Staatsgrenze West einen Solidarisierungseffekt, den ihre Erbauer nicht beabsichtigt hatten ... Westdeutsche näherten sich dem Gefahrenmoment, dem Augenblick, in dem Bankkonto, Zivilstand, Toupet oder Glatze, Allgemeine Ortskrankenkasse, CDU- oder FDP-Mitgliedschaft nichts mehr nützten, wenn auf DDR-Gebiet ein DDR-Grenzer sie erst einmal aus der Kolonne herauswinkte ... Mögliche Schikanen an der sozialistischen Grenze, das Wissen um das menschenverachtende Minenfeld, den Schießbefehl nur ein paar hundert Meter weiter, werteten die Grenzwächter des Westens ungeheuerlich auf. Der edelmütigste Pazifist und Uniformenhasser musste in diesem Übergangsgebiet wohl zugeben: Es ist nicht ganz schlecht, dass auch auf der niedersächsischen Seite jemand mit Fernglas und Sprechfunkgerät steht. Grenzpfahl der Bundesrepublik.

Dunkler Asphalt, plötzlich abgelöst von alten Betonplatten. Die Natur, das Gebüsch links und rechts bleibt sich gleich, wechselt nur scheinbar vom kapitalistischen Grün ins mattere sozialistische Grün über. Hammer und Zirkel (Flagge der DDR), die Einheit von Faustarbeit und Geistarbeit, wehen überm Straßenrand ...

Konnte man einen ursprünglichen, ängstlichen Hass auf alles Uniformierte entwickeln, dann hier. Hier, unter den Blechüberdachungen verspielte die DDR ihr mögliches Ansehen. Hier ließ sie Einreisende unvermittelt hoffen, dass auch Frankreichs Force de frappe (= Atomwaffe) den Block der Volksarmeen hinter der Elbe halte ... Die Grenze gebar Westdeutsche, die hier zu ihrer popeligen Bundeshauptstadt am Rhein, auch zum belächelten Bundespräsidenten Lübke ein grundlegend bejahendes Verhältnis gewannen ...

„Die Ausweise bitte."

„Reich' sie mal rüber."

Zumeist lief der Marienborner Wechsel von einem politischen System ins andere wohl glimpflich ab ... Dennoch blieb jeder Aufenthalt in Berlin zugeschnürt durch das Empfinden, ... bald wieder überprüft, schikaniert und so gnädig wie zwangsläufig laufen gelassen zu werden. Einmal wurde mein Vater nachts auf der Rückreise wegen der nicht gestatteten Ausfuhr eines Bettvorlegers zum Aussteigen aufgefordert und musste sich vor den Augen seiner Kinder, bei vorgehaltener Maschinenpistole, mit erhobenen Händen im Neonlicht an die Wand stellen. Ein anderes Mal – eine Lappalie der 1960er Jahre, als in Liverpool „All You Need is Love" gedichtet und gesungen wurde – hatte die zolltechnische Zerlegung unseres Autos zwischen Magdeburg und Braunschweig zur Folge, dass noch bis zu seiner Verschrottung die Rücklehnen unverstellbar blieben. Kleine deutsche Nachkriegstribute.

Zitiert nach: Hans Pleschinski: „Die Ausweise bitte ..." – Besuch in der DDR. In: Christoph Studt (Hrsg.): Die Deutschen im 20. Jahrhundert. Ein historisches Lesebuch, München (Beck) 1999, S. 257ff.

1 Beschreibe das Bild M1. Welche Fragen wirft es für dich auf?

2 Arbeite aus M2 alle Hinweise auf die politischen Verhältnisse und die Lebensbedingungen in der DDR und der Bundesrepublik heraus. Wo lassen sich versteckte Wertungen finden.

3 Erläutere, wie der Verfasser von M2 das Verhältnis von Ost und West empfindet. Wo wertet er?

Konfrontation und Entspannung: Die Supermächte ringen um die Macht

Castros Revolution. 1959 stürzte eine Gruppe kommunistischer Revolutionäre um Fidel Castro den kubanischen Diktator Fulgencio Batista, unter dem Kuba wirtschaftlich völlig von den USA abhängig war. 1961 versuchten von Washington ausgerüstete und trainierte kubanische Emigranten, auf Kuba zu landen und Castros Revolution rückgängig zu machen. Die Invasion endete mit einem Fiasko, da sich die kubanische Bevölkerung nicht wie von den Invasoren erwartet gegen die Castro-Regierung erhob.

Die Kubakrise. Abgeschnitten von seinem traditionell wichtigsten Handelspartner USA suchte das zunächst blockfreie Kuba die wirtschaftliche Anbindung an den Ostblock. Die Sowjetunion nutzte die Chance, Atomraketen in unmittelbarer Nähe der USA zu errichten. Der sowjetische Ministerpräsident Nikita Chruschtschow hoffte, damit ein Gegengewicht zu den US-Raketenbasen in der Türkei in die Hände zu bekommen und die Amerikaner von einem weiteren Invasionsversuch auf Kuba abhalten zu können.

M1 Gegenseitige Bedrohung

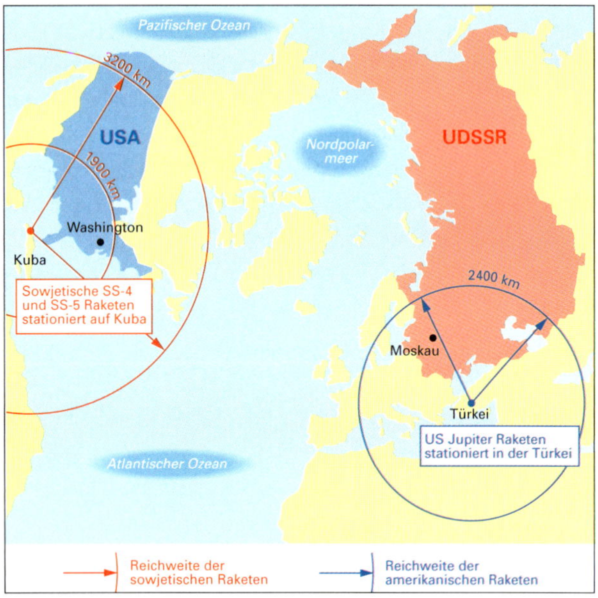

Als die amerikanische Regierung im Oktober 1962 erkannte, welche Bedrohung sich auf Kuba anbahnte, informierte Präsident John F. Kennedy die Öffentlichkeit. Er legte dabei Bildmaterial vor, das die Existenz der Raketenbasen auf Kuba bewies, welche die Sowjetunion bis zu diesem Zeitpunkt geleugnet hatte. Zum Schutz seines Landes verhängte Kennedy darüber hinaus eine Seeblockade über die Insel und verlangte den sofortigen Abzug der Raketen.

Am Rande des Atomkriegs. Als Antwort darauf entsandte die Sowjetunion weitere Schiffe mit Soldaten und Raketen in Richtung Kuba, um die Blockade der Amerikaner zu brechen. In den USA wurde die Atombomberflotte in Alarmbereitschaft versetzt. Als dann auch noch ein amerikanisches Aufklärungsflugzeug über Kuba abgeschossen wurde, war der Fall eingetreten, für den das US-Militär einen Vergeltungsschlag vorsah: Die Welt stand am Rande eines Atomkriegs. Gleichsam im letzten Moment lenkte der sowjetische Ministerpräsident ein, und die Supermächte einigten sich auf einen Kompromiss: Die Sowjetunion zog ihre Raketen von Kuba ab. Die USA sagten zu, stillschweigend diejenigen Raketen abzubauen, die sie in der Türkei stationiert hatten und die auf die Sowjetunion gerichtet waren.

Folgen der Krise. So markierte die Kubakrise in der Geschichte des Kalten Kriegs einen Wendepunkt: Die USA und die Sowjetunion erkannten, dass es notwendig sei, künftig zu einer Form des friedlichen Zusammenlebens zu gelangen. Hierzu diente zunächst die Einrichtung eines „heißen Drahtes", einer direkten Fernschreiberverbindung zwischen den Regierungszentralen in Washington und Moskau. Damit sollte im Fall einer Krise ein schneller Austausch an Informationen möglich sein. Daneben intensivierten die Supermächte ihre Rüstungsanstrengungen. Ihre Bemühungen glichen einem Wettlauf, bei dem die Sowjetunion ebenso wie die USA versuchten, der Gegenseite immer einen Schritt voraus zu sein. Auch wurden Pläne für die Militärisierung des Weltraums geschmiedet. Gleichzeitig nahmen die Supermächte Gespräche über Rüstungsbeschränkungen auf. In mehreren Verträgen, den sogenannten SALT-Abkommen, gelang es zwischen 1972 und 1979 schließlich, Höchstzahlen für den Besitz von Interkontinentalraketen und atomaren Sprengköpfen festzulegen. Vereinbarungen über eine echte Abrüstung und gänzliche Vernichtung von Waffensystemen kamen jedoch erst ab den späten 1980er Jahren zustande.

M2 „O.K., Mr. President, let's talk."
Karikatur aus der „Daily Mail" (1962)

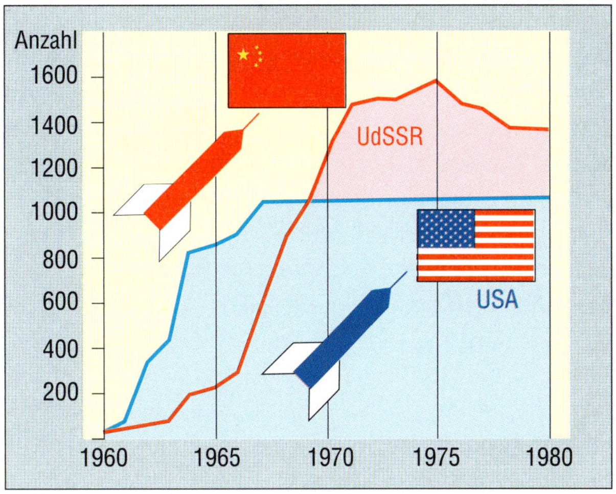

M3 Rüstungswettlauf zwischen den USA und der UdSSR am Beispiel der Interkontinentalraketen
Interkontinentalraketen können eine Reichweite bis zu 15 000 km haben.

M4 Der amerikanische Präsident Kennedy über das amerikanisch-sowjetische Verhältnis
Aus einer Rede John F. Kennedys an der Universität Washington (10. Juni 1963):

Keine Regierung oder kein Gesellschaftssystem ist so teuflisch, dass man bei seinen Bürgern nur schlechte Eigenschaften feststellen muss. Als Amerikaner empfinden wir den Kommunismus als außerordentlich abstoßend, da er eine Negierung der persönlichen Freiheit und Würde darstellt. Trotzdem können wir das russische Volk doch noch wegen seiner vielen Errungenschaften in der Wissenschaft und im Weltraum, in der Ökonomie und im industriellen Wachstum und wegen seiner Kultur und hervorragender Taten wertschätzen. Unter den vielen gemeinsamen Charakterzügen der Menschen unserer beiden Länder ist keiner stärker ausgeprägt als unser beiderseitiger Abscheu vor dem Kriege. Nahezu einzigartig unter den größeren Weltmächten haben unsere beiden Länder nie miteinander im Krieg gelegen ... Sollte heute jemals erneut ein totaler Krieg ausbrechen, gleichgültig wie, dann würden unsere beiden Länder die ersten Zielscheiben sein. Es ist Ironie, aber es steht doch fest, dass die zwei größten Mächte in der größten Gefahr sind, zerstört zu werden. Alles, was wir aufgebaut haben, alles, wofür wir gearbeitet haben, würde in den ersten 24 Stunden zerstört werden. Sogar im Kalten Krieg, der für so viele Länder und auch unsere engsten Verbündeten Bürden und Gefahren mit sich bringt, tragen unsere beiden Länder die schwersten Lasten. Denn beide stecken ungeheure Summen in Waffen, anstatt sie für den Kampf gegen Unwissenheit, Armut und Krankheit zu verwenden ... Kurzum: die Vereinigten Staaten mit ihren Verbündeten und die Sowjetunion mit ihren Verbündeten haben ein gegenseitiges großes Interesse an einem gerechten und wahren Frieden und an der Beendigung des Wettrüstens. Übereinstimmung mit diesen Zielen liegt im Interesse der Sowjetunion und auch in unserem; und sogar bei den am meisten verfeindeten Nationen kann man darauf vertrauen, dass sie diese Vertragsverpflichtungen akzeptieren und einhalten, weil es eben Verpflichtungen sind, die in ihrem Interesse liegen.

Zitiert nach: Robert McNamara: Blindlings ins Verderben, Reinbeck (Rowohlt) 1987, S. 11ff. Übers. von Volker Englich und Wolfgang Mallmann.

1 Erläutere die gegenseitige Bedrohungslage anhand von M1.

2 Beschreibe, wie das Verhältnis zwischen den USA und der Sowjetunion auf der Karikatur M2 dargestellt wird. Erkläre, für welche Seite der Karikaturist vermutlich Partei ergreifen möchte.

3 Interpretiere die Grafik des Rüstungswettlaufs (M3).

4 Skizziere den historischen Hintergrund, der Kennedy zu seiner Rede veranlasst haben dürfte (M4 und Autorentext). Erarbeite die Absichten, die Kennedy mit seiner Rede verfolgte.

Der Vietnamkrieg

Die „Dominotheorie" der Amerikaner. Die vietnamesische Befreiungsbewegung aus Nationalisten und Kommunisten besiegte 1954, unterstützt von China, die französischen Kolonialherren. Frankreich musste Indochina aufgeben. Die französische Niederlage löste Alarmstimmung in Washington aus. Würden nun die Nachbarstaaten Vietnams in Südostasien ähnlich kippenden Dominosteinen alle unter kommunistische Herrschaft geraten?

Von Militärberatern zu Soldaten. Nach dem französischen Abzug kam es zur Teilung Vietnams in einen kommunistischen Norden und einen westlich orientierten Süden. Letzterer entwickelte sich allerdings nicht zu einem Staat mit einer demokratischen Ordnung, sondern zu einer Militärdiktatur. Dennoch unterstützten die USA Südvietnam in dem jetzt ausbrechenden Konflikt zwischen den beiden Landesteilen mit Geld und Waffen, da man in ihm einen wichtigen Partner im Kampf gegen den Kommunismus sah. Die Sowjetunion und China standen aufseiten der kommunistischen Vietcong, die von Norden eindringend das südvietnamesische Regime und seine amerikanischen Helfer bekämpfte. Unter John F. Kennedy arbeiteten 1962 bereits über 16 500 amerikanische „Berater" für die südvietnamesische Armee, die auch in Kämpfe eingriffen. Sein Nachfolger, Präsident Lyndon B. Johnson, entsandte 600 000 reguläre Soldaten.

Eine Großmacht verliert sich im Dschungel. Je länger der Vietnamkrieg andauerte, umso deutlicher wurde, dass die hochgerüsteten amerikanischen Soldaten gegen die Guerillataktik der einheimischen Kämpfer keinen Erfolg haben würden, weil diese sich immer wieder geschickt in die ausgedehnten Dschungelgebiete zurückziehen und von dort aus Überraschungsangriffe starten konnten. Vergeblich warfen die Amerikaner und Südvietnamesen über Vietnam und Laos mehr Bomben ab, als im gesamten Zweiten Weltkrieg niedergegangen waren. Kampfstoffe, wie Napalm, ließen Menschen qualvoll sterben. Hochgiftige Pflanzenvernichtungsmittel entlaubten riesige Tropenwälder, damit die Amerikaner die Nachschubwege der Vietcong erkennen und bombardieren konnten. Weite Landstriche wurden auf Jahrzehnte verseucht; noch heute leidet die Landbevölkerung unter den Auswirkungen der Giftstoffe.

M1 Konzertankündigung Jimi Hendrix, Frankfurt 1969

(Plakat von Günther Kieser)

Hendrix verfremdete auf dem Woodstock-Festival 1969 mit seiner E-Gitarre die amerikanische Hymne mit Anspielungen auf Maschinengewehrsalven und Fliegerangriffen. Damit wurde er zur Kultfigur des Protests gegen den Vietnamkrieg.

„Make love, not war" – Proteste in den USA. In Vietnam kämpften bis zur Abschaffung der Wehrpflicht 1973 vor allem junge Rekruten. Etwa 50 000 Jugendliche entzogen sich der Einberufung durch die Flucht nach Kanada. Die Berichte der Heimkehrer über die Brutalität der Kämpfe und die massive Kritik am amerikanischen Vorgehen gegenüber der Zivilbevölkerung führten in den USA zu Massendemonstrationen gegen die Fortführung des Kriegs in Indochina. Zugleich demonstrierte die junge Generation gegen die als „spießig" empfundenen Lebensformen der Älteren. „Flower power" und „Make love, not war" lauteten die Parolen. Durch bunte Kleidung, lange Haare und öffentliches Rauchen von Haschisch forderten die „Hippies" eine Abkehr von allen gesellschaftlichen Zwängen. Bei den Studentendemonstrationen gegen den Krieg wurde der nordvietnamesische Staatsgründer Ho Chi Minh zur Idolfigur gegen Kolonialismus und für das Selbstbestimmungsrecht einer Nation. Der Rückzug der Amerikaner nach dem Friedensabkommen 1973 glich einer Flucht. Nordvietnamesische Truppen eroberten 1975 den Süden und vereinigten beide Länder unter kommunistischer Regierung. 56 000 Amerikaner und 1,1 Millionen Vietnamesen waren gefallen; über zwei Millionen Zivilisten starben in den Flächenbombardements. Die Niederlage im Vietnamkrieg wurde in den Folgejahren zum Trauma der amerikanischen Politik.

M2 Flucht nach Napalmangriff *(Foto von Huyinh Cong)*

Das Bild wurde erstmals in der „New York Times" am 9. Juni 1972 veröffentlicht.

M3 Tod eines Vietcong *(Foto von Eddie Adams)*

Der von den USA unterstützte Polizeichef von Saigon erschießt am 1. Februar 1968 auf offener Straße einen Vietcong. Kurz vor dieser Tat war die Familie eines Freundes des Polizeichefs von Vietcong-Soldaten ermordet worden.

M4 Beschreibung der Bilder durch eine Expertin

Die zentrale Figur (in M2) ist das dem Betrachter frontal zugewandte nackte und schreiende Mädchen in der Bildmitte. Als formales Vorbild kann das Gemälde „Der Schrei" von Edward Munch (1893) genannt werden. Das Mädchen ist Inbild der Unschuld, der Hilflosigkeit und des Flüchtlings, ohne Hab und Gut, ohne Erwachsene.

(M3) ist ein Beispiel für ein Ereignisbild, in dem ein entscheidender Moment festgehalten wird. Es entstand während der Tet-Offensive (Offensive der Vietcong 1968). Die extreme Polarisierung der beiden Figuren wird durch den Bildaufbau unterstrichen: Das Opfer, mit am Rücken zusammengebundenen Händen, steht frontal zur Kamera, die Mimik unterstreicht die Schockwirkung des Fotos. Der Schütze ist im Profil abgebildet, der ausgestreckte Arm und die unbewegte Mimik unterstreichen dessen Machtposition und Kaltblütigkeit. Da tödlicher Ausgang und Aufnahme zusammenfallen, kann von einem „doppelten Schuss" gesprochen werden.

Zitiert nach: Charlotte Bühl-Gramer: Vom Dokumentarfoto zur Fotoikone. In: Fotografien im Geschichtsunterricht (= Praxis Geschichte 1/2006), S. 15.

1 Erläutere die „Dominotheorie" der Amerikaner (Autorentext).

2 Welche Gründe führten weltweit zu den Protesten gegen den Vietnamkrieg? Beziehe die Rolle von Musikfestivals und Protestsongs (M1) mit ein.

3 Beschreibe mithilfe von M4 die Bilder M2 und M3 mit eigenen Worten.

4 Sowohl M2 als auch M3 erhielten den Pulitzerpreis. Was macht ein Foto zu einem „Jahrhundertfoto"? Lies dazu auch auf Seite 168f. nach.

5 Du kannst die Geschichte des Mädchens Kim Phuc und die weltweite Wirkung des Bildes M2 selbst herausfinden, indem du den Namen in eine Suchmaschine eingibst.

6 Vietnam als Trauma der amerikanischen Politik – finde heraus, was damit gemeint ist.

1968: Nationale und internationale Protestbewegungen

Die Bundesrepublik im Umbruch. Nach einer schweren Wirtschaftskrise Mitte der 1960er Jahre in der Bundesrepublik kam es 1966 erstmals zur Bildung einer Großen Koalition zwischen CDU/CSU und SPD (s. S. 118/M1). Die Opposition, deren Aufgabe die Kontrolle der Regierung ist, bestand nur noch aus den wenigen Abgeordneten der FDP. Unter Schüler- und Studentengruppen formierte sich die ▸ „Außerparlamentarische Opposition" (APO). Deren Proteste richteten sich vorrangig gegen die im Mai/Juni 1968 nach langen politischen Diskussionen eingeführten ▸ Notstandsgesetze. Diese ermöglichten dem Staat im Krisenfall weitgehende Eingriffe in die Privatsphäre seiner Bürger.

Die Radikalisierung der Studenten. Die wichtigste studentische Vereinigung jener Zeit war der „Sozialistische Deutsche Studentenbund" (SDS) mit ihrem führenden Kopf Rudi Dutschke. Seit Mitte der 1960er Jahre hatte es immer wieder studentische Proteste gegen den Vietnamkrieg und die Rassentrennung in Südafrika gegeben, die zunächst gewaltfrei verliefen.

M1 Demonstration gegen den Vietnamkrieg
(2. v. l.: Rudi Dutschke; Foto vom 27. November 1967)

Im Juni 1967 kam der für massive Menschenrechtsverletzungen in seinem Land verantwortliche Schah von Persien (Iran) nach Deutschland und wurde glanzvoll empfangen. Der Kaiser und seine Frau waren Lieblinge der deutschen Regenbogenpresse, in der kein Wort über die Folterungen in der Schah-Diktatur zu lesen war. Die Protestierenden warfen sowohl der Regierung als auch der Presse vor, dieses diktatorische Regime zu unterstützen. Der Schah brachte seine eigene aus Geheimdienstleuten bestehende Schutztruppe mit, die auf die demonstrierenden deutschen Studenten einknüppelte. Die Situation eskalierte. Während der Tumulte wurde der Student Benno Ohnesorg von der Kugel eines Berliner Polizeibeamten tödlich getroffen. Der Schriftsteller Günter Grass sprach vom „ersten politischen Mord in der Bundesrepublik". Inzwischen stauten sich die Aggressionen vieler Bürger gegen die „Ruhestörer". Dutschke wurde von der konservativen Presse, allen voran von der „Bildzeitung", zum „Staatsfeind" erklärt und alle demonstrierenden Studenten verteufelt. Am Gründonnerstag 1968 verübte ein rechtsradikalen Kreisen nahestehender Hilfsarbeiter ein Attentat auf Dutschke, an dessen Spätfolgen er 1979 starb. Dieses Attentat löste die schwersten Straßenschlachten in Deutschland seit dem Ende der Weimarer Republik aus; in 27 Großstädten gingen mehrere 100 000 Menschen auf die Straße. 400 Verletzte und zwei Tote waren zu beklagen. Der SDS löste sich aber bereits 1969 wieder auf.

1968 als internationales Protestjahr. Rückblickend bedeutete das Jahr 1968 für viele westliche Länder eine „Kulturrevolution" gegen die als „spießig" empfundenen Lebensformen der Elterngeneration (s. S. 158). In Frankreich wurde Daniel Cohn-Bendit zum Star der Studentenrevolte. Dort erreichten die Proteste Ausmaße, die andere Länder nicht kannten, weil sich im Mai 1968 die mehr Mitbestimmung fordernden Arbeiter der Bewegung anschlossen. Ein Generalstreik mit neun Millionen Teilnehmern legte das Land über Wochen lahm. Staatspräsident de Gaulle verließ Paris und zog sich ins Hauptquartier der französischen Truppen in Deutschland, nach Baden-Baden, zurück. In den USA erlag die Symbolfigur der gewaltlosen Bürgerrechtsbewegung, Martin Luther King, im April einem Attentat. In 76 Siedlungen der schwarzen Bevölkerung brachen gewaltsame Aufstände aus.

Während die Demonstrationen gegen den Vietnamkrieg weltweit anhielten, erhob sich unter der Jugend im Westen nur mäßiger Protest gegen den Einmarsch von Truppen des Warschauer Pakts in die Tschechoslowakei 1968. Dort wurde das Experiment eines „Sozialismus mit menschlichem Antlitz" unter Parteichef Dubček von Panzern überrollt.

M2 Titelseite des „Spiegels" *(24. Juni 1968)*

M3 Zeitzeugen ziehen Bilanz

a) ... Mag auch der aufrührerische Geist von '68 vergangen sein – die erstickende Normalität von einst ist nur selten wieder in die Institutionen zurückgekehrt. Die Kultur des Landes bleibt von dem Umwälzungsprozess jener Jahre beeinflusst. Viele leben in ihrem Alltag heute verhältnismäßig ungestört das, was einst härtesten Kampf erforderte. Und so manches davon ist – wenn auch in abgeschwächter Form – in breitere Bevölkerungskreise eingedrungen: die Auflockerung der Institution Ehe und die Alltäglichkeit nichtehelicher Beziehungen, die Idee der Wohngemeinschaft, eine freiere Kindererziehung nicht nur in Krabbelstuben, Kinderläden oder freien Schulen, sondern auch in Kindergärten und Regelschulen, offenere Umgangsformen der Menschen untereinander, die Etablierung einer alternativen Kultur – von Straßenfesten bis zu selbst organisierten Kulturzentren.

Zitiert nach: Volkhard Brandes: Wie der Stein ins Rollen kam. Vom Aufbruch in die Revolte der sechziger Jahre, Frankfurt/Main (Brandes & Apsel) 1988, S. 194f.

b) Je weiter der zeitliche Abstand zur Studentenbewegung wird und je trostloser die Gegenwart erscheint, desto üppiger wuchert im Kneipendunst das linke Jägerlatein. Die Studentenbewegler pflegen ihre APO-Mythen, wie ihre Väter ihre Kriegs-, Widerstands- und Aufbaumythen pflegen. Die APO-Generation baut am Denkmal ihrer großen Vergangenheit und spürt nicht, dass sie dabei anfängt zu versteinern.
Wenn man die deutsche Linke mit ihren französischen, italienischen und holländischen Gesinnungsfreunden vergleicht, fällt auf, dass ihr dreierlei fehlt: Selbstironie, Lebenskunst und Neugierde. Die deutschen Jugendlichen beginnen das zu spüren. Die APO-Generation tritt ihnen nicht mit Neugierde gegenüber, sondern mit Besserwisserei. In einer Mischung von kleinbürgerlichem Missmut und großbürgerlicher Herablassung verkündet sie, dass die heutigen Jugendlichen nichts entdeckten, was sie nicht schon lange wüssten, besser wüssten ... Die Besserwisserei ist die penetranteste Umgangsform dieses Anspruchs. Die Studentenbewegung legte sich beizeiten die Pose des deutschen Oberlehrers zu ...

Zitiert nach: Jörg Bopp: Vatis Argumente: APO-Generation und heutige Jugend. In: Kursbuch 58, hrsg. von Hans-Magnus Enzensberger, Berlin (Kursbuchverlag) 1979, S. 2ff.

M4 1968 aus Sicht der heutigen Forschung

Der Historiker Edgar Wolfrum, 2005:

Es handelte sich 1968 um eine globale Protestkultur ... Der immer brutaler werdende Vietnamkrieg, besonders der amerikanische Einsatz von Napalmbomben war Katalysator der Proteste ... Kolonialismus galt vielen 68ern als grausamste Form der Ausbeutung. Eine Identifizierung mit der Dritten Welt, ihren Befreiungsbewegungen und Guerillakämpfern nahm fast religiöse Züge an: Ernesto „Ché" Guevara, Fidel Castro, Ho Chi Minh und Mao Zedong ... wurden zu „Vorbildern" in Theorie und Praxis, mit deren Hilfe man den Widerstand in der Dritten Welt idealisierte und ihn in die entwickelten Industriegesellschaften übertragen wollte.

Edgar Wolfrum: Die Bundesrepublik Deutschland 1949–1990, Stuttgart 2005 (= Gebhard Handbuch der deutschen Geschichte, Band 23), S. 332ff.

1 Arbeite aus dem Autorentext heraus, wogegen sich der Protest der 68er in der Bundesrepublik und in anderen Ländern richtete.
2 Begründe, warum die Mehrheit der Bürger sich von der Protestbewegung distanzierte (Autorentext).
3 Erörtere die langfristigen Folgen der Proteste (M3a) sowie die Kritik an der APO-Generation (M3b).
4 Stelle Kurzbiografien der in M4 genannten Personen zusammen und finde heraus, wieso diese zu Idolen werden konnten. Einige von ihnen sind in M2 abgebildet.

„Wandel durch Annäherung": Die Öffnung nach Osten

„Mehr Demokratie wagen". 1969 wurde Willy Brandt der erste Bundeskanzler (bis 1974), welcher der SPD angehörte. Dies wurde möglich, weil Brandt die FDP als Regierungspartner gewinnen konnte; es begannen die Jahre der sozial-liberalen Koalition (s. S. 118/M1). Brandt wollte den autoritären Regierungsstil der CDU-Kanzler grundlegend verändern: Das sozial-liberale Bündnis legte großen Wert auf ein höheres Maß an Mitbestimmung der Bürger. „Mehr Demokratie wagen" lautete Brandts Motto. Die Koalition setzte daher das Wahlalter von 21 auf 18 Jahre herab. Die Politiker sollten mit den Bürgern verstärkt in Dialog treten und diese zu Mitbestimmung und Mitverantwortung in vielen Bereichen anregen. In der Tat nahm in diesen Jahren das Engagement vieler Bürger zu; es entstanden unzählige Bürgerinitiativen.

M1 Wahlplakat 1969

Eine neue Ostpolitik. In der Ära Adenauer und unter dessen Nachfolgern vertrat die Bundesrepublik außenpolitisch den „Alleinvertretungsanspruch". Dieser bedeutete, dass die Bundesrepublik Deutschland für das gesamte deutsche Volk handelte und daher zu keinem Staat diplomatische Beziehungen unterhielt, der solche mit der DDR aufnahm. Ausgenommen davon war die Sowjetunion. Die DDR wurde aber in den 1960er Jahren zunehmend von den jungen Staaten in Afrika und Asien anerkannt. Daher gingen Brandt und sein Außenminister Walter Scheel (FDP) daran, die Grundlagen der Deutschland- und Außenpolitik neu auszurichten. In Zusammenarbeit mit den westlichen Verbündeten gelang Brandt erstmalig ein Durchbruch in der Ostpolitik. Sein Staatssekretär und Unterhändler Egon Bahr brachte die neue Politik auf die Formel „Wandel durch Annäherung". Mithilfe von Verhandlungen und Verträgen sollten politische Wege zur Zusammenarbeit mit der DDR, der Volksrepublik Polen und der Sowjetunion gefunden werden. Zum anderen wollte man konkrete Verbesserungen des Alltagslebens der Menschen in der DDR erreichen. In dieser Absicht schloss die Bundesregierung mehrere Verträge: Zunächst 1970 den Moskauer Vertrag mit der UdSSR, in dem beide Staaten auf die Anwendung von Gewalt bei der Verfolgung ihrer politischen Ziele verzichteten und die bestehenden Grenzen in Europa anerkannten. Im Warschauer Vertrag mit Polen im gleichen Jahr wurden die durch das Potsdamer Abkommen (s. S. 110f.) geschaffenen Grenzen bestätigt. Der ▸ Grundlagenvertrag zwischen den beiden deutschen Staaten von 1972 machte die Bundesrepublik und die DDR zu gleichberechtigten Partnern. Die Sowjetunion verzichtete im Gegenzug auf ihre Rechte als Siegermacht in der Bundesrepublik, die ihr als Resultat des Zweiten Weltkriegs noch zustanden. Nun konnten die Transitstrecken nach Westberlin nicht mehr willkürlich durch DDR-Grenzer gesperrt werden (s. S. 142f.). Briefkontakte, Telefonverbindungen und Besuche wurden erleichtert oder überhaupt erst möglich. Brandt lag als ehemaligem Regierenden Bürgermeister Berlins daran, die kulturellen, wissenschaftlichen und politischen Beziehungen zwischen den beiden deutschen Staaten unter Einbeziehung Westberlins zu verbessern.

Aussöhnung oder Ausverkauf? Gegen Brandts Politik liefen zahlreiche Gruppen Sturm: Konservative Politiker und Vertreter deutscher Heimatvertriebener brandmarkten die Ostpolitik als „Ausverkauf deutscher Interessen" und Verrat an den Prinzipien Adenauers. Dennoch stellten sich bald Erfolge des Dialogs ein: 1973 wurden beide deutsche Staaten in die Vereinten Nationen (UNO) aufgenommen. 1975 unterzeichneten außer Albanien alle europäischen Staaten sowie die USA und Kanada die KSZE-Akte zur Sicherheit und Zusammenarbeit in Europa (s. S. 166f.). Eine besondere persönliche Würdigung erhielt Willy Brandt 1971, als er für seine Bemühungen um Aussöhnung mit dem Friedensnobelpreis ausgezeichnet wurde.

M2 Willy Brandt vor dem Mahnmal des Warschauer Gettoaufstandes *(1970)*
Brandt schrieb in seinen Erinnerungen, 1989:
... Ich fand, ich konnte dann letztlich nichts anderes tun als ein Zeichen zu setzen: Ich bitte als einer, der nicht zu den wildesten Anhängern Hitlers gehört hat, um es einmal so zu sagen, ich bitte für mein Volk um Verzeihung, ich bete auch darum, dass man uns verzeihen möge.

M3 Staatsbesuch Willy Brandts bei Präsident Richard Nixon *(1970)*
Aus den Erinnerungen Brandts:
In unserem Gespräch am 10. April 1970 erklärte Richard Nixon ohne alle Umschweife: Er habe Vertrauen in unsere Politik und wisse, dass wir nicht daran dächten, bewährte Freundschaften aufs Spiel zu setzen. Allerdings müssten wir damit rechnen, dass es in Frankreich und England – und hier und da auch in den USA – einige Unsicherheit geben könne. Er würde – sollte es eine Aufforderung sein – volles Verständnis haben, wenn wir die Oder-Neiße-Linie anerkennen wollten; sie sei nun einmal zu einem Faktum geworden. Wesentlich sei unser Einverständnis, in engem Kontakt zu bleiben ... Nach meiner Wahl zum Bundeskanzler hatte ich allen, die es hören wollten, gesagt: Das deutsche Volk brauche den Frieden im vollen Sinne des Wortes auch mit den Völkern der Sowjetunion und allen Völkern des europäischen Ostens. Zu einem ehrlichen Versuch seien wir bereit, damit die Folgen des Unheils überwunden werden könnten, die eine verbrecherische Clique über Europa gebracht habe. Dabei, so fuhr ich fort, gäben wir uns keinen trügerischen Hoffnungen hin: Interessen, Machtverhältnisse und gesellschaftliche Unterschiede seien weder ... aufzulösen noch dürften sie vernebelt werden ... Nur eine gesamteuropäische Wiederannäherung werde zur Folge haben, dass sich die Teile Deutschlands aufeinander zubewegen könnten.
Zitiert nach: Willy Brandt: Erinnerungen, Berlin (Ullstein-Verlag), 1989, S. 190-194.

1 Fasse anhand des Autorentextes und der Quellen die neuen Aspekte der Politik unter Brandt und der sozial-liberalen Koalition zusammen.
2 Erkläre, wie das Wahlplakat M1 diese neue Politik vermitteln möchte.
3 Begründe anhand von M2, warum Brandts Verhalten tiefe Bewunderer und erbitterte Gegner fand.
4 Erläutere, welche historischen Erfahrungen und welche persönlichen Empfindungen Brandt zu seinem Kniefall veranlasst haben könnten. Stelle dazu die Biografie Brandts vor.

Die verunsicherte Republik: Ölpreisschock und Terrorismus

Der Ölpreisschock. In der Folge des ägyptisch-israelischen Kriegs im Oktober 1973 sperrten die arabischen Förderländer unter Führung Saudi-Arabiens den israelfreundlichen Ländern des Westens den Ölhahn zu. Der Boykott und die anschließende Vervierfachung des Ölpreises trafen die westlichen Staaten unvorbereitet und führten die bereits angeschlagene Weltwirtschaft in eine tiefe Rezession. In Deutschland stieg die Arbeitslosigkeit binnen zweier Jahre von 0,8 auf 4,5 %. Die Aufbruchstimmung vom Anfang der 1970er Jahre schlug um in eine reformfeindliche Haltung. Es fehlte zunehmend das Geld, um die sozialliberalen Reformen umzusetzen; die Staatsverschuldung nahm beträchtliche Ausmaße an. Leistungskürzungen waren unumgänglich.

Durch den Ölpreisschock entwickelte sich aber auch ein Bewusstsein für die Begrenztheit fossiler Energieträger und die „Grenzen des Wachstums", wie es die Expertengruppe internationaler Wissenschaftler („Club of Rome") nannte. Zur Verringerung der politischen und wirtschaftlichen Abhängigkeit vom Rohöl kam es jetzt in vielen Länden zu einem beschleunigten Ausbau der Atomenergie und der Suche nach alternativen Energiequellen.

Willy Brandt trat im Mai 1974 ermüdet von innenpolitischen Querelen mit dem Koalitionspartner von seinem Amt zurück, als noch dazu bekannt wurde, dass der DDR-Geheimdienst einen Spion in seiner unmittelbaren Nähe im Kanzleramt platziert hatte. Sein Nachfolger Helmut Schmidt (SPD) sah sich neben der Rezession bald mit einer zweiten Herausforderung konfrontiert: dem deutschen Terrorismus.

Die Rote-Armee-Fraktion. Die RAF verstand sich als deutsche terroristische Formation innerhalb des „internationalen Befreiungskampfes". Die Gruppe bestand aus rund 25 Mitgliedern unter Führung von Ulrike Meinhof und Andreas Baader. Alle RAF-Mitglieder stammten aus der gehobenen Mittelschicht. Ziel ihrer Attentate waren deutsche Polizeieinrichtungen und amerikanische Kasernen in Deutschland. Bis Mitte 1972 hatten die Terroristen acht Morde verübt, ehe die Polizei die führenden Köpfe der Gruppe festnehmen konnte. Eine zweite RAF-Generation ermordete 1977 Generalbundesanwalt Siegfried Buback, den Chef der Dresdner Bank Jürgen Ponto und entführte im September den Präsidenten der deutschen Arbeitgeber, Hanns-Martin Schleyer. Im „Boss der Bosse" sahen die Terroristen den „Altnazi und Vertreter des herrschenden Systems" und forderten die Freilassung ihrer inhaftierten Gesinnungsgenossen. Palästinensische Terroristen kaperten im Oktober eine Lufthansa-Maschine, um den Forderungen der Schleyer-Entführer Nachdruck zu verleihen. Die Bundesregierung ließ sich nicht erpressen. In einer Blitzaktion befreite die deutsche Antiterror-Einheit GSG 9 in Mogadischu (Somalia) die Passagiere des Flugzeugs. Die RAF-Gründer verübten daraufhin im Hochsicherheitsgefängnis Stuttgart-Stammheim Selbstmord; Ulrike Meinhof hatte sich schon am 9. Mai 1976 getötet.

M1 Arbeitgeberpräsident Hanns-Martin Schleyer
Fotografiert von den Entführern: Schleyer war 43 Tage lang in Geiselhaft der RAF. Die Terroristen forderten für seine Freilassung die Begnadigung von 11 inhaftierten RAF-Mitgliedern. Nachdem man den Forderungen nicht nachgab, ermordeten die Terroristen ihre Geisel.

Aus Angst, die studentischen Mitglieder der ▸ 68er-Bewegung könnten ihre sozialistische Gesinnung später in ihre Berufe hineintragen, wurde 1972 der sogenannte „Radikalenerlass" verabschiedet. Demnach war eine Einstellung im öffentlichen Dienst nur möglich, wenn der Bewerber die Garantie bot, jederzeit für die freiheitlich-demokratische Grundordnung einzutreten, und keiner extremistischen Organisation angehörte.

M2 Sonntagsfahrverbot als Folge der Ölkrise *(1973)*

M3 Zur Bewertung der RAF

Der Historiker Edgar Wolfrum, 2005:

Die Baader-Meinhof-Gruppe ... arbeitete bis zum Schluss an ihrem eigenen Mythos, doch der Selbstmord bedeutet eine Stilisierung als Märtyrer. Vom Scheitern sollte abgelenkt werden, doch die Selbstmorde waren nichts anderes als das Eingeständnis des Scheiterns ...

Warum ließen diese Menschen ihr bürgerliches Leben hinter sich, brachen alle Brücken ab, auch zu ihren eigenen kleinen Kindern, gingen in den Untergrund und wurden zu „Staatsfeinden Nr. 1"? Woher kam diese Radikalität? Die neuere Forschung sucht mittels psychohistorischen Deutungen eine Spur von Erklärung zu geben. Die Gruppenmitglieder spannen sich demnach in ihre eigene zunehmend wahnhafte Welt wie einen Kokon ein ... Auffallend ist das Gewicht, das die Vergangenheit im Denken der ersten RAF-Generation spielte ... Man wird deshalb sozialpsychologische Voraussetzungen, die mit dem Nationalsozialismus oder dem italienischen Faschismus und seiner gesellschaftlichen Verarbeitung zu tun haben, in Rechnung stellen müssen, um die zerstörerische Radikalität dieses Teils des bundesdeutschen Generationenkonflikts zu ergründen ... Mit ihrer harten, riskanten Linie brachte die Regierung Schmidt im Herbst 1977 der RAF die entscheidende Niederlage bei. Einige RAF-Aussteiger konnten anschließend mithilfe der Stasi in der DDR untertauchen und dort ein kleinbürgerliches Leben führen.

Zitiert nach Edgar Wolfrum: Die Bundesrepublik Deutschland, a. a. O., S. 430f.

M4 Gesamtwirtschaftliche Entwicklung 1969–1981

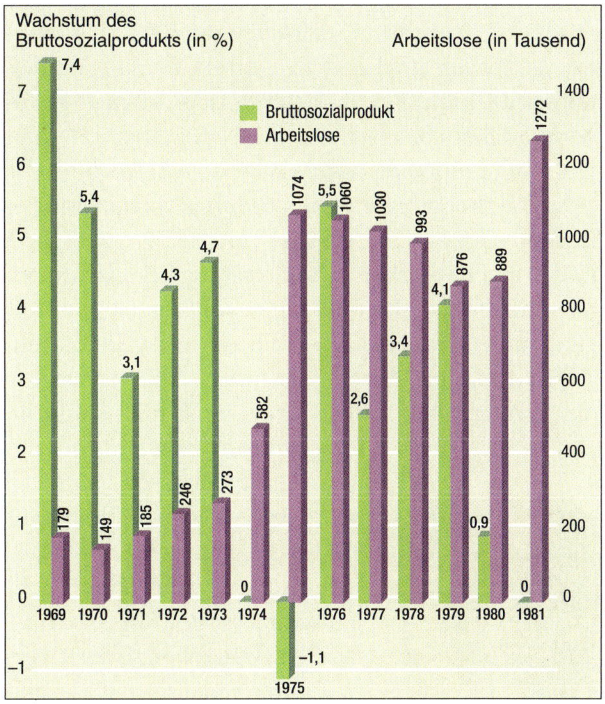

1 Informiere dich über eines der Ereignisse, das sich hinter den folgenden Daten und Namen verbirgt. Trage deine Ergebnisse in einem Kurzreferat vor:

November 1974	Günter von Drenkmann
Februar 1975	Peter Lorenz
April 1977	Siegfried Buback
Juli 1977	Jürgen Ponto
September 1977	Hanns-Martin Schleyer
Oktober 1977	Mogadischu in Somalia

2 Befragt ältere Verwandte oder Bekannte, wie sie die Jahre 1970–1977 (z. B. den „Deutscher Herbst", die RAF und Polizeigroßfahndungen) erlebt haben. Berichtet darüber in der Klasse.

3 Findet heraus, was sich die Regierung 1973 von einem totalen Sonntagsfahrverbot erhoffte. Bildet eine Expertenrunde und diskutiert alternative Vorschläge für sofortige Energieersparnis.

4 Analysiere M3 mithilfe der Methode auf Seite 28.

5 Beschreibe die grafische Darstellung in M4 und interpretiere die Zahlen, indem du die Informationen im Autorentext mit einbeziehst.

6 Diskutiert, inwieweit ihr die Verunsicherung der Bundesrepublik in den 1970er Jahren nachvollziehen könnt.

Die DDR – ein Stasi-Staat?

„Schild und Schwert der Partei." Die SED-Regierung sicherte 1950 ihre Macht durch die Gründung des Ministeriums für Staatssicherheit (MfS), das bis zur Auflösung im Jahre 1990 direkt dem Zentralkomitee (ZK) der SED unterstand. Dem Ursprung und wesentlichen Ziel nach war die DDR-Staatssicherheit eine Geheimpolizei nach sowjetischem Vorbild, die jeden Gegner der Parteidiktatur überwachen und bekämpfen sollte. Sie konnte Verdächtige verhaften und in eigenen Untersuchungsgefängnissen bis zu ihrem Prozess inhaftieren. Die im Volk spöttisch „Stasi" genannte Organisation wollte die gesamte Gesellschaft unter ihre Kontrolle bringen. Zugleich war sie ein erfolgreicher Nachrichtendienst zur Spionage bzw. Spionageabwehr. Im Laufe der Zeit wuchs die „Stasi" zu einer riesigen Organisation mit vielen Aufgaben, z. B. dem Personenschutz führender DDR-Funktionäre, der Passkontrolle an den Grenzen und der Überwachung Reisender zwischen Ost und West. Außerdem wurden Wirtschaftsunternehmen und mit dem FC Dynamo Berlin sogar ein Sportverein geführt, der mehrfach die DDR-Fußballmeisterschaft gewann.

M1 „Schild und Schwert"
Das Emblem der „Stasi".

Das Spitzelsystem. Die DDR-Staatssicherheit setzte neben ihren „Hauptamtlichen" über 174 000 „Inoffizielle Mitarbeiter" (IM) ein. Diese hielten „Augen und Ohren" offen, stellten ihre Wohnungen für geheime Treffen oder Bespitzelungen zur Verfügung oder erfüllten spezielle Aufträge für die „Stasi". Ebenso wichtig war für das MfS die Möglichkeit, Auskünfte über den SED-Parteiapparat, die Volkspolizei, die Verwaltungen von Staat und Wirtschaft oder die Massenorganisationen der DDR einzuholen. Hinzu kamen geheimdienstliche Beschattungen und Überwachungen mit Wanzen und Kameras sowie Durchsuchungen von Wohnungen und Arbeitsplätzen. Agenten der „Stasi" nahmen sogar heimlich Geruchsproben von Verdächtigen oder markierten Gegenstände mit radioaktiven Substanzen. Zu jeder Zeit musste man in der DDR damit rechnen, dass Gespräche belauscht, Telefonate abgehört, Briefe und Pakete kontrolliert wurden. Im Alltag bedeutete das für die Menschen, dass sie in ihren Äußerungen vorsichtig waren und politische Diskussionen nur im Kreise enger Vertrauter führten.

Kritiker unerwünscht – zwei Beispiele. Aus Sympathie für die DDR und ihre sozialistische Politik übersiedelte der Schriftsteller und Liedermacher Wolf Biermann 1953 in die DDR. Seine Konzerte waren oft ausverkauft. In seinen Liedern beschrieb Biermann auch den realen DDR-Sozialismus und zeigte, wie weit dieser von der Utopie des Kommunismus entfernt war. Das missfiel der SED-Führung. So bekam Biermann schließlich Auftrittsverbot in der DDR. Bei einer Konzertreise in die Bundesrepublik wurde er 1976 vom eigenen Staat ausgebürgert. Die SED verfehlte allerdings ihr Ziel, so Ruhe und Ordnung zu schaffen, denn der Fall Biermann löste lang anhaltenden öffentlichen Protest in der DDR aus.

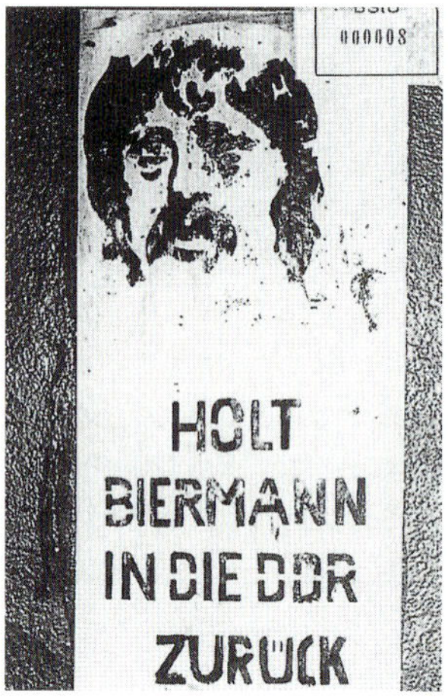

M2 Protest gegen die Ausbürgerung von Wolf Biermann
Das Flugblatt wurde im November 1976 vom Ministerium für Staatssicherheit beschlagnahmt.

Auch Jürgen Fuchs, der ab 1971 in Zeitschriften und Gedichtbänden seine Kritik an der DDR veröffentlicht hatte, setzte sich für Biermann ein und wurde am 19. November 1976 verhaftet. Seine fast zehnmonatige Inhaftierung im geheimen „Stasi"-Gefängnis endete erst, als er nach anhaltenden internationalen Protesten und Verhandlungen nach Westberlin abgeschoben wurde. Doch auch dort verfolgten und überwachten Fuchs „Stasi"-Agenten. Der Verdacht, sein früher Tod an Leukämie 1999 sei darauf zurückzuführen, dass er als Häftling des MfS Bestrahlungen ausgesetzt wurde, konnte weder bestätigt noch ausgeräumt werden.

M3 Das Personal des MfS von 1950–1989

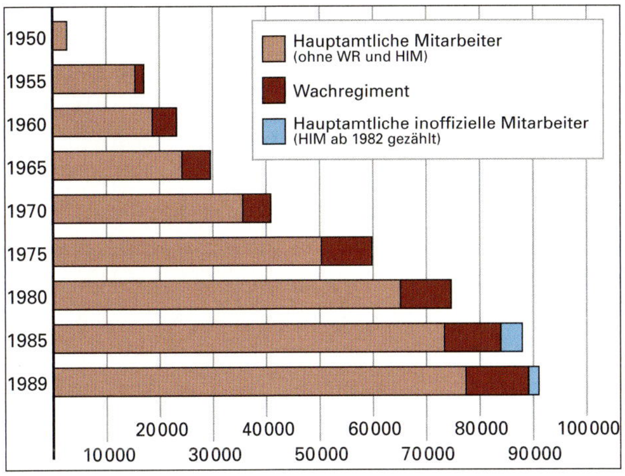

Wachregiment: 1954 als militärischer Arm des MfS aufgestellt; sicherte Staats- und Parteieinrichtungen in Ostberlin und Umgebung.

M4 Arbeitsweise der DDR-Staatssicherheit

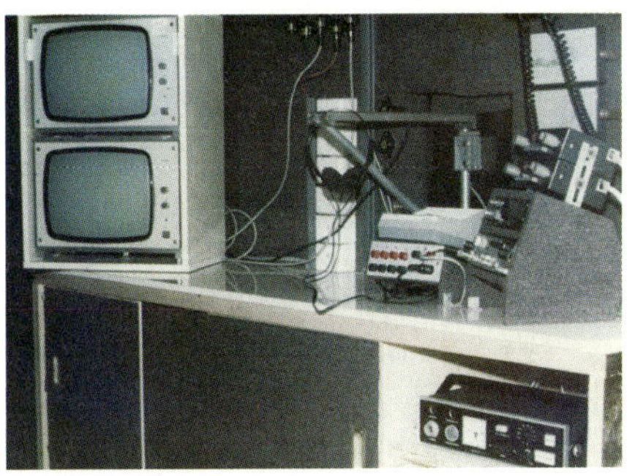

Als Kühltransporter getarnt: Der variable Beobachtungsstützpunkt „Schwalbe" mit Arbeitsplatz

M5 Informationen über den DDR-Bürger F.

Aus einer Aktennotiz der „Stasi":

Im Namen von F. wurde eine Vielzahl von Bestellungen von Zeitungen, Zeitschriften, Prospekten, Offerten u. dgl. aufgegeben, darunter auch Bestellungen, die zur Kompromittierung des F. geeignet sind. Mehrfach wurden Taxis und Notdienste (Schlüsselnotdienste, Abflussdienst, Abschleppdienst) vorwiegend nachts zur Wohnung des F. bestellt. Mit einer Vielzahl von Dienstleistungsunternehmen und anderen Einrichtungen wurden zu unterschiedlichen Tageszeiten einschließlich der Wochenenden, Besuche bei ... vereinbart (Beratung von Wohnungs- und Kücheneinrichtung sowie zur Badausstattung; Polstermöbelaufarbeitung, Polstermöbelreinigung, Wohnungsreinigung, Fensterputzer, Abholung von Schmutzwäsche, von Teppichen und Gardinen; Verkauf von Antiquitäten, Antiquariatsartikel, Musikinstrumente, Wohnungsauflösung, Abholung von Autowracks; Reparatur von Fernsehgeräten und Waschmaschinen; Möbeltransport, Ungezieferbekämpfung, Bereitstellung von Mietautos mit Fahrer, Massage, Beratung über Versicherungsabschlüsse, Buchung von Reisen, Bestellung von Menüs). Die dazu durchgeführten Überprüfungen ergaben, dass sich F. angesichts der von den beauftragten Unternehmen veranlassten Aktivitäten, der wiederholten Störungen und des massiven ... Eintreffens von Materialien unterschiedlichster Art belästigt fühlt und darüber verärgert ist. Bisher wurden seinerseits keine Bemerkungen bekannt, wonach er die eigentlichen Urheber für diese Belästigungen in Maßnahmen des MfS sieht.

Zitiert nach: Jürgen Fuchs: Unter Nutzung der Angst. Die „leise Form" des Terrors – Zersetzungsmaßnahmen des MfS (BF informiert, Nr. 2/1994), Berlin 1994 (BStU), S. 39.

1 Entnimm dem Autorentext Informationen über das MfS und setze diese in Beziehung zu dem Emblem (M1).

2 Beschreibt das Leben von Wolf Biermann (M2 und Autorentext). Forscht dazu weiter nach und erkundigt euch auch über Jürgen Fuchs, Rudolf Bahro und Gerulf Pannach.

3 Interpretiere M3 durch Einbeziehung des Autorentextes.

4 Beschreibe die Arbeitsweise der „Stasi" und erkläre deren Auswirkung auf das Alltagsleben der DDR-Bevölkerung (M4–M5 und Autorentext).

5 Charakterisiere das Vorgehen des MfS gegenüber Jürgen Fuchs (M5). Erkläre in einem Satz, was mit „Zersetzungsmaßnahmen" gemeint war.

Wandel im Westen – Stillstand im Osten

Wertewandel und Bildungsexplosion im Westen. Schon vor dem Protestjahr 1968 hatte ein allmählicher Wandel in den allgemeinen Ansichten und Auffassungen eingesetzt. Traditionelle Werte wie Pflichterfüllung, Zuverlässigkeit und Gehorsam verloren ihre übergeordnete Bedeutung und machten neuen Werten Platz, die von den Soziologen mit den Begriffen humane Arbeitswelt, Ungebundenheit, Emanzipation, Selbstentfaltung und Lebensqualität charakterisiert wurden. Parallel zum Wertewandel begann eine Bildungsexpansion. Internationale Organisationen bescheinigten der Bundesrepublik Mitte der 1960er Jahre einen dramatischen Rückstand auf den Gebieten Vorschulerziehung, Klassengröße und Abiturientenzahlen im Vergleich zu anderen westlichen Industrieländern. Das „Grundrecht auf Bildung" sollte nun auch Arbeiterkindern als der „Bildungsreserve der Nation" bessere Aufstiegschancen eröffnen. Die Zahl der Studierenden verdoppelte sich zwischen 1970 und 1980 von einer halben auf eine Million. Dieser Anstieg lag auch darin begründet, dass die geburtenstarken Jahrgänge des „Babybooms" der Wirtschaftswunderjahre an die Hochschulen kamen. Der Anteil der Studentinnen stieg von 28 % auf 41 % an. Nirgendwo entstanden so viele neue Universitäten wie in Nordrhein-Westfalen, das um 1980 über die dichteste Hochschullandschaft in Europa verfügte.

Emanzipation und Bürgerbewegungen. Auch nach 1968 blieben die Frauen trotz der neuen sozialliberalen Politik auf ihre traditionelle Rolle als Frau und Mutter festgelegt. Daher forderte die Frauenbewegung rechtliche Gleichstellung, gleichen Lohn für gleiche Arbeit bei Männern und Frauen sowie das Recht des Schwangerschaftsabbruchs.
Neben der Frauenbewegung entstanden zahlreiche lokale Bürgerinitiativen, die sich politisch engagierten. Die Umweltschutzbewegung mündete in die Gründung der neuen Partei „Die Grünen". Diese griff in ihrem Parteiprogramm viele Forderungen der Frauen-, Friedens- und Umweltbewegung auf.

Soziale Errungenschaften und andauernde Mangelwirtschaft. Beim Machtwechsel von Walter Ulbricht zu Erich Honecker als Erstem Sekretär der SED 1971 hofften die meisten DDR-Bürger auf mehr persönliche Freiheiten. Doch weiterhin mussten die DDR-Bürger für viele Güter des täglichen Bedarfs Schlange stehen und für den Erwerb hochwertiger Konsumgüter Wartezeiten in Kauf nehmen.
Zu den Bereichen, in denen die DDR fortschrittlicher als die westdeutsche Gesellschaft war, zählte der Bereich Frauenemanzipation. Frauen hatten seit Gründung der DDR nicht nur auf dem Papier ihre Gleichstellung erlangt. Ein gut funktionierendes System von Kinderkrippen und Betreuungsmöglichkeiten für Kinder ermöglichte die staatlich erwünschte Berufstätigkeit. Die Zahl der Studentinnen und der weiblichen Fachkräfte in hoch technisierten Betrieben lag im Osten deutlich höher als im Westen. Die Problematik der Vereinbarkeit von Beruf und Kindererziehung wurde in der DDR von Staats wegen gelöst.

M1 Staatsbesuch Erich Honeckers in Bonn *(1987)*

Gelebte Zweistaatlichkeit. In den 1980er Jahren hatten sich die Gesellschaften auf beiden Seiten der Mauer auseinandergelebt. Die Führung der DDR schaffte es nicht, das System wirklichen Reformen zu unterziehen. Die Kontakte zwischen den zwei deutschen Staaten verloren an Schikanen und nahmen in den 1980er Jahren durch bessere Telefonverbindungen und mehr Reisefreiheit von DDR-Bürgern zu. Westdeutsche Unternehmen entdeckten die DDR als billigen Produktionsstandort. Die Bundesrepublik gewährte der an Devisen knappen DDR mehrfach Kredite, damit der Lebensstandard im Osten gehalten werden konnte. Im Jahre 1987 besuchte Erich Honecker erstmals die Bundeshauptstadt Bonn und wurde wie jedes andere Staatsoberhaupt mit militärischen Ehren empfangen.

M2 Friedensdemonstration in Bonn *(10. Oktober 1981)*

M3 Stichwort: Friedensbewegung

Gegen den Rüstungswettlauf der Supermächte und gegen die Stationierung von atomaren US-Mittelstreckenraketen formierte sich eine breite Friedensbewegung ... In der Bundesrepublik sprengte sie alles auf diesem Gebiet bisher Dagewesene. Der 19. Evangelische Kirchentag in Hamburg im Juni 1981 zeigte, dass das pazifistische Anliegen auf große Resonanz stieß ... Besonders auffällig war die Anwesenheit überraschend vieler Jugendlicher ... Ihren Höhepunkt erreichte die Friedensbewegung im Oktober 1983. In einer Aktionswoche gegen die NATO-Nachrüstung bildeten Demonstranten eine 108 km lange Menschenkette von Ulm bis Stuttgart und in Bonn demonstrierten eine Million Menschen. Kein anderes Ereignis hat jemals in der Bundesrepublik so viele Menschen auf die Straße gebracht wie die Nachrüstung.

Zitiert nach: Wolfrum, a .a. O., S. 486f.

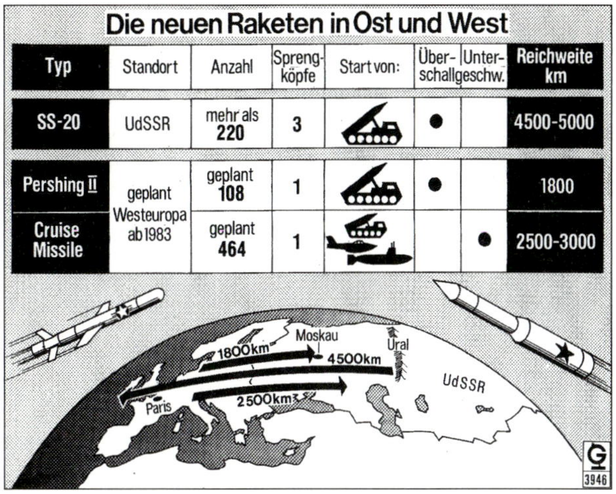

M5 Das neue Wettrüsten *(1981)*

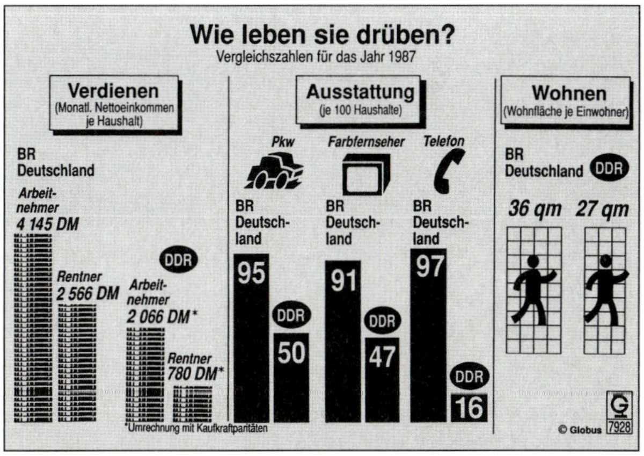

M6 Kaufkraft in den beiden deutschen Staaten *(1987)*

M4 Emblem der DDR-Friedensbewegung

Die SED verordnete 1978 die Einführung des Fachs Wehrkunde an DDR-Schulen, wogegen die Evangelischen Kirchen in der DDR erfolglos Widerspruch einlegten. In den 1980er Jahren entstanden in vielen Kirchengemeinden staatskritische Friedensinitiativen, die viele Menschen ansprachen und die von der Staatssicherheit bespitzelt wurden.

1 Notiere die unterschiedlichen Einschätzungen des Staatsbesuchs Honeckers in Bonn (M1), die es bei Menschen in Ost und West, bei Jung oder Alt geben konnte. Stütze dich dabei auf die bisher bearbeiteten Seiten zu den beiden deutschen Staaten.

2 Finde die Gründe für die Mobilisierung so vieler Menschen in der Friedensbewegungen heraus (M3–M5). Schaue nach unter dem Stichwort „NATO-Doppelbeschluss“.

3 Vergleiche die Lebensbedingungen in den 1980er Jahren in Ost und West (M6). In welchen Bereichen gab es die größten Unterschiede und wie lassen sich diese erklären?

Globale Ereignisse und die Situation Deutschlands

Die Welt ...	
1949	Gründung der NATO
1950-1953	Koreakrieg
1955	Gründung des Warschauer Pakts
1956	Aufstände in Ungarn und Polen
1962	Kubakrise
1964-1973	Vietnamkrieg
1968	Jahr der internationalen Proteste Ende des „Prager Frühlings"
1972/1979	SALT

... und die beiden deutschen Staaten	
1949–1963	Ära Adenauer
1950–1971	Walter Ulbricht Generalsekretär der SED
17. Juni 1953	Volksaufstand in der DDR
13. Aug. 1961	Bau der Berliner Mauer
1966–1969	Große Koalition
1967/68	APO-Protestbewegung
1969–1982	Sozial-liberale Koalition
1970-1972	Ostverträge
1971–1989	Ära Erich Honecker
1972	Grundlagenvertrag

WDR
Westdeutscher Rundfunk

Sicherung wichtiger Kompetenzen

- Eigene Dateien
  - Geschichte
    - Die Welt und Deutschland nach 1945
      - Methode
        - Archivrecherche
      - Fachbegriffe
        - Blockbildung
        - Kalter Krieg
        - Planwirtschaft
        - Soziale Marktwirtschaft
        - Westintegration

Das Radio macht Geschichte. „ZeitZeichen“ und „Stichtag“ sind sehr erfolgreiche tägliche Hörfunksendungen des *Westdeutschen Rundfunks (WDR)*. Sie sind die meistgehörten Geschichtssendungen im deutschen Radio.

Erfunden wurde „ZeitZeichen“ 1972. Anfangs behandelte eine Folge mehrere Themen. Mittlerweile steht aber stets ein historisches Ereignis („Heute vor ... Jahren ...“) im Mittelpunkt der 15-minütigen Sendung. Dabei wird das Thema mit verschiedenen Mitteln (Sprechertexte, Originaltöne, Geräusche, Musik) dargestellt. Es geht nicht um Beiträge im Lexikonstil, sondern um die heutige Sicht des Verfassers auf einen Jahrestag. Als Autoren arbeiten bekannte Hörfunk-Journalisten. Die erste Sendung lief am 4. April 1972. Später wechselte die Sendung mehrfach den Sender und den Sendeplatz. Zu hören auf *WDR5* täglich um 9:05 Uhr, auf *WDR3* täglich um 17:45 Uhr. Außerdem übernimmt *NDR Info* die Sendungen, montags bis freitags um 20:15 Uhr, sonnabends und sonntags um 19:05 Uhr. Zusätzlich können die Sendungen auch von den Internetseiten des Senders heruntergeladen werden (Podcasting).

Die kleinere Schwestersendung „Stichtag“ (seit 1997) *WDR2* (9:40 und 17:40 Uhr); ist nur vier Minuten lang. Sie verwendet inzwischen neben Eigenproduktionen auch kürzere Versionen des „ZeitZeichens“.

M1 „Stichtag" – Vorschau auf fünf Tage *(Oktober 2008)*

Blaue Haut und weiße Kappen
23. Oktober 1958: In einem Mittelalter-Comic des belgischen Zeichners Peyo treffen die Helden auf Zwerge mit blauer Haut und weißen Kappen: Die Schlümpfe sind geboren.

Königin der Lüfte
24. Oktober 2003: Zum letzten Mal landet eine Concorde nach einer Atlantik-Überquerung. Mit Außerdienststellung des eleganten Überschalljets endet ein Stück Luftfahrtgeschichte.

Udo Lindenbergs DDR-Flirt
25. Oktober 1983: Udo Lindenberg singt im Ost-Berliner „Palast der Republik". Bei seinem ersten DDR-Auftritt darf er eine Viertelstunde lang beim Festival „Für den Frieden der Welt" spielen.

Kicken im Verband
26. Oktober 1863: In London wird als erster Fußball-Verband der Welt die Football Association (FA) gegründet. Sie gestaltet die modernen Regeln des Sports maßgeblich mit.

Ein „Cowboy" regiert Amerika
27. Oktober 1858: In New York wird Theodore Roosevelt geboren. Er ist US-Vize-Präsident und zieht 1901 nach dem Attentat auf William McKinley als jüngster Präsident ins Weiße Haus.

1 Hört euch zwei Wochen lang die Sendung „Stichtag" an. Verteilt die einzelnen Folgen an Spezialisten, die über eine ausgewählte Sendung berichten.

2 Vergleicht die Themen der Programmvorschau M1 oder eurer ausgewählten Sendungen. Um welche Art von Ereignissen handelt es sich? Welche Bereiche von Geschichte werden angesprochen?

3 Besprecht in einer Redaktionskonferenz, welche Themen ihr aus dem Kapitel „Die Welt und Deutschland nach 1945" in eine Sendereihe „Stichtag" aufnehmen wollt.

4 Bereitet einige Themen als dreiminütiges Radiofeature vor.

Die Einigung Deutschlands …

... und die europäische Integration

Die Überwindung der deutschen und der europäischen Teilung

Das Revolutionsjahr 1989. Mit großem Aufwand feierte Frankreich im Sommer 1989 den zweihundertsten Jahrestag der Revolution. In den Festreden wurde auf den Siegeszug der Menschenrechte und der Verfassungsidee erinnert. Bedauert wurde in den Reden die Teilung des europäischen Kontinents durch den Eisernen Vorhang, da den Menschen östlich dieser Grenze die Selbstbestimmung und die Grundrechte verwehrt blieben.
Niemand ahnte im Sommer 1989, dass eine weitere epochale Wende wie 1789 in Europa unmittelbar bevorstand. Der „Wind of Change" erfasste von Polen kommend alle Staaten des Ostblocks und die kommunistischen Regime brachen ab Ende 1989 zusammen. Auf dem großen Bild ist die gestürzte Statue des aus Polen stammenden Revolutionärs Felix Dsershinski zu sehen. Der „Eiserne Felix" war als Gründer des sowjetischen Geheimdienstes Tscheka gefürchtet; er starb unter nie ganz geklärten Umständen 1926. Sein Denkmal stand vor dem Moskauer Staatsgefängnis Lubjanka. Bald baute man überall in Osteuropa und der Sowjetunion die Denkmäler kommunistischer Führer ab. Für Deutschland wurde der 9. November 1989 zum Wendepunkt der Nachkriegsgeschichte.

Was lernst du in diesem Kapitel? Am Ende dieser Einheit wirst du folgende Fragen beantworten können:
- Welche Oppositionsgruppen gab es im Ostblock in der Folge der KSZE-Konferenz? Wie und weshalb wurden diese unterdrückt?
- Welche Bedeutung hatte die Politik des seit 1985 amtierenden neuen Generalsekretärs der KPdSU, Michail Gorbatschow, für die Umbrüche in Osteuropa und in der Welt? Welche neuen Nationalstaaten entstanden?
- Aus welchen Gründen kam es zur „friedlichen Revolution" in der DDR im Herbst 1989? Wie verlief diese Revolution?
- Unter welchen Bedingungen wurde die Vereinigung der beiden deutschen Staaten vollzogen?
- Welche Entwicklungen und Motive führten zur Bildung der Europäischen Union?
- Welchen internationalen Herausforderungen müssen wir uns nach dem Ende des Kalten Kriegs stellen?

M1 Demonstration litauischer Bürger in Wilna für die Unabhängigkeit *(Januar 1990)*
Plakat litauisch: „Freiheit, du bist mehr wert als das Leben"; russisch: „Brazauskas für Einheit Litauens" – „Burokjawitschus für die ‚Einheit' in Litauen" (Algirdas Brazauskas trennte die litauische KP von der sowjetischen und wurde später Präsident Litauens - Mikolas Burokjawitschus trat für den Fortbestand Litauens als Sowjetrepublik ein.)

M2 Aufständische in Bukarest *(1989)*

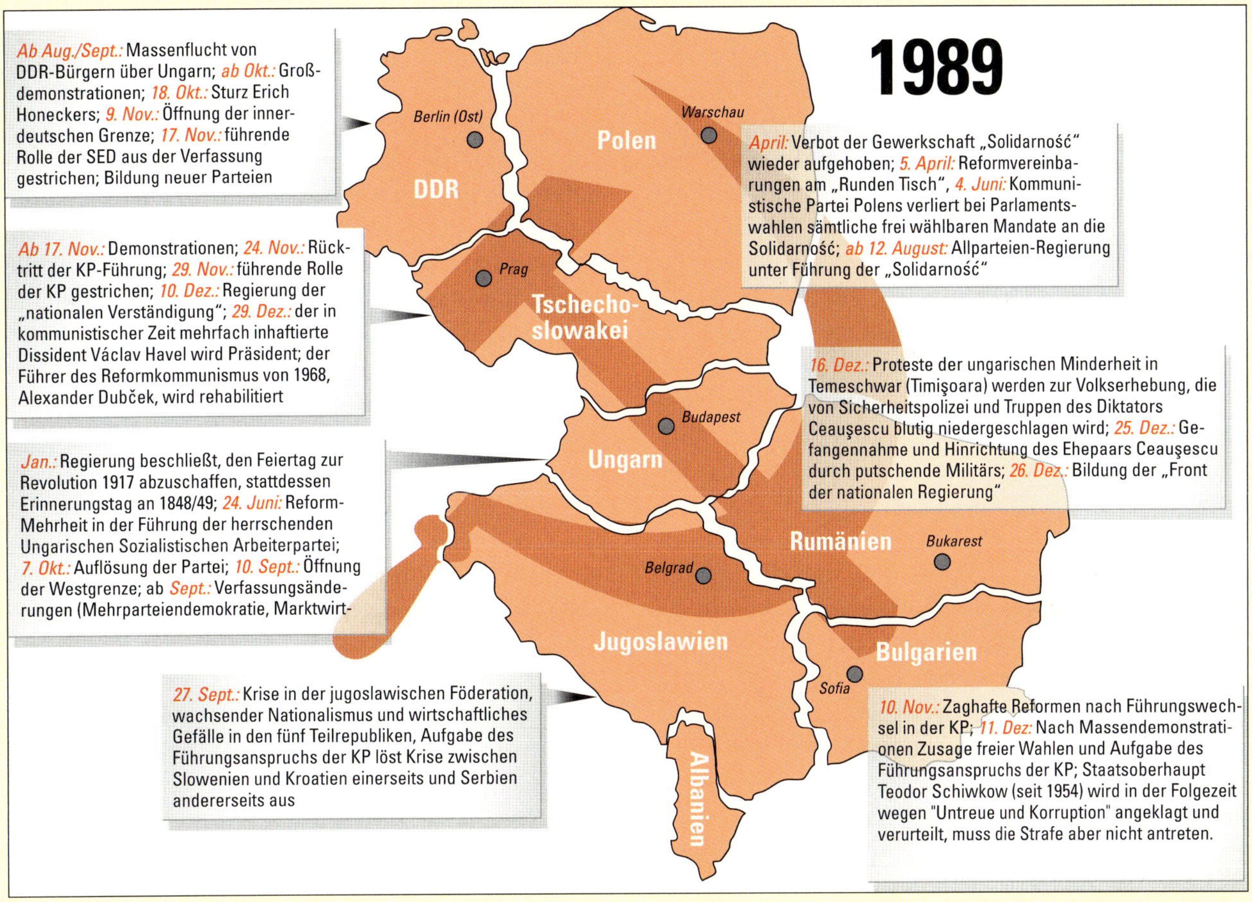

M3 Die weltpolitische Wende: Revolutionen in Osteuropa 1989

M4 Bilanz des Revolutionsjahres 1989

Die großen Umwälzungen des Jahres 1989 waren von zwei Leitideen geprägt: Die ehedem kommunistischen Staaten kamen wieder nach „Europa“ und kehrten in die „Zivilgesellschaft“ zurück. Beides erwies sich in der Praxis als problematisch. Setzt man Toleranz, Gleichbehandlung, Zivilisiertheit, Rechtsstaatlichkeit, Eigentumsrechte und eine demokratische Regierungsform als für Europa typische Werte, so waren die beiden Leitideen eng miteinander verknüpft. Waren sie aber nicht mehr als europäisch, waren sie nicht vielmehr universell (weltweit) gültig? Die Zivilgesellschaft war ein schönes Ideal, das im Osten nur schwer, aber auch im Westen nicht leicht zu verwirklichen war. Doch ungeachtet aller Schwierigkeiten des „Transformationsprozesses“ in den ehemaligen kommunistischen Ländern näherten sich Osteuropa und der Westen erstaunlich schnell an.

Zitiert nach: Harold James: Geschichte Europas im 20. Jahrhundert, München (Beck) 2004, S. 425 Übers. von Udo Rennert.

1 Beschreibe die Bilder der vorangegangenen Doppelseite und erkläre ihre Symbolik.
2 Erläutere die dir auf dem Foto M1 verständlichen Transparente. Finde heraus, wann die baltischen Staaten Estland, Lettland und Litauen im 20. Jh. unabhängig waren.
3 Fertige eine Liste der Länder an, in denen 1989 Revolutionen ausbrachen. Welche davon verliefen friedlich, welche gewalttätig? Hole bei Bedarf weitere Erkundigungen ein. Beziehe M4 mit ein.

Oppositionsbewegungen im Ostblock

KSZE und die Folgen. 1975 trafen sich im finnischen Helsinki Vertreter der USA, Kanadas und fast aller europäischen Staaten zu einer „Konferenz über Sicherheit und Zusammenarbeit in Europa" (KSZE). In der Schlussakte, die von 35 Staats- und Regierungschefs aus West und Ost unterzeichnet wurde, verpflichteten sich die unterzeichnenden Staaten zum Gewaltverzicht, zur Unverletzlichkeit der bestehenden Staatsgrenzen, zur Wahrung der Menschenrechte und zum ständigen Dialog. Die Schlussakte erzielte in der Folgezeit politische Wirkung: Sie ermutigte Intellektuelle und andere Bürgerrechtler in den Ostblockstaaten, Menschenrechtsverletzungen öffentlich zu beklagen und für Meinungsfreiheit einzutreten. Dennoch blieb jede Form von Opposition gegen die kommunistische Herrschaftsstruktur gefährlich. Auch waren die Staaten des Warschauer Pakts an die Breschnew-Doktrin gebunden. Diese Doktrin, benannt nach dem früheren Parteichef Leonid Breschnew, beinhaltete das Recht der Sowjetunion, bei Bedrohung der kommunistischen Ordnung im Ostblock notfalls auch militärisch einzugreifen, wie es 1968 in der Tschechoslowakei auch geschehen war. Trotz dieser Gefahr entstand 1977 in der Tschechoslowakei erneut eine Bürgerrechtsbewegung, die sogenannte „Charta 77", die auf den Widerspruch zwischen der KSZE-Schlussakte und Menschenrechtsverletzungen aufmerksam machte. Führende Mitglieder wurden zu langjährigen Haftstrafen verurteilt. Eine Symbolfigur war der spätere Staatspräsident Václav Havel.

Polen und die „Solidarność". Auch in Polen verfolgte man aufmerksam die Vereinbarungen von Helsinki. Ende der 1970er Jahre kam es angesichts fehlender Konsumgüter bei erhöhten Preisen und Arbeitsnormen zu Konflikten zwischen den Arbeitern und der Kommunistischen Partei Polens. Ein von den Danziger Werftarbeitern im Januar 1980 ausgelöster Streik weitete sich sehr rasch aus. In der Folge wurde die unabhängige Gewerkschaft „Solidarność" (= Solidarität) gegründet. Unter ihrem Führer Lech Wałęsa erfuhr sie gewaltigen Zulauf und hatte bald mehr als neun Millionen Mitglieder. Die Arbeiterbewegung forderte u. a. freie Wahlen, Reformen und das Ende der kommunistischen Alleinherrschaft. Eine solche Organisation war für eine kommunistische Regierung, die sich als alleiniger Vertreter der Arbeiter sah, eine Bedrohung. Als Spekulationen über ein Eingreifen sowjetischer Truppen aufkamen, verhängte die Regierung im Dezember 1981 das Kriegsrecht. „Solidarność" wurde verboten, zahlreiche Mitglieder verhaftet und der Ausnahmezustand erklärt. Aber Polen kam nicht zur Ruhe. Angesichts der wachsenden Opposition in Bevölkerung und Kirche musste sich die Regierung 1989 zu weitreichenden Zugeständnissen bereit erklären. In den ersten freien Wahlen zum polnischen Parlament 1989 erzielte die „Solidarność" einen hohen Wahlsieg; die Kommunistische Partei Polens löste sich wenig später auf.

Ungarn öffnet die Grenze. In Ungarn hatte der Staat während der 1970er und 1980er Jahre mehr wirtschaftliche Freiräume als im Ostblock üblich gewährt, außerdem durften seine Bürger ins „kapitalistische" Ausland reisen. In der zweiten Hälfte der 1980er Jahre regte sich allerdings auch hier zunehmend Protest gegen die kommunistische Herrschaftsform. Als 1988 Reformkommunisten an die Regierung gelangten, wurde das zuvor vom sowjetischen Regierungschef Michail Gorbatschow verkündete Selbstbestimmungsrecht der Ostblockstaaten (s. S. 170f.) umgesetzt; so ließ man u. a. unabhängige politische Parteien zu. Im Mai 1989 begann Ungarn mit dem Abbau der Grenzbefestigungen zu Österreich, wodurch der „Eiserne Vorhang" zu existieren aufhörte.

M1 Symbolische Öffnung der österreichisch-ungarischen Grenze Ende Juni 1989
(links: der österreichische Außenminister Alois Mock, rechts: der ungarische Außenminister Gyula Horn)

M2 Die KSZE in der Karikatur

Deutsches Allgemeines Sonntagsblatt, 19. Oktober 1975

M3 Streikende Werftarbeiter der Leninwerft in Danzig

Die Streikbewegung wurde schon früh von der einflussreichen katholischen Kirche, auch mit Geldmitteln aus dem Vatikan, unterstützt. Der aus Polen stammende Papst Johannes Paul II. kritisierte unmissverständlich die Politik der Kommunistischen Partei.

M4 Aus den 21 Forderungen des Danziger Streikkomitees vom August 1980

1. Zulassung von freien und unabhängigen Berufsverbänden, die nicht von der Partei abhängig sind ...

2. Garantie des Streikrechts und die Gewähr der Sicherheit für die Streikenden und die sie unterstützenden Personen.

3. Beachtung der Freiheit des Wortes, des Drucks und der Veröffentlichung. Keine Verfolgung unabhängiger Druckereien und Zugang zu den Medien für Vertreter aller politischen Richtungen (gemeint waren vor allem Radio- und Fernsehzeiten für die katholische Kirche).

4. Rückforderung ursprünglicher Rechte

a) Wiedereinstellung aller während der Streiks 1970 und 1976 entlassenen Arbeiter. Wiederaufnahme aller Studenten in die Universitäten, die wegen ihrer Überzeugungen von den Universitäten verwiesen wurden.

b) Freilassung aller politischen Gefangenen ...

c) Aufhebung aller politischen Benachteiligungen und Gewährung der Religionsfreiheit ...

8. Erhöhung des Grundlohns von jedem Arbeiter um 2 000 Złoty monatlich als Ausgleich für die Preissteigerungen.

12. Einführung der Wahl aller Leitungskader in den Betrieben nach dem Kriterium der Qualifikation und nicht nach Parteizugehörigkeit. Aufhebung der Privilegien von Miliz, Staatssicherheit und Parteiapparat. Gleichstellung der Familienzuwendungen ...

16. Verbesserung der Gesundheitsfürsorge in den Betrieben, um die volle medizinische Versorgung der arbeitenden Bevölkerung sicherzustellen.

17. Bereitstellung einer genügend großen Anzahl Plätzen von Kinderkrippen und Kindergärten für die Kinder der arbeitenden Frauen ...

Übers. von Bettina Boewig.

1 Bereite einen Kurzvortrag vor, in dem du über die KSZE und ihre Folgen informierst.

2 Zeige anhand von M2 auf, wie der Karikaturist die KSZE-Schlussakte bewertete.

3 Informiere dich über die Biografien von Václav Havel und Lech Wałęsa. Welche Rolle spielten beide in der nachkommunistischen Ära ihrer Länder?

4 „Ohne Solidarność keine deutsche Einheit" – erläutere diese These und das Besondere an der polnischen Streikbewegung (M4 und Autorentext).

5 Erarbeite die Missstände, die sich aus den Forderungen des Danziger Streikkomitees (M4) ableiten lassen.

Fotos – Schein oder Wirklichkeit?

Konservierte Wirklichkeit? Fotografien können im privaten wie im öffentlichen Bereich die Vergangenheit als Erinnerung festhalten. Keine andere historische Quelle ist der Wirklichkeit näher, denn das Dargestellte selbst hinterlässt Spuren nach einem scheinbar unbeeinflussten Abbildungsvorgang mit Kamera und Objektiv. Zugleich sind Fotos aber Ausschnitt der Wirklichkeit und meist Ergebnis subjektiver Entscheidungen. So wird immer nur ein winziger vergangener Moment in räumlich enger Begrenzung zweidimensional wiedergegeben; jede Bewegung wird gleichsam eingefroren. Den Blickwinkel und die Technik (Blende, Belichtungszeit, Format usw.) bestimmt der Fotograf, der das Bild auch formal (z. B. Anordnung der Bildelemente) gestalten kann.

Wenn Bilder lügen. Fotos werden auch bewusst inszeniert oder nachgestellt. Eine ganze Reihe von Kriegs- bzw. Siegesfotos sind so entstanden (z. B. „Elbe-Day" = Handschlag von Torgau 1945). Um Bilder attraktiver oder wirkungsvoller zu machen, werden Szenen durch Retusche oder Montage umgestaltet. Da wurde eine unpassend aussehende Zigarette aus Stalins Hand entfernt, Maos Kragen geglättet, Breschnews Spuren von Alter und Krankheit überdeckt. Von diesen eher kleinen Akten der Manipulation ist es nicht mehr weit zur Geschichtsfälschung, bei der z. B. der missliebig gewordene Politiker Dubček aus der Geschichte „ausradiert" wurde, indem man ihn auf öffentlich verbreiteten Fotos wegretuschierte. Peinlich, dass man dabei eine Schuhspitze übersah.

Vom Bild im Kopf zum Geschichtsbild. Wissenschaftliche Untersuchungen beweisen: Die unbebilderte Vergangenheit wird weniger wahrgenommen als die bebilderte. Aus Mangel an Bildzeugnissen kommt der sowjetische Gulag kaum im visuellen Gedächtnis der Menschen vor – ganz anders das nationalsozialistische Konzentrationslager. Wohl fast jeder kennt schreckliche KZ-Bilder. Ohne diese Fotos zu sehen, hat man sie vor dem inneren Auge und trägt sie im Kopf. Andere bekannte Fotos zeigen den Atompilz über Hiroshima (1945), die erste Landung von Menschen auf dem Mond (1969) oder den Einschlag eines Flugzeugs ins WTC in New York (2001). Solche Schlüsselbilder prägen die historische Vorstellung und die Interpretation der Vergangenheit.

Ikonen der modernen Medienwelt. Was aber macht bestimmte Fotografien zu Jahrhundertbildern? In der heutigen Informationsgesellschaft spielt dabei neben Inhalt und Art des Fotos die außerordentliche massenmediale Verbreitung eine Rolle, die den Bekanntheitsgrad erhöht. Erst eine des Öfteren wiederholte Verbreitung führt dazu, dass eine Fotografie Kultstatus bekommt und so zur Ikone wird, so z. B. das Bild des Physikers Albert Einstein, der die Zunge herausstreckt.

M1 Berlin am 17. Juni 1953 *(Fotograf: Wolfgang Albrecht)*

Methode: Fotos historisch auswerten

1. Schritt: Bildbetrachtung/erster Eindruck
Sieh dir das Foto sehr genau an und formuliere deinen ersten Eindruck (Assoziation, Gefühl). Verzichte dabei, die Bildlegende zu lesen.

2. Schritt: Bildbeschreibung
Beschreibe das Foto systematisch. Notiere dazu eine eigene Bildlegende. Welche Einzelheiten werden besonders herausgestellt, was wird nur am Rande gezeigt? Warum hat der Fotograf dieses Motiv gewählt? Welchen Ausschnitt und welchen Blickwinkel hat er bestimmt? Beachte Bildaufbau und Farben.

3. Schritt: Quellenkritische Einordnung
Wann ist das Bild entstanden? Wer hat in wessen Auftrag fotografiert? Handelt es sich um eine professionelle Fotografie (z. B. Presse, Mode, Kunst) oder um ein Amateurfoto (z. B. ein Familienbild)? Für welche(n) Adressaten ist das Foto gemacht worden? Oft können diese Fragen nicht alle eindeutig geklärt werden. Je weniger Fragen sich beantworten lassen, desto vorsichtiger muss man bei der Interpretation sein.

4. Schritt: Überprüfung der Glaubwürdigkeit
Welche Details im Bild stimmen nicht oder passen nicht zueinander? Halte offensichtliche Fehler oder Widersprüche fest. Lässt sich eventuell eine Retuschierung/Bildmanipulation erkennen? Wie wirkt(e) das Foto auf den Betrachter? Inwieweit werden dabei Gefühle angesprochen? Gibt es Hinweise darauf, dass die Situation inszeniert ist? Passt die Bildunterschrift zur Fotografie?

5. Schritt: Den Zusammenhang herstellen und eine Gesamtbewertung durchführen
Werte Notizen aus und formuliere ein Gesamtergebnis. Beziehe nun die Bildlegende sowie deine Geschichtskenntnisse – vielleicht auch andere Fotos oder Texte – mit ein.

1 Analysiere und interpretiere M2 in der Abfolge der fünf methodischen Schritte.
2 Vergleiche die drei Abbildungen von M1 im Hinblick auf den gewählten Ausschnitt, die Perspektive, den Bildinhalt und die dadurch erzielte Wirkung.
3 Suche im Geschichtsbuch eine Abbildung heraus, die du für ein „Jahrhundertfoto" hältst und begründe deine Wahl.

M2 Offizielle Feierstunde am 30. März 1968 vor dem Veitsdom auf dem Hradschin in Prag

Nebeneinander stehen von links nach rechts: Josef Smrkovský (späterer Vorsitzender der Nationalversammlung), Alexander Dubček (Generalsekretär der Kommunistischen Partei) und Ludvík Svoboda (Präsident der Republik). Dubček war Symbolfigur für den „Prager Frühling 1968" und musste, als der Reformkurs niedergeschlagen wurde, aus dem öffentlichen Bewusstsein verschwinden.

Zerfall und Auflösung der Sowjetunion

„Neues Denken“ unter Michail Gorbatschow. Die Leistungen der sozialistischen Planwirtschaft ließen sich seit den 1980er Jahren durch Reformen nicht mehr verbessern. Misswirtschaft und Fehlplanungen führten dazu, dass die Kluft im Lebensstandard zwischen kapitalistischen und kommunistischen Staaten immer größer wurde. Die mangelhafte Ausstattung der Bevölkerung mit Konsumgütern war auch die direkte Folge des Rüstungswettlaufs zwischen den Supermächten, da die Rüstungsproduktion absoluten Vorrang hatte. Als 1985 der Reformpolitiker Michail Gorbatschow zum Generalsekretär der Kommunistischen Partei der Sowjetunion (KPdSU) und damit zum mächtigsten Mann des Landes gewählt wurde, erhoffte sich die Bevölkerung endlich eine spürbare Verbesserung ihrer Versorgungslage. Gorbatschow ging an eine grundlegende Umgestaltung (russisch: Perestroika) von Staat und kommunistischer Partei. Innerhalb weniger Jahre hatte er die Hälfte der Mitglieder des überalterten Politbüros ausgewechselt, wo alle wichtigen Entscheidungen getroffen wurden. Gorbatschow verlangte mehr Offenheit (russisch: ▸ „Glasnost“) und Diskussionen über die Probleme und Missstände, die im Land herrschten. Statt Einschüchterung und Unterordnung sollte in der sowjetischen Gesellschaft mehr Meinungsfreiheit möglich sein und die Presse weniger zensiert werden. Die beiden Schlagworte „Perestroika“ und „Glasnost“ wurden bald auch für die anderen Staaten des Ostblocks zu Schlüsselbegriffen eines „neuen Denkens“ (s. S. 166f.).

M1 Michail Gorbatschow
(geb. 1931)

Tschernobyl – Testfall für „Glasnost“. Am 26. April 1986 kam es im ukrainischen Atomkraftwerk Tschernobyl zu einem Reaktorunfall. Große Mengen Radioaktivität traten aus und richteten verheerende Umweltschäden an, nicht nur in der Sowjetunion, sondern aufgrund der Windverhältnisse auch in weiten Teilen Nord- und Westeuropas. Die Regierung versuchte zunächst in gewohnter Weise, die Katastrophe zu verheimlichen. Traditionell wurden in der Sowjetunion Informationen über Umweltkatastrophen oder große Unfälle wie Flugzeugabstürze streng geheim gehalten und kein Wort war darüber in Zeitungen, Radio oder Fernsehen zu erfahren. Die neue Offenheit ermöglichte es der Bevölkerung, zunächst über westliche Medien und erst allmählich über die eigene sowjetische Berichterstattung das wahre Ausmaß der Katastrophe zu erfahren.

Abrüstungsverträge. Die immensen Kosten für das Wettrüsten mit den USA waren für die Sowjetunion untragbar geworden. In der Außenpolitik warb Gorbatschow deshalb, zusammen mit seinem Außenminister Eduard Schewardnadse, für eine Neuordnung der internationalen Beziehungen. Bei einem Gipfeltreffen mit dem amerikanischen Präsidenten Ronald Reagan im Dezember 1987 vereinbarten die beiden Staaten die Vernichtung aller Mittelstreckenraketen in Europa und sprachen sich für ein Verbot dieser Waffen aus. Weitere Gespräche zu Rüstungsbegrenzungen, vor allem im atomaren Bereich, folgten.

Die Sowjetunion zerfällt. Gorbatschow hob 1988 die Breschnew-Doktrin auf und verkündete, dass er allen Völkern die Wahl ihres Gesellschaftssystems selbst überlassen werde. Zögerlich versuchten daraufhin die „sozialistischen Bruderstaaten“ erste eigenständige Reformversuche. Als die baltischen Republiken Estland, Lettland und Litauen die durch den Hitler-Stalin-Pakt 1939 verloren gegangene nationale Unabhängigkeit einforderten, wies die Regierung in Moskau diese Bestrebungen zunächst scharf zurück, konnte die Loslösung jedoch nicht verhindern. Im März 1990 erklärten sich Litauen, im Mai auch Estland und Lettland für unabhängig. Der Erfolg der baltischen Staaten bestärkte andere Sowjetrepubliken, ihre Unabhängigkeit zu erklären. Der Wegfall der Zentralmacht ließ aber auch gewalttätige Konflikte zwischen verschiedenen Nationalitäten vor allem im Kaukasus und in Zentralasien ausbrechen. Dort waren die Russen plötzlich Minderheiten in neuen Staaten. Die Sowjetunion löste sich zum 31. Dezember 1991 auf, Gorbatschow trat zurück. Nachfolgestaat der Sowjetunion wurde Russland – mit neuer Flagge und neuer Hymne.

M2 Die Gemeinschaft Unabhängiger Staaten (GUS)
Die Nachfolgestaaten der Sowjetunion schlossen sich zu einer lockeren Formation als „Gemeinschaft unabhängiger Staaten“ zusammen. Mit einem gemeinsamen Markt wollte man die großen wirtschaftlichen Probleme beim Übergang zur Marktwirtschaft und zur Unabhängigkeit ehemaliger Teilrepubliken der Sowjetunion mildern.

M3 Gorbatschows Abschiedsrede *(26. Dezember 1991)*

Da ich mich das letzte Mal als Präsident der UdSSR an Sie wende, halte ich es für unverzichtbar, meine Einschätzung der Entwicklung seit 1985 darzulegen ... In unserem Land gibt es alles im Überfluss: Land, Erdöl, Gas, Kohle, Edelmetalle und andere Bodenschätze – die Intelligenz und die Begabungen nicht gerechnet, die Gott uns mit auf den Weg gegeben hat. Und doch geht es uns schlechter als den Menschen in den entwickelten (kapitalistischen) Ländern. Im Vergleich zu ihnen kommen wir immer zu spät. Der Grund dafür war klar: Die Gesellschaft erstickte im Kommandosystem der Planung. Wir waren verdammt, der kommunistischen Ideologie zu dienen und die schwere Last der Aufrüstung zu tragen. Nun haben wir die Grenzen der Belastbarkeit erreicht. Alle Versuche, Teilreformen durchzusetzen, sind nach und nach gescheitert. Alles musste radikal verändert werden.

Auch heute bin ich noch fest davon überzeugt, dass die im Frühjahr 1985 eingeleiteten Reformen historisch richtig waren. Der Prozess der Erneuerung und der Umgestaltung war schwieriger als erwartet. Doch die Gesellschaft hat die Freiheit erlangt und sich politisch und geistig befreit. Das ist die Haupterrungenschaft. Das Schlimmste an der Krise ist der Zusammenbruch unseres Staates. Ich sorge mich, weil die Menschen die Staatsbürgerschaft eines großen Landes verloren haben.

Zitiert nach: Süddeutsche Zeitung vom 27.12.1991, S. 6.

M4 „Gorbatschow als Klavierspieler“
(Karikatur von Peter Leger, 1987)

1 Stelle anhand des Autorentextes die Gründe für das Ende der Sowjetunion zusammen.
2 Erläutere die Ziele „Perestroika“ und „Glasnost“ unter Gorbatschow. Vergleiche mit der Lagebeurteilung, die Gorbatschow in M3 gibt. Ordne diese Quelle historisch genau ein.
3 Beschreibe und kommentiere die Karikatur M4.
4 Informiere dich über das Reaktorunglück von Tschernobyl 1986 und seine Folgen bis heute.

„... keine Angst mehr". Der Widerstand in der DDR wächst

Bürgerrechtsgruppen entstehen. Die durch die KSZE-Schlussakte ausgelösten Oppositionsbewegungen im Ostblock (s. S. 166f.) ergriffen auch die DDR. In den 1980er-Jahren entstanden – meist unter dem Dach der Kirche – Umwelt- und Bürgerrechtsbewegungen, die u. a. das Ziel hatten, die DDR-Bevölkerung über Missstände zu informieren und dadurch der Verschleierungstaktik der staatlich gelenkten Presse entgegenzusteuern. Sie organisierten u. a. Protestaktionen und gaben alternative Zeitschriften heraus. Versuche der Stasi, durch Verhaftung von Mitarbeitern die Oppositionsgruppen zu unterdrücken, scheiterten daran, dass sie immer mehr Zulauf erhielten. Viele DDR-Bürger waren verbittert und hatten keine Angst mehr vor drohender Bestrafung. Andere versuchten, eine Ausreisebewilligung zu erhalten, um das Land so schnell wie möglich zu verlassen.

Der „große Bruder" Sowjetunion. Bis zur Mitte der 1980er Jahre galt für die DDR-Führung die Formel „Von der Sowjetunion lernen, heißt siegen lernen!" Nach dem Amtsantritt Michail Gorbatschows und den von ihm eingeleiteten Reformen (s. S. 170f.) wollte die DDR-Führung von ähnlichen Forderungen nichts wissen. Im November 1988 wurde „Sputnik", eine sowjetische Zeitschrift in deutscher Sprache, die seit 1967 Beiträge zur „Festigung der deutsch-sowjetischen Freundschaft" veröffentlichte, wegen systemkritischer Aufsätze nicht mehr ausgeliefert. Damit trat deutlich die Unfähigkeit und fehlende Bereitschaft der DDR-Führung zutage, sich mit Reformansätzen – offen wie in der Sowjetunion – auseinanderzusetzen.

Wahlbetrug. Bei den Kommunalwahlen im Mai 1989 wurden, wie seit langem üblich, die Wahlergebnisse zugunsten der SED gefälscht. Doch diesmal protestierten Bürgerrechtler, welche die Auszählung überwacht hatten, öffentlich dagegen und legten wegen Wahlbetrugs Beschwerde ein. Auch die Berichterstattung der westlichen Medien, die in großen Teilen der DDR empfangbar waren, trug dazu bei, diesen Missbrauch offenkundig werden zu lassen. Die Behörden reagierten mit scharfen Verwarnungen und Verhaftungen. Daraufhin kam es zu weiteren Protestaktionen. Seit 1982 hatten sich in Leipzig jeden Montag nach einer Andacht in der Nicolaikirche Oppositionelle und Ausreisewillige getroffen. Zunächst waren es nur Einzelne, aber seit Mai 1989 nahm die Zahl der Demonstranten ständig zu. Die „Montagsdemonstrationen" wurden zu einem festen Protestritual. Ähnlich den Protesten in den Ostblockstaaten forderten die Bürgerrechtsbewegungen vom Staat demokratische Reformen und Reisefreiheit.

M1 Junger Mann mit Gorbatschow-Plakat bei der 1. Mai-Demonstration in Berlin 1989

Applaus für die „chinesische Lösung". Ein Schock für die Regimekritiker in der DDR stellte die Unterdrückung der Demokratiebewegung chinesischer Studenten Anfang Juni 1989 dar. Nach Wochen der Demonstrationen für Meinungsfreiheit und Demokratie marschierte die Armee gegen die Protestierenden auf. Dabei wurden nach Angaben von Amnesty International über 3000 Menschen an verschiedenen Orten der Stadt getötet und über 5000 verletzt. Die DDR-Regierung applaudierte China zu dieser „Lösung". Der Schock war so groß, dass DDR-Oppositionelle eine „chinesische Lösung" auch in ihrem Land befürchteten. Da die Hoffnungen auf Reformen in der DDR in immer weitere Ferne rückten, versuchten viele Menschen, per Ausreiseantrag oder Fluchtversuch über Ungarn ihr Land zu verlassen.

M2 „Ich bleibe bei meinem Muster – es ist geschlossener!“ *(Karikatur von Klaus Böhle, 1987)*

M3 Protestdemonstration während eines Gottesdienstes in der Dresdner Kreuzkirche *(1988)*

Seit Ende der 1970er Jahre boten viele evangelische Geistliche oppositionellen Gruppierungen Schutz, so u. a. in der Nicolaikirche in Leipzig und in der Kreuzkirche in Dresden.

M4 Kommunalwahlen 1989

Einspruch Berliner Bürgerrechtler vom 12. Mai 1989:

Wir wollen unsere Gesellschaft konstruktiv gestalten. Darum nahmen wir in Wahrnehmung unserer staatsbürgerlichen Rechte und Pflichten an der öffentlichen Auszählung der Kommunalwahlen teil. Die in 80 von 88 Wahllokalen im Stadtbezirk Friedrichshain verkündeten Resultate lauten:

	Abgegebene Stimmen	Ungültige Stimmen	Stimmen für den Wahlvorschlag	Stimmen gegen den Wahlvorschlag
Laut Bekanntgabe der Wahlvorstände	71 704	133	66 712	4 721
Laut Veröffentlichung in der Presse	85 377	113	83 653	1 611

Es ergeben sich folgende schwerwiegende Differenzen:

1. Zwischen den Angaben der gültigen Stimmen gegen den Wahlvorschlag besteht ein Unterschied von 3110 Stimmen.
2. Zwischen den Angaben der ungültigen Stimmen besteht ein Unterschied von 20 Stimmen.

Hinzu kommen folgende Verstöße gegen das Wahlgesetz:

§ 30/Abs. 1: Die Wahllokale wurden insgesamt nicht öffentlich bekannt gegeben.

§ 37/Abs. 1: Die Öffentlichkeit wurde in mehreren Fällen von der Auszählung ausgeschlossen.

§ 38/Abs. 2: Es erfolgte teilweise keine korrekte Auszählung und Differenzierung der abgegebenen Stimmen.

Darum fordern wir Sie auf, gemäß Wahlgesetz § 43/Abs. 1, gegen die Gültigkeit der Wahl vom 7. Mai 1989 in Berlin bei der zuständigen Volksvertretung Einspruch zu erheben.

Zitiert nach: Bernd Lindner: Die demokratische Revolution in der DDR 1989/1990, Bonn (Bundeszentrale für politische Bildung) 1998, S. 29.

1 Stelle mithilfe von M1–M4 und dem Autorentext Argumente zusammen, warum der Protest in der DDR immer größer wurde.

2 Erkläre die Karikatur M2 und fasse zusammen, welche Rolle Gorbatschow für die DDR-Oppositionellen spielte (M1 und S. 170f.).

3 Zeige anhand von M4 auf, inwieweit gerade der Nachweis des Wahlbetrugs als ein entscheidender Schritt für das Ende der SED und damit der DDR gelten kann.

4 Bleiben oder gehen? Lege dar, was du als Bürger der DDR 1989 getan hättest.

Die „friedliche Revolution" im Herbst 1989

Massenaufbruch aus der DDR. Angesichts der Reformunwilligkeit der eigenen Regierung versuchten im Sommer 1989 immer mehr Menschen, das Land zu verlassen. Die Zahl der Ausreiseanträge stieg enorm an. Viele DDR-Bürger wiederum nutzten die Sommerferien in den „sozialistischen Bruderstaaten", um in Prag, Warschau oder Budapest Zuflucht in den Botschaften der Bundesrepublik zu suchen und ihre Ausreise aus der DDR zu erzwingen. Dem damaligen bundesdeutschen Außenminister Hans-Dietrich Genscher gelang in langen Verhandlungen, dass 6000 Flüchtlinge aus der Prager Botschaft in Sonderzügen durch die DDR in die Bundesrepublik ausreisen durften. Weitere zehntausende DDR-Bürger überquerten zu Fuß die „grüne Grenze" zwischen Ungarn und Österreich.

M1 Sonderzug von Prag mit DDR-Bürgern in Richtung Bundesrepublik *(4. Oktober 1989)*

kommt, den bestraft das Leben", die Proteste zu ignorieren. Unmittelbar nach den Feierlichkeiten fand in Leipzig am Montag, dem 9. Oktober 1989, die größte Demonstration seit dem 17. Juni 1953 statt. Schon Tage vorher hatte die Staatsmacht gewarnt, an dieser Kundgebung teilzunehmen. Panzer und Bereitschaftspolizei wurden um Leipzig aufgestellt. Die Lage war äußerst angespannt. Es kursierten Gerüchte um einen „Schießbefehl" für die Eingreiftruppen. Dass es nicht zu einem Blutvergießen kam, war der Uneinigkeit in der DDR-Führung sowie dem friedlichen Verhalten der ca. 70000 Demonstranten zu verdanken.

M2 Montagsdemonstration in Leipzig *(9. Oktober 1989)*

Demonstrationen gegen die SED-Herrschaft. Nach Bekanntwerden der Wahlfälschungen vom Mai 1989 (s. S. 172f.) gab es überall in der DDR offenen Protest. Vor allem in Leipzig versammelten sich jeden Montag viele tausende Menschen, um für Versammlungs- und Reisefreiheit zu demonstrieren. Als am 7. Oktober 1989 die DDR in Berlin den 40. Jahrestag ihrer Gründung feierte, kam es neben den von der Regierung verordneten Jubeldemonstrationen zu Protestmärschen, die gewaltsam durch die Staatssicherheit und die Polizei aufgelöst wurden. Der als Ehrengast anwesende sowjetische Staats- und Parteichef Michail Gorbatschow warnte die DDR-Führung mit der berühmt gewordenen Formel „Wer zu spät

Am folgenden Montag marschierten schon über 100000 Menschen unter dem Ruf „Keine Gewalt!" durch die Leipziger Innenstadt. Erich Honecker musste am 18. Oktober zurücktreten; sein Nachfolger wurde Egon Krenz. Doch auch der neuen SED-Führung trauten die meisten Demonstranten nicht zu, den Staat grundlegend zu reformieren. Die Rufe nach radikalen Veränderungen wurden immer lauter. Unter dem Motto „Wir sind das Volk!" versammelten sich am 4. November in Ostberlin bereits mehr als eine halbe Million Menschen, um für Versammlungs-, Reise- und Meinungsfreiheit zu demonstrieren. Am 7. November 1989 trat die gesamte Partei- und Staatsführung der SED zurück.

M3 Entscheidende Stunden am Rande des Bürgerkriegs – der 9. Oktober 1989 in Leipzig

Ein Augenzeuge erinnert sich:

... Es galt uneingeschränkt der vom Vorsitzenden des Nationalen Verteidigungsrates, Erich Honecker, am 26. September erlassene Geheimbefehl Nr. 8/89, der im Hinblick auf zu erwartende „Krawalle“ eindeutig formulierte: „Sie sind von vorneherein zu unterbinden“ ... In Betrieben wurde davor gewarnt, nach 16 Uhr die Innenstadt zu betreten; Mütter sollten ihre Kinder bis 15 Uhr aus den Krippen und Kindergärten des Zentrums abholen ... In Krankenhäusern wurden Notbetten aufgestellt und vor allem die Chirurgischen und Intensivstationen verstärkt besetzt. Tausende von zusätzlichen Blutkonserven standen bereit ... Leipzig glich an diesem Tag einem Heerlager. Nach späteren Aussagen von Bereitschaftspolizisten war ihnen vormittags mitgeteilt worden, dass ein friedlicher Ausgang der Demonstration wenig wahrscheinlich sei und sie vorbereitet sein müssten, möglichen Gewalttätigkeiten zu begegnen. Dementsprechend trugen sie Kampfausrüstung ... Einzig die geballte Kraft der siebzigtausend angsterfüllten und dennoch nicht weichenden Menschen in der Innenstadt und auf dem Ring erzwang um 18.25 Uhr den endgültigen Rückzug der bewaffneten Einheiten.

Zitiert nach Wolfgang Schneider: Leipziger Demontagebuch, Leipzig/Weimar (Kiepenheuer) 1990, S. 7.

M4 Forderungen der Demonstranten

M5 Der Schriftsteller Stefan Heym *(1913–2001)* **auf der Berliner Protestdemonstration am 4. November 1989**

Es ist, als habe einer die Fenster aufgestoßen, nach den Jahren der Stagnation, der geistigen, wirtschaftlichen, politischen, den Jahren von Dumpfheit und Mief, von Phrasengewäsch und bürokratischer Willkür, von amtlicher Blindheit und Taubheit – welche Wandlung. Vor noch nicht vier Wochen die schön gezimmerte Tribüne hier um die Ecke (40-Jahrfeier der DDR), mit dem Vorbeimarsch, dem bestellten. Vor den Erhabenen. Und heute ihr, die ihr euch aus eigenem freien Willen versammelt habt für Freiheit und Demokratie und für einen Sozialismus, der des Namens wert ist ... Wir haben in diesen letzten Wochen unsere Sprachlosigkeit überwunden und sind jetzt dabei, den aufrechten Gang zu erlernen. Und das, Freunde, in Deutschland, wo bisher sämtliche Revolutionen danebengegangen sind.

Stefan Heym: Einmischung. Gespräche, Reden, Essays. Ausgew. u. hrsg. von Inge Heym und Heinfried Henninger, München (Bertelsmann) 1990.

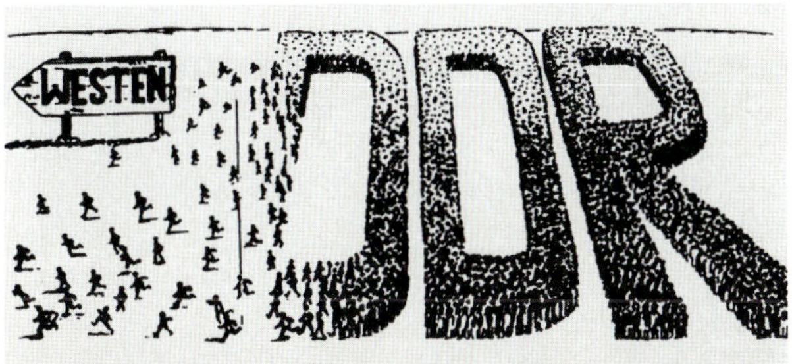

M6 Abwanderung *(Karikatur von Joachim Kohlbrenner, 11. August 1989)*

1 Stelle mithilfe der Transparente (M4) zusammen, welche politischen Forderungen die Demonstranten erhoben und mit welchen Mitteln sie diese durchsetzen wollten. Beziehe M5 mit ein.

2 Zeige anhand von M5 auf, was der DDR-Regierung zum Vorwurf gemacht wurde. Überlege, was Heym mit dem Bild des „aufrechten Ganges“ ausdrücken wollte. Nimm kritisch Stellung zu der Schlussbehauptung des Autors.

3 Zeige die Gefahrenmomente im Verlauf des 9. Oktobers 1989 in Leipzig auf (M2–M3). Überlege, was hätte passieren können.

4 Beschreibe die Karikatur M6. Mache Vorschläge, wie die Fluchtbewegung zu stoppen gewesen wäre. Welche Probleme brachte die Abwanderung für die Bundesrepublik? Beziehe M1 mit ein.

Der 9. November 1989 – der Fall der Mauer

„Mr. Gorbachev, tear down this wall!" Die Mauer in Berlin und die Grenzschutzanlagen in der DDR waren das Symbol der Teilung Deutschlands. Anlässlich seines Besuchs der 750-Jahrfeier Berlins im Jahre 1987 forderte US-Präsident Ronald Reagan den sowjetischen Regierungschef Gorbatschow auf: „Wenn Sie nach Frieden streben, wenn Sie Wohlstand für die Sowjetunion und für Osteuropa wünschen, wenn Sie die Liberalisierung wollen, dann kommen Sie hierher zu diesem Tor, Herr Gorbatschow, öffnen Sie dieses Tor, Herr Gorbatschow, reißen Sie diese Mauer nieder!". Dieser Forderung hatte wiederum der SED-Generalsekretär Erich Honecker Ende Januar 1989 entgegengehalten: „Die Mauer ... wird in fünfzig und auch in 100 Jahren noch bestehen bleiben" und fügte hinzu, „wenn die Voraussetzungen noch gegeben sind". Aufgrund der dramatischen Entwicklung der Ereignisse im weiteren Verlauf des Jahres 1989 bestanden diese Voraussetzungen nicht mehr.

Die Öffnung der innerdeutschen Grenze. Am Abend des 9. November 1989 gab Günter Schabowski, Politbüromitglied und zuständig für Informationen, auf einer internationalen und vom Fernsehen übertragenen Pressekonferenz, bekannt, dass die Grenzstellen in den Westen ab sofort geöffnet seien. Daraufhin zogen spontan einige tausende Ostberliner in Richtung Westberlin und forderten, in den Westen der Stadt gehen zu können. Den uninformierten DDR-Grenzern blieb angesichts des Massenandrangs nichts anderes übrig, als den Durchgang zu erlauben. Unbeschreibliche Freudenszenen spielten sich an allen Grenzübergängen ab. Nach über 28 Jahren war die innerdeutsche Grenze wieder für alle offen. Tagelang nutzten hunderttausende DDR-Bürger die neue Reisefreiheit zu einem Besuch im Westen. Die friedliche Revolution in der DDR hatte endgültig gesiegt.

M1 Vor dem Brandenburger Tor *(10. November 1989)*

Methode: Fragen – die leichteste Sache der Welt? – Zeitzeugeninterviews

Ein solches Interview kann sehr interessant sein, weil es direkten Kontakt mit Zeitzeugen und deren Erlebnissen verspricht. Neben den Sachinformationen werden oft auch persönliche Eindrücke und das persönliche Engagement für die Sache vermittelt. So kann die Bedeutung, die ein Ereignis für den Zeitzeugen hat, viel besser nachvollzogen werden. Allerdings sollte man dabei berücksichtigen, dass manche Erinnerungen sehr persönlich sind und keineswegs einen objektiven Sachverhalt wiedergeben. Nach Jahren können Erinnerungen an Schärfe verlieren bzw. sich mit späteren Berichten und Informationen vermischen. Hier ein paar grundlegende Tipps:

1. Schritt: Vorbereitung

Bevor das Interview stattfindet, sollte man sich anhand von Literatur (Schulbücher, Lexika oder Fachbücher) einen ersten Überblick zu dem speziellen Thema und dem historischen Hintergrund verschaffen. Erst dann weiß man, wonach genauer gefragt werden muss. Auch ist es sinnvoll, sich vor dem Gespräch über den Interviewpartner zu informieren.

2. Schritt: Durchführung

Am Anfang der Befragung sollte sich der Interviewer seinem Gesprächspartner vorstellen und ihm den Grund für die nachfolgenden Fragen darlegen. Wichtig ist es, offene Fragen zu stellen, die den Zeitzeugen zum Erzählen anregen. Im zweiten Teil des Interviews empfiehlt es sich, konkrete Fragen – vielleicht mithilfe von vorher angefertigten Notizen – zu stellen, damit man noch detailliertere Informationen erhält. Die Kunst ist es, einerseits den Erzählfluss nicht durch kleinschrittiges Nachfragen zu stoppen, andererseits zu verhindern, dass vom eigentlichen Thema abgekommen wird. Es darf auch nicht ausschließlich bei Anekdoten bleiben.

3. Schritt: Auswertung

Um die Informationen zu sichern, macht man während des Interviews Notizen. Zusätzlich kann das Gespräch auch noch aufgezeichnet werden (Kassettenrekorder, Fotoapparat), wozu aber das Einverständnis des Interviewpartners eingeholt werden muss.
In der Nachbereitung müssen die Informationen kritisch auf ihre Stimmigkeit überprüft werden (Interviewaussagen mit Sachinformationen vergleichen; überprüfen, was neu, was überzeugend war, wo sind Widersprüche und Lücken geblieben). In die Bewertung sollte miteinfließen, in welcher Weise der Erzähler mit dem geschilderten Ereignis verwoben war (als Zuschauer, selbst im Mittelpunkt stehend etc.).
Das Ergebnis dieser Arbeit kann schriftlich oder mündlich, z. B. im Rahmen eines Projekts, präsentiert werden. Der Zeitzeuge erhält eine Kopie der Ausarbeitung.

M2 Deutsch-deutsche Begegnungen an der Grenze am 9. November 1989

1 Erkläre, weshalb das DDR-Politbüro überhaupt eine Regelung der Privatreisen anstrebte.
2 Erkundige dich bei Personen (Schule, Verwandten, Nachbarn), die die Öffnung der Grenzen am 9. November 1989 miterlebt haben. Interviewe sie zu diesem Ereignis.
3 Befrage Deutsche aus Ost und West. Vergleiche, wie sie die Öffnung der Grenze erlebt haben und welche Emotionen damals herrschten (M2).

Die deutsche Einheit

„Wir sind ein Volk!“ Hatte die Parole der Demonstranten im September und Oktober 1989 noch „Wir sind das Volk!“ gelautet, kamen ab November immer mehr Rufe nach der Einheit auf. Nicht mehr der Reform der DDR, wie sie von den SED-Politikern, aber auch manchen Bürgerrechtsgruppen gemeinsam geplant wurde, sondern dem Zusammenschluss von West und Ost galt das Hauptinteresse der meisten DDR-Bürger. Mitverantwortlich dafür war vor allem die Tatsache, dass nach dem Wegfall der Pressezensur und der Öffnung der Grenze das wahre Ausmaß des wirtschaftlichen und ökologischen Verfalls in der DDR bekannt wurde. Die anhaltend hohen Übersiedlerzahlen zwangen auch die Regierung der Bundesrepublik zum Handeln. Am 28. November 1989 erstellte der damalige Bundeskanzler Helmut Kohl, ohne Rücksprache mit den westlichen Verbündeten, ein Zehn-Punkte-Programm, in dem er umfassende Hilfe für die DDR mit politischen Forderungen zu unumkehrbaren Reformen in der DDR verband. Wie eine Wiedervereinigung aussehen könnte, stand noch nicht fest. Ziel war, eine föderative Ordnung für ganz Deutschland zu schaffen.

Die ersten freien Wahlen. Innerhalb der DDR wurden freie Wahlen für die Volkskammer angesetzt. Neben der SED, die sich im Dezember 1989 in PDS (Partei des Demokratischen Sozialismus) umbenannt hatte, bewarben sich zahlreiche andere Parteien und Gruppierungen, viele aus der Bürgerbewegung hervorgegangen bzw. Schwesterparteien der bundesdeutschen Parteien. Den Wahlsieg erlangte am 18. März 1990 die „Allianz für Deutschland“ unterstützt von der CDU-West. Ministerpräsident wurde Lothar de Maizière (Ost-CDU). In seiner Regierungserklärung sprach er sich klar für die Einheit aus.

M1 Wahlkampfveranstaltung der CDU mit Helmut Kohl in Erfurt *(20. Februar 1990)*

Der Weg zum Beitritt. Am 18. Mai 1990 wurde der Vertrag über die Schaffung einer Wirtschafts-, Währungs- und Sozialunion zwischen der Bundesrepublik und der DDR unterzeichnet. Die DDR übernahm ab dem 1. Juli 1990 große Teile der Wirtschafts- und Rechtsordnung der Bundesrepublik, die D-Mark wurde einziges Zahlungsmittel. Schulden wurden halbiert, Löhne, Renten und Mieten zum Kurs von 1:1 umgestellt.

Im Einigungsvertrag vom 31. August 1990 vereinbarte man, dass die DDR der Bundesrepublik gemäß Art. 23 GG beitrete und keine neue gemeinsame Verfassung erarbeitet werde. Dazu wurden die 1952 von der SED aufgelösten Länder wieder gegründet.

2+4 = 1. Allerdings bedurfte der Einigungsvertrag außenpolitischer Zustimmung. Immer noch fehlte ein Friedensvertrag nach dem Zweiten Weltkrieg und es galten alliierte Vorbehaltsrechte. Während die USA die deutsche Einheit von Anfang an unterstützten, gaben Frankreich und Großbritannien erst nach langen Verhandlungen ihre Bedenken gegen ein wiedererstarktes Deutschland auf. Die sowjetische Führung musste davon überzeugt werden, dass ein vereintes Deutschland nicht neutral, sondern Mitglied der NATO bleiben würde. Überraschend schnell akzeptierte die sowjetische Führung diese Position. Die Bundesrepublik sicherte der Sowjetunion großzügige Wirtschaftshilfe zu. Schließlich konnte am 12. September 1990 in Moskau der „Vertrag über die abschließenden Regelungen in Bezug auf Deutschland“ unter der Formel 2 (= die beiden deutschen Staaten) + 4 (= vier Siegermächte) zur deutschen Einheit (= 1) von den beiden deutschen Regierungen und den vier Siegermächten unterzeichnet werden. Damit wurde die Bundesrepublik uneingeschränkt souverän. Am 3. Oktober 1990 traten die Länder der DDR der Bundesrepublik bei. Dieser Tag wurde als „Tag der Deutschen Einheit“ gesetzlicher Feiertag.

M2 Helmut Kohls Vorschlag

© Erich Schmidt Verlag 58 280

M4 Der 2+4-Vertrag *(12. September 1990)*

nach Zahlenbilder – Erich Schmidt Verlag

M3 Aus der Regierungserklärung von Lothar de Maizière *(19. April 1990)*

Wir werden gefragt: Haben wir gar nichts einzubringen in die deutsche Einheit? Und wir antworten: Doch, wir haben!

Wir bringen ein unser Land und unsere Menschen, wir bringen geschaffene Werte und unseren Fleiß ein, unsere Ausbildung und unsere Improvisationsgabe. Not macht erfinderisch.

Wir bringen die Erfahrung der letzten Jahrzehnte ein, die wir mit den Ländern Osteuropas gemeinsam haben.

Wir bringen ein unsere Sensibilität für soziale Gerechtigkeit, für Solidarität und Toleranz ...

Wir bringen unsere bitteren und stolzen Erfahrungen an der Schwelle zwischen Anpassung und Widerstand ein. Wir bringen unsere Identität ein und unsere Würde. Unsere Identität, das ist unsere Geschichte und Kultur, unser Versagen und unsere Leistung, unsere Ideale und unsere Leiden. Unsere Würde, das ist unsere Freiheit und unser Menschenrecht auf Selbstbestimmung.

Zitiert nach: Alexander von Plato: Die Vereinigung Deutschlands – ein weltpolitisches Machtspiel, Bonn (Links) 2003, S. 312.

1 Nenne Gründe, warum die Mehrheit der DDR-Bürger keine Reform der DDR, sondern den Beitritt zur Bundesrepublik wollte (M1 und Autorentext).

2 Diskutiert sowohl das Vorgehen Helmut Kohls in Bezug auf das Zehn-Punkte-Programm als auch dessen Inhalte.

3 Zeige anhand von M3 auf, was die DDR in den Vereinigungsprozess einzubringen hatte. Überzeugen die Argumente?

4 Formuliere mit eigenen Worten die Inhalte des 2+4-Vertrags (M4).

5 Diskutiert, ob der 9. November als deutscher Nationalfeiertag passender wäre als der 3. Oktober.

Die deutsche Einheit aus der Sicht des Auslands

M1 Deutschland-Flagge

Karikatur von Antonio Maia (Portugal, 1990)

M2 Israel

a) „Maariv", die israelische Tageszeitung mit der zweithöchsten Auflage, schrieb:

Die Vereinigung Deutschlands kann nicht verhindert werden, aber alle, denen ihr Leben lieb ist, sollten nicht nur besorgt, sondern auch auf der Hut sein. Mit der Vereinigung Deutschlands entsteht im Herzen Europas das Vierte Reich.

Zitiert nach: www.segne-israel.de/artikel/deutschland.htm (7/7/2008)

b) „Es ist das Kind, das mir Sorgen macht!"

Karikatur von Meir Ronnen (Jerusalem Post, Allgemeine Jüdische Wochenzeitung, 31. Mai 1990)

M3 Frankreich

a) „Le Figaro", 1. Oktober 1990 (Franz-Olivier Giesbert):

Müssen wir Angst vor Deutschland haben? Nachdem Frankreich zu seiner Wiedervereinigung applaudiert hat, betrachtet es Deutschland mit anderen Augen ... es ist an Deutschland in Zukunft zu beweisen, dass es trotz seiner wiedergewonnenen Souveränität immer noch europäisch gesinnt ist. Es ist an Frankreich gleichzeitig zu zeigen, dass es fähig ist, die deutsche Herausforderung anzunehmen, indem es seine Energien mobilisiert ... Alle Experten kündigen an, dass die Wiedervereinigung in Kürze ein neues deutsches Wirtschaftswunder bewirkt. Aber warum nicht auch ein französisches Wirtschaftswunder? Es hängt nur von uns ab. Die Prahlerei der Deutschfeindlichen wird uns wie immer nirgendwo hinführen. Angesichts dieses Deutschlands im Werden, das wieder lernen wird mit Inflation und Arbeitslosigkeit zu leben, gibt es nur einen Weg für Frankreich, die anderen „abzuhängen": seinerseits ein für alle Mal Klassenbester zu werden.

Zitiert nach: Andrea Scheurlen: Die französische Sicht: „Rettungsanker Europa". In: Das vereinigte Deutschland in Europa, hrsg. von der Landeszentrale Baden-Württemberg, Heft 40, Stuttgart 2000, S. 6.

b) 3. Oktober 1990:

Karikatur von Jacques Bellenger (Paris, November 1990)

M4 Großbritannien

a) „Sunday Times", 12. November 1989:

Die neunziger Jahre dieses Jahrhunderts werden durch zwei Ereignisse geprägt werden, die so weitreichend sind, dass sie die Gestalt der Politik, wie wir sie seit vierzig Jahren kannten, total verändern werden: Die Auflösung des sowjetischen Imperiums und die Wiedervereinigung Deutschlands werden Folgen haben, die die meisten Politiker noch nicht begriffen haben, nämlich das Ende der amerikanischen Präsenz auf dem europäischen Festland, das Ende der Sowjetunion als Supermacht und das Aufkommen eines Vierten Deutschen Reichs als Europas wirtschaftliche Supermacht. Da ist nur noch eine Frage offen, die bis jetzt niemand hier zu stellen gewagt hat: Wo bleibt dann Großbritannien?

Zitiert nach: Gerhart Maier: Die Wende in der DDR (= kontrovers), hrsg. von der Bundeszentrale für politische Bildung, Bonn 1990, S. 102.

b) „Spectator“, 24. Februar 1990:

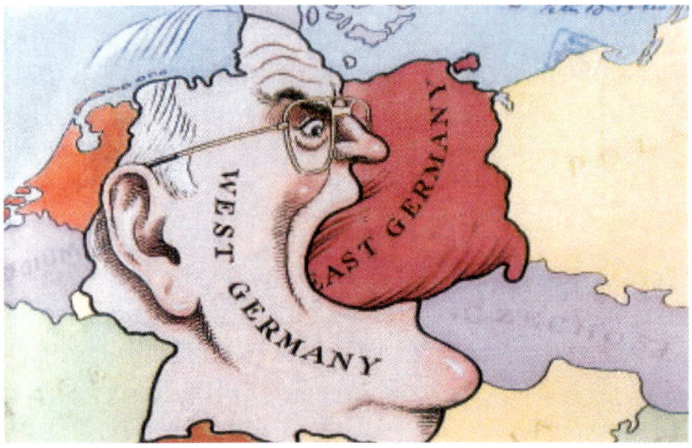

Karikatur von Peter Brookes

M5 Zitate zur Wende in Deutschland

Ich habe keine Angst vor der deutschen Wiedervereinigung.
(François Mitterand, französischer Staatspräsident am 3. November 1989)

Ich versuche nicht, diesen Prozess zu beschleunigen ... Ich denke, dass es besser ist, den Dingen ihren eigenen Lauf zu lassen, ohne dass dabei gerade die Vereinigten Staaten eine Art Frist setzen.
(George Bush, US-Präsident, am 12. November 1989)

Wenn es um Deutschland geht, dann hat das jüdische Volk mitzureden; es bestehen bestimmte Gefühle, und für uns stellt dies ein schweres Problem dar.“
(Yitzak Schamir, israelischer Ministerpräsident, am 12. November 1989)

Es muss von den nach dem Krieg entstandenen Realitäten ausgegangen werden, zu denen die Existenz zweier deutscher Staaten zählt.
(Michail Gorbatschow, Staatschef der UdSSR, am 9. Dezember 1989)

Wir brauchen uns vor der Vereinigung nicht zu fürchten, wenn Deutschland sich seinen Verpflichtungen den Juden gegenüber voll bewusst ist.
(Moshe Arens, israelischer Außenminister, am 13. Februar 1990)

Die Vereinigung Deutschland ist unvermeidlich geworden.
(Margaret Thatcher, britische Premierministerin, am 20. Februar 1990)

An den Deutschen liegt es, ob ihre Vereinigung zu einem willkommenen Motor der Einigung ganz Europas wird oder im Gegenteil zu deren Bremse.
(Václac Havel, tschechoslowakischer Staatspräsident, am 15. März 1990)
Zitiert nach: Maier: a. a. O., S. 101.

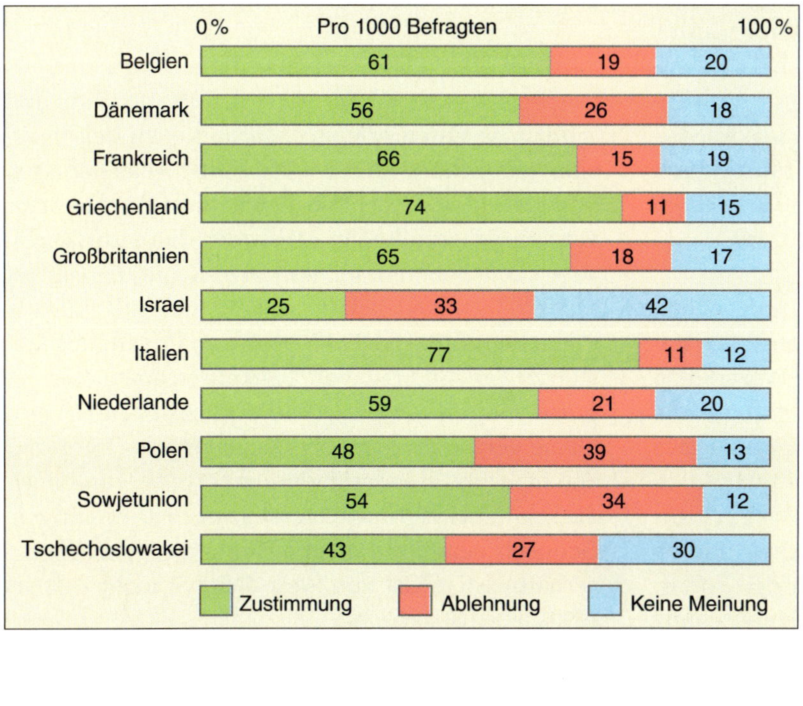

M6 „Sind Sie persönlich für oder gegen die deutsche Einheit?“
(Ergebnisse einer Befragung im Frühjahr 1990)

1 Stelle die unterschiedlichen Sichtweisen zur Wiedervereinigung fest. Beziehe dabei auch die Karikaturen und das Umfrageergebnis (M6) mit ein.
2 Nenne Länder, die sich 1990 besonders kritisch zur Wiedervereinigung äußerten und versuche, historische Hintergründe für ihre Haltungen zu geben.

„Wir sind ein Volk!" – Sind wir ein Volk?

Überzogene Erwartungen? Wurde der Einigungsvertrag am 3. Oktober 1990 noch mit großer Freude in West und Ost gefeiert, so traten bei der Verwirklichung in den Folgejahren große Probleme zutage. Die DDR-Wirtschaft war maroder als zunächst angenommen. Zudem war die Erwartung der Ostdeutschen in die Wiedervereinigung sehr groß. Eine rasche Angleichung an den Lebensstandard im Westen hatte Bundeskanzler Helmut Kohl versprochen, als er in naher Zukunft „blühende Landschaften" im Osten prophezeite. Die Einführung der D-Mark und die mit Westprodukten übervollen Läden im Osten steigerten diese Hoffnungen.

„Rückgabe vor Entschädigung". Doch bald kamen neue Probleme hinzu. Unmut kam auf, als im Streit um Immobilien die Bundesregierung den Grundsatz „Rückgabe statt Entschädigung" beschloss. Das bedeutete, dass viele Wohnungen wieder in den Besitz von Westdeutschen gelangten, die vor Jahrzehnten aus der DDR geflohen waren und jetzt hohe Mieten von den Bürgern im Osten verlangten. Viele dieser neuen Wohnungseigentümer spekulierten zudem mit ihrem erstatteten Besitz. Nach Renovierungen kam es zu drastischen Mieterhöhungen. Der Grundsatz „Rückgabe vor Entschädigung" bezog sich aber auch auf Grundstücke, Betriebe und Betriebsbeteiligungen. Dies führte dazu, dass die Besitzverhältnisse lange umstritten waren und Investitionen deshalb verhindert wurden.

M1 „Spiegel"-Titelseite von 1995

Abrechnung mit der Stasi. Auch die Aufdeckung und Bestrafung des vom SED-Regime verübten Unrechts, insbesondere die Bespitzelung, Verfolgung und Verhaftung durch die Stasi, beschäftigte die Deutschen. Erst nach der Wiedervereinigung wurde deutlich, wie dicht das Netz der Beobachtung durch die Stasi gewesen war. Nachbarn, Verwandte, ja sogar Ehepaare hatten einander als „Informelle Mitarbeiter" (IM) bespitzelt und verraten. Nach der Enttarnung der IM waren die Wut und die Enttäuschung bei vielen Bespitzelten sehr groß. Es stellte sich die Frage, ob und wie die Stasi-Mitarbeit bestraft werden sollte. Nach DDR-Recht war weder die Bespitzelung eines Bürgers durch den Staat noch das Verhalten derjenigen Grenzsoldaten strafbar, die auf Flüchtlinge geschossen hatten (s. S. 140f.).

Wachsende Arbeitslosigkeit. Vor allem die rasch anwachsende Arbeitslosigkeit war für ehemalige DDR-Bürger ein völlig neues Phänomen. Dem Wettbewerb waren die Industrie und der Handel in den fünf neuen Bundesländern nicht gewachsen. Zudem fielen durch den Zusammenbruch des Ostblocks (s. S. 166f.) die bisherigen Absatzmärkte in Osteuropa fast vollständig aus. Zahlungsmittel waren jetzt westliche Währungen, vor allem Dollar und D-Mark, die die vormaligen Ostblockstaaten nicht besaßen. Die ostdeutsche Industrieproduktion schrumpfte gewaltig. Millionen von Ostdeutschen verloren ihren Arbeitsplatz, andere wanderten nach Westdeutschland ab. Dadurch verlor wiederum der Osten auf Dauer Mittel und Anreiz für Neuinvestitionen.

„Aufbau Ost". Der „Solidaritätszuschlag", eine Ergänzungsabgabe auf die Steuern, sollte den Um- und Aufbau im Osten ermöglichen und dazu beitragen, eine Angleichung an das Wirtschaftsniveau der alten Bundesländer zu schaffen. Durch diese Abgabe standen jährlich rund zehn Milliarden Euro zur Verfügung. Die von der letzten DDR-Regierung eingesetzte „Treuhandanstalt" erhielt die Aufgabe, die überlebensfähigen DDR-Betriebe an Privatunternehmen zu verkaufen und die bankrotten aufzulösen.
Trotz zahlreicher nach wie vor bestehender Probleme gelang es, den Lebensstandard der Bürger in den östlichen Bundesländern zu erhöhen und auch die schlimmsten Umweltzerstörungen zu beseitigen. Dennoch benötigt die Herstellung gleicher Lebensverhältnisse in Ost und West deutlich mehr Zeit als 1990 zunächst gedacht.

M2 „Metamorphose des aufrechten Gangs“
(Karikatur von Peter Dittrich, 1990)

M3 Fünfzehn Jahre deutsche Einheit
Der evangelische Pfarrer und Bürgerrechtler Rainer Eppelmann, der als Regimegegner in der DDR jahrelang verfolgt wurde und 1989/1990 bei der Gestaltung der Einheit maßgeblich mitwirkte, erinnert sich 15 Jahre später, am 3. Oktober 2005, in einem ZDF-Interview:

Eppelmann: Fünfzehn Jahre deutsche Einheit sind fünfzehn gute Jahre für Deutschland und haben zu erheblichen Veränderungen im Leben der allermeisten Deutschen geführt.

ZDF: Wer hat denn Ihrer Meinung nach von der deutschen Einheit am meisten profitiert?

Eppelmann: Alle, weil ein Ganzes sehr viel mehr ist als zwei Hälften. Wenn sich die Deutschen in ihrem Land mittlerweile unkontrolliert bewegen können; wenn für die Heidelberger die Wartburg genauso zugänglich ist, wie für uns ehemalige DDR-Bürger; wenn wir die Loreley begaffen oder am Bodensee stehen können, ohne, dass wir uns irgendwo eine Erlaubnis holen müssen oder einen dienstlichen Stempel brauchen - dann ist das meiner Meinung nach ein ungeheurer Fortschritt, von dem alle etwas haben.

ZDF: Sehen Sie noch weitere Entwicklungen?

Eppelmann: Wenn sich die Ostdeutschen noch daran erinnern können, wie sie bis 1989 gelebt haben, wie sie sich geärgert haben, was ihnen gefehlt hat, wonach sie sich gesehnt haben; wenn sie daran denken, dass vier Millionen DDR-Bürger dieses Land verlassen haben - die größte Fluchtbewegung in Europa nach dem Zweiten Weltkrieg; und wenn sie dann ihr Leben heute sehen, werden sie feststellten, dass ein Großteil der Wünsche, die sie hatten und von denen sie meinten, die können eigentlich nie in Erfüllung gehen, inzwischen in Erfüllung gegangen sind.
Wir haben inzwischen auch gelernt, dass es nicht bloß Schönes und Gutes gibt, sondern dass Freiheit und Einheit auch ihren Preis haben. Zu diesem Preis gehört bei dem einen oder anderen Arbeitslosigkeit ... Wenn Kinder nicht mehr indoktriniert werden, nicht mehr zu den Pionieren und in die FDJ geschickt werden, weil die Eltern Angst haben, dass sie sonst keine berufliche Karriere machen können - dann freue ich mich da riesig darüber. Bei allen Schwierigkeiten hat es letztendlich nur Gewinner gegeben.
Zitiert nach: http://www.zdf.de/ZDFde/inhalt/19/0, 1872,2380531_2380560_TB,00.html

GESCHICHTE AKTIV/ KREATIV
Projektidee: „Die deutsche Einheit unter der Lupe“
Bereitet eine Podiumsdiskussion zur Frage vor, was aus der deutschen Einheit geworden ist. Überlegt zunächst, was erreicht wurde und was noch nicht, was positiv bzw. negativ war. Überlegt als nächstes, welche Vertreter – aus Ost und West natürlich – aus welchen politischen und sozialen Bereichen ihr dafür einladen würdet und sammelt für die verschiedenen Vertreter Argumente. Führt dann die Diskussion mit von euch dargestellten „Experten“ aus den Gruppen durch. Bei der Auswertung achtet besonders darauf, welche Argumentationen überzeugt haben und warum.

1 Wurden an die deutsche Einheit überzogene Erwartungen geknüpft? Trage die im Autorentext genannten Gründe zusammen und gewichte sie nach ihrer Bedeutung für die Stimmung in Deutschland nach 1990.
2 Bestimme die Perspektive der Karikatur (M2) und erörtere ihre Aussagen.
3 Stelle die Aspekte zusammen, die Eppelmann der deutschen Einheit zuschreibt (M3), und vergleiche diese mit den Ergebnissen aus M1 und M2. Überlege, welchen Argumenten du dich anschließen würdest. Begründe.

Auf dem Weg zu einem gemeinsamen Europa

Visionen einer europäischen Union. Das 20. Jh. begann mit einem bis dahin nicht gekannten Wettrüsten und dem Ersten Weltkrieg (1914–1918). Vor dem Hintergrund der Kriegserfahrungen wurden in den 1920er Jahren vielfältige Ideen europäischer Zusammenarbeit entwickelt. Der Belgier Richard Coudenhouve-Kalergi versammelte eine relativ große Anhängerschaft in seiner „Paneuropa-Union“, die ein vereintes Europa ohne Großbritannien und die Sowjetunion anstrebte. Der französische Außenminister Aristide Briand und sein deutscher Amtskollege Gustav Stresemann erhielten 1926 gemeinsam den Friedensnobelpreis für die von ihnen betriebene Verständigungspolitik (s. S. 46f.). Stresemann wollte die Isolation Deutschlands nach dem Ersten Weltkrieg überwinden und die Wiederaufnahme Deutschlands in den Kreis der Großmächte erreichen. Eine intensivere Zusammenarbeit, wie Briand sie in seiner Vision einer „Europa-Union“ formuliert hatte, kam nicht zustande.

M1 Der Schumanplan

(Karikatur aus der englischen Zeitschrift „Punch“, 1950)

Die Wirtschaft als Motor der Europa-Idee. Die Erfahrungen eines weiteren Weltkriegs und der allgemeine Wunsch nach einer dauerhaften Friedensordnung förderten die internationale Zusammenarbeit. Zudem wuchs die Einsicht, dass die Europäer nur gemeinsam ein Gegengewicht zu den neuen Weltmächten USA und UdSSR bilden konnten. Der französische Unternehmer und Wirtschaftspolitiker Jean Monnet (1888–1979) entwickelte die Idee von einem Zusammenschluss der europäischen Kohle- und Stahlindustrie unter Einbezug des einstigen Kriegsgegners Deutschland. Monnet überzeugte den französischen Außenminister Robert Schumann davon. Am 18. April 1951 kam der „Vertrag über die Europäische Gemeinschaft für Kohle und Stahl“ (EGKS) zustande. In ihm stimmten Deutschland und Frankreich einer gemeinsamen Kontrolle der kriegswichtigen Kohle- und Stahlindustrie zu. Italien und die Benelux-Länder schlossen sich dieser „Montanunion“ an; Jean Monnet wurde 1952 ihr erster Präsident.

Der Europarat. Vertreter von zehn europäischen Staaten gründeten 1949 den Europarat. Er sollte die Ideale der Demokratie und der Menschenrechte fördern und auf wirtschaftlichem, kulturellem und sozialem Gebiet zusammenarbeiten. Gesetzeskraft erlangten seine Vorschläge nur, wenn die jeweiligen nationalen Parlamente diese billigten. 1950 verabschiedete der Europarat die „Konvention zum Schutz der Menschen- und Grundfreiheiten“, deren Anerkennung Voraussetzung für die Mitgliedschaft ist.

Die Gründung der EWG. Wollte man der Konkurrenz des amerikanischen Marktes und des Welthandels wirksam entgegentreten, musste die europäische Zusammenarbeit vertieft werden. Notwendig erschien den Mitgliedern der Montanunion, sich zu einem Binnenmarkt zusammenzuschließen und diesen durch gemeinsame Außenzölle zu schützen. Durch die „Römischen Verträge“ formierte sich am 25. März 1957 die „Europäische Wirtschaftsgemeinschaft“ (EWG), aus der 1967 die „Europäische Gemeinschaft“ (EG) hervorging. Auch wenn die sechs Gründungsmitglieder der EGKS zunächst vor allem ein wirtschaftliches Zusammenwirken verabredeten, waren sie sich im Kern über das Fernziel einig, sich auch politisch zusammenzuschließen.

M2 Aristide Briand vor dem Völkerbund
(5. September 1929)

Ich denke, dass unter den Völkern, deren Länder geografisch zusammengehören, wie die europäischen Völker, eine Art von einem föderativen Band bestehen sollte. Diese Völker müssen die Möglichkeit haben, in Kontakt miteinander zu treten, über ihre gemeinsamen Interessen zu diskutieren, gemeinsame Entschlüsse zu fassen, kurz, sie müssen untereinander ein Band der Solidarität knüpfen, das ihnen erlaubt, widrigen Verhältnissen im gewünschten Augenblick zu begegnen, wenn sie eintreten sollten. Alle meine Anstrengungen sind darauf gerichtet, dieses Band zu schaffen ...

Zitiert nach: Georges Suarez: Briand, Bd. 6, Paris (Plon) 1952, S. 327. Übers. vom Verfasser.

M3 Stresemanns Erwiderung auf die Rede Briands
(9. September 1929)

... Was erscheint denn an Europa, an seiner Konstruktion vom wirtschaftlichen Gesichtspunkte aus so außerordentlich grotesk? ... Ist es nicht grotesk, dass Sie aufgrund neuer praktischer Errungenschaften die Entfernung von Süddeutschland nach Tokio um 20 Tage verkürzt haben, sich aber in Europa irgendwo selbst stundenlang mit der Lokomotive aufhalten lassen müssen, weil eine neue Grenze kommt, eine neue Zollkontrolle stattfindet, als wenn das Ganze ein Kleinkrämergeschäft wäre, das wir in Europa innerhalb der gesamten Weltwirtschaft noch führen dürfen? ... Wo bleibt in Europa die europäische Münze, die europäische Briefmarke? Sind diese aus nationalem Prestige heraus geborenen Einzelheiten nicht sämtlich Dinge, die durch die Entwicklung der Zeit längst überholt wurden und diesem Erdteil einen außerordentlichen Nachteil zufügen?

Zitiert nach: Gustav Stresemann: Vermächtnis, Bd. 3, hrsg. von Henry Bernhard, Berlin (Ullstein) 1932, S. 577ff.

M4 Vereinigte Staaten von Europa?
Winston Churchill in einer Rede am 19. September 1946 an der Universität Zürich:

Es gibt ein Heilmittel, das aus freien Stücken angewandt ... innerhalb weniger Jahre ganz Europa, oder wenigstens dessen größeren Teil, frei und glücklich machen könnte ... Worin besteht dieses Allheilmittel? Darin, dass man die europäische Familie, oder doch einen großen Teil davon, wiederaufrichtet und ihnen eine Ordnung gibt, unter der sie in Frieden, Sicherheit und Freiheit leben kann. Wir müssen eine Art Vereinigte Staaten von Europa schaffen. Nur dann können viele hundert Millionen arbeitender Menschen sich wieder den einfachen Freuden und Hoffnungen hingeben, die das Leben lebenswert machen ... Wenn zu Anfang auch nicht alle Staaten Europas willens oder in der Lage sind, der Union beizutreten, müssen wir uns dennoch ans Werk machen, diejenigen Staaten, die es wollen und können, zusammenzufassen und zu vereinen ... Ich möchte jetzt etwas sagen, das Sie in Erstaunen setzen wird. Der erste Schritt zur Neubildung der europäischen Familie muss eine Partnerschaft zwischen Frankreich und Deutschland sein ... Es wird keine Erneuerung Europas geben ohne ein geistig großes Frankreich und ein geistig großes Deutschland. Wenn das Gebäude der Vereinigten Staaten von Europa gut und gewissenhaft errichtet wird, muss darin die materielle Stärke eines einzelnen Staates von untergeordneter Bedeutung sein. Kleine Staaten werden ebenso zählen wie große ...

Zitiert nach: Rolf-Hellmut Foerster (Hrsg.): Die Idee Europa 1300-1946. Quellen zur Geschichte der politischen Einigung, München (dtv) 1963, S. 253ff.

M5 Werbung für ein einiges Europa
(Plakat von Reyn Dirksen, 1952)

1 Stelle die wichtigsten Aussagen der Reden Briands (M2) und Stresemanns (M3) zusammen und vergleiche sie.

2 Zeige auf, welches „Heilmittel" (M4) Churchill gegen Kriege sieht.

3 Beschreibe die Wirkung des Plakats auf den Betrachter (M5).

4 „Wirtschaft als Motor der europäischen Einigung." Gib stichpunktartig einige Beispiele dafür wieder (Autorentext). Tipp: Unter www.europa.eu findest du wichtige Informationen dazu.

Wie groß wird die Europäische Union?

Die Europäische Union entsteht. Die wachsende Mitgliederzahl erhöhte die Konkurrenzfähigkeit Europas auf dem Weltmarkt. Innerhalb der EG gab es allerdings viele wirtschaftliche und soziale Probleme. Trotz großer finanzieller Anstrengungen gelang es nicht, den Unterschied zwischen armen und reichen Mitgliedern auszugleichen. Dennoch erkannten immer mehr Bürger, dass der europäische Binnenmarkt viele Vorteile mit sich brachte: Waren aus den EG-Ländern wurden billiger, weil die Zölle wegfielen. Die Wahl des Arbeitsplatzes wurde freier, man konnte ohne jegliche Formalitäten reisen. Während die wirtschaftliche Vereinigung rasch vorankam, entwickelte sich die politische Integration nur sehr langsam. Nach langwierigen Verhandlungen wurde 1992 in Maastricht der Vertrag über die Europäische Union (EU) geschlossen, mit dem Ziel, eine einheitliche europäische Politik auf verschiedenen Bereichen zu erzielen. Der Vertrag ruht auf drei Säulen: auf der Europäischen Gemeinschaft, einer gemeinsamen Außen- und Sicherheitspolitik und der Zusammenarbeit in der Rechts- und Innenpolitik. Eine gemeinsame europäische Währung mit Namen Euro wurde 1999 geschaffen und zum 1. Januar 2002 in zunächst elf Mitgliedsstaaten eingeführt.

Die Osterweiterung der EU. Den Herausforderungen, die sich aus dem Zusammenbruch des Ostblocks ergaben, konnte die Europäische Gemeinschaft nur „geschlossen" begegnen. Der 1993 in Kraft getretene Vertrag von Maastricht legte einen konkreten Fahrplan für die Erweiterung der Gemeinschaft fest. Demnach kann jedes europäische Land einen Aufnahmeantrag stellen, das folgende Kriterien erfüllt:

- Verwirklichung demokratischer Grundsätze, Achtung der Menschenrechte, Schutz von Minderheiten
- eine funktionierende Marktwirtschaft
- Angleichung nationaler Rechtsvorschriften an die der Europäischen Gemeinschaft auf allen Gebieten.

Die Beitrittskandidaten aus dem ehemaligen sowjetischen Machtbereich erhofften sich von einem EU-Beitritt einen Ausweg aus Arbeitslosigkeit, Geldentwertung, mangelnder Wettbewerbsfähigkeit und möglicher neuer russischer Vorherrschaft. Die EU unterstützte die beitrittswilligen Länder auf dem Weg zur demokratischen Ordnung und Marktwirtschaft durch verschiedene Förderprogramme und Handelserleichterungen. So wuchs die EU bis 2007 auf 27 Staaten mit einer halben Milliarde Einwohner an. Kontrovers diskutiert wird seitdem, ob Länder wie die Türkei oder die Ukraine aufgenommen werden sollen. Der Europäische Rat, dem alle Regierungschefs der Mitgliedsländer angehören und der die Grundsatzentscheidungen innerhalb der EU trifft, beschloss am 17. Dezember 2004 die Aufnahme von Beitrittsverhandlungen mit der Türkei.

Eine Verfassung für Europa? 2001 beauftragten die Staats- und Regierungschefs der EU einen Konvent mit der Ausarbeitung einer Verfassung für Europa. Eingefordert wurden mehr Bürgernähe, eine höhere demokratische Legitimation, eine schnellere Entscheidungsfindung und eine wirksamere Arbeitsweise. Nachdem die Staats- und Regierungschefs im Oktober 2004 den vorgelegten Vertrag in Rom unterzeichnet hatten, musste dieser im Anschluss auch von allen Mitgliedsländern ratifiziert werden. Der deutsche Bundestag stimmte im Mai 2005 zu, zwei negative Volksabstimmungen in Frankreich und den Niederlanden verhinderten, dass die Verfassung in Kraft trat.

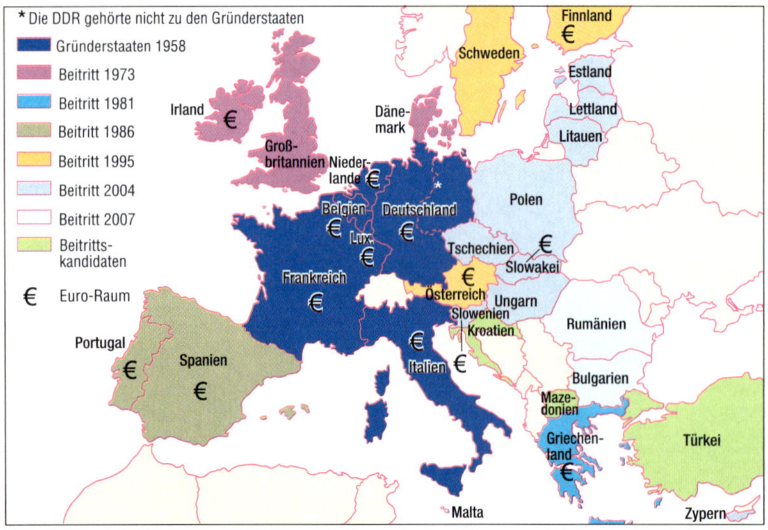

M1 Wer gehört zur Europäischen Gemeinschaft?

M2 Die vier Freiheiten im Binnenmarkt

M3 Soll die Türkei in die EU?

Die deutsche Bundeskanzlerin Angela Merkel als Vorsitzende der CDU in einem Interview der „Süddeutschen Zeitung" (2004):

SZ: Warum will die Union der Türkei den Weg versperren, nachdem sie ihr so lange einen Beitritt versprochen hat?

Merkel: Wir wollen niemandem die Tür vor der Nase zuschlagen ... Aber ein Beitritt der Türkei überfordert derzeit die Integrationsfähigkeit der EU ... Deshalb plädieren wir für eine privilegierte Partnerschaft und nicht für eine Vollmitgliedschaft.

SZ: Können Sie sich vorstellen, dass die Türkei bis 2015 alle Bedingungen für einen Beitritt erfüllt? Oder sagen Sie prinzipiell, die Türkei gehört einfach nicht in die EU?

Merkel: Die Türkei ist geografisch zum größten Teil nicht Europa. Aber die EU hat bis heute nicht klar die Grenzen für eine Mitgliedschaft definiert. Niemand kann heute sagen, in welcher Lage sich die Türkei 2015 befinden wird. Das Land hat großes wirtschaftliches Wachstumspotenzial. Es gibt rechtsstaatliche Fortschritte. Von der Inkraftsetzung notwendiger Rechte sind die Türken aber noch weit entfernt ...

SZ: Stört sich die CDU in Wahrheit nicht daran, dass die Türkei kein christliches Land ist? Sind die Religionsgrenzen die wahren Grenzen der EU?

Merkel: Nein. Es geht nicht um Religion. Es spielt aber eine Rolle, dass der Islam die Aufklärung nicht erlebt hat. Und daraus ergeben sich unterschiedliche Auffassungen über die Ehe, die Rolle der Frau, die Rolle des Individuums ... Und über die wirtschaftlichen Auswirkungen eines türkischen EU-Beitritts haben wir jetzt noch gar nicht gesprochen. Das würde die heutige Statik der EU völlig durcheinander bringen ...

Zitiert nach: Süddeutsche Zeitung vom 16. Dezember 2004 (Die Fragen stellten die Redakteure Hans Werner Kilz und Susanne Hölz.).

M4 *Der Grünen-Politiker Cem Özdemir (Dezember 2004):*

Es ist ein historischer Tag für die Türkei. Mit der Entscheidung zu Beitrittsverhandlungen hat die Europäische Union deutlich gemacht, dass die Türkei zu Europa gehört ... Für die Türkei bedeutet dies eine weitere Modernisierung, höheren Wohlstand und politische Stabilität. Die EU wird kulturell, politisch, wirtschaftlich und sicherheitspolitisch hinzugewinnen. Eine demokratische Türkei wäre ein bedeutender Stabilitätsfaktor in einer schwierigen Region. Die EU ist bereits heute mehr als der Hort des christlichen Abendlandes. Europa ist vielfältig und für uns ist dieser kulturelle Pluralismus Basis für die europäische Identität ... Wir Deutschtürken begrüßen den Wandel in der Türkei.

Zitiert nach: www.oezdemir.de/presse1375903.htlm (7.12.2008)

1 Erstelle mithilfe von M1 eine Tabelle mit Jahreszahlen, die das Anwachsen der Gemeinschaft von sechs auf 27 Länder veranschaulicht.

2 Wer was in der EU entscheidet, kannst du im Internet unter www.europa.eu (Europaportal der EU) nachlesen. Fertige aus diesen Materialien eine Übersicht an.

3 Gib die Bestimmungen des Vertrags von Maastricht wieder und erkläre die vier Freiheiten (M2).

4 Stelle die Argumente für und gegen einen EU-Beitritt der Türkei zusammen (M3 und M4). Finde heraus, welche neuen Aspekte sich seit 2004 ergeben haben.

Deutsche und Franzosen: Gestern Feinde, heute Freunde

Unterschiedliche Erinnerungen. Nach 1945 konnte sich kaum jemand in Frankreich oder Deutschland eine rasche Verständigung oder gar Aussöhnung mit dem „Erbfeind" vorstellen. In Frankreich überlagerten sich dabei die Erinnerungen an die deutschen Zerstörungen im Ersten Weltkrieg mit den noch frisch im Gedächtnis eingegrabenen deutschen Kriegsverbrechen gegen die Zivilbevölkerung und die Mitglieder der „Résistance" während des Zweiten Weltkriegs.
Die französische Besatzungspolitik in Deutschland verfolgte daher ein Hauptziel: Deutschland solle nie wieder so stark werden, dass es Frankreich bedrohen könne. Dazu wurden Industrieanlagen demontiert und nach Frankreich gebracht. Weitere Reparationsleistungen bestanden aus der Kohle des Saarlandes und dem Holz des Schwarzwaldes. Im Schwarzwald wurden große Flächen Holz geschlagen, das in Zeiten des Wiederaufbaus ein gefragtes Weltmarktprodukt war. Die Deutschen erinnern sich der französischen Besatzungszeit vor allem als einer Epoche der Nahrungsmittelknappheit, an Plünderungen und Vergewaltigungen durch Kolonialtruppen.

Streitfall Saargebiet. Das Industriebecken an der Saar war 1946 dem französischen Zoll- und Wirtschaftsraum zugeschlagen worden. Frankreich strebte nach vollständiger Eingliederung des Saarlands, was die Saarbevölkerung jedoch ablehnte. Da die ungelöste Saarfrage die westeuropäische Zusammenarbeit behinderte, vereinbarten Bundeskanzler Konrad Adenauer und der französische Ministerpräsident Pierre Mendès-France 1954 im Saarstatut eine Europäisierung des Gebietes bis zum Abschluss eines Friedensvertrags mit Deutschland. Nachdem die Saarländer das Saarstatut in einer Volksabstimmung abgelehnt hatten, führte dieses Votum ab 1. Januar 1957 zu einer Rückführung des Landes in die Bundesrepublik Deutschland.

Der deutsch-französische Freundschaftsvertrag. Als die Gründung einer Wirtschaftsgemeinschaft im April 1962 an der Frage der Beziehungen zu den USA und an den unterschiedlichen Ansichten über einen EWG-Beitritt Großbritanniens zu scheitern drohte, verstärkten sich die Bemühungen um eine engere deutsch-französische Zusammenarbeit. Die Idee, die Zusammenarbeit Frankreichs und Deutschlands in einem Vertragswerk schriftlich zu fixieren, wurde während de Gaulles Deutschlandbesuch 1962 geboren. Immer wieder betonte der französische Präsident in seinen Reden vor dem begeisterten deutschen Publikum die Versöhnung zwischen Deutschland und Frankreich und die Notwendigkeit einer engen Zusammenarbeit im europäischen Rahmen. Bundeskanzler Konrad Adenauer stimmte nach längeren Überlegungen diesem Angebot zu. Am 22. Januar 1963 unterzeichneten Adenauer und Staatspräsident Charles de Gaulle in Paris ein Abkommen, das die Freundschaft beider Völker besiegeln sollte. Um die Verständigung auch auf zwischenmenschlicher Ebene zu fördern, einigten sich Adenauer und de Gaulle auf die Gründung eines deutsch-französischen Jugendwerks zur Koordination zahlreicher Austauschmaßnahmen.
Dem Ruf nach Völkerverständigung folgten fünfzig Bürgermeister deutscher und französischer Städte, als sie 1951 den „Rat der Gemeinden Europas" gründeten und damit eine internationale Grundlage für den Aufbau von Städtepartnerschaften schufen.

M1 Adenauer und de Gaulle in der Kathedrale in Reims *(1962)*

Die Stadt Reims war im Ersten Weltkrieg von deutschen Truppen zu 95 % zerstört worden. Aus dem Ruinenfeld ragte die mittelalterliche Kathedrale heraus, in der traditionell die französischen Könige des Mittelalters gekrönt worden waren.

M2 „Typisch Franzose!“ … „Typisch Deutscher!“?

(Karikatur von Fritz Behrendt, 1990)

M4 Kohl und Mitterand in Verdun
(1984)
Um Verdun tobten die schrecklichsten Materialschlachten im Ersten Weltkrieg. In der Erinnerung der Franzosen ist der Erste Weltkrieg „la grande guerre“, da er große Teile des Nordens und Ostens Frankreichs verwüstete.

M3 Jugendliche als Brückenbauer?
Aus dem deutsch-französischen Vertrag vom 22. Januar 1963:

Sprachunterricht: Die beiden Regierungen erkennen die wesentliche Bedeutung an, die der Kenntnis der Sprache des anderen in jedem der Länder zukommt. Zu diesem Zweck werden sie sich bemühen, konkrete Maßnahmen zu ergreifen, um die Zahl der französischen Schüler, die Deutsch lernen, und die der deutschen Schüler, die Französisch lernen, zu erhöhen …

Gleichwertigkeit der Diplome (Schulabschlüsse): Die zuständigen Behörden beider Staaten sollen gebeten werden, beschleunigte Bestimmungen über die Gleichwertigkeit der Schulzeiten, der Prüfungen, der Hochschultitel und -diplome zu erlassen.

Deutsch-französisches Jugendwerk: Der französischen und der deutschen Jugend sollen alle Möglichkeiten geboten werden, um die Bande, die zwischen ihnen bestehen, enger zu gestalten und ihr Verständnis füreinander zu vertiefen. Insbesondere wird der Gruppenaustausch weiter ausgebaut.

Es wird ein Austausch- und Förderungswerk der beiden Länder errichtet … Diesem Werk wird ein französisch-deutscher Gemeinschaftsfonds zur Verfügung gestellt, der der Begegnung und dem Austausch von Schülern, Studenten, jungen Handwerkern und jungen Arbeitern zwischen beiden Ländern dient.

Zitiert nach: Außenpolitik der Bundesrepublik Deutschland. Dokumente von 1949 bis 1994, hrsg. vom Auswärtigen Amt, Köln (Verlag Wissenschaft und Politik) 1995, S. 275ff.

1 Beschreibe M1. Vergleiche die Biografien der beiden Politiker und bewerte ihre Rolle bei der Verständigungspolitik.

2 Analysiert die Karikatur M2. Berücksichtigt dabei auch: Welche Ereignisse haben das Verhältnis zwischen Deutschen und Franzosen beeinflusst? Welche Entwicklung wird erwünscht bzw. festgestellt?

3 Zeige auf, welche aktive Rolle von den Jugendlichen beider Länder erwartet wird (M3). Bewerte die Aussagen zur Sprachpolitik. Ist Französisch heute immer noch zweitwichtigste Fremdsprache?

4 Stelle kurz die beiden Politiker vor und vergleiche M4 mit M1 (Grund und Ort der Begegnung, Wirkung auf die Zuschauer).

5 Erkundige dich, welche Partnerschaften in deinem Heimatort seit wann bestehen.

6 Nach der deutschen Einigung kam es zur Gründung eines deutsch-polnischen Jugendwerks. Ziehe Vergleiche heran und stelle Vermutungen an, warum das Interesse auf deutscher Seite wesentlich geringer war als seinerzeit mit Frankreich.

Tipp: Weitere interessante Informationen erhältst du unter folgenden Internet-Links:
www.deutschland-und-frankreich.de
www.auswaertiges-amt.de/diplo/de/Europa/Deutschlandineuropa

Die Rolle der Vereinten Nationen

Eine Finanzordnung für die ganze Welt? Im Sommer 1944 beriefen die USA eine Konferenz zur Neuordnung der zerrütteten Weltwirtschaft nach Bretton Woods (New Hampshire) ein. Auf dieser Konferenz wurde der „Internationale Währungsfond“ (IWF/UN-Sonderorganisation) gegründet, hauptsächlich mit Kapital aus den Vereinigten Staaten. Der Dollar wurde zur Leitwährung in der Welt; eine Feinunze Gold entsprach 35 Dollar. Alle anderen Währungen erhielten feste Wechselkurse zum US-Dollar. Die Beschlüsse von Bretton Woods traten nach ihrer Ratifizierung durch 28 Staaten am 27. Dezember 1945 in Kraft. Die zunächst teilnehmenden Russen traten jedoch dem Abkommen nicht bei. Das System von Bretton Woods hielt bis in die 1970er Jahre.

Die Gründung der UNO. Wenige Wochen nach der Konferenz von Bretton Woods trafen sich in Washington Vertreter der USA, Großbritanniens, Chinas und der Sowjetunion, um über eine Nachfolgeorganisation für den Völkerbund zu beraten. Im Mai 1945 tagte in San Francisco die Gründungskonferenz der „United Nations Organization“ (UNO); am 26. Juni wurde die Charta der Vereinten Nationen feierlich unterzeichnet. Nach ihrer Ratifizierung durch die zunächst 49 Mitgliedsstaaten trat sie am 24. Oktober 1945 in Kraft. Ihren Sitz nahm die UNO in New York. Die Vereinten Nationen stellten sich in den ersten Jahren als eine „Siegervereinigung“ dar, die sich weigerte, die ehemaligen Feindstaaten als Mitglieder aufzunehmen. Des Weiteren zeigte sich, dass ihre Arbeit zunehmend von dem schon bald nach Kriegsende einsetzenden Zerfall der Kriegskoalition zwischen den Westalliierten und der Sowjetunion belastet wurde. Das festgelegte Vetorecht der fünf Großmächte im Sicherheitsrat erschwerte die Zusammenarbeit zusätzlich, sodass auch die UNO schnell zu einem Ort der Auseinandersetzungen zwischen West- und Ostblock wurde. Diese Blockaden endeten erst nach dem Ende des Ost-West-Konflikts.

M1 Aufbau und Organisation der UNO

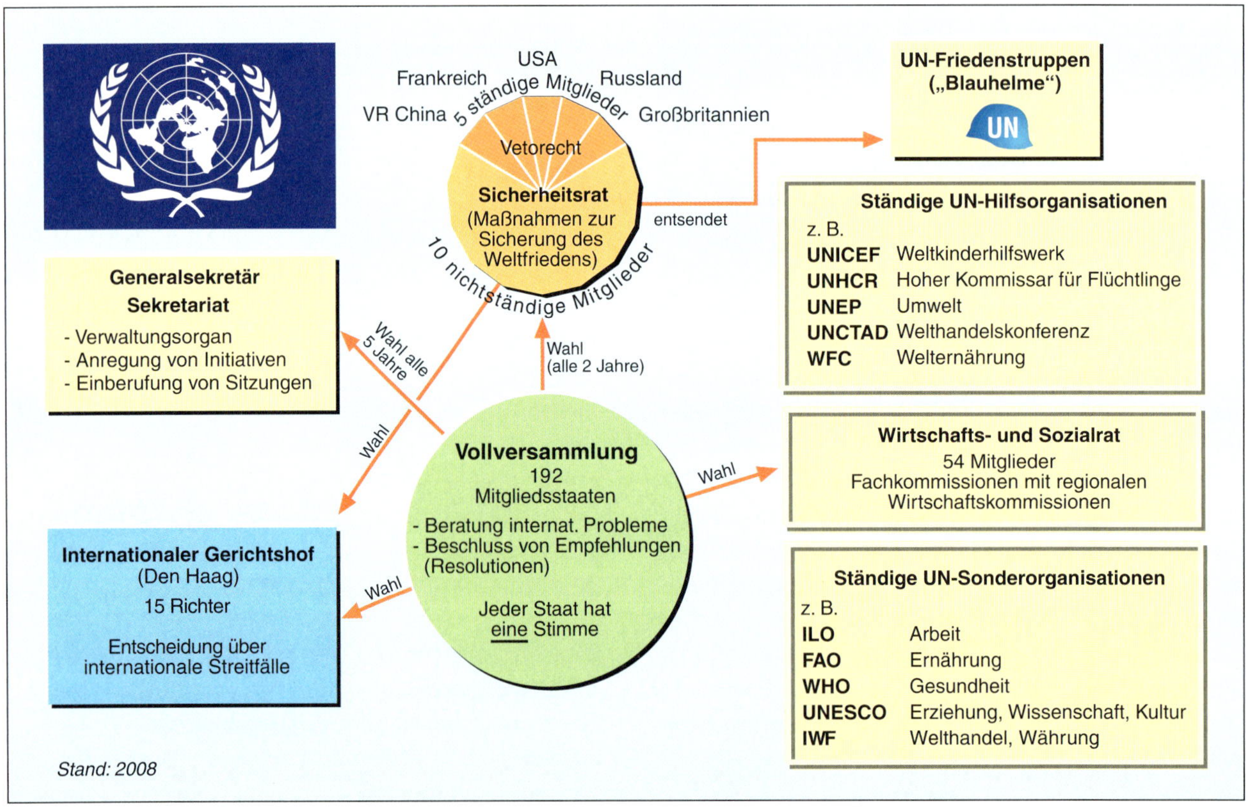

M2 „Non Violence“

Denkmal von Karl Reuterswärd auf dem Platz der Vereinten Nationen in New York

M3 Auszug aus der Charta der Vereinten Nationen *(26. Juni 1945)*

Artikel 2

Die Organisation und ihre Mitglieder handeln ... nach folgenden Grundsätzen:

1. Die Organisation beruht auf dem Grundsatz der souveränen Gleichheit aller ihrer Mitglieder ...

3. Alle Mitglieder legen ihre internationalen Streitigkeiten durch friedliche Mittel so bei, dass der Weltfriede, die internationale Sicherheit und die Gerechtigkeit nicht gefährdet werden.

4. Alle Mitglieder unterlassen in ihren internationalen Beziehungen jede gegen die territoriale Unversehrtheit oder die politische Unabhängigkeit eines Staates gerichtete oder sonst mit den Zielen der Vereinten Nationen unvereinbare Androhung oder Anwendung von Gewalt.

5. Alle Mitglieder leisten den Vereinten Nationen jeglichen Beistand bei jeder Maßnahme, welche die Organisation im Einklang mit dieser Charta ergreift; sie leisten einem Staat, gegen den die Organisation Vorbeugungs- oder Zwangsmaßnahmen ergreift, keinen Beistand ...

7. Aus dieser Charta kann eine Befugnis der Vereinten Nationen zum Eingreifen in Angelegenheiten, die ihrem Wesen nach zur inneren Zuständigkeit eines Staates gehören, oder eine Verpflichtung der Mitglieder, solche Angelegenheiten einer Regelung aufgrund dieser Charta zu unterwerfen, nicht abgeleitet werden; die Anwendung von Zwangsmaßnahmen wird durch diesen Grundsatz nicht berührt.

Zitiert nach: documentarchiv.de/in/1945/un-charta.htm (10.12.2008).

M4 60 Jahre UNO

Radiokommentar von Andreas Zumach am 25. Juni 2005:

Der Zweite Weltkrieg mit seinen über 50 Millionen Toten war der Hauptantrieb für die Gründung der Organisation der Vereinten Nationen vor sechzig Jahren. „Künftige Generationen vor der Geißel des Krieges zu bewahren“ ist das in der UNO-Charta formulierte Hauptziel der Weltorganisation. Gemessen an diesem Hauptziel ist die UNO – oder besser: sind ihre inzwischen 191 Mitgliedsstaaten – gescheitert. Über 250 bewaffnete Konflikte fanden in den letzten sechs Jahrzehnten statt, oftmals verbunden mit Völkermord und anderen schweren Menschenrechtsverletzungen. Doch ohne die UNO hätten viele Konflikte noch länger gedauert und noch mehr Tote und Verwundete gefordert. Ohne die UNO wäre es wahrscheinlich zu einem atomar geführten Weltkrieg gekommen. Und ohne die UNO und ihre humanitären Unterorganisationen wären in den letzten 60 Jahren hunderte Millionen Opfer von Naturkatastrophen, Hungersnöten und gewaltsamen Vertreibungen nicht versorgt worden.

Heute bedarf es einer funktionierenden Weltorganisation mindestens so dringend wie 1945. Unterentwicklung, Aids, Hunger, Umweltzerstörung, Terrorismus, Massenvernichtungswaffen und die Abhängigkeit von den sehr bald aufgebrauchten Weltölreserven – das sind heute die globalen Herausforderungen. Wir Erdbewohner werden sie – wenn überhaupt – nur bewältigen können durch vermehrte kooperative Anstrengungen im Rahmen einer durch Reformen gestärkten UNO. Vorschläge für die notwendigen Reformen hat Generalsekretär Kofi Annan auf den Tisch gelegt. Wenn die Mitgliedsstaaten diese Vorschläge jetzt nicht zügig und möglichst vollständig umsetzen, dürfte die UNO ihren 70. Geburtstag kaum mehr erleben.

Zitiert nach: http://www.wdr.de/radio/wdr2/moma/259786.phtml (10. 12. 2008).

1 Fasse die Ziele der UNO zusammen (M3) und erkläre die Symbolik der Skulptur auf dem „Platz der Vereinten Nationen“ (M2).

2 Erarbeite aus dem Schema M1 den Aufbau der UNO. Finde heraus, welche Aufgaben die UN-Organisationen Unesco, Unicef und FAO haben.

3 Erkläre, weshalb der Sicherheitsrat in der Zeit des Kalten Kriegs ein unzureichendes Instrument der Friedenssicherung war.

4 Schreibe aus dem Radiokommentar M4 die positiven und die negativen Bewertungen der UNO heraus. Nimm Stellung zur Schlussthese.

Deutschland im Herzen Europas wiedervereint

	Europa …
1980	*Streik polnischer Werftarbeiter weitet sich aus*
1985-1991	*Michail Gorbatschow Generalsekretär der KPdSU*
1989	*Revolutionen in Osteuropa „Eiserner Vorhang" zwischen Ungarn und Österreich wird durchlässig*
12. Sept. 1990	*Abschluss des 2 + 4 -Vertrags*
1990/91	*Auflösung des Ostblocks Ende der Sowjetunion und des Warschauer Pakts*
1993	*Vertrag von Maastricht (Europäische Union)*
	… und Deutschland
1982-1998	*Christlich-liberale Koalition*
1989	*„Friedliche Revolution" in der DDR*
9. Nov.1989	*Fall der Mauer*
3. Okt. 1990	*Beitritt der fünf neuen Länder zur Bundesrepublik*

Sicherung wichtiger Kompetenzen

- **Eigene Dateien**
  - **Geschichte**
    - **Die Einigung Deutschlands und die europäische Integration**
      - **Methoden**
        - Fotos historisch auswerten
        - Zeitzeugenbefragung
      - **Fachbegriffe**
        - Europäische Einigung
        - Glasnost
        - Konferenz für Sicherheit und Zusammenarbeit in Europa
        - Mauerfall
        - Perestroika
        - UNO

M1 Die „Winde der Veränderung"

Auszüge aus einer Rede des Altbundeskanzlers Willy Brandt am 10. November 1989 vor dem Rathaus Schöneberg in Berlin:

Dies ist ein schöner Tag nach einem langen Weg. Doch wir befinden uns erst an einer Zwischenstation. Wir sind noch nicht am Ende des Weges angelangt. Es liegt noch eine Menge vor uns. Die Zusammengehörigkeit der Berliner und der Deutschen überhaupt manifestiert sich auf eine bewegende, auf eine uns aufwühlende Weise, und sie tut es am bewegendsten dort, wo getrennte Familien endlich wieder ganz unverhofft und tränenvoll zusammenfinden. Mich hat auch das Bild angerührt von dem Polizisten auf unserer Seite, der 'rübergeht zu seinem Kollegen drüben und sagt: Jetzt haben wir uns so viele Wochen, vielleicht Monate auf Abstand gesehen, ich möchte Ihnen heute mal die Hand geben. Das ist die richtige Art, sich dem Problem zu nähern: Einander die Hand zu geben, nachtragend nur dort zu sein, wo es unbedingt sein muss. Es wird jetzt viel davon abhängen, ob wir uns – wir Deutsche, hüben und drüben – der geschichtlichen Situation gewachsen erweisen. Das Zusammenrücken der Deutschen, darum geht es …

Und sicher ist, dass nichts im anderen Teil Deutschlands wieder so werden wird wie es war. Die „Winde der Veränderung", die seit einiger Zeit über Europa ziehen, haben an Deutschland nicht vorbeiziehen können. Meine Überzeugung war es immer, dass die betonierte Teilung und dass die Teilung durch Stacheldraht und Todesstreifen gegen den Strom der Geschichte standen …

Denen, die heute noch so schön jung sind, und denen, die nachwachsen, kann es nicht immer leicht fallen, sich die historischen Zusammenhänge, in die wir eingebettet sind, klarzumachen. Deshalb sage ich nicht nur, dass wir bis zum Ende der Spaltung – zornig, aber auch im Gefühl der Ohnmacht habe ich im August '61 dagegen angeredet – noch einiges vor uns haben, sondern ich erinnere uns auch daran, dass das alles nicht erst am 13. August 1961 begonnen hat. Das deutsche Elend begann mit dem terroristischen Nazi-Regime und dem von ihm entfesselten Krieg. Jenem schrecklichen Krieg, der Berlin wie so viele andere deutsche und nichtdeutsche Städte in Trümmerwüsten verwandelte. Aus dem Krieg und aus der Uneinigkeit der Siegermächte erwuchs die Spaltung Europas, Deutschlands und Berlins. Jetzt erleben wir, und ich bin dem Herrgott dankbar dafür, dass ich dies miterleben darf: Die Teile Europas wachsen zusammen …

Zitiert nach: Willy Brandt: „… was zusammengehört". Reden zu Deutschland, Bonn (Dietz Verlag) 1990, S. 37ff.

M2 Geschichtsquiz: Was gehört zu wem?

1 Ihr habt euch im Geschichtsunterricht mit vielen Quellen beschäftigt und Methoden zur Analyse und Interpretation gelernt. Stellt an M1 historische Fragen, die ihr für wichtig erachtet, und beantwortet anschließend diese Fragen.

2 Willy Brandt wird im Zusammenhang mit dieser Rede oft der berühmt gewordene Satz zugesprochen „Jetzt wächst zusammen, was zusammengehört“. Überprüfe die Schlussbehauptung Brandts unter Beachtung dieses Zitats.

3 M2 bezieht sich auch auf die Seiten 96–159 im Geschichtsbuch. Schlage eventuell nochmals nach. Ordne alle hier vorgestellten Politiker nach:
- Bundesrepublik Deutschland oder DDR
- Regierungsjahren

Verbinde Ereignisse der Zeittafel mit den oben dargestellten Personen.

4 Ordne die Schlagworte jeweils einem der abgebildeten Politiker zu (Mehrfachzuordnung möglich). Überprüfe deine Ergebnisse mit deinem Banknachbarn.

5 Erstellt gemeinsam eine Zeitleiste zur gesamtdeutschen Nachkriegsgeschichte und füllt sie mit Fotografien wichtiger Ereignisse und Politiker. Vergesst dabei nicht, dass die beiden deutschen Staaten auch Teil des Ost-West-Konflikts und der europäischen Geschichte waren.

6 Welche der in M2 abgebildeten Politiker würdest du als große Europäer würdigen? Begründe.

Das Ferne – so nah

Was Menschen früher voneinander wussten und heute voneinander wissen

Die Beschleunigung von Verkehr und Kommunikation

Medienrevolutionen. In der Mitte des 15. Jh. erfand der Mainzer Johannes Gutenberg den Buchdruck mit beweglichen Buchstaben aus Metall. Zwar war dieses Verfahren in China und Korea bereits früher bekannt, doch erst in Europa löste die Erfindung eine medientechnische Revolution aus: Statt des zeitraubenden Abschreibens konnten nun in einem Bruchteil der Zeit Bücher und Flugschriften gedruckt und zu erschwinglichen Preisen erworben werden. Viel mehr Menschen als zuvor hatten Zugang zum bekannten Wissen, lernten lesen und stellten althergebrachte Denkweisen in Frage. Das neue Medium hatte großen Anteil an der Festsetzung verbindlicher Grammatik- und Rechtschreibregeln für die Hochsprache in vielen Ländern Europas. In den Jahrhunderten davor war die mündliche Weitergabe von Informationen dominierend. Fahrende Sänger und Erzähler formten bis ins Mittelalter das Bild des Fremden.

Die Gutenberg-Revolution wird gern mit der medientechnischen Revolution im ausgehenden 20. Jh. verglichen: Computer, Internetzugang, Digitalkamera und Mobiltelefon wurden in kurzer Zeit Allgemeingut und veränderten erneut grundlegend den Zugang aller zu Wissen und die weltweite Kommunikation.

Entfernungen verlieren ihren Schrecken. Auf dem Bild von Seite 194 begegnen sich alte und neue Verkehrsmittel bei Ehrenbreitstein am Rhein. Eisenbahnen und Dampfschiffe brachten Menschen schneller ans Ziel. Wo ein halbes Jahrhundert zuvor Segelschiffe noch Monate zu anderen Kontinenten unterwegs waren, schrumpfte die Fahrtdauer nun auf wenige Wochen zusammen. Der Ausbau des Luftverkehrs mit Zeppelinen und Passagierflugzeugen erlaubte im 20. Jh. eine weitere drastische Verkürzung von Reisezeiten. Heutige Historiker nennen dies die „Verdichtung von Raum und Zeit". Darunter versteht man die Vereinfachung und das immens gestiegene Volumen, mit dem Waren, Menschen, Dienstleistungen und vor allem Informationen und Ideen in kurzer Zeit riesige Distanzen überwinden. Die enorme Verbilligung des Telefonierens seit den 1990er Jahren und die Nutzung des Internet schufen wiederum neue Grundlagen für den Informationsaustausch. Heute spielen der Aufenthaltsort, die Entfernung zum Kommunikationspartner und nationale Grenzen nur noch eine untergeordnete Rolle.

M1 Internetnutzer nach Kontinenten *(2002–2010)*

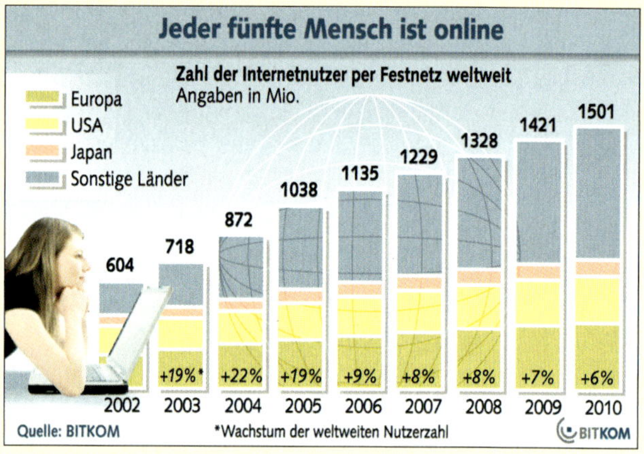

Aufbruch zur Weltwirtschaft? Die größten Fernhandelsnetze des Mittelalters entstanden in den islamischen Reichen nach 800 und zur Zeit der Mongolenherrschaft im 13. und 14. Jh. Ein wirklicher „Welthandel" begann erst in der Epoche der „Europäisierung der Erde" im Gefolge der Entdeckungsfahrten von Christoph Columbus und Vasco da Gama.

Der seit den 1980er Jahren fortschreitende Abbau von Handels-, Finanz- und Wettbewerbsbeschränkungen hat unterschiedlichste Folgen: Geld fließt vor allem in diejenigen Unternehmen, die die höchste Rendite versprechen. Die Produktion wird in Länder mit den niedrigsten Löhnen verlegt. Wenn die Ausgaben für die Beschäftigten sinken, steigen die Aktienkurse. Soziale Gesichtspunkte spielen kaum noch eine Rolle. Millionen von Arbeitskräften finden nur noch fern der Heimat Beschäftigung.

Was lernst du in diesem Kapitel? Am Ende diese Einheit wirst du folgende Fragen beantworten können:

- Wie beschleunigten sich das Reisen und die Kommunikation?
- Wie wurde dabei Fremdes wahrgenommen und Selbstbilder hinterfragt?
- Welche Chancen und welche Risiken sind mit der Globalisierung verbunden?
- Aus welchen Gründen und in welcher Form entstand der internationale Terrorismus?
- Welche Aussagen zu Zeitfragen können wir mithilfe des im Fach Geschichte erworbenen Wissens treffen?

M2 Das größte Passagierflugzeug der Welt: Airbus A380 *(2005)*

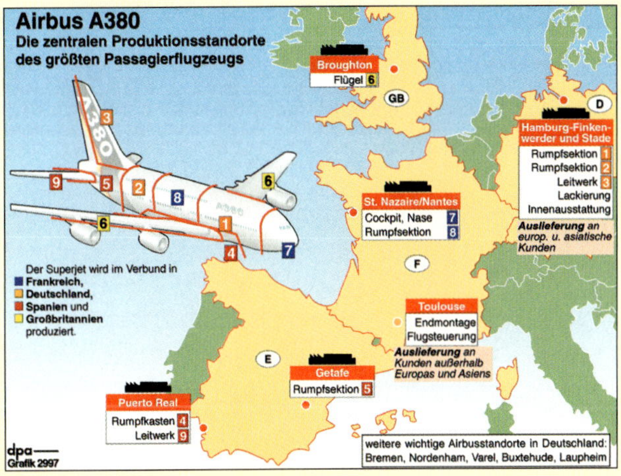

M3 In welchen Ländern entsteht dieses Flugzeug?

M4 Modernes Containerschiff *(„Cosco Napoli" im Hamburger Hafen, 335 m Länge, 8 200 Container an Bord)*

M5 Gegner einer „globalisierten Wirtschaft"
Gegen die Auswüchse der wirtschaftlichen Globalisierung kämpft die Organisation „attac" (= Association pour une taxation des transactions financières pour l'aide aux citoyens – Vereinigung zur Besteuerung von Finanztransaktionen zur Hilfe der Bürger). Attac verlangt eine Spekulationssteuer auf internationale Finanztransaktionen, das Verbot bestimmter Börsengeschäfte, eine strengere Bankenaufsicht, einen Schuldenerlass für die ärmsten Länder und gerechtere Regeln des Handels für die Armen. Der Zusammenbruch der internationalen Finanzmärkte 2008 führte dazu, dass einige dieser Forderungen in die Tat umgesetzt wurden.

1 Suche aus den Materialien der Seiten 194-197 und dem Autorentext alle Beispiele für die Beschleunigung von Verkehr und Kommunikation heraus.
2 Vergleiche die Ladevolumen bzw. Passagierzahlen der Karavellen des Kolumbus, der „Titanic" und eines Containerschiffes wie in M4.
3 Erläutere anhand von M3 die europäische Zusammenarbeit beim Bau des Airbus A380. Welche Vorteile verspricht sich die Firma vom Bau dieses Flugzeugs?
4 Gib die Kritikpunkte von Attac an der globalisierten Wirtschaft wieder (M5 und Link im Foto).

Pilger, Händler und Soldaten – Reisen und Informationsaustausch früher

„Völkerwanderungen". Menschen waren zu allen Zeiten unterwegs – gezwungen oder freiwillig. Zu den berühmten „Völkerwanderungen" gehört die Auswanderung von Griechen und die Gründung von Kolonien (ca. 750–550 v. Chr.) an den Rändern des Mittelmeers und des Schwarzen Meeres. Ähnlich spektakulär ist die Ausbreitung hochmobiler Seefahrervölker auf schnellen Booten, die zwischen 1500 und 800 v. Chr. ausgehend von den Marquesas-Inseln über Tausende von Kilometern die Inselgruppen des östlichen Pazifischen Ozeans besiedelten. Germanische Stämme wanderten ab Ende des 4. Jh. in die klimatisch angenehmeren Gebiete des Römerreichs ein – deutsche Schulgeschichtsbücher sprechen von „der" Völkerwanderung, während die Schulgeschichtsbücher in Frankreich und Südeuropa hierfür den Begriff „Einfall der Barbarenvölker" benutzen. Vergleichbar damit sind die Wanderungen bantusprechender Völker aus der Niger-Kongo-Region in den Osten und Süden Afrikas zwischen 500 v. Chr. und 1000 n. Chr. Die moderne „Migrationsgeschichte" beginnt nach Ansicht heutiger Historiker mit der Verschleppung afrikanischer Sklaven über den Atlantik ab dem 16. Jh.

Unterwegs in Altertum und Mittelalter. Im Römischen Reich waren neben Händlern und Pilgern vor allem Soldaten auf den gut ausgebauten Fernstraßen unterwegs. Sie zogen aus, um Krieg zu führen oder die Grenzen des Reichs zu sichern. Für europäische Gelehrte vieler Epochen war Reisen ein Teil der Bildung. Als Kontinent der Vielfalt formte Europa bei den Reisenden die Meinungen über andere und trug zum Austausch von Ideen bei.

Im Mittelalter waren Menschen aus allen Bevölkerungsschichten als Pilger unterwegs. Als Hauptziele galten Jerusalem als Ort der Kreuzigung und Auferstehung Jesu, Rom mit dem Petrusgrab und Santiago de Compostela, wo der heilige Jakobus begraben sein soll. Die Pilgerwege waren unsicher. Um den Gefahren begegnen zu können, schlossen sich Pilger aller Nationen und Stände zu Pilgergemeinschaften zusammen. In Europa entstand so ein funktionierendes Verkehrsnetz mit Herbergen und Hospitälern sowie Kapellen und Kirchen am Wegrand. Auf ihren Reisen lernten die Wanderer andere Gesellschaften, Kulturen und Techniken kennen, was den Austausch zwischen den Regionen in Europa förderte und zum wirtschaftlichen, kulturellen und technischen Fortschritt beitrug. Auch andere Kulturen kennen den kulturellen Austausch durch Pilger: So machten sich Muslime aus aller Welt nach Mekka auf. Buddhisten aus China bereisten in großer Zahl die unwirtlichen Gegenden längs der Seidenstraße in Richtung Indien auf der Suche nach Buddhas Wirkungsstätten.

M1 Santiago-Pilger werden verköstigt
(Kathedrale von Lérida, Fresko, 13. Jh.).

Post und Telegraf. Dem aus Italien stammenden und in den Niederlanden wohnenden Unternehmer Francesco Tassis erlaubte Kaiser Maximilian I. 1490 die Beförderung kaiserlicher Depeschen. Aus diesem kaiserlichen Kurierdienst entwickelte sich im 16. und 17. Jh. ein auch für private Anliegen offenes Transportunternehmen, dessen Netz bald über ganz Europa ausgeweitet wurde. Sein Name wurde eingedeutscht und zu Thurn und Taxis erweitert. Das Unternehmen hatte alle fünf Meilen (ca. 37,5 km) Wechselposten für die Reiter und Gespanne, deren Ankunft mit einem Posthorn angekündigt wurde. Postsäulen zeigten die Entfernungen zu wichtigen Orten an. So brauchte eine Sendung von Paris nach Brüssel etwa 44 Stunden. Für die interkontinentale Verbreitung von Informationen wurde ab dem 19. Jh. der Telegraf bedeutsam. Dampfschiffe und die Eisenbahn erlaubten ab dem 19. Jh. den weltweiten Austausch von Produktionsgütern und beschleunigten diesen.

M2 Über Verhalten und Herkunft der Santiago-Pilger

Aus einer Handschrift (12. Jh.):

Dorthin kommen fremde und einheimische Völker aus allen Teilen der Welt. (Der Verfasser zählt mehr als 70 Völker auf, u. a. Franken, Normannen, Schotten, Iren, Gallier, Iberer, Gascogner, Bayern, gottlose Navarreser, Basken und damals viele bekannte Völkernamen ...) Voll Freude erblickt man die Scharen von Pilgern, die am ehrwürdigen Altar Jacobs die Nachtwache halten. An einer Stelle stehen, jeweils in geschlossenen Gruppen, die Deutschen, an anderer die Franzosen, an anderer die Italiener ... Ein jeder verbringt die Nachtwache sinnvoll mit seinen Landsleuten. Einige spielen Zither, andere Laute, andere auf kleinen Pauken, andere spielen Flöte, andere Panflöte, andere Trompete, andere Harfe, andere Viola, andere britische oder gallische Rotta (eine Art Gitarre), wieder andere Psalter. Andere singen während der Nachtwache, von verschiedenen Instrumenten begleitet. Einige beweinen ihre Sünden, andere lesen Psalter, andere geben Almosen an die Blinden. Hier hört man die verschiedensten Sprachen und fremdartige Laute, Reden und Gesänge der Deutschen, Engländer, Griechen und anderer Stämme und Völker aus allen Teilen der Welt ...

Dorthin streben Arme, Reiche, Räuber, Ritter, Fußvolk, Vornehme, Blinde, Krüppel, Wohlhabende, Adlige, Soldaten, hochgestellte Personen, wie Bischöfe und Äbte, zum Teil barfüßig.

Zitiert nach: Libellus Sancti Jacobi. Auszüge aus dem Jakobsbuch des 12. Jahrhunderts, hrsg. von Hans W. Klein und Klaus Herbers, Tübingen (Narr) 1997, S. 47f.

M3 Santiago-Pilger heute

M4 Die Bedeutung des Telegrafen

Unter allen Technologien der Epoche erzeugte die Telegraphie die dramatischsten Globalisierungseffekte. Kabel lassen sich leichter verlegen als Eisenbahntrassen ... Schon 1866 wurde ein auch wirklich funktionierendes Transatlantikkabel in Betrieb genommen, und um 1880 ließ sich von London aus ein Telegramm an jeden einigermaßen bedeutsamen Ort im British Empire schicken, mithin auf alle Kontinente. Durch die Telegraphie erhöhte sich die Übermittlungsgeschwindigkeit von Nachrichten zwischen Europa und den USA um den Faktor 10 000. Zugleich löste sich die Geschwindigkeit der Informationsübertragung von derjenigen des Warentransports, was das Geschehen auf den Finanz- und Warenmärkten außerordentlich beschleunigte ... Gleichzeitig nahm aber auch das Volumen des Postverkehrs dramatisch zu. Brieftransport per Bahn, ein drastischer Rückgang des Portos in einigen, der beginnende Aufbau eines modernen Postwesens in anderen Ländern sowie die Erleichterung der grenzüberschreitenden Kommunikation durch internationale Vereinbarungen waren die Ursachen dieser Entwicklung.

Zitiert nach: Jürgen Osterhammel/Niels P. Petersson: Geschichte der Globalisierung. Dimensionen Prozesse Epochen, München (C. H. Beck) ^{6}2006, S. 54f.

1 Suche Informationen zu den vier angegebenen „Völkerwanderungen" im Autorentext heraus. Schlage auch unter „transatlantischer Dreieckshandel" nach und präsentiere dein Ergebnis.

2 Untersuche M2 hinsichtlich der Möglichkeiten, die die Pilger hatten, Menschen anderer Herkunft und Nationalität kennen zu lernen. Finde heraus, welche Motivationen heutige Santiago-Pilger haben, sich auf den Weg zu begeben.

3 Beschreibe anhand von M1 und M2 Bedingungen des Reisens in der Vergangenheit.

4 Erläutere die Beschleunigung der Verbreitung von Informationen im 19. Jh. (M3–M4 und Autorentext).

5 Verfasse einen eigenen Reisebericht, indem du deutlich machst, warum, wohin, mit wem du gereist bist und was du während der Reise erlebt hast.

Reisen – Interesse am Fremden oder Erholungssuche?

Verändertes Reiseverhalten. Im Sommer 1936 führten Frankreich und Belgien als erste Länder der Welt per Gesetz einen zweiwöchigen „bezahlten Urlaub“ ein. Freie Tage für Arbeiter und Angestellte verlangten auch die deutschen Gewerkschaften seit Ende des 19. Jh. Während der Weimarer Republik kam etwa ein Drittel der Arbeiter in den Genuss von drei bis sechs bezahlten freien Tagen. Erst nach dem Zweiten Weltkrieg entstand ein gesetzlicher Anspruch darauf für alle; in den 1950er Jahren mit zunächst 12–16 Urlaubstagen pro Jahr, Samstage eingerechnet. In der DDR wurde das Recht auf Urlaub bei Staatsgründung bereits festgelegt und überall im Land entstanden Urlaubsheime.

Während der ersten Hälfte des 20. Jh. konnten sich nur Bürger aus den gehobenen Schichten eine Reise in die „Sommerfrische“ leisten, meist in nahe gelegene Ziele in ihrer Region oder ans Meer. In den 1950er Jahren blieben deutsche Urlauber in Ost und West vorwiegend im Inland – auch Westdeutsche durften zunächst nur eine bestimmte Höchstsumme in Währungen anderer Länder tauschen. Ab den späten 1950er Jahren wurden Italien und Spanien zu Traumzielen westdeutscher Urlauber. Ostdeutsche schwärmten von den Sonnenzielen am ungarischen Plattensee oder den Küsten des Schwarzen Meeres in Rumänien und Bulgarien. In den letzten 40 Jahren wuchsen die Touristenströme angesichts immer schnellerer und billigerer Flugverbindungen weltweit auf nie gekannte Größen an – dabei wurden die Deutschen zu „Reiseweltmeistern“.

Weltweite Kommunikation. Dank Mobiltelefon und Internet ist seit den 1990er Jahren die weltweite Kommunikation gleichsam privatisiert worden: Von der eigenen Wohnung aus lässt sich fast jeder erdenkliche Ort der Welt ansteuern und lassen sich Informationen zu den unterschiedlichsten Themen und von verschiedensten Anbietern abrufen. Dadurch sind auch die Möglichkeiten, Wissen über andere Menschen, Völker und Kulturen zu gewinnen, in einem Ausmaß gestiegen, das man sich zu den Zeiten des Telegrafen kaum vorstellen konnte.

M1 Aus den Ruinen in die Sonne *(Bonn 1955)*

Demokratisierung und Oberflächlichkeit des Reisens. Heute haben Millionen Menschen das Bedürfnis und die finanziellen Mittel, einen Erholungsurlaub oder eine Entdeckungsfahrt in ein anderes Land zu unternehmen. Reisende des 19. Jh. würden heutigen Touristen vermutlich vorwerfen, ihre Reise oberflächlich zu planen und kaum Wissen über ihr Reiseziel zu gewinnen oder möglicherweise gar nicht an einem solchen Wissen interessiert zu sein. Dieser Vorwurf wird auch heute oft erhoben. Er verkennt aber, dass die modernen Möglichkeiten des Verkehrs und des Informationsaustauschs vor allem eine Demokratisierung des Reisens und damit des Wissens bewirkt haben. Heute haben wesentlich mehr Menschen als in früheren Zeiten die Chance, Wissen über die Welt zu erlangen. Dabei können bei Reisenden und Bewohnern der besuchten Länder Vorurteile abgebaut, aber auch neue aufgebaut werden.

M2 Welttourismus 2007

Region	Ankünfte (in Mio.)	Jahreszuwachs
Europa	480	+ 4%
Asien/Pazifik	185	+ 10%
Amerika	142	+ 5%
Mittlerer Osten	46	+ 13%
Afrika	44	+ 8%
Welt insgesamt	898	+ 6%

Zitiert nach: http://www.deutschland-tourismus.de/pdf/Incoming_Tourismus_Deutschland_Edition2008_FINAL.pdf (Sp. 4) (4.12.2008)

M3 Urlaubsinhalte von Europäern bei Städtereisen in Europa und nach Deutschland

Inhalte von Städtereisen	Städtereisen der Europäer ins Ausland insg.	Städtereisen der Europäer nach Deutschland
Sightseeing/Sehenswürdigkeiten	62 %	62 %
Genießen von Atmosphäre und Umgebung	49 %	58 %
Einkaufen	44 %	54 %
Genießen von Essen und Trinken	42 %	50 %
Besuch von Museen	40 %	43 %
Nachtleben	25 %	24 %
Besuch von Ausstellungen	23 %	26 %

Zitiert nach: ebenda

M4 Deutsche Italiensehnsucht?

Seit Jahrhunderten war Italien bevorzugtes Reiseziel von Wallfahrern, Adligen, Bildungsreisenden, Künstlern und Romantikern gewesen. Trotz unterschiedlicher Interessen entwickelten sich vielfach übereinstimmende Reiserouten und Wahrnehmungsmuster – mit Rom als unbestrittenem Höhepunkt. Die Idee des zeitlosen, paradiesischen Ideallandes Arkadien prägte seit Goethes „Italienischer Reise“ und den Bildern Claude Lorrains das deutsche Italienimage ...

Auf diesem Vorstellungsbild aufbauend mobilisierten die Werbung, die Filme, Lieder und Romane der 1950er Jahre die Italien-Sehnsucht. In Anzeigen für Zigaretten, Autos und andere Waren fuhren junge Paare im Cabrio in den Süden. Schlager besangen Gondeln am Lido, Frühling in Sorrent oder O mia bella Napoli. Besonders der 1943 entstandene Schlager „Capri-Fischer“ wurde in den Nachkriegsjahren zu einem Nummer-Eins-Hit.

Mit der Massenmotorisierung gewann der Italien- und insbesondere der Strandtourismus in den Jahren um 1960 rasch an Bedeutung. Vor allem an der Adria entstanden neue Ferienstädte quasi aus dem Nichts. Der Ort Bibione z. B. besaß 1957 nur wenige Pensionen mit zusammen 304 Betten. 1964 zählte Bibione 12 000 Betten mit 500 000 Übernachtungen, 1973 schließlich 3,6 Millionen Übernachtungen.

Cord Pagenstecher: Arkadien, Dolce Vita und Teutonengrill. Tourismuswerbung und das Italienbild der Deutschen. In: Gerhard Paul (Hrsg): Das Jahrhundert der Bilder, Bonn (Bundeszentrale für politische Bildung) 2008, S. 181f.

M5 „Tourists“

(lebensgroße Plastik von Duane Hanson, 1988)

1 Erläutere die Veränderungen des Reisens hinsichtlich a) der Möglichkeiten zu reisen und b) des Erlangens von Informationen aus erster Hand (M1–M4 und Autorentext).

2 Welche Ziele werden heute für den Massentourismus vermarktet? Gibt es dabei ähnliche „Vor“-Bilder wie bei der Reisewelle nach Italien?

3 Werte M3 aus. Welche sind deine persönlichen Vorlieben bei Reisen?

4 Interpretiere die Pop-Art-Plastik von Duane Hanson (M5). Versetze dich in die Rolle von Einheimischen bei deren Anblick.

Wie „wild“ und „barbarisch“ ist das Fremde?

Die Barbaren in der Antike. Die Menschen im antiken Griechenland nannten sich selbst Hellenen. Damit wollten sie sich von den Barbaren absetzen, den nicht griechisch sprechenden Völkern, deren Sprachen sie als gestottertes (barbarisches) Kauderwelsch empfanden. Die Hellenen verstanden sich schon vor 2500 Jahren als eine große Sprach- und Kulturgemeinschaft. Dieses durch Sprache, Schrift, Religion und Kunst entwickelte Zusammengehörigkeitsgefühl gab es etwa 700 Jahre vorher zur Zeit des Trojanischen Kriegs keineswegs. Und so fehlt der Ausdruck „Barbaren“ bei Homer.
Für die Römer waren die germanischen Nachbarn die „Unzivilisierten“. Seit den Einfällen der Kimbern und Teutonen galten diese als wilde und unerschrockene Krieger. Um 100 n. Chr. verfasste der römische Historiker Tacitus eine Schrift, in der er seinen Zeitgenossen in Rom die Germanen schilderte.

Wie Kolumbus die Indianer sah. Als Kolumbus im Oktober 1492 das erste Mal amerikanischen Eingeborenen begegnete, notierte er in sein Bordbuch: „Sie sind sicher hervorragende Arbeitskräfte; sie haben einen aufgeweckten Verstand, denn ich sehe, dass sie sehr schnell alles nachsagen können, was man ihnen vorspricht. Außerdem glaube ich, dass man sie leicht zum Christentum bekehren könnte.“ Auch sei es möglich, „alle Inselbewohner als Sklaven zu halten, da man mit einigen fünfzig Mann alle anderen niederhalten und zu allem zwingen könnte.“ Diese Ausführungen verraten uns kaum etwas über die Kultur der Indianer, jedoch viel über das Selbstbild der Europäer. Kolumbus sah in den Eingeborenen nur Sklaven und nicht andersartige, aber gleichberechtigte Menschen mit einer eigenen Kultur. Er selbst hielt sich aufgrund seines christlichen Glaubens und seines Wissensvorsprungs für zivilisatorisch überlegen.

Selbstgewissheit und Selbstkritik. In der Folgezeit schärfte sich das europäische Selbstbewusstsein durch die Kulturbegegnung mit dem Fremden in Amerika, Afrika und Asien. So schrieb der Franziskaner André Thevet im 16. Jh.: „Der Wilde ist nackt, wir Europäer sind bekleidet; der Wilde hat weder Vernunft noch Religion wie wir, er isst Menschen, wir nicht; die Wilden leben wie Tiere, wir leben in zivilisierter Weise.“ Und 1557 erschien ein Buch von Hans Staden, der in Brasilien als Söldner in die Gefangenschaft indianischer Kannibalen geraten war. Diese Schrift, in 80 Ausgaben und in acht Sprachen erschienen, verbreitete damals das Bild vom menschenfressenden Indianer. Zugleich verstärkte sich dadurch das Selbstverständnis vieler Europäer, einer überlegenen Zivilisation anzugehören. Aber es gab auch kritische Stimmen wie die des Missionars Bartolomé de Las Casas (1484–1566), der eine humane Behandlung der Indianer durch die Europäer einforderte. Und 1580 schrieb der französische Philosoph Michel de Montaigne, „dass jedermann das Barbarei nennt, was nicht seiner Gewohnheit entspricht“. Er verglich den indianischen Kannibalismus mit der Folter in Europa und kritisierte das europäische Besitzdenken im Gegensatz zu den neidlosen Gesellschaften Amerikas. Bis zum 18. Jh. verstärkte sich der Trend, den „guten und edlen Wilden“ zu entdecken, der anders als der Zivilisationsmensch natürlich und unverbildet war. Von Aufklärern wie Jean-Jacques Rousseau wurde schließlich die vermeintliche Überlegenheit Europas selbstkritisch zur moralischen Minderwertigkeit umgedeutet: Die Zivilisation verderbe den Menschen, man solle sich zurück zur Natur orientieren. Doch wurde auch die alte Denktradition fortgeführt, wonach der „Wilde“ unter dem Europäer stehe.

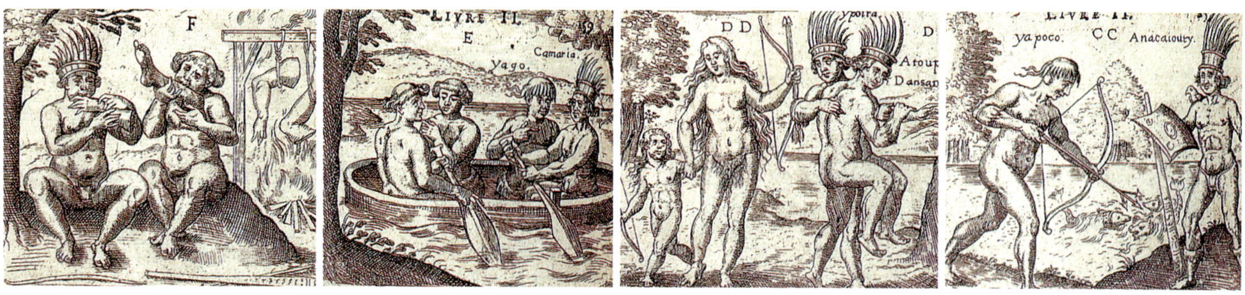

M1 Indianer der Karibik *(Géographie du Monde, 1633)*

M2 Tacitus *(ca. 58–116 n. Chr.)* **über die Germanen**

Die äußere Erscheinung ist bei allen dieselbe; wild blickende blaue Augen, rötliches Haar und große Gestalten, die allerdings nur zum Angriff taugen. Für Strapazen und Mühen bringen sie nicht dieselbe Ausdauer auf, und am wenigsten ertragen sie Durst und Hitze; wohl aber sind sie durch Klima und Bodenbeschaffenheit gegen Kälte und Hunger abgehärtet ... Das Land zeigt zwar im einzelnen einige Unterschiede; doch im ganzen macht es mit seinen Wäldern einen schaurigen, mit seinen Sümpfen einen widerwärtigen Eindruck ... Getreide gedeiht, Obst hingegen nicht. Vieh gibt es reichlich, doch zumeist ist es unansehnlich ... Als Getränk dient ein Saft aus Gerste oder Weizen, der durch Gärung eine gewisse Ähnlichkeit mit Wein erhält; die Anwohner von Rhein und Donau kaufen auch Wein. Die Kost ist einfach: wildes Obst, frisches Wildbret oder geronnene Milch. Ohne feine Zubereitung, ohne Gewürze vertreiben sie den Hunger. Dem Durst gegenüber herrscht nicht dieselbe Mäßigung ...

Publius Cornelius Tacitus, Germania: Zitiert nach: Alfons Städele (Hrsg. und Übers.): Tacitus, Düsseldorf/Zürich (Artemis/Winkler) [2]1999, S. 13ff.

M3 Amerigo Vespucci über die brasilianischen Waldlandindianer *(1502)*

Vespucci (ca. 1451–1512) unternahm im Auftrag der Bankiersfamilie Medici Expeditionen nach Südamerika, um nach nutzbringenden Gütern zu suchen. Seine in Briefform verfassten und vielfach gedruckten Reiseberichte prägten das Bild der Europäer von den südamerikanischen Eingeborenen:

... Es gibt unter ihnen weder Kaufleute noch irgendeinen Handel. Ihre Stämme führen untereinander Krieg ohne Technik, ohne Taktik. Die Ältesten lenken bei ihrer Art Versammlungen die jungen Männer zu dem, was sie selbst beabsichtigen und feuern sie zu Kriegen an, in denen sie einander grausam abschlachten. Und wen sie im Kriege gefangen nehmen, den behalten sie bei sich, freilich nicht um sein Leben zu schonen, sondern um ihn später zum Zwecke der eigenen Ernährung zu töten. Sie pflegen nämlich einander (und besonders die Sieger die Besiegten) aufzuessen und Menschenfleisch ist bei ihnen eine allgemein übliche Speise. (Ich war) ... in einer Stadt, wo ich in den Häusern das Menschenfleisch eingesalzen an den Balken hängen sah, genauso wie man bei uns den Speck aufhängt und das Schweinefleisch.

Zitiert nach: Robert Wallisch: Der Mundus Novus des Amerigo Vespucci, Wien (Verlag Österr. Akad. d. Wiss.) 2002, S. 19ff.

M4 Der französische Philosoph Michel de Montaigne berichtet über die Indianer in Brasilien *(1580)*

Es ist eine Nation, (in der es) keine Knechtschaft, keinen Reichtum und keine Armut (gibt) ... Sie führen keine Kriege, um neue Länder zu erobern, denn sie genießen die natürliche Fruchtbarkeit des Landes, welche ihnen, ohne Arbeit, alles in solchem Überfluss darreicht, dass ihnen an Erweiterung ihrer Grenzen gar nichts gelegen ist. Sie stehen auf dem glücklichen Punkte, wo sie nichts weiter begehren, als was die Natur unumgänglich erfordert; alles, was darüber hinausgeht, halten sie für unnütz.

Zitiert nach: Gerd Stein (Hrsg.): Die edlen Wilden, Frankfurt a. M. (Fischer) 1984, S. 39ff.

M5 Plakat zu einer „Völkerschau“

In Deutschland wurden zwischen 1870 und 1940 über 300 exotische Menschengruppen vorgeführt.

1 Arbeite heraus (M1, M3–M5 und Autorentext), wie sich die Begegnung mit den fremden Völkern auf das europäische Selbstbewusstsein auswirkte. Erläutere auch die Haltung der Imperialisten zu ihren Kolonien vor dem Ersten Weltkrieg.

2 Beschreibe M1. Vergleiche mit M3 und M4 und überlege, welche Darstellung du vorziehst. Begründe.

3 Erörtere mithilfe von M2, ob Tacitus die Germanen eher als Naturvolk oder als Wilde vorstellen wollte. Welche Eigenheiten von Land und Leuten fallen dem Römer besonders auf?

Auf der Suche nach Existenz und neuer Heimat: Migration früher und heute

Deutsche Auswanderer. Vom Mittelalter bis ins 19. Jh. sind Deutsche in mehreren Wellen nach Ost- und Südosteuropa ausgewandert. Größere Siedlungsräume entstanden vor allem im heutigen Tschechien und im rumänischen Siebenbürgen. Die russische Zarin Katharina die Große bot während ihrer Regierungszeit 1762–1796 interessierten Auswanderern für die damalige Zeit Außerordentliches an: Besitz eigenen Landes, Befreiung von Grundherrschaft und Militärdienst sowie Steuerfreiheit für 20 Jahre. Zehntausende Bauern und Handwerker aus Hessen, Schwaben und Westpreußen machten sich auf den Weg in die neue Heimat in Russland.

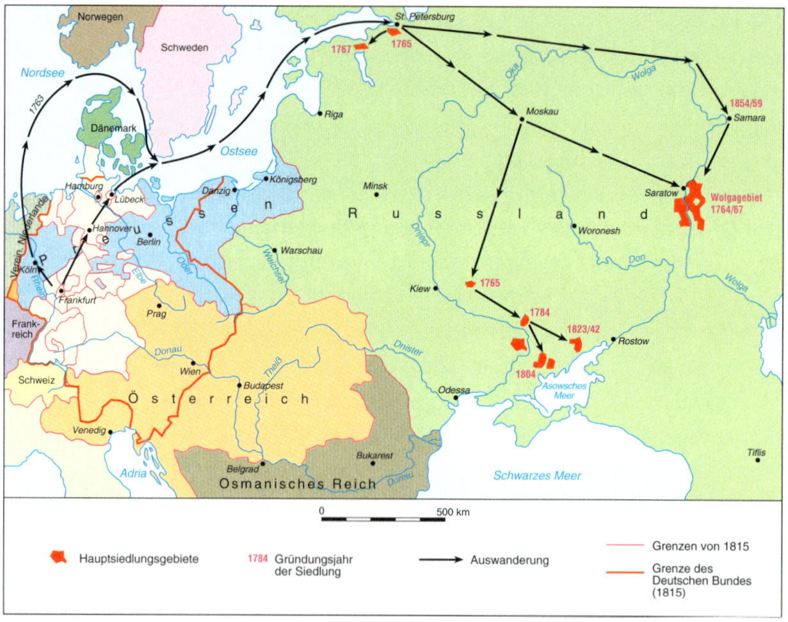

M1 Deutsche Auswanderer nach Russland

Traumland für deutsche Auswanderungswillige waren im 19. und frühen 20. Jh. die Vereinigten Staaten von Amerika. Hunger, Armut und politische Verfolgung waren die Hauptgründe für die Auswanderung.

Migration heute. Krankenschwestern und Bauarbeiter aus Südostasien in den Emiraten am Persischen Golf und Hausmädchen aus Lateinamerika in den USA sind die zahlenmäßig sichtbarsten Zeichen einer weltweiten Arbeitsmigration seit den 1980er Jahren. Die USA schützen sich mit einem 3000 Kilometer langen Zaun entlang der Grenze zu Mexiko gegen illegale Einwanderer. Für hunderttausende Afrikaner, Opfer von Bürgerkriegen und Hunger, ist Europa das Ziel der Träume. Die Flüchtlinge versuchen die Grenzanlagen der spanischen Besitzungen Ceuta und Melilla in Nordafrika zu überwinden oder zahlen Unsummen an Schlepperbanden, die sie mit kleinen Booten auf die Kanarischen Inseln, nach Südspanien oder Süditalien bringen. Dabei ertrinken fast täglich Flüchtlinge. Wer Europa erreicht, muss mit Abschiebung rechnen.

M2 Lagerhaus in der „Wolgadeutschen Sowjetrepublik" *(1925)*

M3 Siedlungsgebiete der Deutschen im Mittleren Westen der USA

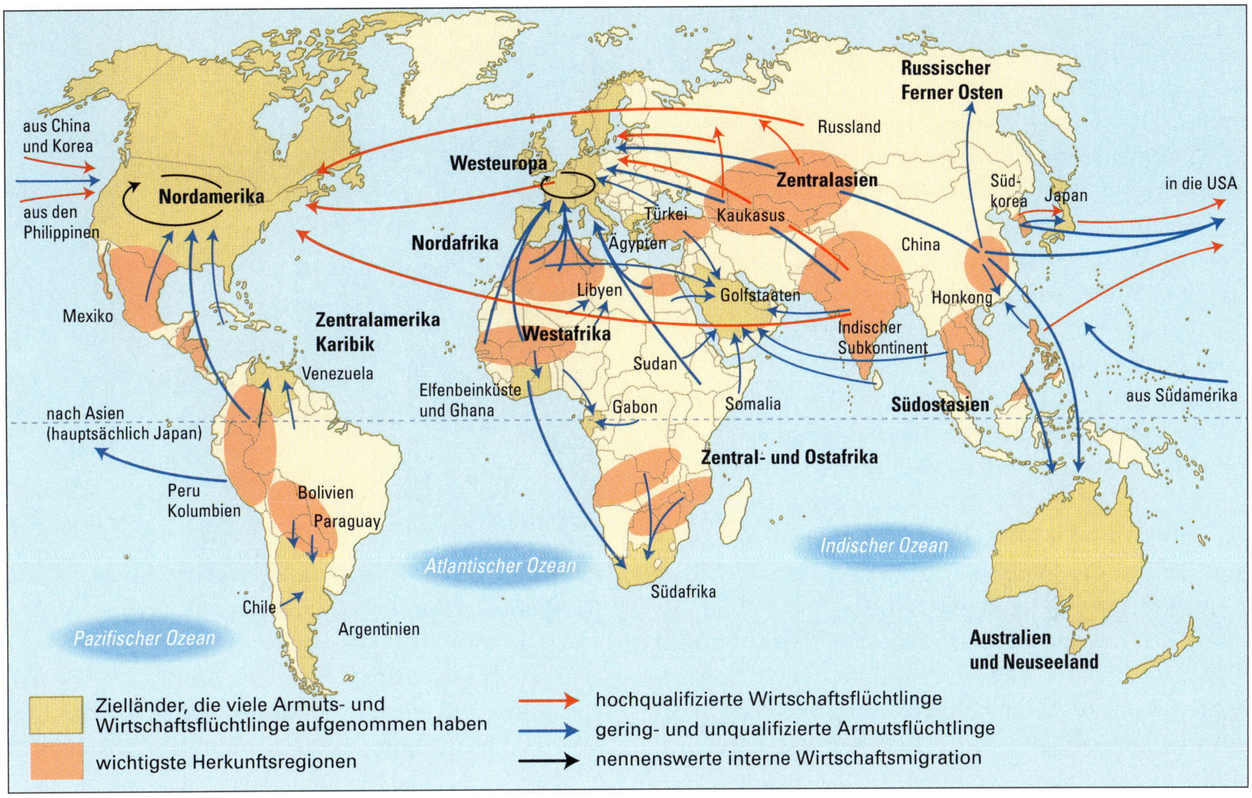

M4 Arbeitsmigranten und Flüchtlinge

M5 Afrikanische Flüchtlinge auf dem Weg nach Südspanien

1 Benenne anhand der Karten M1 und M3 die Siedlungsgebiete deutscher Auswanderer in Russland und den USA.

2 Führe zu einem der drei folgenden Themen eine selbstständige Recherche durch: a) Finde heraus, wie die deutschen Einwanderer in Amerika nach Eintritt der USA in den Ersten Weltkrieg behandelt wurden. b) Welches Schicksal traf die Russlanddeutschen unter Stalin beim Überfall Deutschlands auf die Sowjetunion? c) Wann und unter welchen Bedingungen wanderten Russlanddeutsche in die Bundesrepublik?

3 Erstelle eine Tabelle der Weltregionen, aus denen heute hauptsächlich Menschen emigrieren (M4). Welche weiteren Informationen lassen sich der Karte entnehmen?

4 Täglich erscheinen Zeitungsberichte mit Bildern über Flüchtlinge, die versuchen nach Europa zu kommen (M5). Sammelt diese Berichte über zwei Wochen und veröffentlicht sie auf einer Wandzeitung.

5 Wie sieht das Schicksal von Flüchtlingen in Deutschland aus? Wer hat ein Chance zu bleiben und warum?

„Globalisierung“: Die Welt seit den 1990er Jahren

Die Vernetzung des Planeten. Mit dem Ende des Ost-West-Konflikts endete in den Augen der Historiker das „kurze 20. Jahrhundert“. Die Folgejahre werden als „Zeitalter der Globalisierung“ benannt. Unter Globalisierung verstehen wir

- die internationale Verflechtung im Bereich der Wirtschaft und Finanzen
- die technischen und medialen Verbindungen zwischen Ländern und Kontinenten, für die das Internet, aber auch internationale Fernsehsender wie CNN oder MTV Beispiele bilden
- die Tendenzen einer kulturellen Angleichung: So hat sich das Englische zu einer weltweit gesprochenen Verkehrssprache entwickelt; auf dem Markt sind Produkte von weltweit arbeitenden Firmen wie McDonald's oder Coca-Cola und die Musik von Popstars hören die Menschen in Peking ebenso wie in Kapstadt oder Rio de Janeiro.

Auch kriminelle und terroristische Organisationen sind global aktiv. Die Konsequenzen von Luftverschmutzung und Umweltzerstörung sind weltweit spürbar. Den Folgen des Klimawandels kann nur durch internationale Zusammenarbeit begegnet werden. Weniger stark ausgeprägt als auf dem Wirtschafts- und Finanzsektor ist die Globalisierung auf politischem Gebiet. Hier ist es vor allem die UNO, die weltweit versucht, in Krisengebieten Frieden herzustellen und zu bewahren (s. S. 190f.).

M1 Die Welt als Dorf mit 100 Familien

Wenn die Welt ein Dorf...

mit nur 100 Einwohnern wäre...

Bevölkerung

...lebten dort: 61 Asiaten, 14 Afrikaner, 11 Europäer, 9 Lateinamerikaner und 5 Nordamerikaner.

29 von ihnen wären Kinder unter 15 Jahren. 7 wären älter als 65.
50 Menschen im Dorf wären Frauen. 50 wären Männer.

Armut

53 Bewohner würden von weniger als 2 US-Dollar am Tag leben.
12 Menschen hätten nicht genügend Wasser zur Verfügung.

Familienplanung

Im Durchschnitt bekämen die Frauen 3 Kinder.
Von den 26 Frauen zwischen 15 und 49 Jahren, die in einer Partnerschaft leben, würden 14 eine Verhütungsmethode anwenden.

Zukunft 2050

Im Jahre 2050 würden bereits 141 Menschen im Dorf leben.
Davon wären: 81 Asiaten, 31 Afrikaner, 12 Lateinamerikaner, 10 Europäer und 7 Nordamerikaner.

M2 Die Uniformierung durch Markenprodukte *(2007)*

Die Geschichte der Globalisierung. Die Europäisierung der Erde nach den Reisen von Kolumbus und Vasco da Gama nennen wir heute die „erste Globalisierung“. Enger zusammengewachsen ist die Welt aber erst seit der Industrialisierung und Technisierung im 19. Jh. durch die „Transportrevolution“ von Dampfschiffen, Eisenbahnen und der Nachrichtenübermittlung per Telegraph. Heute ermöglichen TV und Internet, sich in Sekundenschnelle über Ereignisse auch in weit abgelegenen Regionen zu informieren. Zu Recht spricht man vom „global village“, in das sich die Welt seit dem ausgehenden 20. Jh. verwandelt hat.

Eine „Weltkultur“? Globalisierung bedeutet nicht zwingend „Amerikanisierung“ oder „Verwestlichung“. Zwar beherrschen amerikanische Unternehmen die „Kulturindustrie“, doch steigt in den USA selbst die Bedeutung der spanischen Sprache und der Latino-Kultur. In den Großstädten Ostasiens mischen sich westliche Lebensstile mit chinesischen, japanischen und koreanischen Traditionen. Die Vielfalt der Sprachen und Kulturen auf der Welt ist jedoch durch die Globalisierung und die weltweite Nutzung der neuen Einheitssprache „schlechtes Englisch“ bedroht.

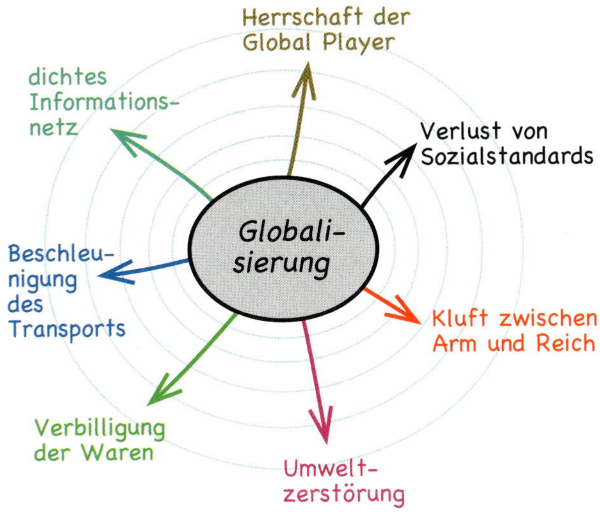

M3 Auswirkungen der Globalisierung

M4 Was heißt „Globalisierung der Wirtschaft?"

Der Historiker Harold James (2005):

Eine Erscheinungsform des neuen Internationalismus war eine neue Wirtschafts- und Geschäftslogik. Die Kapitalbildung in Europa und in den Industriestaaten beschleunigte sich. Die elektronische Datenverarbeitung wurde einfacher und schneller und erzeugte eine weltumspannende Kultur. Tatsächlich ging der wirtschaftliche Strukturwandel weg von den älteren Wirtschaftszweigen der industriellen Revolution (Eisenbahnen und Stahl) hin zu einer weltumspannenden Kommunikations- und Informationswirtschaft, auf welche die Einzelstaaten weit weniger Einfluss hatten. Die Verknüpfung von Information und Profitstreben erzeugte eine Art Starkultur, die „Herrschaft der Marke" …

Anfang der 1980er Jahre waren die größten Konzerne immer noch die Giganten der klassischen Produktionszweige der industriellen Revolution und der Erdölwirtschaft: gemessen am Umsatz waren Exxon, Royal Dutch Shell und Mobil Oil die größten Konzerne. Autohersteller dominierten die nächsten Plätze, dazu Stahl- und Chemiefirmen. Aber ein paar Jahre später hatte sich die Firmenlandschaft grundlegend gewandelt. Die neuen Firmen mussten anders als die alten raffinierte Markenbilder erfinden, um die Verbraucher zum Kauf ihrer Produkte zu animieren. Im Jahre 2002 standen die großen Telekommunikationsgesellschaften wie Deutsche Telekom und France Télécom auf den vorderen Plätzen der größten Unternehmen der Welt, dazu High-tech-Unternehmen wie SAP und Einzelhandelskonzerne wie Metro. Wal-Mart (USA) war das ertragreichste Unternehmen der Welt. Englisch wurde zur Firmensprache. Der Aufstieg der neuen transnationalen Megakonzerne geschah durch Fusion und nicht wie früher durch Gründung von Tochtergesellschaften. Früher waren Unternehmen starke Gebilde, jetzt waren sie einem fortwährenden Prozess der Umstrukturierung, Rationalisierung und Verschlankung (Begriff für die Entlassung von Mitarbeitern) unterworfen. Die neue Generation von Unternehmenschefs, deren Bezüge astronomische Steigerungsraten verzeichneten, vermarkteten sich gerne als globale Persönlichkeiten und machten keinen Hehl aus ihrer Verehrung der amerikanischen Kultur. Die neuen Ikonen einer globalen Kultur des Kapitalismus spiegelte eine Ordnung wieder, in der die Bekanntesten und Größten kräftig abkassierten. Finanzdienstleister, Investmentbanken und Unternehmensberater beschleunigten diesen Prozess. Manche Europäer sahen McKinsey (Unternehmensberatung) und Mc Donald's als teuflische angelsächsische Zwillinge, die nach der kulturellen Weltherrschaft griffen.

Zitiert nach: Harold James: Geschichte Europas im 20. Jh., a. a. O., S. 435ff.

M5 Karikatur von Horst Haitzinger *(1977)*

1 Erläutere mithilfe von M2 und M4 den Wandel in der Weltwirtschaft seit den 1980er Jahren. Versuche anschließend eine Begriffsbestimmung von „Globalisierung" mit eigenen Worten.

2 Bereite zu jedem Pfeil der Grafik M2 eine kurze Erläuterung vor. Beziehe auch die Karikatur M5 mit ein.

3 Bewerte die im Autorentext und in M4 beschriebene Entwicklung aus der Sicht eines Konzernchefs, eines „Global Player", der Sicht des Staatspräsidenten eines afrikanischen Entwicklungslandes und der eines europäischen Globalisierungsgegners.

Bedrohung durch weltweiten Terror

Regionaler europäischer Terrorismus. Parallel zum europäischen Einigungsprozess entwickelte sich in vielen Regionen Europas der politische Wunsch nach mehr regionaler Selbstständigkeit. In zwei Ländern schlug dieser Wunsch in extreme Gewalttätigkeit um. Während der Diktatur Francisco Francos (1939–1975) galt das Baskenland als bedeutende Industrieregion Spaniens; die baskische Sprache und Kultur waren in der Franco-Zeit verboten. Seit 1959 kämpfte die Untergrundorganisation Euzkadi ta Azkatasuna (ETA) für ein unabhängiges Baskenland. Auch nach der Rückkehr Spaniens zur Demokratie und der Gewährung weitreichender Autonomierechte an die Regionen hörten die Terroranschläge der ETA nicht auf.

Die irische Provinz Ulster war nach Gründung der katholisch geprägten Republik Irland zu Teilen dem britischen Nordirland und zu einem kleineren Teil der Republik Irland zugeschlagen worden. Die illegale „Irish Republican Army“ (IRA) kämpfte von Süden aus für eine Vereinigung der nordirischen Gebiete Ulsters mit Irland. In Nordirland verweigerte die herrschende protestantische Mehrheit jeden Ausgleich mit der wirtschaftlich und sozial diskriminierten katholischen Minderheit. Ab 1966 entluden sich die Spannungen zwischen Protestanten, Katholiken und der zur Eindämmung der Gewalt entsandten britischen Truppen. Mörderischer Höhepunkt des Terrors war das Jahr 1972 mit 474 Toten. Die Glaubensgemeinschaften kapselten sich in der Folge völlig voneinander ab. Keine Friedensinitiative der Europäischen Gemeinschaft konnte zum Erfolg führen – die entscheidenden Anstöße hierzu kamen aus den USA.

Weltweiter islamistischer Terror. Weil die meisten Attentate heute von muslimischen Extremisten begangen werden, geraten Muslime leicht unter einen Generalverdacht. Umso wichtiger ist es, zwischen der Religion „Islam“ und dem „Islamismus“ zu unterscheiden. Islamisten geben vor, im Namen des Islam gegen die nichtislamische Gesellschaftsordnungen in aller Welt zu kämpfen. Hinzu kommt ein scharfer Antisemitismus mit einer tief sitzenden Feindschaft gegen den Staat Israel, der 1948 gegründet wurde. Die Islamisten akzeptieren die Existenz Israels nicht und bekämpfen auch alle Partner Israels. Die Organisation der islamischen Konferenz, der 57 Staaten angehören, verurteilt scharf die religiöse Rechtfertigung, die Islamisten für ihre Taten benutzen.

Al-Qaida. Im Jahre 1998 erließ der saudische Millionär Osama Bin Laden einen Aufruf zur Bildung einer „islamischen Weltfront zum Kampf gegen Juden und Kreuzfahrer“. Die von ihm begründete und später als „Al-Qaida-Netzwerk“ bekannte Organisation wird getragen durch gemeinsame politisch-religiöse Überzeugungen und einen unversöhnlichen Hass auf Israel, die USA und ihre westlichen Verbündeten. Bisheriger Höhepunkt des internationalen islamistischen Terrors war der 11. September 2001, als bei den Anschlägen in New York, Washington und Pennsylvania über 3 000 Menschen ihr Leben verloren. Am 11. März 2004 starben 191 Menschen bei Anschlägen auf Vorortzüge in Madrid, Hunderte wurden verwundet. Neu ist die Radikalisierung junger in westeuropäischen Staaten und ihrem Erziehungssystem aufgewachsener Muslime. Junge Briten pakistanischer Herkunft verübten im Juli 2005 Terrorangriffe auf die Londoner U-Bahn und einen Linienbus, bei denen 56 Menschen getötet und über 700 verletzt wurden. Auch Deutschland ist zum Betätigungs- und Rückzugsraum von Terroristen geworden.

M1 Anschlag auf das Welthandelszentrum in Manhattan/New York am 11. September 2001
(Ausschnitt aus einer Nachrichtensendung)

M2 Umfrageergebnis der NATO *(2002)*

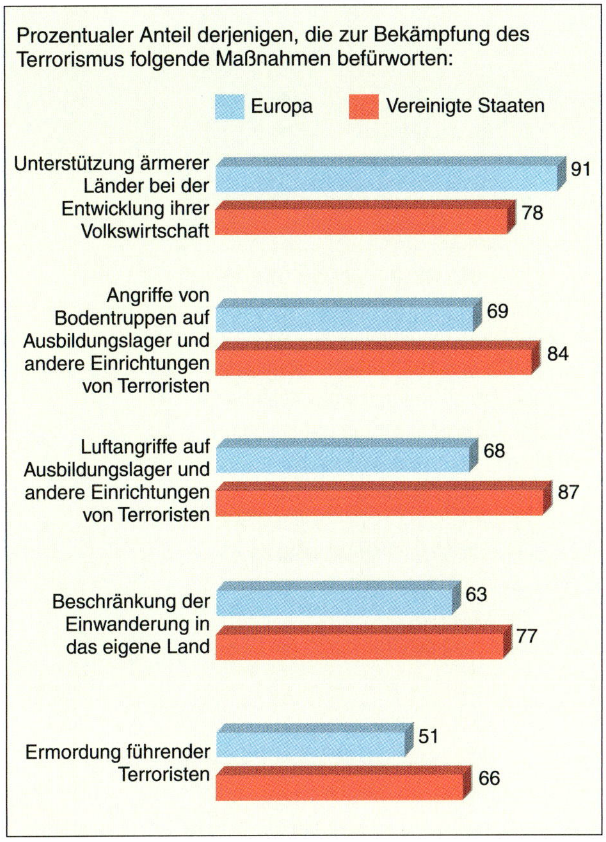

M3 Protestkundgebung gegen die Anwesenheit von US-Soldaten im Nahen Osten *(Jordanien, 1996)*

M4 Fragen und Antworten zu Al Qaida

Der Journalist und Wissenschaftler Jochen Bittner, 2005:

Ist Al Qaida eine weltumspannende Terrorgruppe?

Nein. Al Qaida – das sind viele Organisationen. Bis zum Jahr 2001 erstreckte sich Bin Ladens Netzwerk ... über etwa 55 Staaten ... Im Namen des Dschihad kann jeder kämpfen, der die Ziele der Bewegung teilt. Dabei können die Veteranen den Nachwuchs-Dschihadisten mit Know-how, Waffen und Geld weiterhelfen ...

Kann man den Terroristen nicht den Geldhahn zudrehen?

Kaum. Die Welt ist voll von Al Qaida-Sponsoren ... Das private Vermögen des Ex-Saudis Bin Laden wird auf 300 Millionen Dollar geschätzt. Zusätzlich soll Al Qaida jährlich etwa 30 Millionen Dollar einnehmen ...

Wird Al Qaida Deutschland verschonen?

Wahrscheinlich nein ... Deutsche Soldaten zogen mit den USA in den Krieg; sie sind immer noch in Afghanistan stationiert. Deutsche Marineboote patrouillieren ... am Horn von Afrika ... Zudem gilt die Bundesrepublik als enger Freund Israels. Die deutschen Sicherheitsbehörden arbeiten eng mit CIA und FBI zusammen ... All das macht Deutschland aus Sicht von Al Qaida zum Komplizen des „großen Satans“ USA.

Wie kann der Terrorismus besiegt werden?

Auf lange Sicht muss es darum gehen, potenziellen Terroristen ihre Motivation zu entziehen. Diese speist sich vor allem aus dreierlei. Erstens aus einem Gefühl des Gedemütigtseins durch einen technisch und wirtschaftlich überlegenen Westen. Zweitens aus einer religiös unterstützten Selbststilisierung der Opfer ... Drittens aus dem Glauben, dass die ungläubigen Unterdrücker Rache verdient haben. Mitschuld an der Konjunktur des anti-westlichen Verschwörungsglaubens sind die eklatanten (offenkundigen) Bildungsdefizite ...

Zitiert nach: Jochen Bittner: Das weltweite Al Qaida-Netz. In: DIE ZEIT Nr.29/2005.

1 Diskutiert, welche die entscheidenden Ursachen des islamistischen Terrors sind und wie man diesen bekämpfen könnte (M1, M3 und Autorentext).

2 Informiere dich über die Einschränkung von Bürgerrechten wegen der fortdauernden Terrorgefahr in den USA und Westeuropa.

3 Begründe, warum es für die westlichen Staaten so schwierig ist, den „Kampf gegen den Terror“ zu führen (M2, M3 und Autorentext).

Kein Frieden in Sicht?

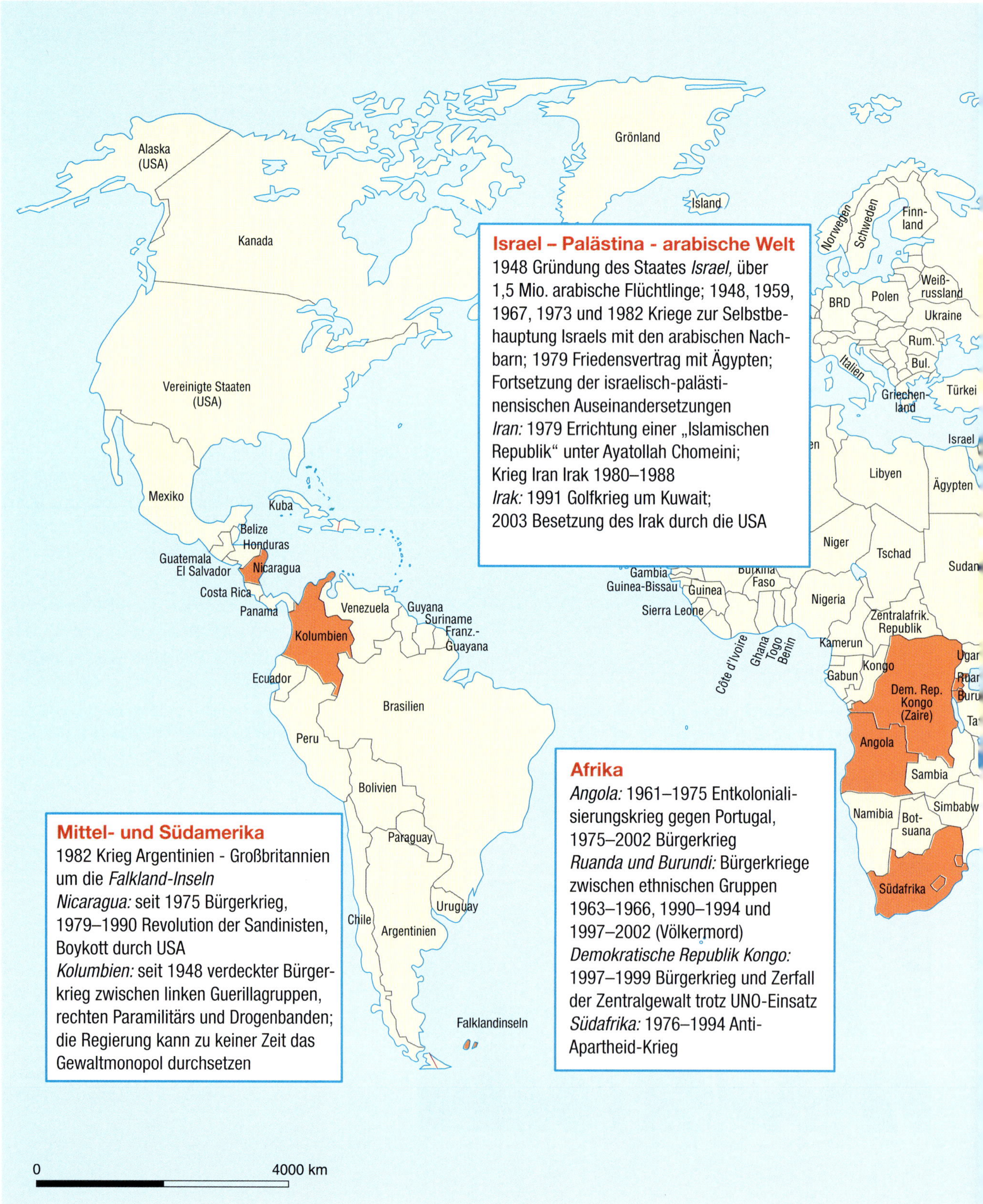

Israel – Palästina - arabische Welt

1948 Gründung des Staates *Israel,* über 1,5 Mio. arabische Flüchtlinge; 1948, 1959, 1967, 1973 und 1982 Kriege zur Selbstbehauptung Israels mit den arabischen Nachbarn; 1979 Friedensvertrag mit Ägypten; Fortsetzung der israelisch-palästinensischen Auseinandersetzungen
Iran: 1979 Errichtung einer „Islamischen Republik“ unter Ayatollah Chomeini; Krieg Iran Irak 1980–1988
Irak: 1991 Golfkrieg um Kuwait; 2003 Besetzung des Irak durch die USA

Mittel- und Südamerika

1982 Krieg Argentinien - Großbritannien um die *Falkland-Inseln*
Nicaragua: seit 1975 Bürgerkrieg, 1979–1990 Revolution der Sandinisten, Boykott durch USA
Kolumbien: seit 1948 verdeckter Bürgerkrieg zwischen linken Guerillagruppen, rechten Paramilitärs und Drogenbanden; die Regierung kann zu keiner Zeit das Gewaltmonopol durchsetzen

Afrika

Angola: 1961–1975 Entkolonialisierungskrieg gegen Portugal, 1975–2002 Bürgerkrieg
Ruanda und Burundi: Bürgerkriege zwischen ethnischen Gruppen 1963–1966, 1990–1994 und 1997–2002 (Völkermord)
Demokratische Republik Kongo: 1997–1999 Bürgerkrieg und Zerfall der Zentralgewalt trotz UNO-Einsatz
Südafrika: 1976–1994 Anti-Apartheid-Krieg

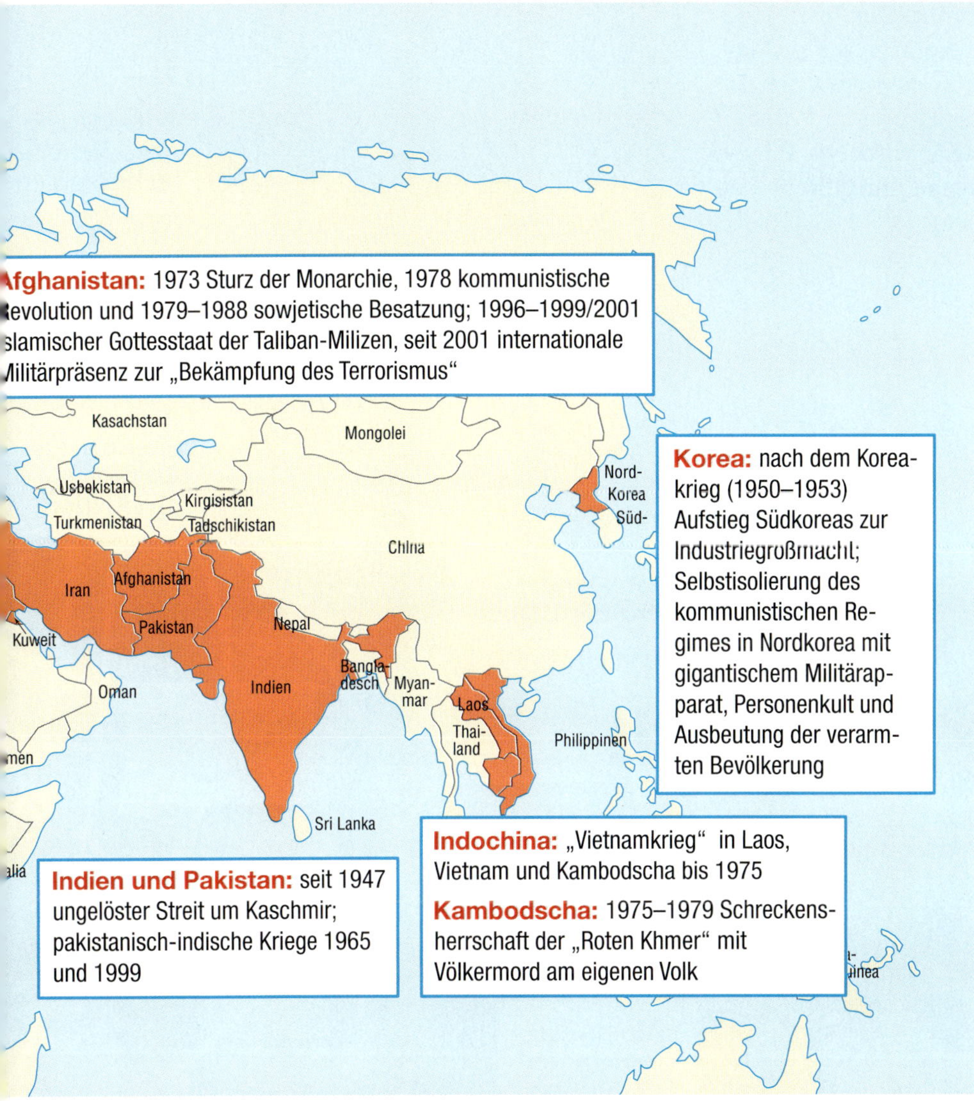

M1 Ausgewählte Kriegs-, Krisen- und Konfliktgebiete seit 1945

1 Ergänze die Karte um aktuelle Krisen und Konflikte.
2 Finde heraus, in welchen Ländern sich derzeit UN-Friedenstruppen befinden (www.un.org, www.uno.de).

Die Welt seit 1945. Fachleute haben im Jahre 2006 errechnet, dass es seit dem Ende des Zweiten Weltkriegs auf der Erde insgesamt nur fünf Tage ohne Krieg irgendwo auf der Welt gegeben hat. Als Krieg bezeichnen wir gewaltsame Auseinandersetzungen mit zerstörerischen Kampfhandlungen. Eine Krise ist ein Spannungszustand, der in gewaltsame Aktionen umkippen kann. Ein Konflikt herrscht dann vor, wenn von Einzelnen, Gruppen oder Staaten unterschiedliche Ziele unter Einsatz von Gewalt verfolgt werden. Internationale Organisationen, wie die UNO, sind bemüht, Frieden zu schaffen und zu erhalten (s. S. 190f.).

GESCHICHTE AKTIV/ KREATIV
Projektidee: „Die Geschichte eines Konflikts erarbeiten."
Die Karte weist auf einige der gefährlichsten und lange andauernden Kriege und Konfliktsituationen weltweit hin. Dein Schulgeschichtsbuch beschränkt sich in seinem „Gang durch die Geschichte" auf bestimmte, von Fachleuten für die Schulen festgelegte Themen. Hier kannst du selbst einen Konfliktherd bearbeiten, deine Ergebnisse vorstellen und dabei die im Fachunterricht erworbenen Kompetenzen anwenden.

Das globale Problemnetz der Erde

Ihr könnt das Geflecht entwirren, indem ihr an einer Stelle zu lesen beginnt und dann den Leitlinien folgt. Dann könnt ihr über einzelne Beziehungen des Geflechts und deren Berechtigung diskutieren. Wo kann unser im Geschichtsunterricht erworbenes Wissen helfen, die aufgezeigten Probleme zu beschreiben und zu bewerten? Welche Lösungsansätze könnt ihr formulieren?

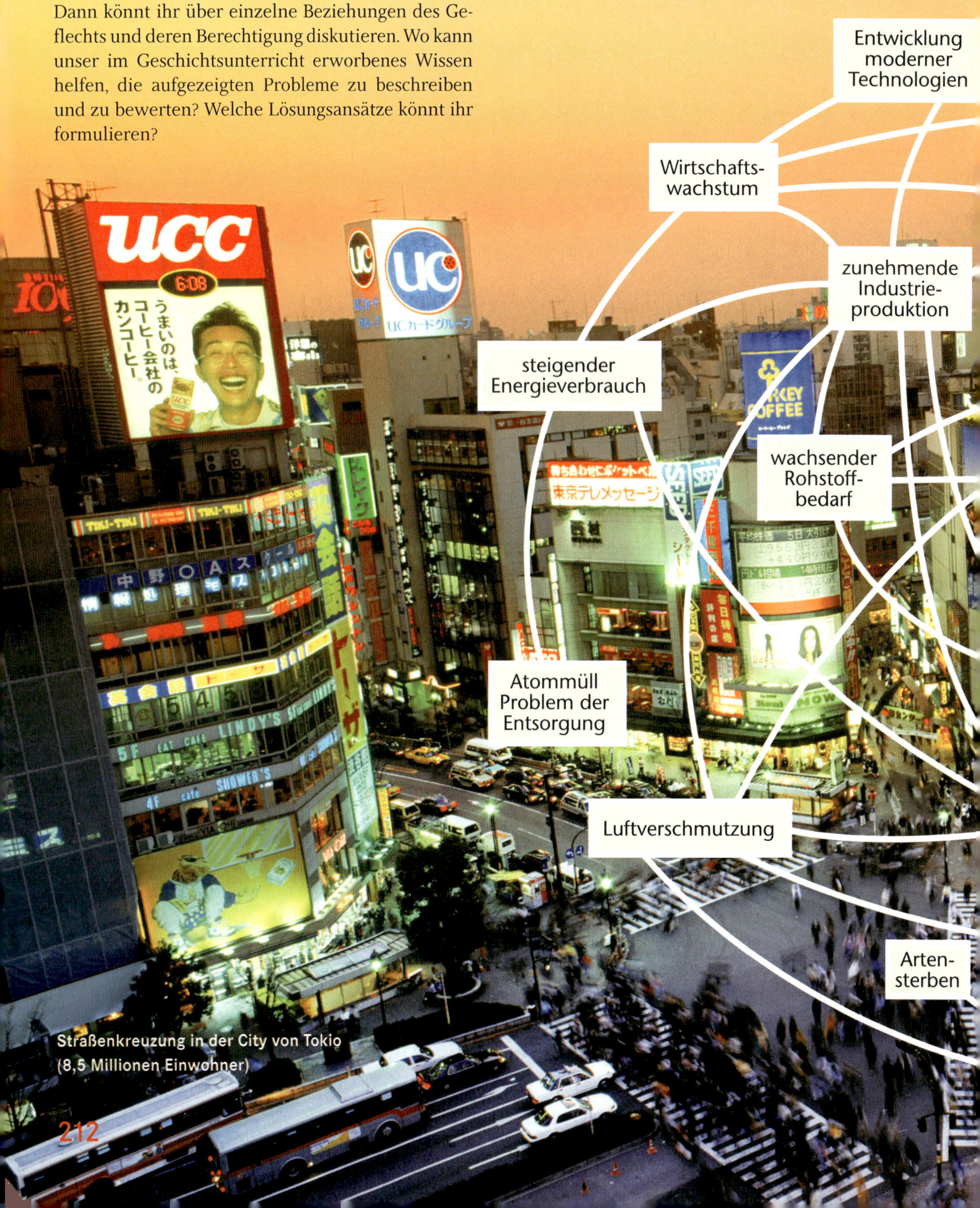

Straßenkreuzung in der City von Tokio (8,5 Millionen Einwohner)

Abbau von Grenzen
illegaler Handel: Drogen, Waffen, Menschen
globaler Wettbewerb
Öffnung der Märkte: Globaler Markt
Bevölkerungswachstum
Zunahme des Verkehrs
Mobilität
Verlagerung von Arbeitsplätzen
Kluft zwischen Reich und Arm
Kämpfe, Bürgerkriege
wachsende Müllberge
Belastung von Boden und Wasser
Flüchtlingsströme
Treibhausgase
Gesundheitsbelastung
Wachstum der Städte
Verschmutzung der Meere
Klimaänderung
Verlust von Ackerland

„68er-Bewegung": verschiedene Gruppierungen, die seit dem Jahr 1960 gegen herrschende Normen in sozialen, kulturellen und politischen Bereichen protestierten; die Proteste gingen in erster Linie von Studenten und Schülern aus; ähnliche Bewegungen gab es zwischen 1960 und 1970 u. a. in den USA und in Frankreich; sie alle gingen einher mit der „Hippie"-Bewegung und standen in Verbindung mit unterschiedlichen globalen Ereignissen, z. B. dem Vietnamkrieg; Höhepunkt der Proteste fiel in das Jahr 1968, woher auch der Name der Bewegung kommt; aus ihr leitete sich die ▸ Außerparlamentarische Opposition (APO) ab.

Antisemitismus: auf einer pseudo-wissenschaftlich begründeten Lehre basierend, rassistisch und sozial motivierte Judenfeindschaft; wendet sich gegen die politische und soziale Gleichstellung der jüdischen Bevölkerung; war ein zentraler Bestandteil der nationalsozialistischen Weltanschauung; die planmäßige Verfolgung der Juden gipfelte im millionenfachen Massenmord. ▸ Holocaust, ▸ Konzentrationslager, ▸ Rassenlehre

Außerparlamentarische Opposition (APO): unter diesem Begriff werden verschiedenste untereinander organisierte Gruppen zusammengefasst, die sich als Oppositionsbewegung außerhalb des Parlaments verstanden; zur Zeit der Großen Koalition unter Bundeskanzler Kurt Georg Kiesinger lastete die Arbeit der parlamentarischen Opposition ausschließlich auf der FDP; sie erschien jungen Erwachsenen, insbesondere den Studenten, nicht stark genug; Kritik besonders an der sogenannten Wohlstandsgesellschaft, an den ▸ Notstandsgesetzen, Verurteilung des amerikanischen Engagements im Vietnamkrieg und Forderung nach Aufarbeitung des Nationalsozialismus.

Autoritäre Regime (lat. auctoritas = Ansehen, Einfluss, Vollmacht): bei dieser Art der Regierung zählt nicht der Wille einer Mehrheit, sondern der eines Einzelnen oder einer Gruppe; anders als in einem totalitären Staat ist der Herrschaftsanspruch eines autoritären Regimes insofern geringer, als es vom Staat noch unberührte – meist private – Bereiche gibt; Konflikte werden nicht offen ausgetragen, sondern durch Anordnungen beseitigt oder verdeckt; meist gibt es eine kleine, privilegierte Gesellschaftsschicht (z. B. Offiziere, Großgrundbesitzer, Parteifunktionäre).

Besatzungszonen: nach dem Zweiten Weltkrieg vorgenommene Aufteilung Deutschlands in vier Besatzungszonen, in denen die jeweilige Besatzungsmacht die staatliche Hoheitsgewalt ausübte; oberstes gemeinsames Organ zwischen 1945 und 1949 war der Alliierte Kontrollrat; er sollte Entscheidungen für Deutschland als Ganzes treffen und ein einheitliches Vorgehen in den Besatzungszonen gewährleisten.

Blockbildung: im Zusammenhang mit dem ▸ Kalten Krieg entstandene Bildung von einem von der Sowjetunion beherrschten Osten und einem von den USA beeinflussten Westen; zu den blockfreien Ländern gehören überwiegend die Entwicklungsländer. ▸ Ostblock, ▸ NATO, ▸ Warschauer Pakt, ▸ Westintegration.

Bolschewiki/Bolschewismus: kommunistische Revolutionäre von 1917 unter Führung Lenins; Sammelbegriff für Theorie und Praxis des sowjetischen Kommunismus; aber auch ein negativ besetzter Begriff, der seit den 1930er Jahren in den westlichen Ländern in Sprachgebrauch kam und das sowjetische System verurteilen sollte.

Containment-Politik (Eindämmungspolitik): Doktrin der amerikanischen Außenpolitik seit 1947, zielte auf Eindämmung der sowjetischen Expansion durch wirtschaftliche Unterstützung aller vom sowjetischen Einfluss gefährdeten Ländern (▸ Marshallplan) und den Aufbau militärischer Abwehrfronten in Westeuropa, Nahost, Asien und im Pazifik ▸ NATO.

Diktatur des Proletariats: Herrschaft der Arbeiterklasse; damit sollte der Übergang von der bürgerlichen Klassengesellschaft zur klassenlosen Gesellschaft unter Führung von Bauern und Arbeitern vollzogen werden.

Eiserner Vorhang: in Anspielung auf den eisernen Vorhang im Theater geprägter Begriff; Bezeichnung für die Abschottung des Ostblocks gegen den Westen; eine hauptsächlich ideologisch unüberwindbare Grenze; insbesondere bezogen auf die Grenze zwischen der Bundesrepublik Deutschland und der DDR bzw. zwischen den kapitalistisch-marktwirtschaftlich orientierten Staaten des Westens und sozialistischen-planwirtschaftlichen Staaten Osteuropas.

Einigungsvertrag: Staatsvertrag zwischen der Bundesrepublik Deutschland und der ersten frei gewählten Regierung der Deutschen Demokratischen Republik; unterzeichnet am 31. August 1990; er regelte die rechtlichen Fragen des Beitritts der DDR zur Bundesrepublik Deutschland nach Art. 23 des ▸ Grundgesetzes; um dieses Ziel umsetzen zu können, mussten die 1952 von der SED aufgelösten Länder wieder gegründet werden.

Entkolonialisierung: Prozess der Beendigung der Kolonialherrschaft in den Staaten Asiens und Afrikas, vor allem nach 1945; die Entkolonialisierung erfolgte teilweise friedlich, teilweise durch gewaltsamen Widerstand der Kolonialvölker; sie ist noch nicht abgeschlossen, weil die von den Kolonialmächten geschaffenen politischen, wirtschaftlichen und kulturellen Strukturen in vielen Ländern größtenteils noch bestehen.

„Ermächtigungsgesetz“ („Gesetz zur Behebung der Not von Volk und Reich“ vom 23. März 1933): bildete die Grundlage zur Errichtung der NS-Diktatur; gab der Regierung unter dem Reichskanzler Adolf Hitler die Ermächtigung, ohne Zustimmung von Reichstag und Reichsrat sowie ohne Gegenzeichnung des Reichspräsidenten, Gesetze zu erlassen; die u. a. gegen die ▸ Weimarer Verfassung verstießen.

Europäische Einigung: schrittweise Übertragung staatlicher Hoheitsrechte auf gemeinsame überstaatliche Organisationen, die Angleichung der Wirtschafts- und Verteidigungspolitik und die Schaffung gemeinsamer politischer Strukturen mit dem Ziel einer politischen Union.

Europäische Union (EU): wurde mit dem ▸ Vertrag von Maastricht (1993) gegründet; derzeit (2008) hat sie 27 Mitglieder; weitere Staaten haben Anträge für eine Aufnahme gestellt; die EU strebt eine enge wirtschaftliche und politische Zusammenarbeit an; bisher wichtigste Ergebnisse waren die Einführung des europäischen Binnenmarktes und die gemeinsame Euro-Währung.

Faschismus: ursprüngliche Bezeichnung für das italienische Herrschaftssystem unter Mussolini; „fasces“ = Rutenbünden mit einem Beil, waren in der Antike Würdenzeichen der höchsten römischen Beamten; der Faschismus ist gekennzeichnet durch nationalistische, antidemokratische, antisozialistische und antikirchliche Einstellung; Partei und Staat waren nach dem ▸ Führerprinzip aufgebaut; der ▸ Nationalsozialismus bezeichnete sich nicht als „faschistisch“, weil er eine deutsche und keine internationale Bewegung sein wollte; ab 1945 wurde im sozialistischen Machtbereich Osteuropas, insbesondere in der DDR, die NS-Diktatur sowie nachfolgend auch andere antikommunistische Bewegungen oder Parteien als „faschistisch“ (= kapitalistisch) bezeichnet.

Flucht: s. Vertreibung

Führerprinzip/-staat: aus dem Militär übernommenes System von Befehl und Gehorsam; bedingungslose Treue zum „Führer“ und seinen Befehlen, damit verbunden war auch der „Führerkult“; Prinzip steht im Gegensatz zur demokratischen Entscheidung und Mitbestimmung.

„Glasnost“ (russ. Öffentlichkeit): Zentralbegriff der Reformpolitik Michail Gorbatschows seit 1985; Begriff befürwortete die geistige Öffnung, die Auseinandersetzung mit politisch Andersdenkenden in der UdSSR statt ihrer Unterdrückung; Kritik an Partei und Staat durfte jedoch nicht die Prinzipien des Marxismus-Leninismus in Frage stellen; für Gorbatschow war Glasnost auch ein Mittel zur Umgestaltung der Wirtschaftsstrukturen. ▸ Perestroika.

Gleichschaltung: in Deutschland von 1933 bis 1945 Vereinheitlichungen in den Bereichen Politik, Kultur und Soziales nach dem Willen der Nationalsozialisten durch Eingliederung in NS-Organisationen; diente der Kontrolle der Bevölkerung und der raschen Durchsetzung des NS-Gedankenguts.

Globalisierung: weltweite Ausdehnung und Vernetzung von großen Wirtschaftsunternehmen und Finanzmärkten; dabei entstanden komplizierte, eng verknüpfte Netzwerke, die sich noch immer weiter entwickeln; neben wirtschaftlichen Verflechtungen kommt es auch zu einer weltweiten engen Zusammenarbeit in verschiedenen anderen Bereichen, z. B. in der Politik oder im kulturellen Bereich.

Grundgesetz: vom Parlamentarischen Rat erarbeitete und am 23. Mai 1949 in Kraft getretene Verfassung für die Bundesrepublik Deutschland, wurde als provisorisch angesehen; besondere Bedeutung haben aufgrund der Erfahrungen mit dem Nationalsozialismus die im Grundgesetz verankerten Grundrechte.

Grundlagenvertrag: 1972 zwischen der Bundesrepublik und der DDR geschlossener Vertrag; beide

Staaten verpflichteten sich darin zum gegenseitigen Gewaltverzicht und zum Aufbau gutnachbarschaftlicher Beziehungen; der Vertrag markierte einen der wichtigsten Einschnitte in der Geschichte des geteilten Deutschlands.

Holocaust bzw. Shoah: (griech. holos caustos = vollständige Verbrennung, Brandopfer), auch der Begriff „Shoah" (hebräisch = großes Unheil) wird verwendet: heutige Bezeichnung für die systematisch geplante Ermordung der europäischen Juden sowie der Sinti und Roma durch die Nationalsozialisten und ihrer Helfer während des Zweiten Weltkriegs, dem Holocaust fielen etwa sechs Millionen Juden und mindestens 200 000 Sinti und Roma aus allen Teilen des von den NS-Machthabern besetzten Europas zum Opfer.

Kalter Krieg: Bezeichnung für die machtpolitische, weltanschauliche sowie kulturelle Auseinandersetzung zwischen den Supermächten USA und Sowjetunion und den mit ihnen verbündeten Staaten zwischen 1948 und 1990; aufgrund des militärischen Gleichgewichts und der Vernichtungskraft moderner Waffen („Gleichgewicht des Schreckens") konnte trotz zahlreicher Krisen (z. B. Kubakrise 1962) ein wirklich „heißer" Krieg verhindert werden (Stellvertreterkriege, z. B. in Vietnam); mit dem Zusammenbruch des ▸ Ostblocks und dem Ende des ▸ Warschauer Pakts ging der Kalte Krieg zu Ende. ▸ Ost-West-Konflikt.

Konferenz für Sicherheit und Zusammenarbeit in Europa (KSZE): in Helsinki stattfindende Konferenz; Bestreben der europäischen Staaten, der USA und Kanadas, neben den Entspannungsbemühungen der beiden Supermächte den ▸ Ost-West-Konflikt zu entschärfen; Schlussakte 1975 unterzeichnet von 35 europäischen Staats- und Regierungschefs; brachte für den ▸ Ostblock die Anerkennung der Grenzen der Nachkriegsordnung und führte zu einem stärkeren wirtschaftlichen Austausch mit dem Westen; im Gegenzug machte der Osten Zugeständnisse bei den Menschenrechten; in den Folgejahren entstanden in zahlreichen sozialistischen Ländern Bürgerrechtsbewegungen, diese trugen letztlich zum Zusammenbruch des Ostblocks und zum Ende des Ost-West-Konflikts bei.

Konferenz von Potsdam: vom 17. Juli bis zum 2. August 1945 dauerndes Treffen der Regierungschefs der Siegermächte USA, Sowjetunion und Großbritannien in Potsdam bei Berlin; entschieden wurde, anknüpfend an die Kriegskonferenzen in Teheran (1943) und Jalta (1945) über das Schicksal des besiegten Deutschlands, wobei es zu ersten Meinungsverschiedenheiten zwischen den Westmächten und der Sowjetunion kam.

Konzentrations- (KZ) und Vernichtungslager: seit 1933; dienten dazu, politische Gegner ohne gesetzliche Grundlage einzusperren, oft kam es dabei zu Folter und Ermordung des Inhaftierten; zunehmend wurden auch Menschen jüdischer Abstammung sowie Sinti und Roma, Kriegsgefangene und andere den Nationalsozialisten Missliebige eingesperrt und millionenfach getötet, indem man ihre Arbeitskraft durch Zwangsarbeit systematisch ausbeutete; während des Zweiten Weltkriegs entstanden eigene Vernichtungslager, z. B. Auschwitz, wo eine fabrikmäßige Massentötung vorgenommen wurde ▸ Holocaust.

Lebensraum/-politik: Versuch der Nationalsozialisten, die expansionistische Politik mit dem biologischen Prinzip des (Über-)Lebenskampfes zu rechtfertigen; sie lieferte den ideologischen Hintergrund für die Vertreibung der „rassisch unerwünschten" Bevölkerung der besetzten Ostgebiete, ihre Germanisierung und wirtschaftliche Ausbeutung; ▸ SS war Trägerin dieser Politik und stand damit in Gegensatz zu der eher von traditionellen Vorstellungen ausgehenden Wehrmachtsführung.

„Machtergreifung": Begriff wird in erster Linie mit dem 30. Januar 1933 verbunden; die NS-Propaganda sprach von „Machtübernahme", um zu signalisieren, dass den Nationalsozialisten die Macht übertragen wurde; sie bezog sich dabei auf Hitlers Ernennung zum Reichskanzler sowie auf das ▸ Ermächtigungsgesetz, das die Zustimmung auch von bürgerlichen Parteien erhalten hatte.

Marshallplan (European Recovery Program = ERP): auf Anregung des amerikanischen Außenministers George Marshall 1947 entwickeltes Programm zum Wiederaufbau Europas; die westlichen Länder erhielten u. a. Rohstoffe, Maschinen und Nahrungsmittel; Kredite wurden gewährt; Amerika wollte damit auch erreichen, dass ein starkes Europa den kommunistischen Einfluss abwehren sollte ▸ Containment-Politik; die Sowjetunion verhinderte eine Einbeziehung der osteuropäischen Staaten und schuf im Gegenzug den Rat für gegenseitige Wirtschaftshilfe (RGW).

Nationalsozialismus: politische Bewegung in Deutschland, organisiert in der 1919 gegründeten Nationalsozialistischen Deutschen Arbeiterpartei (NSDAP) mit Adolf Hitler an der Spitze, die Deutschland in der Zeit von 1933 bis 1945 diktatorisch regierte; vertrat eine nationalistisch-aggressive Außenpolitik verbunden mit der ▸ Gleichschaltung des Staates auf allen Gebieten. ▸ Führerstaat, ▸ SS-Staat.
NATO (North Atlantic Treaty Organization): westliches Verteidigungsbündnis, 1949 gegründet vor dem Hintergrund der amerikanischen Eindämmungspolitik gegenüber der Sowjetunion ▸ Containment-Politik; die Bundesrepublik Deutschland wurde am 9. Mai 1955 Mitglied (▸ Westintegration); das Bündnis trug während des ▸ Ost-West-Konflikts entscheidend zur Stabilität Westeuropas bei; Zielssetzungen veränderten sich nach dem Zusammenbruch des ▸ Ostblocks, mit dem Ende des ▸ Warschauer Pakts und den Terroranschlägen vom 11. September 2001 in den USA.
New Deal: „Neuverteilung der Karten" bedeutete, dass die Armen größeren Anteil am Reichtum haben sollten; Wirtschafts- und Sozialprogramm unter dem amerikanischen Präsidenten Roosevelt, um der schlechten Wirtschaftslage, ausgelöst durch die ▸ Weltwirtschaftskrise mit hoher Arbeitslosigkeit, zu begegnen; Programm hatte in erster Linie psychologischen und politischen Erfolg.

Nord-Süd-Konflikt: Konflikt zwischen den meist im Norden liegenden Industrieländern und den auf der südlichen Erdhalbkugel gelegenen Entwicklungsländern wegen ungerechter Einkommensverteilung in der Welt; vonseiten der Entwicklungsländer wird der Vorwurf erhoben, die Industrieländer nutzten ihre wirtschaftliche Macht, um die Abhängigkeit der Entwicklungsländer von ihnen zu festigen bzw. billige Preise und Löhne zu ihren Gunsten auszunutzen.
Notstandsgesetze: staatsrechtliche Bevollmächtigung, bei unmittelbar drohender Gefahr von außen oder im Falle eines Umsturzes besondere Maßnahmen zu ergreifen und Rechte außer Kraft zu setzen; im ▸ Grundgesetz von 1949 nicht vorgesehen, seit 1968, nach heftigen Protesten, eingeführt.

Ostblock: Bezeichnung für die meist osteuropäischen Staaten unter der Führung der UdSSR von 1947 bis 1989; kennzeichnend war eine einheitliche Politik, die sich auf der Führungsrolle der jeweiligen kommunistischen oder Arbeiterpartei begründete.
Ostverträge: Sammelbezeichnung für den Moskauer Vertrag 1970 (Gewaltverzicht), den Warschauer Vertrag 1970 (Oder-Neiße-Linie als endgültige Westgrenze Polens anerkannt), das Berlin-Abkommen 1971 und den ▸ Grundlagenvertrag mit der DDR 1972; sie sollten das Verhältnis der Bundesrepublik zu ihren östlichen Nachbarstaaten verbessern; trotz der Festlegung im Potsdamer Vertrag, der eine endgültige Festlegung der Grenzen ausschließlich von einem Friedensvertrag abhängig machte und trotz der Aufgabe des Alleinvertretungsanspruchs der Bundesrepublik (Hallstein-Doktrin), die DDR nicht als Ausland anzuerkennen, verstießen die Ostverträge nicht gegen das Wiedervereinigungsgebot des ▸ Grundgesetzes.
Ost-West-Konflikt: entstand durch den ideologischen Gegensatz zwischen dem demokratisch regierten Westen und des kommunistischen Ostblocks; diesem begegneten die Westmächte mit der ▸ Containment-Politik und massiver wirtschaftlicher Hilfe ▸ Marshallplan; der Konflikt hatte die Spaltung Europas und die Bildung zweier deutscher Staaten zur Folge. ▸ Kalter Krieg.

Parlamentarische Demokratie: Republik mit einem gewählten Präsidenten als Staatsoberhaupt; Gesetzgebung beim Parlament, die Reichsregierung wird vom Staatspräsidenten ernannt, ist aber von Mehrheiten im Parlament abhängig. ▸ Notverordnungen
Planwirtschaft: zentral organisierte Lenkung und Kontrolle der Wirtschaft durch den Staat, die im Gegensatz zur ▸ sozialen Marktwirtschaft Eigeninitiative und freien Wettbewerb mit im Voraus festgelegten Sollplänen verhindert.
„Perestroika" (russ. Umgestaltung): neben ▸ Glasnost wichtigster Begriff für die Reformpolitik von Michail Gorbatschow; zielte auf die Umgestaltung von Staat und Gesellschaft.

Rassenlehre: pseudo-wissenschaftliche Unterscheidung der Menschen nach biologischen Merkmalen, von denen auf bestimmte Eigenschaften geschlossen und der Wert der Menschen bestimmt wird.
Räte-/Sowjetsystem: Herrschaftsform, bei der eine Demokratie mithilfe von Räten (= Sowjets) verwirklicht werden soll; die Räte wurden gewählt und mussten sich an die Weisungen ihrer Wähler halten; sie vereinten sowohl die Gesetzgebung als auch die Rechtsprechung und die Exekutive.

SALT (Strategic Arms Limitation Talks): Abkommen zwischen den USA und der UdSSR über Höchstzahlen bei Interkontinental-Raketen (SALT-I-Abkommen 1972) und Obergrenzen für alle strategischen Waffen (SALT-II-Vertrag 1979).
SED(-Staat/-diktatur): die Sozialistische Einheitspartei Deutschlands kontrollierte Staat und Gesellschaft der DDR (▸ Ostblock); der Generalsekretär der SED besaß ein absolutes Weisungs- und Kontrollrecht gegenüber allen Organen und Institutionen und war dadurch der eigentliche Machthaber des Staates.
Selbstbestimmungsrecht: Anspruch einer Nation oder von Nationalitätengruppen auf Unabhängigkeit. ▸ Völkerbund
Soziale Marktwirtschaft: Wirtschaftsordnung in der Bundesrepublik, die wirtschaftlich freies Handeln mit sozialer Gerechtigkeit verbindet; dabei schafft der Staat den Rahmen für individuelles Handeln und geordneten Wettbewerb, sorgt auch für gerechte Einkommens- und Vermögensverteilung und soziale Sicherheit; diese Wirtschaftsform wurde zur Grundlage des Wirtschaftsaufstiegs seit den 1950er-Jahren in der Bundesrepublik.
SS(-Staat): SS = Schutzstaffel; Gegenpol zur Wehrmacht; wurde zum wichtigsten Machtinstrument Hitlers; zunächst als kleine Eliteeinheit zum Schutz Hitlers gegründet, übernahm die SS unter dem Reichsführer Heinrich Himmler die Sicherung des NS-Staates und wurde zum Instrument der Durchführung des NS-Terrors; sie war zuständig für die ▸ Konzentrationslager (Totenkopf-SS); nach Aufstellung eigener Truppenverbände, der Waffen-SS (während des Kriegs ca. eine Million Soldaten), verantwortlich für eine Vielzahl grausamer Kriegsverbrechen vor allem in den besetzten sowjetischen Gebieten. ▸ Lebensraumpolitik.

Stalinismus: bezeichnet ein diktatorisches und bürokratisches System in sozialistisch-kommunistischen Parteien und Staaten, wie es erstmals unter Stalin praktiziert wurde; Durchsetzung der Politik (z. B. Zwangskollektivierung) mit Terrormaßnahmen; führte zum Tod von Millionen Menschen; auch nach Stalins Tod wurde dieses System beibehalten; es endete erst 1956 (Beginn der Phase der Entstalinisierung).

Totaler Krieg: Ausrichtung des gesamten öffentlichen Lebens, der Arbeitskraft der Bevölkerung und aller wirtschaftlicher Mittel auf die Kriegsführung eines Landes.

Umbruch im Ostblock (1989/90): trotz Unterzeichnung der ▸ KSZE-Schlussakte blieb Opposition gegen die kommunistische Herrschaftsstruktur in den Ländern des ▸ Ostblocks gefährlich; erst durch Michail Gorbatschows Reformkurs kam Bewegung zustande; unter dem Eindruck dieser Politik wurde ab 1988 insbesondere in Ungarn und Polen ein Prozess der Verselbstständigung und Demokratisierung in Gang gesetzt; 1989 öffnete Ungarn mit der Grenze zu Österreich den sogenannten ▸ „Eisernen Vorhang“; Bürgerrechtsbewegungen bewirkten in der Deutschen Demokratischen Republik und der Tschechoslowakei einen Kurswechsel; die polnische Gewerkschaft „Solidarność“ konnte sich nach langen Jahren des Kampfes endlich durchsetzen; zwischen 1989 und 1990 kam es zur Bildung von Mehrparteiensystemen und zur Durchführung von freien Wahlen; der Warschauer Pakt löste sich auf, die UdSSR ging zu Ende.
UNO (United Nations Organization): wurde 1945 mit (Haupt-)Sitz in New York gegründet mit dem Ziel, Frieden zu schaffen und zu erhalten sowie die Menschenrechte zu sichern; an der Spitze steht der Generalsekretär; wichtige Organe sind der UN-Sicherheitsrat und die UN-Vollversammlung; bekannte UN-Organisationen: Flüchtlingshilfswerk UNHCR, Kinderhilfswerk UNICEF und die Weltgesundheitsorganisation WHO; bekannt sind Missionen der Blauhelmsoldaten zur Friedensicherung in Krisengebieten; heute gehören 192 Länder zur UNO.

Vertrag von Maastricht: Im Februar 1992 von den Außenministern der ▸ EG-Staaten unterzeichneter und 1993 in Kraft getretener Vertrag zur Gründung der ▸ Europäischen Union (EU) mit dem Ziel, eine Einigung der Mitgliedsstaaten auf politischem, sozialem und wirtschaftlichem Gebiet zu erreichen; Vertrag ruht auf drei Säulen: auf der Europäischen Gemeinschaft, einer gemeinsamen Außen- und Sicherheitspolitik und der Zusammenarbeit in der Rechts- und Innenpolitik; er sah darüber hinaus die Bildung einer Wirtschafts- und Währungsunion bis 1999 vor. ▸ Europäische Einigung.

Vertreibung: Festlegung von den allliierten Siegermächten auf der ▸ Konferenz von Potsdam 1945, dass Deutschland die Provinzen Schlesien, Pommern und Ostpreußen teils an den wieder entstandenen Staat Polen und teils an die Sowjetunion abzutreten habe; eine Folge davon war die systematische Vertreibung der deutschen Bevölkerung aus allen ostmitteleuropäischen Staaten, die laut Abkommen „ordnungsgemäß und human" ablaufen sollte; etwa vierzehn Millionen deutsche Flüchtlinge und Vertriebene sollen ihre Heimat und auf der Flucht über zwei Millionen Menschen ihr Leben verloren haben.

Völkerbund: auf Vorschlag von US-Präsident Wilson 1920 in Genf gegründeter Bund von Nationen, um gemeinsam Konflikte zu lösen und den Frieden zu sichern; Vorläufer der ▸ UNO; Deutschland war von 1926 bis 1933 Mitglied. ▸ Selbstbestimmungsrecht.

Währungsreform: Versuch, eine inflationäre Währung in eine stabile umzuwandeln; 1923 in der Zeit der ▸ Weimarer Republik („Wunder der Rentenmark"); zur Stabilisierung der schwachen Reichsmark wurde am 21. Juni 1948 in der westlichen Zone die Deutsche Mark (DM) eingeführt; die Währungsreform verstärkte den bereits bestehenden Konflikt zwischen der UdSSR und den Westmächten; sie wurde einer der Auslöser für die Berlinblockade.

„Wandel durch Annäherung": unter diesem Motto setzte sich die sozial-liberale Regierung unter Bundeskanzler Brandt ab 1969 für eine Politik des Ausgleichs mit dem Osten ein. ▸ Ostverträge.

Warschauer Pakt: Gegengewicht zur ▸ NATO; von acht osteuropäischen Staaten und der Sowjetunion 1955 geschlossener „Vertrag über Freundschaft, Zusammenarbeit und gegenseitigen Beistand"; sowjetische Militärs standen an der Spitze; die Sowjetunion hatte das Recht, Truppen in den Mitgliedsstaaten zu stationieren; nach dem Zerfall des ▸ Ostblocks löste sich der Warschauer Pakt 1991 auf.

Weimarer Reichsverfassung: Verfassung der Weimarer Republik (1919): erste demokratische Verfassung Deutschlands, die in Kraft trat; Reichstag und der Reichspräsident waren die wichtigsten Staatsorgane; Artikel 48 schrieb dem Reichspräsident weitreichende Vollmachten zu.

Weltrevolution: Anspruch der kommunistischen Revolutionäre von 1917, die Sowjetunion zum Ausgangsland für den weltweiten Siegeszug des Kommunismus zu machen. Als dies nicht gelang, propagierte Josef W. Stalin den „Sozialismus in einem Land", während sein parteiinterner Widersacher Leo Trotzki an der Idee der Weltrevolution festhielt.

Weltwirtschaftskrise: wurde durch den dramatischen Kurseinbruch der New Yorker Börse am 25. Oktober 1929 ausgelöst; aufgrund der starken finanziellen Verflechtungen der USA mit Europa kam es zu einer weltweiten Wirtschaftskrise; Deutschland als einer der wichtigsten Schuldner der USA war besonders stark betroffen.

Westintegration: wirtschaftliche und politische Einbindung der Bundesrepublik in das westliche Bündnis, die u. a. mit dem Beitritt zur ▸ NATO 1955 vollzogen wurde; die Westintegration der Bundesrepublik stellt eine wichtige Etappe auf dem Weg zur europäischen Einigung dar.

Zwei-plus-vier-Vertrag: wurde am 12. September 1990 in Moskau von den beiden deutschen Staaten, den USA, der Sowjetunion, Frankreich und Großbritannien unterzeichnet; er nimmt die Stelle eines Friedensvertrags für ganz Deutschland ein, der seit der ▸ Konferenz von Potsdam 1945 aufgeschoben worden war. ▸ Einigungsvertrag.

Richard von Weizsäcker (*1920)
Von 1984–1994 Bundespräsident
der Bundesrepublik Deutschland

2.1: akg-images (i.F. akg); 2.3: Bildarchiv Preußischer Kulturbesitz (i.F. bpk); 2.4: Stadtarchiv Bochum; 2.5: bpk; 3.1: Landesarchiv Berlin/H. Siegmann; 3.2/3: Ullstein (AP/ Sven Simon); 3.4: dpa, Frankfurt/M.; 3.6: Studio X, Limours/GAMMA, T. Compion; 3.7: Ullstein; 3.8: AP Photo; 4.1/2: bpk; 4.3: akg; 5.1/5.2: akg; 5.3: Artothek, Weilheim; 6.1: bpk/Hoffmann; 6.2: akg; 10: Russ. Staatsbibliothek; 11: Getty Images; 14.1: Archiv Westermann, Braunschweig; 17: bpk; 18: akg/Ullstein; 19: aus Garruba/Garritano-40 Plakate der russischen Revolution (1917-1929) Verlag Gebhardt Berlin; 21.2: akg/Lessing; 21.3: Ullstein; 21.4: bpk; 22: Joachim Cornelissen, Düsseldorf; 23.2/23.3: akg; 23.4: www.russianposters.ru; 27.3: SZ Photo/Rue des Archieves; 28.2: Peter Turnley/Corbis; 30.1/2: akg; 32: SZ Photo/ Scherl; 33.2: Corbis; 33.4: akg; 34.1: Ullstein/KPA; 34.2: T.H. Benton/Corbis/VG Bild-Kunst, Bonn; 35: Deutsches Filmmuseum, Frankfurt/M.; 36: Ullstein/Granger Coll.; 37.2: akg; 38.1: L. Raven Hill/Punch Ltd., www.punch.co.uk; 39.1: SV-Bilderdienst; 39.2: bpk; 42: akg; 43.2/3: aus „Anschläge“ 1972, Langewiesche-Brandt, Ebenhausen; 44.2: akg; 44.3: Stadtarchiv Landeshauptstadt Düsseldorf; 45.4/5: Ullstein/Archiv Gerstenberg; 45.6: Archive Larbor; 46.1: Ullstein/Granger Coll.; 47.3: Stadtarchiv Leipzig; 48.2: SZ Photo; 48.3: Ullstein/Archiv Gerstenberg; 49.5: Th. Th. Heine/VG Bild-Kunst, Bonn; 50: Hessisches Landesmuseum Darmstadt; 51.5: Ullstein/Granger Coll.; 53.2/3 und 54.1: akg; 54/55: Agentur Karl Höffkes; 57.1: US Holocaust Memorial Museum; 57.2: www.ravensbrueck.action.at; 57.3: Berliner Lokalanzeiger; 57.4: Museen der Stadt Nürnberg; 58.2: Keystone li./SZ Photo re.; 61.4: Bayerische Staatsbibliothek, München; 62: Erich Schmidt Verlag; 63.3: Bundesarchiv Koblenz; 63.4: bpk/Kunstbibliothek SMB; 64.1/2: Ullstein/Archiv Gerstenberg; 65: Interfoto; 66.1: DHM; 67.2: aus A. Weidemann, Jungzug 1. Fünfzig Jungen im Dienst, Stuttgart, 1936; 68.1/69.5: SZ Photo/Haase; 68.2: Halbritter/CCC, www.c5.net; 70: Jüdisches Museum, Berlin; 71.3: DHM; 74: Ullstein/Archiv Gerstenberg; 78.1/80.1: bpk/Kunstbibliothek SMB; 79.2: DHM; 81.3/5: SZ Photo/Haase; 81.4: Ullstein/dpa; 81.6: Interfoto; 82.1: Ghetto Fighters House Photo Archives, Western Galilee; 84.1: Stiftung Denkmal für die ermordeten Juden Europas/Boris Mehl; 86.1/2: www.wewelsburg.de; 88.1: Ullstein/dpa; 88.2: SZ Photo/Haase; 90.1: Ullstein/dpa; 90.2/91.3: Cinetext; 92.1: bpk; 94.3: picture alliance/dpa; 95: Visum/Silke Reents; 96: bpk; 97.1: Horst Hainzinger; München; 97.2: Associated Press; 99.4: Cinetext; 102.2: www.kdvr.de; 104.1: Gobus/dpa-infografik; 105.3: Ullstein; 105.4: Zapiro/“Sowetan“ 1998; 106.1 Ullstein; 106.2: DHM; 107.4/6: Harper + Row Publishers, N.Y.; 107.5: DHM; 108.1: Corbis/Hulton Coll.; 108.2: DHM; 108.3: John Florea/Time Life Pictures/Getty Images; 109: Historisches Archiv der Stadt Köln; 110.1: SZ Photo/Haase; 110.2: Schweizer Illustrierten Zeitung, 1945; 112.1: SZ Photo/Haase; 113.4: bpk/Moll; 114.1: SZ Photo; 115: Stadtarchiv Bochum; 116.1: Presse und Informationsamt der Bundesregierung; 116.2: DHM; 117.3: picture alliance/akg; 119.2a: Bundesarchiv Koblenz; 119.2b: Interfoto/Archiv Friedrich; 119.2d: Stadtmuseum München; 120: Mirko Szewczuk/Haus der Geschichte, Bonn; 122.1: bpk/Herbert Hensky; 124/125: Landesarchiv NRW; 126.1: Ullstein/Auer; 127.4: DHM; 128.1: Archiv für Philatelie, Bonn; 128.2: Jürgens Ost- und Europafoto; 129.3: bpk/Moll; 129.5: Joseph Heinrich Darchinger, Bonn; 130.1: Ullstein; 131.2/3: Haus der Geschichte, Bonn; 132.2: bpk; 133.3/5: Joseph H. Darchinger, Bonn; 134.1: DHM; 135.2: akg; 136.1: Audi; 136.2: Christian Ritter/www.p50.de; 136.3: picture alliance/dpa; 137.4: Audi; 137.5: August Horch Museum, Zwickau; 137.6: picture alliance/dpa; 138.1: Westfälisches Wirtschaftsarchiv, Dortmund; 139.3: picture alliance/dpa; 140.1: Interfoto/Rauch; 141.2: Joseph H. Darchinger, Bonn; 141.3: DHM: 142.1: Landesarchiv Berlin/H.Siegmann; 142.2: Globus/dpa-infografik; 143.3: Ullstein/Auer; 144.1: bpk/H.Hubmann; 147.2: Ullstein (AP); 148.1: Günther Kieser/Dt. Plakatmuseum, Essen; 149.2: Ullstein/AP Photo; 149.3: AP Photo/Doug Mills; 150.1: SV-Bilderdienst/Hesterberg; 52.1: Haus der Geschichte, Bonn; 153: Ullstein/ Sven Simon; 154.1: picture alliance/dpa; 155.2: Klaus Rose/Keystone; 156.1: BStU; 157.4: Stasimuseum, Berlin; 158.1: Istvan Bajzat/dpa-Report; 159.2: picture alliance/ dpa; 159.4: dpa-Bildarchiv; 159.5: Globus/dpa-infografik; 161.1: Interfoto; 161.2: Ullstein; 161.3: picture alliance/dpa; 161.4: bpk, The FA; 161.5: akg; 162: Corbis/Reuters; 163.1: AFP/dpa-Bildarchiv; 163.2: Ullstein/AP; 164.1: Laski; 164.2: SZ photo; 166.1: AP Photo/Holzner; 167.2: Ivan Staiger, München; 167.3: Corbis/J.L.Atlan; 168.1: DHM; 169.2: Haus der Geschichte, Bonn; 170/171.4: picture alliance/ dpa; 172.1: Karin Mansary, Berlin; 173.2: Klaus Böhle; 173.3: Jürgens Ost- und Europa Photo; 174.1: picture alliance/ dpa; 174.2: Keystone; 175.4: picture alliance/dpa; 175.6: Joachim Kohlbrenner; 176: Ullstein/Röhrbein; 177.2: AP Photo; 178.1: Ullstein/Reuters; 179.2/4: Erich Schmidt Verlag; 180.1/1b/2b: Haus der Geschichte, Bonn (Antonio Maia/ Jacques Bellenger/Jerusalem Post); 181: Peter Brooks; 182: Der Spiegel, 1995; 183.2: Peter Dittrich, Petershagen-Eggersdorf; 184.1: Punch Ltd./ www.punch.co.uk; 185.5: DHM; 188.1: akg; 189.2: Fritz Behrendt/CCC, www.C5.net; 189.4: Régis Bossu/Armel Brucelle/Sygma/Corbis; 191.2: 360-berlin; 194.1: bpk; 195.1: Rainer Jensen/dpa; 195.2: Boris Roessler/dpa; 196.1: BITKOM; 197.2: picture alliance/dpa; 197.3: dpa-infografik; 197.4: Ullrich Baumgartner; 199.3: Editorial Everest, S.A.; 200.1: Joseph H. Darchinger, Bonn; 201.5: Alan Ginsburg/Duane Hanson/VG Bild-Kunst, Bonn; 204.2: Landsmannschaft der Deutschen aus Russland e.V.; 205.5: dpa/efe; 206.2: Matthias Lüdecke; 207.5: Haitzinger/CCC, www.C5.net; 208.1: Ullstein/Reuters; 209.3: picture alliance/dpa; 212/213: Bildagentur-online.

Umschlagvorderseite: Ullstein/Röhrbein; AP Photo (Guttenfelder); DHM
Umschlagrückseite: akg images; A1Pix/SGM; Landesarchiv Berlin/H. Siegmann

Trotz entsprechender Bemühungen ist es nicht in allen Fällen gelungen, den Rechteinhaber ausfindig zu machen. Gegen Nachweis der Rechte zahlt der Verlag für die Abdruckerlaubnis die gesetzlich geschuldete Vergütung.

Herausgeber und Autoren:
Dr. Ambros Brucker, München
Joachim Cornelissen, Meerbusch
Dr. Martin Ehrenfeuchter, Königsfeld
Dr. Christoph Henzler, Krumbach
Jan Koppmann, Berg
Norbert Lorch, Harthausen-Rettenbach
Julia Möhle, Augsburg
Kirsten Müller, Ratingen
Bettina Nitsche, Bietigheim-Bissingen
Dr. Stefan Schipperges, Offenburg
Michael Tocha, VS-Pfaffenweiler
Stefan Weih, Karlsruhe
Dr. Sabine Wierlemann, Pfinztal
Helmut Winter, Meerbusch

Zu den Kapiteleingangsbildern:

Seite 10–11: „Wir bauen den Sozialismus" (Plakat von Juri Pimenow, 1927); Wartende bei der Verteilung von Hilfsgütern nach Überschwemmungen in Louisville/Kentucky (1937)
Seite 54–55: Reichsparteitag in Nürnberg (1938); Werbeprospekt für den Kraft-durch-Freude-Wagen (1938); Leichenverbrennung in Dresden (1945); Tor zum Konzentrationslager Auschwitz; Kinder am Tag der Befreiung von Auschwitz (27. Januar 1945)
Seite 96–97: Sowjetische und amerikanische Panzer stehen sich am amerikanischen Kontrollpunkt „Checkpoint Charlie" in Berlin gegenüber (1961); deutsche Karikatur zur Aufteilung der Welt zwischen den Vereinigten Staaten und der Sowjetunion; 1947 Atombombenversuch Mururoa/Französisch-Polynesien (Foto, 1970)
Seite 162–163: Trabis passieren die Grenze in Berlin/Checkpoint Charlie Grenzübergang (1989); Demontage des Lenin-Denkmals in Wilna/Litauen (August 1991); gestürztes Denkmal von Felix Dsershinski, Gründer des sowjetischen Geheimdienstes vor dem Staatsgefängnis Lubjanka, Moskau (August 1991)
Seite 194–195: Paul Friedrich Meyerheim: Postkutsche, Eisenbahn und Schiffe bei Ehrenbreitstein/Koblenz (1875); Telefonvermittlung („Fräuleins vom Amt") an Vermittlungsschränken eines Fernsprechamtes in New York (1897); Parabolantennen in Damaskus/Syrien (2007)

Das Papier ist aus chlorfrei gebleichtem Zellstoff hergestellt,
ist säurefrei und recyclingfähig.

1. Auflage 2009 R06
Druck 13 12 11 10
Die letzte Zahl bezeichnet das Jahr des Drucks.

Alle Drucke dieser Auflage sind untereinander unverändert
und im Unterricht nebeneinander verwendbar.

Umschlagkonzept: Mendell & Oberer, München
Umschlaggestaltung und Layoutkonzept: Groothuis · Lofert · Consorten GmbH, Hamburg
Lektorat: Dr. Karin Friedrich, Margret Bartoli (Assistenz)
Herstellung: Eva Fink
Karten und Grafiken: Achim Norweg / Detlef Seidensticker, München
Satz und Reproduktion: artesmedia GmbH, Grasbrunn
Druck: Himmer AG, Augsburg

ISBN 978-3-637-00627-3